U0354798

编委会

主　编　陈金钊

副主编　孙光宁　张传新

撰稿人　陈金钊　孙光宁
张传新　焦宝乾
张利春　张其山
张伟强　李　辉

司法方法与和谐社会的建构

Judicial Methods and Harmonious Society Construction

陈金钊 / 主编

图书在版编目(CIP)数据

司法方法与和谐社会的建构/陈金钊主编.—北京:北京大学出版社,2009.9
(法律方法文丛)
ISBN 978-7-301-15806-7

Ⅰ.司… Ⅱ.陈… Ⅲ.法学-研究-中国 Ⅳ.D920.0

中国版本图书馆 CIP 数据核字(2009)第 167615 号

书　　名:司法方法与和谐社会的建构
著作责任者:陈金钊　主编
责 任 编 辑:白丽丽
标 准 书 号:ISBN 978-7-301-15806-7/D·2416
出 版 发 行:北京大学出版社
地　　址:北京市海淀区成府路 205 号　100871
网　　址:http://www.pup.cn　电子邮箱:law@pup.pku.edu.cn
电　　话:邮购部 62752015　发行部 62750672　编辑部 62752027
　　　　　出版部 62754962
印 刷 者:北京宏伟双华印刷有限公司
经 销 者:新华书店
　　　　　650 毫米×980 毫米　16 开本　25.25 印张　455 千字
　　　　　2009 年 9 月第 1 版　2009 年 9 月第 1 次印刷
定　　价:42.00 元

未经许可,不得以任何方式复制或抄袭本书之部分或全部内容。
版权所有,侵权必究
举报电话:010-62752024　电子邮箱:fd@pup.pku.edu.cn

法治建设与法学理论研究
部级科研项目成果

目录

第一章

导论:和谐理念下的法治、法学与司法方法

“和谐”是中国文化所造就的特有概念，尽管在西语中有“秩序”概念与和谐接近，但几乎找不到完全相对应的词语。因而我们的很多学者都开始把和谐社会的建设和中国的传统文化结合起来进行探讨，认为和谐即中庸①、中和等。其实中庸或中和等都是一个动态的概念，不同时期和不同价值观点的人对此有不同的理解。我们都承认“中庸”与“中和”是中国传统文化的核心概念，但人们对中庸、中和的“度”并不很容易把握。因为在和谐状态中强调了秩序状态以及价值判断的和而不同，“和谐”一词像中国传统文化一样，是一个系统整体的概念，在两极或多极判断之间取得“中”与“和”都很难拿捏。这里面不仅是选择的问题，还有斗争的成分。和谐体现了中国文化的丰富内涵，“发端于中国传统文化的底蕴之上，又吸纳了现代社会文明的理念”②。在进入 21 世纪后，我们的高层领导人重提和谐的理念，深得中国与世界的认同。这是在中国政治、经济、文化等在国际上的地位有所提高以后，展示中国对世界独特贡献的符号，是中国历史延续的一种表现。但我们也必须注意到，中国的文化实际上已经不完全是中国古代历史的延续。今天的中国已经有很多的西方因素。所以，在今天讲和谐，已不能完全在古代文献里面找资源。我们不可能在复古的思维中建设今天的和谐社会。我们认为，和谐社会的建设，需要中国传统文化的资源，否则在文化方面就会出现不和谐。但我们不能忽视的是，西方文化现在已是我国文化的重要组成部分，近百年来中国文化也逐渐形成了新的传统。关于和谐社会的建设主要是借用了传统的概念和文化精髓，并在现代化观念的基础上发展中国化的（或中国特色的）社会主义建设。我们担心的是，和谐社会的建设，没有往法治的道路上引领，而一味强调中国传统文化的因素。因而，我们首先需要结合中央关于和谐社会建设的一系列文件的精神，阐释建构和谐社会与法治建设之间的关系。

我们的研究发现，和谐社会的建设与法治建设在宏观的总体方向上是同一个命题。很多人对传统文化的挖掘也只是补充法治建设的内容，建设和谐社会目标的提出，使我们进一步明确了法治建设的方向。中国共产党在十六届四中全会上从加强党的执政能力建设的高度，提出了构建和谐社会的战略任务。司

---

① “中庸是和谐的思维结构。建立和谐的思维结构是建立和谐社会的前提。在和谐社会中，以人的自由自觉劳动——创业——为‘天人合一’的桥梁，吸收西方抽象哲学和具体科学发展的最新成果，中国传统重用的对称思维结构将化为科学的对称逻辑，演化出对称哲学，并促进科学的极大发展。中庸是和谐社会的思维框架。只有建立在和谐的思维结构、和谐的经济、可再生经济，才有人类社会可持续发展。”参见修平编著：《中庸的智慧》，地震出版社 2006 年版，序言第 7 页。

② 徐显明：《和谐社会与法治和谐》，载徐显明主编：《和谐社会构建与法治国家建设》，中国政法大学出版社 2006 年版，序言第 1 页。

法工作是实施这一任务的重要部分。和谐社会的建设要求把法治作为其坚实的方法基础,司法公正是法治实现的重要前提之一,是和谐社会建设的重要领域。对于和谐社会人们给予了很高的评价。比如,有人把和谐当成法律的价值,认为"和谐社会是人类世世代代的梦寐以求的目标,也是法治的终极价值追求,与司法工作有着天然的内在联系"[①]。和谐社会建设为司法提出了明确的目标。"从深层次上理解,构建和谐社会是司法的核心及最终价值追求。"[②]有学者认为"从'三个代表'重要思想到'和谐社会'理论,是我们社会主义建设理论的一个重大发展。其核心表现在,从'三个代表'思想到'和谐社会'理论,是一个从'治理政党'理论转向'治理社会'理论的根本性转变"[③]。和谐社会建设是一个系统工程,涉及社会生活的方方面面。司法工作只是其中的一个方面。对于和谐,既然人们已经把它纳入了价值的范畴,那就意味着可能会有不同的判断。在研究和谐社会与司法方法之前,认真梳理和谐社会建设与法治的关系是十分必要的。

一、和谐社会建设中的法律与法治

和谐社会的建设与法治社会的建设在总体上是同一个目标。我们应该在法治的理念下理解和谐社会的建设,而不是像有些人所理解的"和谐"观念带来的是全新的语境。所有的历史都进入当代的途径,今天只是历史的延续,因而所谓"全新"只是想象的产物。和谐社会建设离不开政治、经济、文化、历史等条件的制约,更离不开法治的支撑,"法治是建设和谐社会的基石"。[④] 而这里的法治主要讲的是在规则治理下的事业。有很多人提出了和谐社会建设的言外之意,比如,和谐社会命题为现代民事司法构建了全新的语境,在这一语境下,民事司法的目标应当更关切社会功能层面上的纠纷解决而非形式上的规则之治。然而,笔者通过对1999年至2004年这五年全国民事司法运作的情况进行考察,发现当前民事司法在解决纠纷层面存在着明显的功能性缺陷,并陷入了

① 何敏:《能动与保守的和谐》,载吕伯涛主编:《和谐社会中的司法——公正司法与构建和谐社会新解》,人民法院出版社2007年版,第3页。

② 同上书,第5页。

③ 易继明:《民法在构建和谐社会中的维度》,载易继明主编:《私法》(总第14卷),华中科技大学出版社2007年版,第305页。

④ 冯军:《市场经济、社会和谐与法治进步》,载李林、王家福主编:《依法治国十年回顾与展望》,中国法制出版社2007年版,第49页。

与构建和谐社会使命相背离的现实困境。究其原因,笔者认为,我国现有法律规范体系建设与社会法治需求之间的脱节是导致民事司法陷入现实困境的一个不容忽视的重要因素。对此,突破困境的路径不外有二:一是进一步完善立法,通过解决立法缺陷从而避免司法因裁判的合理性前提缺失而陷于被动的现实困境;二是改革现有的审判思维模式,通过发挥法官在裁判过程中的能动作用弥补立法上的不足,使裁判结果能够满足社会诉求,从而主动地摆脱现实困境。[①] 这一论述存在两个方面的倾向:一是立法中心主义,似乎司法的问题都需要用立法来加以解决;这本身就是与法治建设不和谐的音符。二是司法能动主义,没有注意到法治最基本的方法就是强调形式主义的法律规则的权威。和谐社会建设的目标提出以后,我们就担心人们会自觉或不自觉地运用"和谐"来消解法治绝对性,这实际上也是法治论者所担心的问题。因为我们知道,语境论的研究进路是一种实用主义的研究方法。这种研究方法最大的缺陷是蔑视法律规则的权威,坚持所谓的"司法能动主义"立场,对司法三段论进行这样或者那样的批判。在批判声中,"和谐"成了不遵守法律的借口,这是十分危险的。所以我们必须全面地理解和谐社会建设,必须注意到和谐社会建设与法治建设是一致的。我们不能把和谐问题在司法领域泛化,因为无论是刑法还是民法的实施,都是在建设和谐社会。刑法对秩序的恢复、民法对权利的保护以及对公权力的抵御,都在建设和谐社会的过程中起着重要作用。

(一)和谐社会建设关注民主、民生

"和谐社会应当是民主法制的社会,这一要素既是和谐社会的基础,也是和谐社会的基本特征。和谐社会一定是以民主为基础,以法治为特征的社会。"[②]胡锦涛同志在党的十七大报告中强调,要高举中国特色社会主义伟大旗帜,实现中华民族的伟大复兴。这个旗帜是当代中国发展与进步的旗帜,是全党和全国人民团结进步的旗帜。认真学习党的十七大报告,我们会发现,其中许多地方都体现了依法治国的方略,我们需要正确处理民主与民生、法治与和谐社会建设的关系。民主问题是社会主义建设中的重大问题,尽管民主的发展是一个渐进的过程,但在中国共产党的奋斗历程中,始终高高飘扬着民主的旗帜。党的十七大报告指出:"人民民主是社会主义的生命。发展社会主义民主政治是

---

① 陈恩泽、吴志文:《现代和谐社会语境下的司法衡平理念及其进路》,载吕伯涛主编:《和谐社会中的司法——公正司法与构建和谐社会新解》,人民法院出版社2007年版,第15页。

② 徐显明:《和谐社会与法治和谐》,载徐显明主编:《和谐社会构建与法治国家建设》,中国政法大学出版社2006年版,序言第1页。

我们党始终不渝的奋斗目标。”说到民主，我们经常与多数人的统治和当家做主联系起来，这可能是最终的目标。我们可以逐步实现的民主是可操作意义上的参与权利。这种意义上的民主实际上是指对影响公民利益的重大决策事项的参与。对我国公民的民主权利来说，目前需要的是有深度且具体的参与，而不仅仅是在权利的广度上做文章。中国公民的广度的权利已经被宪法和法律作了规定，但公民能够参与决策的重大事情还是太少。民主不是空洞的许愿，而是真正有效地实际参与。所以“要健全民主制度，丰富民主形式，拓宽民主渠道，依法实行民主选举、民主决策、民主管理、民主监督、保障人民的知情权、参与权、表达权、监督权”。任何权利都应当是能够个体化的权利，也就是说宪法中所规定的人民的权利，应该与作为个体的公民权利是贯通的，否则就仅仅是对权利的许愿。所以，要强化民主意识就要“加强公民意识教育，树立社会主义民主法制、自由平等、公平正义理念”。公民意识在政治学的研究中被称为公民文化，对法治建设具有特别重要的意义。经过三十年的改革开放，公民的经济生活发生了很大的变化，民主参与的热情高涨，公民参政、议政的能力进一步提升。这都意味着公民文化水平的提升。和谐不是空洞的概念，而是指把广大人民的积极性调动起来，真正使人民群众参与到和谐社会的建设中来。人民的参与是很重要的，可以说他们是和谐社会建设的最主要的主体。各种管理措施都是以人民的接受为前提的，而民主建设正是增大决策的可接受性的重要方法。

当然，民主的真正实施是以公民意识水平的提高为前提的。公民意识的提高是建设公民社会的必要条件，这就要求我们必须进一步扩大民主权利的范围。法治的基本目标之一就是保障公民权利的实现。公民的权利又反过来对公权力的行使是一种限制。人权、民主、权利、自由、秩序和法治统一构成了和谐社会，片面地强调任何一个方面都会出现不和谐。从总的方面看，民主属于意识形态的政治问题，涉及国家的长治久安，它对防止权力的滥用、缓解各种矛盾、调动广大群众的积极性有重要意义。中共中央强调指出，要坚定不移地发展社会主义民主政治，走有中国特色的社会主义政治发展道路，坚持党的领导、人民当家做主与依法治国有机统一；深化政治体制改革，保障人民当家做主，增强国家活力调动人民的积极性，建设社会主义法治国家；要“坚持依法治国方略，树立社会主义法治理念，实现国家各项工作法治化，保证公民合法权益；坚持社会主义政治制度的特点和优点，推进社会主义民主政治制度化、规范化、程序化，为党和国家长治久安提供政治和法律制度保障”。

在重视民主的同时，我们更不能忽视民生问题。对民生的关怀是党的十七大报告的显著特点，这也是我党十六大以来的实际做法。目前中国共产党在人民心目中的威信进一步提升，大家对以胡锦涛为总书记为中心的党中央十分信任。这与中央非常关心民生问题有直接的关系。中共十七大报告专门有一章讲“加快推进以改善民生为重点的社会建设”。笔者认为这是我党执政观念成熟与提高的一个重要标志。民生问题是推进民主建设的基础。民生问题解决不好，民主问题很难深化。当然，民主问题解决得好，反过来也会促进民生问题的解决。在笔者看来，也许民生问题是更应该优先解决的问题。中国共产党把执政兴国当成第一要务；把全心全意为人民服务当成根本宗旨。中国特色的社会主义建设，“要按民主法治、公平正义、诚实友爱、充满活力、安定有序、人与自然和谐相处的总要求和共同建设、共同享有的原则，着力解决人民最关心的、最直接、最现实的利益问题，努力形成全体人民各尽所能、各得其所又和谐相处的局面，为发展提供良好的社会环境”。近年来，无论是房地产市场的调控，还是物价上涨的控制，党中央都十分关注，决定加快推进以改善民生为重点的社会建设；着力保障和改善民生，推进社会体制改革，扩大公共服务，完善社会管理，促进社会公平正义，努力使全体人民学有所教、劳有所得、病有所医、老有所养、住有所居，推动建设和谐社会。将“五有”形式写进报告，意味着党和政府的工作重点已转移到民生领域。对民生的关注不仅需要政策，而且需要有法律制度做保障。这几年我国法律体系不断完善，今后，有关劳动法、劳动合同法、社会保障法、医疗保障法等社会法将会大量出台或进一步完善。法治将在这方面大有可为，为和谐社会建设中发挥重大作用，作出突出贡献。

“和谐社会是中国特色社会主义的本质属性。”笔者个人体会，过去那些激情燃烧的岁月，固然被有些人所怀念，但要注意激进主义思想方式是有弊端的，我们必须理性、冷静地看待世界和分析各种各样的理论。和平、和谐与发展构成了当今的时代主题。当然这并不意味着我们要因循守旧，政治体制、司法体制、管理体制等，还需要进一步深化改革。关键是我们必须把握：建设和谐社会必须用法治的方法。和谐虽然是中国文化固有的观念，是“中国传统文化的积淀”[①]，但传统文化必须融入现代文明之中才能发挥应有作用。所以任何试图用法治外的方法达到和谐的努力，可能都是徒劳的。文明的发展既然选择了法治，中国和谐社会建设也离不开法治的支撑。法治是达致和谐社会的主要方法，当然也需要其他方法的配合。这是我们从以往教训中得出的经验。我们应该看到，法治也是稳定社会所必需的，它与激进主义不同，强调的是对制度和秩序的守成，强调的是一种平和妥协、谦抑、克制、忧患的心态和行为。民主与法治都不可能在一夜之间形成，需要经过努力，逐渐实现。和谐社会建设需要和

---

① 徐显明：《和谐社会与法治和谐》，载徐显明主编：《和谐社会构建与法治国家建设》，中国政法大学出版社2006年版，序言第1页。

谐的文化,而和谐文化的建设更不是一朝一夕的事情。大力弘扬爱国主义教育、集体主义、社会主义思想,以增强诚信意识为重点,加强社会公德、职业道德、家庭美德、个人品德建设,发挥道德模范榜样作用,引导人民自觉履行法定义务、社会责任、家庭责任,这是一个长期的工作。

法治是一个涉及政治、经济、文化生活等各个领域的理念,对社会生活的各个方面都有其专门的要求,但从总体上看,法治首先要有一般性的法律为前提,因而必须进行科学、适时、适"势"立法。这些年我们在这方面做了大量的工作,在法治建设的诸多方面,立法的成就是最突出的。但法治的关键也许不完全是立法,尽管没有完善的法律体系,法治就失去了前提。如果没有司法、执法与守法环节的和谐,法治也很难实现。法治的前提是:法律必须有权威。而要使法律有权威,就要求政党、机关和个人对法律保持谦抑的姿态,克己守法;要求各种权力的拥有者克制地行使自己的权力。只有这样才能达到权力与权利、权力与权力之间的和谐,这是所谓依法独立行使审判权、监督权、立法权等的要义之所在。在行为决策的时候,要贯彻法律一般性优于特殊性的要求;要充分尊重法律明确文义的含义,认真地对待法律规则。目前我国公民和干部的规则意识明显不足,已经明文规定的许多法律在现实生活中得不到认真执行。这已经严重地影响到了法治的信誉。搞法治必须有严格的精神,实施法治必须付出必要的成本,如决策不方便(程序的繁琐、规则的严格、解释结果的多样等),必要的利益牺牲,等等。党的十七大报告中提出的法治方略是我们必须认真贯彻的。报告指出:"依法治国是社会主义民主政治的基本要求。要坚持科学立法、民主立法、完善中国特色的社会主义法律体系。加强宪法和法律的实施,坚持公民在法律面前一律平等,维护社会公平正义,维护法制的统一、尊严、权威。推进依法行政。深化司法体制改革,优化司法权配置,规范司法行为,建设公正高效的社会主义司法制度,保证审判机关、检察机关依法独立公正地行使审判权、检察权。"这些依法治国方略的指导思想及法治精神,应落实到法律实践的各个方面,包括我们所从事的法学教育工作。

(二)法律是和谐社会建设的重要工具

和谐社会是秩序稳定的社会。但稳定中不是说没有变化,而是指变化发展中各种关系相互协调。和谐社会是指社会各要素之间的平衡状态,因而要达到和谐需要使用综合的方法。但各种方法并不是均衡地起作用,其中最主要的应该是法治方法。这里的法治方法是指与和谐社会建设相适应的良好的法律规范、法律价值理念和克制、宽容的司法意识形态等要素的综合运用。在建构和谐社会的过程中,我们应弘扬法制的妥协与克制精神,而要抑制法治的强制管理与能动的特性。我们要认真地对待规则,不要在解释中对明确的规则添加额外的含义,要充分发挥规则在和谐社会建设中的调整功能。

现在的各种报纸杂志上,重复使用率较高的词汇,恐怕就是"和谐社会的建构"了。温家宝总理在十届全国人大五次会议的《政府工作报告》中又明确指出:"构建和谐社会,最重要的是加强民主法制建设,促进社会公平正义。""执法部门要严格按照法定权限和程序行使权利、履行职责。进一步加强行政监督。各级政府及工作人员都要带头遵守宪法和法律,严格依法办事。"①这说明在构建和谐社会的旗帜下,法制工作的地位越来越重要。法治在构建和谐社会的重要性要求法学的研究者,应就"和谐社会与法治建设的关系"、"如何运用法制方法促进和加快和谐社会的建设"提出明确的理念和具体的方法。在这方面,张文显教授提出了"和谐法治"的概念,为探讨和谐社会与法治的关系提供了有益的启示。

1. 社会结构中的和谐:稳定与变化

"和谐"一词的原本含义并不复杂,解释这一词语也比较容易。一般情况下,学者们都是用一些相近的语词来解释和谐,如用中和、中庸、合作、团结、一致、均衡、共识、稳定、有序、互助等来说明和谐的含义。但如果我们把和谐与不同的词汇搭配起来,则会衍生出丰富多彩的含义。比如和谐社会、和谐校园、和谐社区、和谐山东、和谐司法、和谐文化,等等。这一结合值得我们深思,因而所需要研究的问题就出来了。诸如,和谐社会强调人与人之间关系的和谐、人与自然之间关系的和谐、人与社会之间关系的和谐、制度之间的和谐、制度与人之间的和谐,等等。这其中的每一种关系都能作出大的文章,能在许多方面改变和影响管理与决策的走向。与和谐社会等相匹配的还有和谐文化问题。

从文化意义上看,和谐是人们所追求的理念,是以人为中心观察问题和解决问题的立场和方法。和谐社会并不是只关心人自身的存在。它对作为个体的人的关心,恰恰是在处理与他人、物和社会的关系中,通过克制、容忍、妥协来实现的。这种认识可能是一种保守主义的姿态。因为和谐反对激进,它是一种中庸思想,要协调最"前卫"与最"落后"——即处于思维两端之间的矛盾与冲突。大自然的和谐遵从的是规律,它更多的不是调整,而是根据大自然本身的规律生成的。但社会的和谐则需要调整,它的实现在很大程度上比自然的和谐

---

① 温家宝:《政府工作报告》,载国务院研究室编写组编:《十届全国人大五次会议〈政府工作报告〉辅导读本》,人民出版社、中国言实出版社 2007 年版,第 30—31 页。

更为复杂和困难，其实现机制所包含的不确定性似乎更大，因为社会的和谐最主要的是人际关系的和谐。

人与人之间的和谐与自然物质世界的和谐不一样，人是有意识的动物，理性与感性都夹杂其中。在人的意识中，由于存在着无限制的想象空间，就使得人与社会关系的和谐呈现出更多、更大的变数，因而显得更加没有规律可循。但不管社会多么复杂，它总是一种关系的存在。陈成文说："从社会结构的角度看，和谐社会就是社会各个系统之间以及社会子系统之间处于一种良性运行和协调发展的状态。和谐社会具有整体性、协调性、可持续性和人本性等基本特征。"[①]理论家在这方面做了大量的设计，下面我们试述其几种：

（1）稳定的和谐社会

从社会结构的状态看，和谐社会是指社会秩序的稳定。对此大家没有大的争论，问题在于实现的途径有不同的理论。社会学的创始人孔德认为，要重视自然法则在社会秩序重构中的作用，要用善来引导人类走向和谐。一个社会只有在思想上统一、在信仰上一致，才能有和谐的社会分工与协调。在分工协调一致的情况下，复杂的社会才能形成稳定的秩序。孔德的想法可能有空想的成分，因为思想与信仰完全统一，在当代近乎是不可能的。文化多元、思想开放是我们目前的现实，因而相互尊重、克制与容忍才能走向世界范围内的和谐。那种试图用一元的指导思想统一世界的做法，可能导致更大的混乱。无论是十字军东征，还是原教旨主义都不可能带来世界的和谐。正是由于当代世界的思想多元，才迫使我们运用法律来进行统治。法治之所以可能，也在于它所具有的宽容与克制精神，因为立法本身就是矛盾与利益相互协调的产物。从这个角度讲，中庸之道、和谐思想与法治思想是内在相通的。虽然法律思维强调审判案件一断于法，强调依法办事，但我们所使用之法已经是立法初步和谐的结果。起码，法治的原则要求人们遵守法律才能达成初步的和谐。当然，在司法中，人们还要根据实际情况进行再一次的协调。法官重要的任务是调和法治的严格与事实的复杂多样之间的紧张关系。斯宾塞也认为社会的协调一致是和谐社会的核心。他认为社会就是一个生物有机体，各个要素都承担了相应的功能，哪一个环节出了毛病都会导致整个社会机能的失调。这种看法是根据科学的道理直观地推论到社会发展上的，多少有些形而上学的成分。他没有看到，社会不是生物有机体，它与自然界是很不一样的，里面充满了更多的变数。把社会看成是有机体仅仅是一种比喻。对这种和谐观的批判也可以运用到对机械

① 陈成文：《建设更加和谐的社会——一个政策视角的分析》，社会科学文献出版社 2006 年版，第 1 页。

法治的评论。法治实际上不是有了法律条文就能实现的,许多法律都需要解释,案件的处理也需要智慧和技巧。死板地运用法律不会达到司法的和谐。法律的最主要特点是其稳定性,并用其稳定性带来社会关系的稳定,但这不是说法律不能有变化。法律可以通过立法加以改变,可以通过解释予以微调,通过各种法律方法变通法律的呆板,法律只有在变化中才能成就和谐。所以我们反对机械主义的和谐理论,和谐不是稳定不变的,而是在发展变化中寻求和谐。

(2) 团结的和谐社会

法国思想家迪尔凯姆认为,建设和谐社会必须强调团结与合作。这种源自社会大冲突时期的和谐理论实际上是一种口号,因为团结是有许多因素和条件的,人群中不会有无原则的团结。利益阶层的分化使得各种社团的团结出现了更大的分化趋势。像法治就不能把团结作为理念,合法的利益是大家可以在法治范围内追逐的。团结也会使利益聚合,但团结所产生的利益可能与其他的利益发生冲突。团结并没有打破生物竞争法则的制约,各个团结的团体都会以不同的方式加入对利益的追逐。这当然不是说一个国家不需要团结。任何国家如果失去了集体意识,那就存在着瓦解的可能,这说明了集体意识对一个组织生存的重要性。但是社会不是由一个组织所构成的,因而试图把各种组织都在团结的旗号下团结起来是很难办的事情。迪尔凯姆认为,法律是社会团结的保障,但他没有看到,法律只是协调人们利益的工具,并不是团结的工具,能够使人团结的是利益,而不是法律。通过法律能达到和谐的状态,但并不能促成社会的团结。通过法律所解决的纠纷可能带来更大的分裂。我们试图用法律手段解决纷争使胜败皆服、双方都满意,毕竟只是一个理想。法律能做的只是促使人们合法地追逐利益。法律本身是利益平衡和妥协的工具,它并不能满足所有人的利益追求,只能有限地保证人们的合法权益。迪尔凯姆把法律分为压抑性法和恢复性法(压抑性法的主要特征是惩罚,恢复性法的主要特征是救济),无论哪种法律都不可能在增进团结方面有大的贡献。惩罚后所获得的团结不是真正的团结,恢复性的救济措施难以抚平全部受伤害的心灵。通过法律可以达到社会关系的和谐,但难以达到使人心凝聚并进一步团结的目标。当然这不是说社会不需要相互依赖的团结,而是说,团结不是建构和谐社会的理念,最多是司法者在说服当事人时所讲的微弱道理。社会的团结当然很好,但如果每个个体都团结了,法治也就没有必要存在了。团结的旗帜下面没有达致和谐法治的良好方法。团结意义上的法治不能说完全没有,专制如果与法治结合也可能会出现团结,法西斯德国的法制就使德国出现过空前的团结。

从妥协、宽容与克制的法治方法论来看,团结仅仅是个理念性的口号,没有可供操作的具体方法。在民主的学术气氛下，针对团结口号的空洞性，功能主义社会学提出了社会系统的整合与均衡理论。该理论的代表人物帕森斯认为，一个社会是否稳定与和谐，关键在于能否实现整合功能。“整合有两层意义：一是体系内系统的和谐关系，使体系达到均衡状态，避免变迁；二是体系内成分的维持，以对抗外来的压力。”①社会要达到整合还必须具备两个条件：一是足够的行动者受到适当的鼓励；二是社会行动必须避免那些不能维持最基本的秩序（对社会成员）的过分要求，以致形成对抗文化的模式。功能整合本身没有大的问题，可能的问题在于：社会整合是根据什么来进行的整合。功能主义理论和形式主义法学一样，只注意到了稳定的结构与功能，而没有注意到人们对进步的追求。当然这并不是说功能主义理论没有追求，帕森斯追求的就是资本主义社会的稳定，我们要建构社会主义的和谐社会，也必须注意到整个社会的结构的稳定，只有这样才能使社会整体上趋于和谐。整体性的和谐与均衡是建构和谐社会的大框架，在这个大框架中，不仅法律系统的问题需要注意，而且其他的细小问题也得注意。甚至连社会能承受多少法律，都得认真研究。一般认为，法律的多少是与社会关系的多少紧密相关的，社会关系越复杂，所需要的法律就越多。商品经济中社会关系出现了复杂情况，与之相适应，法律就必须繁密。相反，在简单社会关系中就不需要太多的法律。现在，许多人抱怨法律多得使法律专家都很难掌握所有的法律。但这并不一定不和谐，原因就在于市场经济需要更多的法律。一般的人不需要太多的法律，并不意味着经济人也不需要细致的法律。法律太少反而与市场经济发展规律的要求不和谐。这说明，和谐是一个发展的概念，社会结构是处于不断变化之中的。关键是要掌握社会变迁的“规律”与情势。结构功能分析本身并不能使我们掌握社会的动态发展，不能评估社会稳定的基础。

（3）矛盾中的和谐社会

尽管人们赋予和谐许多美好的祝愿，但现实社会却是充满矛盾与冲突的。无论是哪种性质的社会，矛盾与冲突都是永恒的，旧矛盾的解决在一定程度上意味着新矛盾的出现。“和谐作为一个哲学范畴，它揭示的是矛盾着的双方在发展特定阶段普遍存在的关系。”②按照马克思主义的原理，世界就是一个矛盾形式的存在，矛盾是世界发展的内在动力。“马克思眼中的和谐社会，实质上就是一种对立统一，是一种动态变迁的状态。真正的和谐社会就是在社会结构变

① 参见宋林飞：《西方社会学理论》，南京大学出版社 2000 年版，第 97 页。

② 陈先达：《马克思主义的社会形态理论与和谐社会的建构》，载《中国社会科学文摘》2007 年第 1 期。

迁的过程中，各因素不断进行自和，从而形成新的更高层次和谐的过程。"①马克思主义是一种宏观的社会结构理论，它为社会设计了经济基础和上层建筑、生产力和生产关系的架构，强调只要这两对主要矛盾之间和谐，那么整个社会就能实现人、自然、社会之间的和谐稳定。与马克思主义认识论相近，科塞强调了在冲突中建立和谐的理论。他认为，社会的冲突不是一种病态，而是一种功能失调现象。冲突是社会发展所需要的，也是达到和谐的手段。冲突可以增进群体内部的聚合力，可以引起人们对变革的需求，从而产生修改法律的动机，达到新的平衡。对外部来说，大的集团之间冲突的较量可以在相互的抑制中达到和谐。但冲突论的和谐也存在着危险，就内部来说，革命理论可能产生，这不是建设和谐社会的目标；对外部来说，新的科技手段（如核武器的运用）过度的冲突可能导致世界的毁灭。在冲突论中必须有一个控制冲突极限的安全阀。如果没有对冲突极限的控制，和谐就会被打破。法治实际上就是这个安全阀门。对法治运用得好就不会有暴烈的冲突，社会就会出现整体的和谐。相反，如果不会运用法治手段处理，矛盾与冲突就会把矛盾引向彻底的对抗，这会对社会的进步和人民的生活造成极大的伤害。这是为什么说法治是建设和谐社会的关键的主要原因。

2．和谐社会中的法律价值及规范

我们虽然可以从中西文化中去探寻和谐社会的理论资源，但建构和谐社会的依据，主要是当代中国社会主义的现实。目前我国处在社会的大变动之中，社会的转型能否在和谐中实现是我们必须考虑的问题。我们必须清楚，文化的积淀只是提供了理念与知识的支持系统，倡导建设和谐社会更要立足现实，要解决目前存在的各种冲突与矛盾；要在对现实问题的探寻中，找出达致和谐社会的方法，这是我们的问题意识之所在。从中共中央关于建构和谐社会的决定中可以看到，建设社会主义和谐社会要运用的主要手段就是加强社会主义法治建设，这是建设和谐社会的总原则之一。"法律是人类社会天性中的一项主要制度，如无法律，人类将成为一种截然不同的生物。……在思想和行动的广袤领域里，法律曾经，而且继续在人类事务中扮演着重大角色。"②所以，我们相信"遵守社会规范是和谐社会的基础，也是和谐文化的重要内容。法律和道德是社会规范的两种类型"③。道德主要是通过对善恶的评判，来指导和影响人们

---

① 陈成文：《建设更加和谐的社会——一个政策视角的分析》，社会科学文献出版社2006年版，第11—12页。

② 〔英〕丹尼斯·罗伊德：《法律的理念》，张茂柏译，新星出版社2005年版，第1页。

③ 李忠杰：《论建设和谐文化》，载《新华文摘》2007年第7期。

的行为，在社会生活中发挥着极为重要的作用。个体的多数行为都是由道德来支配的，但在涉及人与人之间关系、人与物的重要利益关系的时候，法律发挥着比道德更为重要的作用。尽管各国的法治化程度不尽相同，但法治已经成为世界各国人民现实生活的重要组成部分。

我们认为，和谐社会与法治社会是同质的概念。法治是否实现，是衡量和谐社会是否建成的最重要的指标。这当然不是说法律是建构和谐社会的唯一规范，在法律之外还有许多的规范体系。例如习惯和道德等规范，在和谐社会建设中都会发挥重要的作用，甚至在生活的细节问题上，它能发挥比法律更为重要的作用。借用郭世平的话来说："规范化的竞争是社会和谐发展的基本动力机制。"[①]这里的竞争，是指各种规范系统之间或内部各要素间相互较量，力图取得支配地位的活动。在和谐社会建构过程中，法律、道德以及各种行为规范都会起重要作用，如果放到一个国家的范围内，法律规范在争取取得法治的地位，道德规范则争取取得德治的地位。而在局部也存在着内部组织的规章与其他行为规范（如习惯规范等）之间的竞争。现在重要的争论，是关于法治与德治的较量。法学家一般都认为社会应实现法治，而一些社会学和伦理学者又都倾向于德治。政治学家则似乎更有智慧，他们主张德法并治，依法治国与以德治国相结合。这种基于各自的专业视角的观点丰富了人们的认识，为我们从整体上把握世界提供了有益的启示。

徐显明认为，和谐社会一定是以法治为前提的社会。法治描述了这样一种社会状态：法律约束住了国家的权力，权力在人与人之间得到了和谐的配置。法治的实现需要三个要件：精神要件（包括善法之治、法律至上、法律的统治）；实体要件（一切公权力皆源自法律、国家责任和保障人权）；形式要件（法制的统一、法律职业化、公正独立的司法系统）。[②] 这三个要件具备后，可促成法治社会的实现。法治实现的标准就是在社会中出现公平和谐的秩序状态。可以说和谐是法治的价值之一，只不过和谐的秩序宽于单方面的秩序。我们认为，徐显明所讲的是有道理的，因为实际上并不存在着纯粹的德治与法治的问题。结合论和以德治国论者实际上都没有看到，法治并不排斥道德因素，法律与道德的关系也许是任何人都难以讲清楚的问题，因为这两者原本就是结合在一起的。如果分析法学者所做的工作是把二者分清，那我们也只是看到，清楚的只是关于它们的划分标准，是理论上的清楚，而不是事实上的清楚。在规范竞争

---

① 郭世平：《和谐、秩序与自组织——从传统形而上学的哲学和谐观到现代自组织科学的和谐理论》，载《苏州大学学报》2007 年第 1 期。

② 徐显明：《和谐社会中的法治》，载《新华文摘》2007 年第 3 期。

中,德治的胜利与法治的胜利最多只是把法律或是把道德中的一种规范喊得更响。作为法学的研究者,我们当然是相信法治应该在规范竞争中占据主导地位。甚至我们觉得和谐社会就是法治社会,法治社会也应该是和谐社会,二者是密不可分的。法治社会建设的目标就是和谐。当然从历史上看,和谐社会的出现也有不是运用法律手段的,比如封建社会的太平盛世。如果认为那也是和谐社会的话,它主要不是在运用法治手段与方法。

法律有多种价值,其中公平、正义和自由是主要的价值,效率、安全和秩序等有时也被当成很重要的价值。在前一阶段,有些人提出和谐也是法律的价值,但遭到了许多人的否定。后来仔细想一想,把和谐当成法律的价值也未尝不可。只不过在传统的法学研究中,和谐并没有被认真地对待。法学界看重的是法律秩序,秩序与和谐有一定的关系,和谐肯定是社会的一种秩序状态,但和谐与秩序并不等同。有秩序的社会并不一定是和谐社会。在专制的高压政策下也会有短暂的秩序。但在这种秩序下,并不一定存在社会关系之间的和谐。正是由于其不和谐,才使这种秩序成了短暂的历史。和谐的社会秩序是一种有凝聚力的状态,能够形成长期的秩序。把社会的和谐作为法律价值或目标,似乎有谄媚西方的意味。但是,这也并不违背法律价值的含义或意蕴,因为法律价值是指法律能满足人需要的属性。通过法律,人们可以满足对公平、正义、自由、秩序和效率等的需求,因而也可以把和谐视为法律的价值。和谐作为与秩序很相近的概念,也能满足人的多重需要。没有公平、正义和自由的社会,就会产生多种矛盾,在多种矛盾的冲突超出一定极限时,社会就会失去秩序,这样的社会根本就不是和谐社会。和谐作为法律的价值之一,与其他的价值有重合之处,但它似乎更具有包容性、综合性和整体性。我们之所以对把和谐当成法律的价值不习惯,就是因为我们的法学研究和学习只注重西方法学,而忽视了中国的传统文化。和谐是一个能反映中国传统文化精髓的概念。但是,为什么那么多的法理学者都没有将其视为法律价值呢?这也并不奇怪,因为我们的固有文化中没有法律价值的概念,而新近的法学研究又都是从西方引进的。所以我们有意无意地就把和谐游离于法律价值之外。我国现在法学的状况,基本上仍可以概括为"西方法学在中国"。被详细分解的法律价值(如公平、正义等的区分使即使是法理学的研究者有时也难免糊涂),在很大程度上遮蔽了我们对和谐价值的认识。当然,我们今天谈论和谐并不是要否定公平、正义、自由等的法律价值,而是要使各种法律价值之间协调发展,使我们的法学中国化,使产自于中国本土文化的和谐理念,能为我们的法学、我国的法治作出应有的贡献,能使中国的法制建设和法学研究为世界法治作出贡献。

3. 用和谐作为理念指导法治建设

从社会学的角度看法律的功能有两个方面:一要促进社会变迁;二要加强对社会的控制。从政治学的角度看,则要用法律强化管理职能。但这种观点只是从外在的角度观察法律。从法律自身的角度看,法律这种控制手段并不完全像有些社会学家和政治学家所认为的那样,都体现为控制、强制与管理手段。这并不是说站在其他角度的学者的观点错了,而是说这种基于控制与管理意义上的对法律的评价,没有看到法律在社会中真正起作用的特质。

法律的运用,从外在的角度看的确具有强制、一刀两断、直线思维、形式正义、程序公平等特点,但这只是反映了法律刚性的一面,而没有看到法律柔性的另一面。"法治是强制管理手段"的观点在中国政治意识形态和法律文化中很有市场,因为中国古代的法律大都和刑法联系较紧,法就是刑的观念深入人心。如果说英美法系为世界法律文化贡献了程序,大陆法系贡献了规则的话,那么中华法系对世界法律文化的贡献则把强制推到了极致。按照和谐社会建设的立场和理念,对法律刚性和率直的运用是有限度的,过度使用会造成负面影响。刚性法律的运用需要克制,对行为的道德要求,不能完全运用到法治方法之中;对统一思想的任务,也不能用法律的实施来完成。法律只能有限地统一人们的行为。法律规范尽管和其他的社会规范有不同的任务,但也可以和其他规范和谐共存,共同调整社会关系。在与其他社会规范的关系上,法律不可能始终保持强势,它必须有适当的妥协、克制与容忍,否则就不可能有社会架构的和谐共存。这就是说,法治不仅仅是一种刚性的管理方法,在法律范围内和根本利益不受损害的基础上,还应该有适当的技术、技巧,在运用方法的基础上消减法律的刚性,在法律应用的姿态上保持克制、宽容与妥协。这是法治的社会学和政治学意义的本质。用句不很贴切的话说,低调的保守是法治的本质,高调的张扬是德治的本质。对法治的本质是在法律范围内和根本利益不受损害情况下的妥协退让的观点,许多思想家都有论述。革命导师列宁在批判资本主义法制本质的时候也有论述,他认为不能听从资产阶级的法治谎言,而对资产阶级不能妥协退让,必须对其实施暴力革命。但在无产阶级夺取政权后,我们对法治与革命的态度应发生变化,要法治就不能实行革命。和谐社会建设是在稳定中寻求发展,是在改良中寻求进步。这一思想是中国共产党总结多年管理经验的基础上,对马克思主义革命理论的创造性发展。它所依靠的主要是法治手段,并辅之以其他方法。这其中隐含了科学发展观、人文主义精神和对中国现实问题的关怀。

法治把法律放之于各种行为规范中最高的位置(法律至上,宪法最高),意味着司法权和法官地位的提高（法治是法律规则加法官的统治）；意味着权力要受到制约（权力的制约与平衡，权利与权力的平衡）；意味着连政治问题都得最终通过司法程序解决（处理重大问题的法院和法官裁定原则），等等。极端的法治论者还可能要求，事无大小皆决于法。我们认为法治论者的说法自有其道理，但是社会是一个复杂的自然与人、人与人关系的存在形式，是一种综合性的自然与社会现象。对各种现象，法律虽然都大体上能涉及，但法律并不能触及社会生活的每一个角落，人们对许多行为和事物的纷争无法都用法律手段解决。完全由法律进行统治是有问题的，也不符合和谐社会建设的理念。和谐社会理念的提出在这一意义上高于法治，但法治是达到和谐社会的主要方法或途径，毕竟和谐社会的建构途径不只是法治这一条。和谐社会的理念可以渗透到社会生活的各个方面，但和谐社会的建设只是目标和理念，它本身不是方法，可以说，和谐社会的建设是一种综合方法的运用。也正是从这个角度，我们说和谐是一种我们观察问题处理问题的立场或理念——出发点或归宿。这种理念要求是整体性的、综合性的、改良的、甚至是保守的（起码是反对用暴力的手段解决问题的），它要求各种方法的运用都不能过度，要有适度的克制与妥协。

用和谐理念指导法制建设，有两个方面的问题要考虑：一是法律系统内部的和谐，包括立法内部的统一一致，没有或者很少有规范与规范、权利与权力、权利与权利、权力与权力的冲突；法律解释与运用方法系统和谐一致，如文义解释方法和目的解释方法的协调、法律发现与法律创造、遵守法律与价值衡量的均衡；司法机构与立法机构、司法机构内部上下级关系的协调等。这些方面，过去法学理论多少有一些研究。例如，条文之间发生冲突时的上位法优于下位法、运用法律时特别法优于一般法、后法优于前法等，都属于发生冲突时协调解决的办法与原则。二是法律系统与其他社会系统的和谐，主要是司法机关与行政机关、行政机关与立法机关、立法机关与司法机关的关系，等等。司法系统是法治社会中非常显眼的机构，其权力的运用关涉到法治能否实现。如果权力过小，行政权力和政党的权力受不到约束，法治就会变成空话，如果权力过大则会出现司法专横。如何平衡司法权与其他权力的关系是和谐社会建设应认真考虑的问题。

在我们看来，司法权像其他任何权力一样都应当是克制与宽容的，都得具有一定的妥协精神。这就意味着，行政权应该尊重司法权，尤其是在我国，必须打破那种把法院和法官当成行政附庸的观念。司法权对立法权和行政权也不能随意侵蚀。我国的最高司法机关不能随便制定立法性的文件，这有侵蚀立法权的嫌疑。总之，司法机关在建设和谐社会中有重要的责任，时刻要保持克制主义的姿态。对司法机关和法官来说，克己守法首先要做到的是，严格要求他人守法,这是责任;在法律范围内协调各种利益冲突,使整个社会呈现出和谐状态,这是目标。认真地对待规则是我国法制建设的关键之所在。我国公民的规则意识不强,使得我国无法真正建立起法治,因而也就无法达到社会的和谐。在这一点上,我国和西方法治国家的差距是很大的。和谐不仅是指导我们司法的理念,而且是我们要达到的目标。我们不能搞无原则的妥协,和谐是法律与社会的平衡,但这种平衡是通过规则贯彻、法治的宽容与妥协来实现的。法治的妥协、宽容与克制精神不仅表现在制度层面,而且表现在研究领域。社会科学的方法多种多样,因而许多具有天下意识的学者常常愿意把某种方法看做是唯一正确的方法。其实这种想法并不符合和谐社会的理念。因为这失去了法治的宽容、克制与妥协的特质。各种法律研究方法并存,并能发挥应有的作用,才是和谐社会的标志。在和谐思想指导下,"加强合作研究,有利于服务工作大局,有利于直接指导法制实践,有利于在全局工作中发挥更大作用。构建社会主义和谐社会的实践和依法治国方略的实施,为法学会同相关部门开展合作研究创造了新的条件"[①]。在构成法律方法的指导思想中,有克制主义、能动主义的区分;在具体的解释方法上,有文义解释与目的解释孰优孰劣的争论;在解释目标上,有主观性与客观性的追求;在法律解释过程中,有独断与探究之分,等等。对这些理论上的所谓纷争,我们不能偏执一方。在和谐理念的指导下,各种学说都有存在的理由。如果仅仅允许一个方面的观点存在,那就会造成思想的专断和行为的专横。学术上的宽容与克制是达到法治社会的很好训练。所以,我们的法学研究也要"秉承和谐理念的权利配置与方法选择"。[②]

(三)作为法治目标的和谐社会建设

法治是贯穿最近三十年中国法学研究的最基本问题之一,围绕法治而展开的多种争论是法学研究的一根红线。无论支持法治,还是解构或者反对法治,以及围绕法治而进行的多角度论述,都深深地印在了法律学人的心田。从法治与现实的关系看,法治是一种评价性命题,主要表现为思维决策时的姿态。法治不完全是一种描述性命题。关于法治理想的描述实际上是一种比喻性的说法。法治在理论上和实践中都是具有不可能性的。我们只能逐步地接近法治,而不可能完全实现法治。在法治与人治的比较中,我们可以看清楚法治是什

---

① 韩杼滨:《引领繁荣法学研究,在构建社会主义和谐社会的伟大实践中作出新的贡献》,载《中国法学》2007 年第 1 期。

② 吴志攀、肖江平:《和谐社会建设与经济法创新》,载《中国法学》2007 年第 1 期。

么，但纯粹的法治只在理论与逻辑中存在。在法与人的关系中，法律所能够约束的只是人的思维，法律只能通过人的思维才转变为人的行为。虽然在法治问题上也有许多的标准，但彻底实现法治仍然是法律人的梦想，社会不可能真的完全由法律来统治。虽然法治是法律人地位提升的原因，但毕竟法治所有的步骤都是由人来操办的，而人不可能成为法律的奴隶。如果没有法治，便没有法律人这一职业，也没有法学成为“显学”的可能。针对法治所展开的论争，是一个古老的命题，从中国的春秋战国时期的百家学说到中国近百年民族的复兴，从古希腊法治思想作为文明的开端到后现代主义的思潮，一直都很关注法治问题。法治优于人治的观点始终被法治论者赞赏。世界各国都进行了不同形式的法治实践，出现了不同的法治模式。所以，赞美法治以及为法治探寻路径成了常说常新的话语。法治为什么会成为法学的永恒主题？历史上那么多的智者对法治都有深入的研究，但为什么法治之路没有像科学研究的结论那样形成“规律”？这表明法治可能比自然规律更难研究，法治的理想与复杂的社会关系之间可能有更多的变数，需要我们不停地探索。我们相信，法治理论作为一个批判现实的“武器”，将永远推动着社会的进步。

1. “法治命题”在中国及其意义

法治虽然要求我们的决策要符合理性，但实质上是一个经验性命题。法治并没有在理论上被证立。只有我们相信法治，法治才发挥重要作用。法律是经验的总结，反映了人类的智慧。按经验办事，可能对未来保险系数增多，对当下福祉更有利。但这种经验，并不一定拘泥于某一个人和国家的经验，而是世界范围内的文明的智慧。在现代西方的有些国家，对法治的坚守是政治保守主义者的立场。但在当代中国，法治恰恰是由“激进”主义的改革派提出来的。法治命题的提出，既生逢其时又十分尴尬。生逢其时是因为，我们可以直接借鉴西方的经验，我们多年管理与建设失误的惨痛教训也会迫使我们的思维倾向于法治。甚至有学者攻击我们搞法治存在着动机不纯的问题，我们缺少为法治而法治的信仰，只是为了富国强兵、为了民族的振兴、为了防止林彪“四人帮”事件的重演才搞法治，这显示我们对法治了解得并不是十分充分。我们仅仅把法治当成了手段，而没有把法治当成目的，尤其没有当成法律人的目的。在对法治的模糊认识中我们对法治寄予了殷切的希望。这完全符合人们的接受心理。对某一问题如果搞得很清楚，就一定会失去对这一问题的信心。正是带着对法治的朦胧认识与期待，我们现在对法治建设呼声很高，尤其是执政党的上层，对法治尤为钟情。尽管他们所理解的法治，可能与学者理解的并不一样，但这构成了政府和政党推动法治建设的动力。我们并没有像西方国家那样，经过对公众的法治启蒙,径直就喊出依法治国的方略。不管这种法治是哪种意义上的法治,法治的进程在公民社会还没有形成的时候已敲响了锣鼓。甚至,我们的很多高喊贯彻法治方略的官员都没有来得及细细地揣摩法治的深层含义。以至于,当有些执政的官员发现,法治原来是要限制权力的时候,惊呼"法治主要是约束我们的权力啊!"但这已为时已晚,法治已经迈开蹒跚的步伐。实际上我们现在不搞法治还真是不行,别无他路,法治是各种被理论家称之为不好的方法中最好的方法。英美国家的实践也向我们证明了这一点,所以邓小平说我们要搞法治,还是法治靠得住些。

在执政党决策搞法治建设以后,我国制定了大量的法律,西方国家几百年走过的立法历史,我们在三十年走完了其中的很大一部分。除了政治体制的许多法律外,我们的法律和西方的法律没有多大区别。我们的法律与世界"先进"的法律有很强的趋同化趋势,因为经济和法律的全球化,不管我们反对与否,已经成了潮流。大量法律的出台,试图解决法治的前提问题。但因为我们缺乏立法经验,只好采取拿来主义,所以西方的大量法律,通过学者翻译成了我们的法律。在法治图景中,规则是前提性的,尊重规则是限制和约束人的行为的主要工具。从其实现的条件来说,法治是和平时期的治理工具,革命与战争是不需要法治的。所以,我们也经常抱怨我们的法治实施得太晚,但是如果没有那段"无法无天"的历史,我们很难对法治有这么强烈的渴望。这种看法可能是一种乐观主义的历史观,并不一定那么得体。在争取民族解放的道路上,法治只能是后来者。经过革命成功后的不断试错,我们最终选择了法治。尽管有很多的教训,但也更加强化了我们对法治的信心。1978 年以来,执政党的高层开始对法治进行不断沉思,于是有了我们对法治之路的艰难探索。目前,已经历了三十年的路程。国务院新闻办公室发表了《中国的法治建设》白皮书(以下简称《白皮书》),对所取得的成就,进行了较为全面的回顾。同时,也提出了目前法治建设存在的问题。其主要成就是:(1) 中国特色的立法体制创立了较为完备的法律体系,使法治事业的前提——有法可依得以解决。(2) 有了尊重人权的法律制度。(3) 有了规范市场秩序的法律制度。(4) 依法行政和法治政府建设取得了很大成效。(5) 司法制度进一步完善,司法公正得到更充分的保障。(6) 普法教育和法学教育得到了很快发展。(7) 法治建设的国际交流活动频繁。《白皮书》中讲到法治建设所面临的问题有:"民主法治建设与经济社会发展的要求还不完全适应;法律体系呈现一定阶段性特点,有待进一步完善;有法不依、执法不严、违法不究的现象在一些地方和部门依然存在;地方保护主义、部门保护主义和执行难的问题时有发生;有的公职人员贪赃枉法、执法犯法、以言代法、以权压法,对社会主义法治造成损害;加强法治教育,提高全社会的法律意识和法治观念，仍是一项艰巨的任务。”从《白皮书》中我们可以看到，中国法治建设最大的成就就是确立了依法治国，建设社会主义法治国家的方略，解决了重要领域的有法可依问题。这可以说是官方对法治三十年建设的回顾与展望。从现有的成就来看，我们缺乏对法治进程的整体筹划。因而我们可以看到，《白皮书》中讲到了一句很有意思的话：“一国的法治总是由一国的国情和社会制度决定并与其相适应。依法治国，建设社会主义法治国家，是中国人民的主张、理念，也是中国人民的实践。”这句话从法律社会学的角度来看，很有道理，无可反驳，其所隐含的就是“现实的就是合理的”哲学判断。但这是不是就意味着，对法治没有什么值得反思的余地了呢？

当邓正来说我们要在更广泛的范围内，反思法学中一般性与特殊性关系的时候，我们是不是也应该在两个层面上反思这种关系：一是法治是不是有一个世界性的一般标准与原则？二是法治在中国是不是该有一个一般的标准？如果法治都是无穷递归的“地方性”标准，我们还有没有必要追求法治？正如前面所谈到的，中国人民和政府确实都在苛求法治，都希望法治为人类带来福祉。但我们首先得确定，我们所渴望的法治是指什么？对于法治的定义数不胜数，已经使很多学者丧失了信心，但那些严肃的学者还都在负责任地为法治进行辩护。法治命题在中国被当成运用规范进行管理的工具。[①] 因而所有的法治成就都是围绕着如何进行管理而展开的。我国的许多立法都是由“相关单位”起草的，因而对权利的保障在很多地方没有充分地体现出来。管理成了目的，方便管理成了官员之心系所想，法律完全成了管理者的工具。这与中国古代对法治的探索并无二致，但却与现代法治发生了冲突。从法律社会学的角度看，法律的工具性是不能否认的。可问题在于，法律这种规则是一种抽象的一般性规定，虽然许多的社会关系有规则，但如何落实规则却是无规则可循的。众多法律的规定，并不能告诉法官们在某一案件中必须使用哪一条法律规范。[②] 即使找到了相对应的法律规范，法律本身的模糊性及其理解的多样性，也使得法治必须与人的行动结合起来。这就引发了一波又一波对法治可能性的诘难。在

---

① 季卫东说：“对法治有两种根本不同的理解。一种是把法治看成是实现国家秩序或社会治安的手段，另一种是认为法治的核心内容是基于保证个人自由和权利的需要而对国家权力加以必要的限制。对前一种法治多数中国人都耳熟能详。自上古时代起，明天道、察民意、制而用之谓之法的统治工具论已经深植民心。”参见季卫东：《法治中国的可能性——兼论对中国文化传统的解读和反思》，载《战略与管理》2001 年第 5 期。

② “关于人们正确行为的法则只告诉人们必须如何做某事或某些事，并没有告诉人们什么事是必须做的。从另一层意义上说，法律赋予人们以合法权利，但人们同时也以他们选择的有利于己的方式放弃了他们的充分自由。”参见〔英〕罗杰·斯科拉顿：《保守主义的含义》，王皖强译，刘北成校，中央编译出版社 2005 年版，中译者序第 27 页。

中国进行三十年改革以后,尤其是进行十年的社会主义法治国家的建设以后,如何实现法治的方法论呼之欲出。这也是我们研究司法方法与和谐社会建设的初衷之一。

2. 对法治命题的逻辑解读

季卫东看到了中国法治研究的不正常现象。他说:"有人不是适应时代需求去解构成为中国社会秩序病灶的传统性权力关系,而是急不可耐地先去解构以限制权力关系为宗旨的现代法学理论及其框架;也有人不是在中国本土资源中挖掘与现代自由相通的矿脉,而是在社会资源中寻找社会强制的合理性——虽然巧妙的修辞能够在相当程度上掩饰特定的价值偏好。这是为什么?"[①]确实,就世界范围内来说,现代法治主义在20世纪70年代中期后出现了危机。20世纪80年代以后,后现代主义的喧嚣也使当前中国知识分子失去了变革的共识。现代法治的许多理念在中国公众中,还没有来得及启蒙便遭遇了解构。"于是我们不得不在讨论现代法治的时候也涉及后现代思潮。"[②]比如季卫东看到,要审判独立,结果却眼见得司法腐败乘机蔓延,要加强公民的权利意识,结果却冒出了玩弄法条高手王海打假致富,真是让人啼笑皆非。[③] 我们是在没有经过严格法治阶段的时候,就看到了法治的严格可能造成的伤害。我们也不愿意为法治而付出必要的牺牲,也不愿意拿出更多的成本,只想着法治之利,因而各种决策都趋利避害。但我们必须想到,法治是一个双刃剑,它带来自由的同时,肯定伴随着对行为自由的某些限制;它规范人们的行为肯定也会失去效率;它约束权力肯定也会带来管理的某些不方便,等等。但我们对此缺乏必要的准备:我们总是强调法律灵活性,强调社会效果对法律效果的冲击的合理性,甚至嘲笑依法办事的法官的机械与僵化。所以季卫东说:"中国传统社会的最大问题是通过'交涉'媒介,很容易流于力量对比关系决定一切的事态,使原则和规则名存实亡、失去意义。"[④]这很容易为权力的恣意提供条件。与西方的法治相比较,中国的法治肯定会走样,这已经成了很多人已经看到的问题。

对法治在中国的变异问题,於兴中分析说:"就像我们今天可以拥有摩天大楼,但却不一定能建立起现代城市一样,我们可以拥有密如凝脂的法律,却很难建立起现代法治。因为法治的信念已经动摇,产生法治的氛围已不复存在;一

---

① 季卫东:《法治中国的可能性——兼论对中国文化传统的解读和反思》,载《战略与管理》2001年第5期。

② 同上。

③ 同上。

④ 同上。

如上帝死了,我们不再会有中世纪的那种虔诚。思之,令人不免有空余黄鹤楼的感觉。”①於兴中所谈的法治,无疑是资产阶级处于上升时期的法治模式。那时的法治肩负着重要改革社会的功能,要打破封建的专制、争取人民的自由与民主,等等。但我想那时的资产阶级法治和我国现在的情况有相似之处,我们的法治建设也是与改革并行的。我们的改革与西方的革命不一样,法治建设的任务也与西方有很大的差别,所以我们在坚持法治普适性的同时,应该允许有自己的特点,但这并不意味着完全放弃标准。我们还要进一步分析,於兴中在这里坚持的现代法治,其标准是什么?他对法治的哀叹建立在什么立场和历史背景上?这值得我们深思。“古代中国的政治哲学主要讲的是‘治道’,关注的是统治与服从的秩序问题,极少顾及统治与服从之外的事情。”②但是我们不能否认的是以下事实:近百年来西方的法治思想已经进入中国,民主与法治、自由与人权、平等与正义以及效率等已经是我们法律价值的组成部分。尽管这种价值与传统中国文化有很大的差异,甚至我们还能发现它们之间在文化根源上的对立,但我们毕竟经过了一百多年西方文化的“启蒙”,这也使得很多的中国人对近代法治和现代法治持一种认同的态度。所以我们不必哀叹:“进入现代以后,法律已失去了往日的光辉,形成法治社会的条件已不复存在。法律只能作为若干调控手段中的一种,完全依赖法律进行社会管理已经成为不明智的做法。”③人文社会科学的许多东西,原本就不可能像科学规律那样不断重复出现。历史绝对不可能一模一样地重演,最多是“惊人的相似”。学习历史不是为重复历史,思维中的历史只是我们理解当今的前见。西方早期法治的条件确实不可能再现。我们也注意到了西方有些国家的政府,在援助与推动第三世界国家法治移植建设的失败记录,但那不能证成我们不能走向法治或接近的判断。确实,“时代的变迁使得巴黎高专师生的巷战与伍德斯托克斯的当年盛景再难以复制,强行或生硬地用过分的激情来追求理想,最终都会被现实的利益所招安或被荆棘的困难所屈服。当为自由而奋斗被为利益而奋斗所取代成为压倒一切的价值取向时,我们在以格瓦拉式的高调姿态来追求正义就显得有些迂腐和不合时宜”④。理想在现实中碰壁时,一部分人总是抱怨生不逢时,怨恨社会不能提供更多的实现理想的条件。但我们如果想一想就会看到,正是这些难如

---

① 於兴中:《解放、发展与法律:走向后现代的现代性》,载梁治平主编:《国家、市场、社会:当代中国的法律与发展》,中国政法大学出版社 2006 年版,第 87 页。

② 同上书,第 96 页。

③ 同上书,第 99 页。

④ 陈柏安:《物欲时代\法治理想\坚持方式》,载 http://chenbaian.fyfz.cn/blog/chenbaian/index.aspx? blogid = 319440,最后访问于 2009 年 8 月 1 日。

人意的现实,才显现出理想主义的价值。历史上如果没有理想主义,社会的进步就会失去“批判”的武器所显示的动力。任何法治都是在批判声中逐渐进步的,法治理想本身也是一种批判现实的力量。我们不能苛求历史来谈论法治,但我们也不能放弃理想主义的追求。我们相信作为经验总结的法治,就像“一位有水平、经验丰富的船长要比整个航海计划更为可贵”①。

3. 实现法治的方法论

从题目来看,英国学者恩迪克特的《法治的不可能性》给人留下的是法治悲观主义的印象。但通篇阅读以后发现,作者是通过对法治缺陷的揭示,寻找解决“法治是如何可能的”方案。在这篇文章中,作者指出:“法治只是一种理想,它从未在哪一个国家中实现过。法治的首要条件是政府官员遵守法律,但官员们并不这样行事,而在大型社会中,情况或许还要糟糕。由于官员们都程度不同地背离法律,社会就难以实现法治这一目标。因为人们并不总是遵守规则。”②从“法律必然包含着模糊性,而模糊性必然导致专制”的观点开始,恩迪克特展开了对法治在方法上实现的可能性。人类对世界的认识先从本体开始,而后寻找如何认识的方法,接着是改造世界的方法。尽管人们认识世界与改造世界的方法越来越多,但是并不能找到一种一劳永逸的方法。方法尽管最贴近实践理论,但它依然是理论的范畴,与实践本身还是有很多的区别。法治方法虽然是通向法治的路径,但这仅仅是一种路标性的理论,法治之路还是需要那些实践者一步一步地去走。路标的导向并不会影响实践者走错路,只是因为有了路标,我们有了矫正路线的参考。法治方法能帮助我们在思维决策过程中心仪法治,这就是我们研究法治方法论的意义。

本来,法治在政治上是反对专制统治、要求社会进步的,但在法治理念树立起来后,人们的意识形态中就隐含着维持现状、反对社会变革的思维倾向,这就是法治的保守性。但这只是一种逻辑的推论,实际上我们随处可以看到,社会是在“法治笼罩”下不断地进步的。法治是要限制专权的,但我们却看到了,在法律实施过程中必须有自由裁量权。这不仅是因为法律是靠人来执行的,而且也是因为法律中存在着模糊与空白,这就会导致一定领域的“专制”因素的存在。这是法律的设计者所不愿看到的。从立法技术的角度看,法律文本中肯定存在着模糊性语词。这种模糊一部分是立法者能力之有限,不能用完美的语言

① 〔英〕罗杰·斯科拉顿:《保守主义的含义》,王皖强译,刘北成校,中央编译出版社 2005 年版,中译者序第 9 页。

② 〔英〕T. A. O. 恩迪克特:《论法治的不可能性》,陈林林、傅蔚冈译,载《比较法研究》2004 年第 3 期。

清楚地表达其意志,实际上语言本身的概括性也使得立法者不可能尽善尽美地表述法律。另一部分是立法者故意留下的,因为他们不能预料到未来世界的所有问题,必须给运用法律的人留下自主的余地,以使法律能适应更广泛的调整对象。由于法律的模糊性必然存在,"所以专制统治——法治的对立面——是法治的一个必然特征"[①]。这是研究法治实现方法得出的一个悲观主义的结论,但这只是问题的一个方面,即指出了纯粹的法治是不存在的。我们认为这并不能说明人们为法治所设计的原则、规则与技术没有作用,只是这种作用不能达到纯粹的法治。整个社会没有法治,与法律实施的微观领域存在着"专制"的因素,是有质的区别的。"如果法律的模糊性变得不可避免,那么法治理想就变得不可企及",这多少带有危言耸听的味道。法治是一种实践理论,它不可能是纯逻辑的天国。

法治的标准究竟是什么?这可能是法学研究的空白点。"人们对理想的法治达成了共识,即法律必须是公开、明确、一致、可预期和稳定的;立法和行政必须遵守法律及其品性;必须有法院推行法治。"[②]要想实现法治,法律的确定性必然要求去除模糊性。但从法律方法论的角度看,法律的模糊性并不一定就是法律的缺陷,也并不必然与法治相矛盾。自由裁量也不是法治的敌人,只有当自由裁量的行为抛弃理性的约束时,模糊的法律才可能成为专制的帮凶。法治必须是"规则、程序+人的忠诚运用"的统治。但即使人再忠诚,也不可能完全实现理想主义的法治目标。社会的发展与进步,毕竟不会按理想主义者的设计去发生。复杂的社会为法律人智慧的发挥提供了广阔的空间。法治由于和人结合起来,它就不能是纯粹的工具,它要寄托人的目的。由于法律规则是一般性的规定,因而肯定存在模糊或者不周延性。人在解释法律的时候,必须要把其价值融入其中。法治并不是由规则自动实现的统治,它需要法律人的参与,法律人在参与法律实施的过程中,会释放出超越或者限缩法律文本的意义,但这与绝对的任意不是一回事。对法律运用者来说,理念、规范和方法都会对法律人的思维进行限制。实际上,这就是法治。[③] 只不过不是有些人所想象的——那种不用理解与思考就可以实现的法治,完全靠规则自动实现的法治是具有不可能性的。这是一种忽视了主体存在的法治标准。这种理想没有考虑

---

① 〔英〕T. A. O. 恩迪克特:《论法治的不可能性》,陈林林、傅蔚冈译,载《比较法研究》2004年第3期。

② 同上。

③ 与法治对立的是专制或任意,以及无政府状态。一个法治政府应该是让人民的行为能够预期的政府。统治者一旦失去制约,其思考问题的理性、行为的连续性和确定性,就会出现专制方面的问题。

到法律人的任务之一,就是把模糊的法律解释成确定或明确的具体法律,在司法过程中就是把一般的法律规范转换成具体的法律判决。恩迪克特似乎讲的是模糊性不予以消除,法治就不能得到“完全”实现。从这个角度看,他只是从逻辑意义上谈论法治实现之不可能性的。法律解释学的主要任务就是把不清楚的法律讲清楚,主要解决的就是法律的模糊性和不确定性问题。只不过在制度设计上看,有效力的法律解释是由法官和行政官员在具体的工作中来完成的。法官、检察官、律师、行政官员以及法学家等构成了法律解释共同体,来保证法律解释不被随意添加或缩水,不被过度解释。法律规则并不是法律人的行动方案,而是思维的指南。法治主要表现为法律规范对思维过程的约束,进而达到对任意行为的限制。

有人认为,法治不能完全实现的另外一个理由是,法律所保护的价值在许多情况下是有些冲突的。这些相互冲突的价值消解着法律的约束力和权威性。每一种法律价值,本身大多是包含有人类的美好追求,但由于各种价值所隐含的内容不一样,因而就会发生一些冲突,像自由与平等、效率与公平、一般正义与个别正义、形式正义与实质正义、自由与秩序等,都可能会在一个事件中发生这样那样的冲突或不协调。对这些不协调,法律本身无法解决,只能由人来加以协调。利益衡量或者价值衡量的方法就是专门解决价值之间冲突的协调。一般来说,冲突在同一种价值之间,我们比较容易加以解决,但不同性质的价值之间的协调较为困难,因为逻辑上不同质的东西我们不好比较其优劣。有一种理论叫做利益衡量,它是把各种不同的价值都还原为利益,然后根据利益之大小进行取舍,或者根据一些法治中的优先原则进行区分。当然,价值衡量(或者说利益衡量)并不能解决所有的纠纷,这是法律并不万能的表现。其实,一个事事都受法律控制的社会是一个乌托邦,不能成为我们的理想。我们认为,利益衡量(价值衡量)虽然不是那种根据法律思考的方法,但是几乎很少有人说它不是法律解释方法。通过法律文本的约束来实现的法治,是一种建立在逻辑基础上的推论。虽然法律文本中隐含着各种各样的法律价值,但是人们在理解法律的时候,会对不同的价值进行取舍,选择自己最钟情的价值。尽管这些价值都是法律保护的,但却有不同的含义。一般来说各种价值在法律中不会发生冲突,但是在具体的案件中这种冲突就会骤升,我们不得不在各种冲突的价值中进行权衡。在权衡过程中,按照法律方法论的要求应该进行充分的论证,把最恰当的价值确定为决断的理由。有人认为,价值或利益衡量实际上按法律外的标准来进行判断,因而不是法治。但有两点可以“勉强”说价值衡量也是法治:一是作为衡量标准的各种法律价值。尽管在具体的领域中存在着冲突,但是都是法律所肯定的价值。这与专制者的任意和私利有质的区别。法治的目标不是机械地依据法律文本来办事,而是限制任意,实现法律所追求的价值。二是利益衡量的结果要想产生法律效力,就必须是由法官作出的,法官的衡量结果,既要接受衡量方法的约束,又需要解释共同体的接受。在衡量过程中的法官的专制也是被法治精神所唾弃的。可惜我国法官对法律的衡量,还缺乏解释共同体的有效监督,任意和专横还时有发生,这与法治建设的进步很不协调。

恩迪克特认为法治的不可能性还在于:"在任何一个法院审级系统中,处于最高审级的法院不受法律的统治。"[①]在我们接触到的很多信息中,似乎西方国家的法官有很大的自由裁量权,但这与西方法治的实际情况是有些出入的,在基层法院,法官们很少进行创造性司法,法官造法大多发生在最高法院。之所以形成西方国家法官都拥有较大造法权力的印象,是因为我们所看到的英美法学家的书籍,多数是由高级法官撰写的,高级法院的很多人主张"法官造法",当然这不是没有任何限制,其中最高法院的有些法官也是主张司法克制主义的,他们的行动本身就是对其他法官的限制。另外,所有的"法官造法"行为必须充分地展示理由,也就是要进行法律论证才能增大判决的说服力。同时,出现"处于最高审级的法官不受法律的统治"的现象是有原因的。案件是逐级上诉的,能走到最高法院,是因为这些案件确实难以解决。能够依法裁判的案件,在下级法院已经得到了处理,无需上诉到最高法院。最高法院所能接触到的案件,大多属于疑难案件。所谓疑难案件就是案件事实与法律多少有出入的案件,因而也就难以在严格法治的旗帜下得到解决。但这里的问题可能在于,虽然我们不能按实体法加以处理,但案件的解决如果运用了法律程序、法律原则和精神,或者运用了法律方法,在笔者看来也属于法治的范畴。法律方法论松动了法治的严格,使法治不是机械实现而是智慧地运行。

季卫东论述了"法治中国的可能性",使我们在理论上看到了中国法治的希望。他说:"如果说传统秩序的特色是在'情理兼到'的原则之下最大限度地容许在法律过程中进行交涉、交换、说服、屈服的相互作用,现代法治建设并没有抹杀这一特色,只不过对原有的设定进行了修改:把非正式的讨价还价变成了公正程序的辩论协商,把儒家伦理语言展开的议论变成用法言法语展开的严密论证,把作为善意和自警装置的'圜道'变成了以权利和外部监督为基础的公共论坛,把主体之间纯属偶然的诉讼博弈变成在法律职业协助下的技术性博弈,把对司法机关采取'权限不清、责任严究'的管理模式变成'权限分明、责任自

---

① 〔英〕T. A. O. 恩迪克特:《论法治的不可能性》,陈林林、傅蔚冈译,载《比较法研究》2004 年第 3 期。

负'的管理模式,如此等等。在这样的模式下,立法者很重要,但解释者的角色也很重要、甚至更重要。"[①]这是一种对法治的现实主义观点,他没有从一些原则、价值、理想和逻辑出发,而是着眼于实际,从点滴的具体过程说起,在对法治实现的可能方法的比较中,看到了如果对中国传统文化进行现代法治意义的改造,就有了法治实现的可能。

我们认为季卫东说的在中国法治建设中"解释者甚至比立法者更重要"的判断,是一种很有见地的观点,对当今中国法治建设具有重要的参考价值。在我国,虽然人们已经认识到了法律实施过程中主体的重要性,但我们工作的中心,实际上还是没有落实到对具体法治的重视。《白皮书》中所讲的成就也主要是立法的成就,而缺陷多是有法不依、执法不严的问题,已经制定的法律得不到落实。这有多种原因:一是价值观念本身存在问题,因而造成对法律的理解不深刻,对一些法律的落实有抵触情绪。像我国最近出台的《劳动合同法》,这本来是和谐社会建设的重要方面,对整个国家的长治久安、对劳动者等都是很有利的法律,但无论是私人企业还是事业单位等,执行《劳动合同法》的积极性都不是很高,这对和谐社会的建设是很不利的。二是有些机构如司法机关,虽然有时想着落实法律的规定,但由于理解法律的方法不得当,出现了一些错误的理解或者过度的解释,从而使法律落实不下去,起不到约束、规范人们行为的作用。所以,在中国要想实现法治,就要有一个职业的法律团体专事法律解释活动。这个法律解释共同体,要具备法治所需要的方法与技术,保证法律被公正客观理解与运用,而要做到这一点,高素质的职业法律人,即法律的解释者确实比立法者更为重要。社会只需要一部分优秀的立法者,但社会需要很多人去解释和运用法律。从这一角度说,统一的司法考试对培养合理的高水平的解释者,对今后中国法治的发展起着极为重要的作用。

二、和谐法治理念下的法学研究

建构和谐社会几乎是法学家和社会学家的共同梦想。"'和谐法治'概念充分体现着构建社会主义和谐社会的战略思想和中国特色社会主义的时代精神,代表着我国依法治国方略和法治国家目标的历史走向。和谐法治是和谐社会的必然要求,是社会主义法制的主旋律和表征,和谐法治也是构建社会主义

---

① 季卫东:《法治中国的可能性——兼论对中国文化传统的解读和反思》,载《战略与管理》2001 年第 5 期。

和谐社会的重要保障。'和谐法治'概念和理念不仅引领我们转换法治话语体系,提升我们的法制观念和法制实践,而且必将丰富和创新建设社会主义法治国家的理想模式、历史任务、实践途径。"[①]和谐法治的根本保证是党的领导,本质是人民民主,核心是依法治国,关键是用和谐精神统领法治。"除了立法要和谐,执法与司法也要充分体现和谐精神,实现和谐执法、和谐司法。"[②]和谐法治的概念对法学研究影响很大,法学研究也会发生很大变化。在和谐法治的理念之下,我们认为法学会发生这样一些转变。

(一)研究者政治思维方式的转变——从革命、改革到法治

从革命、改革到法治思想的转变,是近百年来我国主流思想发展的轨迹之一。法理学科的发展并没有贯穿于中国近百年历史的全过程。作为一个对中国近代进程影响不大的小学科来说,法理学时断时续,民国时期有学科意义的存在,但这种存在并没有影响社会的进程。因为,没有法治就不会讲法理以及法理学。前辈们大量介绍了西方,主要是英、美、法、德、日的法理学思想和法治观念,呼喊出微弱的法治声音,种下了法治的种子,但到新中国成立以后,连这种介绍性研究以及法治的呼声都中断了。十年"文革"期间,法治被专政意义所覆盖,已失去了原本的含义,法理学也完全被政治风浪所淹没而被吸收到了所谓的科学社会主义学科中。在最近三十年中,我国的法学理论研究得到了长足的发展。法学理论与政治学等一起,为法治在中国的实现进行了理论准备。从思维方式的角度看,中国的主流思维大体上完成了从革命思维向改革思维的转变,启动了由改革思维向法律思维的转变。

革命思维是指导中国人民取得胜利的重要思想,这是十月革命的一声炮响,给我们带来胜利曙光的思想。在这一思想的指导下,我们取得了一次又一次的成功,以至于在夺取全国政权的胜利以后,我们还充满对革命思想的敬仰与留恋,试图用革命思想指导我们的社会主义建设。由于我们没有随着形势的改变而与时俱进,这就使得革命思想从成功走向僵化;即使在出现了一次又一次的失误后,我们仍没有觉醒,还要推行无产阶级专政下继续革命的理论。革命成了人们的定势思维,影响了几代人的思想。激进的革命思想,最大的特点在于蔑视法制,不论是自己的法律还是反动的法律。法律被视为是统治阶级意志的体现,是阶级斗争的工具,法治是资产阶级愚弄人民的骗局,革命是一种无

---

① 张文显:《走向和谐法治》,载李林、王家福主编:《依法治国十年回顾与展望》,中国法制出版社2007年版,第11页。

② 同上书,第14页。

需法律的秩序,这种思想是一种煽动人民造反的理论,在革命战争年代看不出其负面影响,反而能激发人民的斗志,但是在和平时期,其弊端就显现出来,“文革”十年就是这种思想泛滥到极端的表现。备受无法无天之苦的老一辈革命者,在“文革”结束后掌握了政权,为防止“文革”的重演,痛定思痛后决定要加强社会主义法制建设,认为搞社会主义建设法制还是靠得住些。自此,革命思想开始向改革思想发展。

在革命思想的引导下,我们学习苏联的经验,从思想到制度全面引进。国家的面貌也发生了很大的变化。但其经过近三十年的实践,还是出现了许多问题。我们不仅没有按照预期的目标赶上英美,反而距离越来越大,这就迫使我们改弦更张,放弃多年珍视的革命思想。“改革开放”成了中国共产党十一届三中全会后,最时髦、运用最频繁的词汇。就像当年革命思想冲击所有学科一样,改革在过去的三十年中对各个学科的影响最为深刻。改革就其本质来说实际上就是改良,但由于在长期的革命过程中,我们是不允许有中间道路的,所以一直反对改良,把改良视为对革命的破坏,至少是革命立场的不坚定。所以在改革之初,为了防止革命思想的反向冲击,我们反复宣传说,改革实质上是一场革命,因而也是革命思维的继续。现在,革命思想还是在一些人的脑子里根深蒂固。他们经常抱怨这样的改革不彻底,那样的改革不彻底,要进行全面的改革。比如很多学者攻击司法改革不彻底,但我们可以想象彻底的司法改革与革命有什么区别?改良是从点滴做起,“摸着石头过河”是我们这三十年取得成功的最主要经验。在改革声浪中复归的法理学研究,并没有取得可以被宣扬的成果。我们的法理学者只是一味地配合政治宣传,重复着政治家们的改革话语。甚至,我们对改革没有进行像样的反思,这也怨不得我们的前辈学者,因为改革原本就是法理学应该探讨的本体问题,改革与法治是存在悖论的。改革改什么?不就是要改变现在不适当的制度吗?而法治天生的保守性是要维护现存制度的。所以在改革的年月里,法理学家如果不随波逐流,只能是无所建树。所以许多法理学者,竟是昏天黑地地讲,法律和法制如何能够促进改革,为改革指明方向、保驾护航,等等。我们看到宪法修改活动,正是对前一阶段一些“违法”行为的认可。这些看似矛盾的地方,在中国特定的文化背景下有逻辑的必然。所以,我们所进行的很多改革与法治相矛盾,法治所要求的单向逻辑与改革的整体事业之间似乎存在着很多的冲突。中国必须进行改革,有时候我们顾不了那么多逻辑问题,因为在法律修改以前先进行社会改革,对发展来说是必需的。我们看到这种改革与法治的矛盾还会持续一段时间,但是我们也会注意到法律思维正在被越来越多的人所接受。

在20世纪90年代以后,政治法理学为法治的呼喊,使法律学人的思维发生了质的变化，革命、改革的术语淡出法学学术著作。特别是建设"和谐社会"目标的提出，更是意味着革命思维逐渐走向终结。在和谐社会建设中，法治起主要作用，是达到目标的主要手段，因而法律思维今后将是思维转变的最主要方向。整个社会法治环境的改变，法律思维会代替政治思维而成为主要的思维形式，法律思维从总体上看是指那种根据法律的思维。虽然法律思维含有方法运用的技术成分，但其基本特征是指那种带有保守倾向的——根据法律的思维。过去我们喜欢把所有问题都政治化，但法律思维最主要的是要把政治、经济、文化等问题法律化，用法律来解决多数冲突与纠纷。革命思维或者说政治思维向法律思维的转变，其着眼点在这个地方，但这种转变是有条件的，这就是社会关系的大体稳定。如果现在定位我国属于社会转型期，那么改革思维向法律思维的转变契机还没有最终到来，整个社会向法律思维方式的转变还处在启动和准备阶段。

社会转型期也许是一个长期的过程，我们不可能一下子理顺各种社会关系，这个"摸着石头过河"的改革进程还需要经历一个时期。我国许多重大的社会关系还没有固定，例如，物权法对土地的所有权还没有最终确定下来，这就要求我们对法治进程有一个长期的思想准备。法治是一个渐进的过程，没有哪一个国家一下子进入到法治的较高境界，但我们应该看到，走向法治是历史必然的选择。法律思维方式的形成也是一个不断进步的过程。虽然法治与改革存在悖论，但我们只能在矛盾中前进。法治的保守性与改革的积极性都需要保护，两者之间也需要斗争。鼓励一部分人持保守姿态，可以限制预防冒进给社会带来的伤害，鼓励改革可以使社会不断充满活力。就当前来说，我们更需要鼓励保守的法治主义者，因为我们没有法治的传统，而改革已经成为了新的传统，"改革有利"似乎成了不用论证的东西。中国需要在保守与改革之间寻求一种有秩序的和谐，改革与保守都要围绕着法律规则的严格与松动来进行。当改革与保守都不被当成一根棍子打人的时候，我们这个长期的转型期就能正常地运行并发展下去。我们的未来应是法治的天下，公民较为普遍地形成法律思维是法律人所梦想的目标，这不但需要条件和时间，更需要不懈的斗争。而且这种斗争应该是法治框架内的活动，是那种放弃了"革命"的激进主义的斗争。[①]

---

① 但不断改革的思想还会影响着我们。季卫东认为："任何试图固步自封、以经验性渐进主义为借口来搪塞社会呼声的态度和策略都难以向历史交代，任何试图阻挡时代潮流的举动都是徒劳无益的。况且在权力和意识形态的上层建筑与市场经济基础不相配合而造成结构性腐败不断蔓延的客观条件下，正面的回应措施拖延得越久局面就会越糟，甚至导致积重难返、回天无力的大崩溃。"见季卫东：《结构的组合最优化——探索中国法与社会发展的新思路》，载梁治平主编：《国家、市场、社会：当代中国的法律与发展》，中国政法大学出版社 2006 年版，第 75 页。

我们必须注意到,这种演变其实只是一种形式上的演变,法律在社会中还没有真正的地位。“在中国发展的过程中,国家始终处于主导地位。它既是发展蓝图的制定者,也是执行者和监督者。这还是一种人为的发展模式,它与西方的以市场调节为主的自然发展模式不同。它在资源分配和管理上还有很大的任意性,因而导致分配不均、管理不当的社会状况。”[①]在过去的三十年,中国政府日益重视法律的作用,已经意识到法律是市场经济的保障,然而,“法律在中国的经济改革中,并未发挥十分重要的作用”[②]。但这种状况会随着法律思维日益深入到日常思维而有所改变。如果我们有幸走进法治社会,法律思维一定会代替政治思维在社会中占据主流位置。

(二)研究视角的转移——从立法、法治到司法

近三十年来,各种社会规范的地位变化最大的是法律。1949 年以后我们仍然奉行革命理论,坚持以阶级斗争为纲,法律被放到了很低的位置,无法无天、造反有理成了支配行动的理念,党的政策成了至高无上的行为规范。但政策的灵活性与多变性却又使得许多人备感茫然,这给社会主义建设也造成不可估量的损失,也给许多人的心灵造成了难以弥补的创伤。面对十年“文革”的教训和急于成为世界强国的梦想,我们选择了法治。宪法和法律成了至上的行为规范之一。我们看到,法治观念的提出强化了法律的地位。在我国,法律地位的提高并不是法学家的贡献,而是政治家的选择,或者说历史的选择以及西方法治的影响。这其中最值得一提的是中国共产党在 1982 年党章和 1982 年宪法中的规定:任何政党都必须在宪法和法律范围内活动。和西方法治相比较,我国的法制建设是在没有职业法律群体的情况下,自上而下地由政党和政府推动的。在 20 世纪 80 年代初期,被称为“人民”的群体并没有表达出更多的法治愿望,相反,按照我们的阶级分析理论,中国人口的多数——农民最容易和无政府主义结合。由于没有一个职业群体的参与,也没有一个阶级的支持,法治建设可能存在一个目的“不纯”的问题。翻开我国那一阶段的文献,我们可以看到,在中国实施法治的目的主要在于:为了防止林彪、“四人帮”事件的发生、防止“文革”重演,为了进行现代化建设,为了精神文明、政治文明建设等。这些目的中有很多的积极意义,但基本上都围绕着管理而展开。法治负载了许多目的,但就是没有一个把法治作为目标的目的。法学界最大的贡献就是把“限权意义上

① 於兴中:《解放、发展和法律:走向后现代的现代性》,载梁治平主编:《国家、市场、社会:当代中国的法律与发展》,中国政法大学出版社 2006 年版,第 97 页。

② 同上。

的法治”上升为理论与实践上的正当性。对法律职业人士来说,法治就是目的,这一目的可以带动更多目的的实现。我们要想使法治真正地实现,就不能把其仅仅当做手段。法治在充当手段的同时,必须也是法律人的目的,这样才能保证政治、经济等其他目的实现。

20世纪80年代关于法治的研究,明显带有简单化逻辑分析的倾向。比如,关于法治与人治关系的思辨,所使用的既不是法律语言,也没有深入到法治实现的方法论层面,而只是在法治与人治之间,进行对立与统一的思辨。其得出的结论虽然看来都很有道理,但对法治建设似乎没有多大的促进作用。虽然我们刚才讲了法治是目的,而不完全是手段,但那是因为法治的刚性要求我们不能有太多的灵活。如果所有的目的(尤其是统治者的目的)可以随便修改法律的话,法治的原则是根本贯彻不下去的,所以我们必须强调法治作为目的的重要性。但如果我们不去研究法治作为方法与目的的属性,仅仅对法治做简单化理解,那无疑会毁灭法治。近三十年中出现的“泛法治化”倾向,足以提醒我们必须重视法治实现的方法论研究。

这种泛法治化倾向主要表现在,当执政党提出依法治国的方略后,各方人士不假思索地效仿,提出了各个领域的“依法治X”的主张,有的甚至都到了滑稽的程度,像依法治家、依法治村、依法治校,等等。提出这些口号的人有谁相信,他们真的是依法治理的呢?“以法治X”成了一个以各种理由罚款的依据。恐怕连这些口号的提出者,根本不知道法治为何物。这种基于管理方便和捞钱为目的而提出的治理措施,比没有章法的胡乱治理好不到哪里。如果我们不思考法治的深刻含义是制约政府和政党行为的话,法治就不会贯彻到底。从技术的角度看,依法仅仅是个原则,不是具体行动方案,这种试图用立法(或法律文本的条条框框)就能治理好社会的想法是极其幼稚的。笔者当然不是说这个原则不重要,而是对这个原则不能做简单化的理解。

在“依法治X”的背后隐藏着法学上的立法中心主义情结。这种情结源于政治与法律相比较的优势地位,源于政治法理学对它的不适当诠释。这种理论认为,对立法者创立的法律,如果人们都去遵守和执行,法治就能够得以实现。很多人对法律的常识不一定很了解。但法律人必须明白,立法者所创立的法律,仅仅是抽象的一般性规范,把法律运用到实际中是一个相当复杂的过程。法治不仅需要立法的支撑,更需要司法作为基础。这种建立在立法中心主义视角下的法治理论,是一种把法治过于简单化的构思。而我们这些年来,确实对此执迷不悟。我们已经习惯于用上级的思考来代替个人的独立思考,下级已经形成了不独立思考的毛病。学者们的重要任务就是提醒、纠正这些弊端。近三十年来,法理学中的一部分学者,已经看到了立法中心主义研究的症结,因而主张法学研究的转向,主张向司法中心主义转向。[①] 法律解释学和法律方法论的研究就是这种转向的标志。

随着法治的发展,法学不仅有了专业问题的研究,而且其研究范围已超越了法治。除了原来的政治法理学继续深入研究法治外,司法中心主义的研究已经主张对法学的主体进行认真的研究,试图解决法学研究中的主体"隐退"的问题。对律师、法官和检察官等的研究,也成了法学研究的重要课题。司法中心主义的研究以法律规则为核心展开,有两个方向:一是沿着传统规范法学的路子,在规范与事实之间寻求新的规范意志,为法律的实现寻找方法,出现了法律发现、法律解释、法律论证、利益衡量和法律推理等法律方法的研究;二是出现围绕规则与社会的关系而展开的法律社会学研究,这种研究发展最快,通过揭示法律规范与社会的内在矛盾,帮助人们更加深切地认识法律与法治。

(三)法律本位转向——由义务、权利到社会

关于法律本位的研究是法理学对社会意识形态的一大贡献。起码从立法的角度我们能看到,近些年的法律都有"为了保障权利的实现而制定本法"的字样。权利不仅是立法者的追求目标,而且也成了公民意识的组成部分。但笔者注意到,中国法理学者对权利的论证,主要是逻辑推演的论证,缺少对经济改革或社会转型的背景的深入分析。这不仅表现在权利本位的证立,还表现在对个案分析的法律社会学研究。2008 年 2 月 23 日,秦晖在《南方周末》发表了《中国"奇迹"的形成与未来》一文,讲到了中国之所以产生奇迹的原因在于,中国不存在这样几种情况:"民主分家麻烦大,福利国家包袱多,工会吓跑投资者,农会赶跑圈地客。"因而,在中国出现了交易成本低而效率高的情况。但这种交易成本低与效率高,是以低人权和低福利为代价的。

在笔者的印象里,权利本位的研究者很少在权利与效率之间进行实证研

---

① 喻中认为,司法中心主义范式尽管有相当的合理性、正当性,但这种研究范式及其指引下的法学话语也有一定的虚幻性。它在一定程度上反映中国的社会变迁,但没有全面反映当代中国法律发展的内在需要。还有中国法学的论著也没有一个人说过以立法中心主义指导中国的法学研究。我们认为,也许那时的法学研究还处于一种不自觉的状态,如果知道了立法中心主义,肯定也会像喻中一样提出另外几种中心主义,即行政中心主义、公众中心主义等。参见喻中:《从立法中心主义转向司法中心主义?——关于几种"中心主义的研究范式的反思、延伸与比较》,载《法商研究》2008 年第 1 期。

究,更多的是在权利与义务的关系中把握权利本位[①],这可能是个人的孤陋寡闻所致。我们很少对一些具体权利,进行以现实为背景的实证研究,尽管我们已经看到中国的现实社会太需要权利了。大部头的权利著作仍然在贩卖西方人的精美论证。在中国,哪些权利是应该马上就解决的,哪些权利是要逐步解决的,为什么有些权利还不能马上实现?比如,《劳动合同法》的贯彻,劳动力成本必然要提高,中国经济的发展能不能承载,我们并没有进行认真的研究,只是从应然和社会稳定、关注民生的角度觉得应该这样做,而没有拿出科学的数据来证成这么做的必要性。笔者不是说逻辑分析错了,而只是说权利的兴盛,应该有恰当的契机。这同样适用于对民主实施的契机分析。最近中共中央党校研究室编写了《攻坚:十七大后中国政治体制研究报告》,其结论是:中国财经改革还需30年,也就是到2040年才能完全转型成市场经济和民主政治。实际上,这种大的宏观判断能否成立,还依赖于一些具体权利实现的可能。也就是说,对权利的研究,我们不能仅仅建立在逻辑基础上,还应该有实证科学的支撑。

从管理的角度看法制,需要义务本位。以20世纪80年代的眼光来看,我国法理学研究有两个大的变化:一是权利本位的提出;一是文化观念的引入。实际上,权利本位既是一种价值倾向,也是一种文化现象。这在法治社会中,原本是平常的观念,但在那个特定的岁月却掀起了波澜。[②] 权利本位从文化上打破了奴役式的服从文化,打破了绝对集体主义的观念,突出了个人的权利。尽管当时谁都不愿意承认权利本位是个人权利本位,但如果我们细想一下就会发现:权利如果不是个体的,实际上就是没有主体的权利。尽管权利与义务是矛盾的两个方面,没有义务就无所谓权利,但在历史上确实存在着忽视个人权利的时代,这一点在西方和中国都出现过。我们基本上都相信,在所谓封建社会,义务都用法律加以明确规定的,而权利的规定都与少数人的特权联系在一起。法律更多的是禁止这样那样的规定,这样就出现了义务本位的法律,它主要是从方便统治者的管理而展开的。我们更愿意相信,义务本位是在人类历史特殊时期,对权利义务关系的扭曲,尽管义务性的规定也隐含着对一些权利的保护。

---

① 权利本位的倡导者张文显先生准确地把握了权利义务是法学的核心范畴。在权利义务具有一致性的判断中,权利与义务具有:"结构上的相关关系,数量上的等值关系,功能上的互补关系,价值上的主次关系。"参见张文显主编:《法理学》,高等教育出版社、北京大学出版社2007年版,第146页。

② 20世纪50—80年代的中国,阶级分析的方法是我们认识问题的唯一"正确"的方法。马克思主义是唯一正确的世界观与方法论。所以一提出与这种世界观与方法论不同的观点,都可能引起很大的思想波动。离开这个背景,我们就无法理解权利本位以及文化研究方法的提出所带来的轰动。而其他方法与观点的引入使得人们相信,马克思主义的正确并不意味着其他观点都是错误的。

我们现在仍需要反思历史上存在的这种义务本位观念对今天的影响。权利本位并没有渗透到我们管理者的头脑中,甚至在一般公民中这种思想也未必能被普及和接受。我们从许多单位看门人的行为中就能看到,他们多是怎样方便自己然后就怎样采取措施。从这个角度看,中国以权利保障为目标的法治还需要经过很长一段时间才有可能实现。义务本位法律的优点是方便管理者,能高效地实现统治者所希望的秩序;缺点是忽视了公众的权利保障,容易激发人民的反抗,不利于社会的长期稳定,也不利于激发社会进步所需要的主体性意识。

从限权的角度看法治,需要权利本位。我们对法治的认识存在着许多问题,这表现在许多方面:(1) 宪法的主要功能在于实现宪政,但我们却把它当成了一种宣言书,一种确定胜利成果的法律明示。实际上宪政就是"限政",就是用法律约束政党和政府的行为,使其决策多一些科学性、合理性及客观性,少一些任意性和率性,多想一些人民的要求和少想一些个人的利益。[1] 法治的实现需要有相应的法律,用法律约束决策者的思维。这只是从逻辑的角度看法治的实现。(2) 从社会行为的角度看法治,要求法律规范中的内容中必须广布权利,通过具体的个人对自己权利的追求,来实现对权力的制约。权利不只是法律的规定,更主要的是要把其变成行动中的能量。权利本位虽然只是观念,但它一旦变成行动就成了法治最主要的动力。为争取权利的斗争,维护权利的监督热情,都会使法律充分展示其力量。所以,人权不仅仅是生存权的问题,它是以人为本位展开各种利益要求。但权利本位以及限权法治与中国固有文化有很大的冲突。(3) 围绕着权利与权力关系而展开的法治,要想在中国真正实现还需要我们不懈的努力。我们都在说,市场经济是法治经济。这说明市场的竞争需要法律的约束,这里的法律既是规范也包含着权利,但法学之人都愿意强调权利是法律之本位,而市场经济主体对市场的渴求主要是利益。正如於兴中所说:商人看重的是赚钱机会,提倡人权与经济活动之间的经典矛盾再次显现出来。[2] 人们现在都非常关心经济指标的变化,效率优先兼顾公平被当成了原则,这是基于极度贫困而作出的价值选择,从理性的角度看并没有什么问题,因为在贫困的基础上,人权无法得到良好的保障。但在人们都关注效率的时候,为了使人的尊严不至于被遗忘,法律人必须高举人权的大旗,以使效率的进步不迷失方向。从发展的眼光来看,公民的权利意识在增强,政府与公民之间的

---

① 季卫东认为,有没有关于异议自由和抵抗权的程序设计是测试真假宪政的根本指标。参见季卫东:《结构的组合最优化——探索中国法与社会发展的新思路》,载梁治平主编:《国家、市场、社会:当代中国的法律与发展》,中国政法大学出版社 2006 年版,第 64 页。

② 於兴中:《解放、发展与法律:走向后现代的现代性》,载梁治平主编:《国家、市场、社会:当代中国的法律与发展》,中国政法大学出版社 2006 年版,第 93 页。

关系向着法律关系的方向发展，臣民文化逐渐被公民文化所代替。以维权为中心的行政诉讼越来越多，公民与政府之间在法律上的平等关系日益显现。但我们离法治社会的目标还有很大距离，目前基本上是处于国家法治阶段，这就意味着国家机关与公民之间的平等法律关系还没有完全建立起来。宪法赋予公民反抗国家的合法权利，还没有得到充分的实现，甚至还被认为是反动的东西；限权意义上的法治还停留在理论层面；人民对于政府早已该做的"关注民生"还抱着真诚的感激之情。同时我们还应看到，中央关注民生的想法在基层还有许多思想障碍，在发展经济的旗帜下，许多人不愿意投入更多的成本来解决普通公民的权利需求。《劳动合同法》的实施遇到了很大的阻力，这不仅是在各种公司中存在，实际上在许多"高素质"的事业单位（比如说大学等）也照样存在。这说明我们没有对法治持克制主义的姿态，我们还是按我们的需要来运用法律。因此，限权意义上的法治还需要我们不断宣传，要把其变为人们的心理素质，然后才能有法律的真正落实。

和谐社会的建设需要社会本位的法律。我们应该意识到，个人权利本位只是一个历史阶段，个人本位的法律文化还需向社会本位转变。[①] 这种转变并不是个人消失，而主要是要消解极端主义的个人权利观，实际上还是为了更好地落实个体的权利。个人权利的过度行使与泛滥，并不能保证社会的充分发展所需要的激励因素。但社会的发展与进步，离不开个体权利充分发挥，强调人的社会属性是对极端个人本位的约束。社会本位要求：(1) 我们在观念上应该多一份社会责任感，做任何事情不仅要对个人负责，还应该对社会和他人负责。以社会为本位的法律系统的建立，加大了每一个人对社会的那份责任，但同时我们每一个人也都能从社会中获得更多的权利保障。社会本来就是由个人的群居所构成的有机整体。(2) 要有更多的社会组织来承担个体难以承担的责任，实施广泛的社会救济。在个人本位的法律观中强调责任自负。但我们经常看到许多法律权利由个人来负担实际上得不到应有的救济。我们不仅要重视传统以个体为调整对象的民商法的完善，也应该重视社会保障法的发展。在劳动保险、医疗保险、失业保险、工伤保险、养老保险、生育保险、社会福利事业等方面，我们必须下大气力去做，这可能比纯理论研究更重要一些。社会本位的

---

① 季卫东说："政治与经济的不均衡发展所造成的跛足状态势必将提出如下问题：把个人从组织中分离出来究竟可以达到何种程度？为了避免社会呈现'一盘散沙'状态同时又实现广泛的意思自治，应该如何重新建构个人与个人、集团与集团之间的关系？"参见季卫东：《结构的组合最优化——探索中国法与社会发展的新思路》，载梁治平主编：《国家、市场、社会：当代中国的法律与发展》，中国政法大学出版社 2006 年版，第 60 页。这确实是一个问题。引用西方社会的理论，法律本位的社会化也许是一个出路。

法治建设,对我们和谐社会的构建,对社会秩序的稳定有着极为重要的意义。社会本位的法律可能会使经济的发展放慢一些,但由此所获得的社会祥和,应该更加符合人的本性。我们现在必须反思经济与科技的高速度发展给我们带来的生存危机和造成的心灵扭曲或伤害了。

(四)研究范式——从本体论、认识论到方法论

有学者作出判断说,西方哲学走完了从本体论、认识论到方法论演变的三个阶段,而中国哲学没有走到方法论阶段,"自然"的演进过程就被西方文化的"入侵"打断了。关于哲学的这种判断深深地影响着一部分法理学人。记得笔者在1987年上研究生的时候,有师兄就提出了新的法理学的体系应包括本体、认识与方法论的体系,很明显这是套用哲学三个阶段的划分的理论。也许阅读量有限,笔者到现在也没看到,包含着完整"三论"的法理学著作。但我们依稀可以感觉到三论在法理学研究中的影子,这可能就是哲学的魔力所在。尽管法理学中本体、认识与方法所讲的内容,与哲学并不一样,有时可能大相径庭,但哲学却在有意无意之中影响着其他学科的研究。

我们的法理学研究没有经过一个"自然"的演变过程,一开始就是从介绍国外的著作着手的,这也许就是后发展国家的学科前行的"优势"之所在。我们不必从头再来,拿来、赶上与超越自然就形成我们的路径。由于急于搞清楚什么是法律,因而法学研究一开始总是先研究"法律是什么"这样的本体(质)问题,尽管这有违于认识的"规律"。按说,我们应该先认识事物的现象,而后通过现象看本质。但我国的法理学研究者,由于受法律知识的先天不足、政治气候似乎也不允许等条件限制,对法律本质的探讨,缺乏屈原那种"天问"的姿态和底气,而只是想在马列原著中寻找自己认为正确的答案。这种在马列原著中探寻到的片言只语,只是经典作家研究其他问题时顺便谈到的对法律的一种认识。用这种方法研究关于法本质的问题,不是学术性的而只是政治性的。在整个20世纪80年代,法理学基本没有学术性,只有政治性。但这种政治性的学术往往会引起在政治上的相互攻击:假如你不同意我的观点,我就要给你扣上政治帽子。

20世纪80年代的法理学研究,我们几乎都视之为政治法理学。按说探讨法律的本质本应是一个纯粹学术的问题,但在中国特定的历史时期,与政治意识形态联系在一起了。从马克思主义原著中寻找出的"法律是统治阶级意志的体现"的本质,本应促使我们掌权以后十分珍视自己的意志,但我们却把蔑视反动法律的思绪,带到了对"社会主义法律"的认识上。从法律社会学的角度看,

法律是统治阶级的意志并没有错，但我们讲法律本质的时候，往往只将分析的材料对准资本主义的法律。阶级分析的方法从不分析我国法律的现状，只是用政治话语代替实证的研究。从现在的眼光来看，当时坚持阶级分析的学者只是沿袭了思维惯性，套用了那些无需论证的"正确"结论，并不是真正地会运用阶级分析方法。笔者原本以为许多人是因为真诚才坚持这一观点，但当我国这些年真的出现了阶级分化（起码是阶层）以后，却再也没有人坚持这种观点了，笔者发现许多马克思主义学者与时俱进了。北京大学的巩献田教授也许是运用阶级分析的方法观察社会的最后一个人。虽然并不赞成他的观点，但笔者捍卫他说话的权利。他喊出了物权法是不是对穷人的打狗棍和富人的宝马车同样保护的问题。这种问题在规范法学那里是无法解决的问题，但它却能提醒我们法律的制定应该注意到阶级（阶层）的意志与利益问题。

关于法律的本质历来有不同的说法。按说，各种纷呈的观点会提高我们的认识，但实际情况是我们很多的研究者得出了法律没有本质的结论。这场持续十多年、耗费大量人力物力的大讨论，所带来的只是一场思想解放的局面，要说这已经足够了。各种眼花缭乱的法律本质，成了很多年轻人重新研究法律的起点。人们不再迷信哪一种观点是唯一正确的观点，文化多元已经成了现实。法学界也在享受着政治上"不再争论"所带来的繁荣。近十多年来，法律本质似乎不再是最重要的问题，只有在各种法理学教科书中还有那一段历史的痕迹。法学已从"本质"走向了"现象"，但本质问题仍然是一个没有解决的也许是永恒存在的理论问题。

纠缠于对法律本质问题的讨论，几乎耗费了一代法理学者的精力。但在20世纪90年代后，一批青年学子不再关注本质问题，开始了对法律现象的研究。法律价值、法律文化、法律规范、权利问题、法律与社会、法律与经济、法律与文化、法学与文学、法学与人权、法理学科问题、法律环境问题、法律解释与法律方法问题，尤其是法治问题等，成了法理学研究的广阔视阈。人们的认识手段也发生了很大的变化，不仅马克思主义的辩证法被广泛运用，而且现象学、解释学、语言学、论题学、修辞学、系统论、控制论、信息论等被"全面"引进法学研究。不管研究得深与浅，我们能看到，单一的、唯一正确的认识论已不再鲜亮，所谓的权威、学阀也仅仅是一些人自我放大的感觉。虽然还有一部分学者，自认为自己永远正确，在某一领域颇有权威，但是已经失去了往昔的光环。多角度的研究已经成为不可逆转的潮流。当然，这种开放式研究中也会出现一些不正常的声音。很多大一统的"天下"意识并没有消失；表现在学科领域我们时常会看到一些新的"学阀"；面对丰富的学术成果混乱判断、唯我正确的情况时有发生。实际上只要展开对法律现象广泛深入的研究，那种事事处处都有精深独到见解的百科全书式的专家已是不可能了。每个人只能掌握有限的现象，了解有限的真理。即使在不懈努力的研究者，也只能成为某一领域的专家。还有，总有一部分学者在论著中强调某一问题至今还没有统一的结论的怪论。实际上，多角度认识问题就不可能有统一的结论。追求在某一问题上的唯一正确结论早已被哲学解释学所否定。伽达默尔讲：只要有理解，理解便会不同。各种各样的研究只是帮助我们进一步理解，而不可能统一人们的理解。

我们现在已经进入方法论研究觉醒的时代。方法论问题，笔者之所以称其为觉醒，乃是因为在哲学史上我们没有完成这一过程。法学研究对方法论早就应该重视，但我们却长期忽视法律方法论的研究。原因在于，我们把法学仍然当成是知识，而没有关注法学作为实用学科的属性。"学以致用"是法学最基本的属性，方法论是其最重要的内容之一，但我们现行的法学教育对此却不是很在意。比如，我们在各种教材中都能看到，法学是善良公正的艺术的说法。但我们却很少对艺术进行讲解与研究，最多把艺术称之为方法或技巧。而对技艺性的东西，我们总是不屑一顾，认为那是雕虫小技而不耻与之为伍。在西文里面，艺术是指任何有赖于规则的活动，但对人类活动来说，运用哪些规则却又是无规则可循的。所以他们把科学的分析精神也运用到法学中，铸成了各种分门别类的学科。"所谓'术'即规则或方法，而'艺'则是对'规则'或'方法'的实践；'术'是名词，'艺'是动词。"[①]艺术和天才是在规则和无规则之间的活动。在此认识的基础上，施莱伊马赫想把解释学构造成为一个能引领理解的方法论。我们和西方法学差距最大的不是对本质的认识，可能最大的差距是对方法论的研究。与西方法治相比较，如果我们能在理念上也需要赶上的话，其中的差距可能就在于我们缺少落实法治的具体方法。实际上方法是与理念联系很紧密的，方法运用中隐含着理念。西方法学的这种细腻值得我们认真学习，方法论会引领法学走向细腻，而这会打破我国长期以来所偏好的宏大叙事。

在一百多年前，我们的先人确定了向西方学习以后，中国的律学无可挽回地西化了。我们现在学习的主要是传来的西方法学，即使有几门被称为中国法制史和中国法律思想史的学科，里面充斥的也主要是西方传来的指导思想和研究思路，所以我们抱怨没有自主性的中国法学，抱怨法理学没有中国的根基。关于法律方法论的研究也是这种情况，学者们对中国问题的关怀没有对外国问题和理论感兴趣。似乎掌握外国的前沿理论，就能用这个"他山之石"攻中国之玉。实际上，我们必须注意到，外国的理论都是有其针对性的，虽然我们必须借鉴，但不能照搬。这个判断也许应该分不同的阶段来认识。以法律方法的研究

① 金慧敏：《后现代性与辩证解释学》，中国社会科学出版社 2002 年版，第 8 页。

为例,我们如果舍弃西方的理论对这一问题就可能深入不下去,所以现在法律方法论处于引介阶段,大量的西方理论引入是再正常不过的事情,但西方的方法论如何与我们固有文化结合是我们始终必须注意的问题,法学的中国化、法律方法的中国化是我们的最近目标。

法律方法的研究主要是围绕着司法活动展开的,我国时下的立法活动更多的是坚持拿来主义。拿来主义也是一种方法,但不属于法律方法重点关注的内容。在西方法律方法研究中,目前正在进行所谓的由解释到论证、由形式逻辑到非形式逻辑、由形式推理到实质推理、由方法到本体的转向。各种观点纷纷出笼,我们正在以各种途径大量介绍。这种介绍无疑是重要的,它可以打开我们封闭的思想。但我们要考虑的是:西方法学的转向是有其历史条件的,在那里已经度过了法治的严格阶段,法律的形式性以及对形式正义的追求已使法律运用僵化,出现了所谓法治的危机。但在我国,法治建设才刚刚起步。我们对程序正义的认可程度还不是很高,法律的权威还没有树立起来,所以我们的法律方法论研究即使不重复西方的研究,我们也必须经过严格的训练方能达到。当我们的法律人都能较为自如地运用法律方法的时候,也许我们才有资格言谈方法论向本体论的转向。我们的法治建设需要方法,法学教育更需要方法。这当然不是说,对本体论的研究我们可以忽视,但当务之急是把方法论搞上去,然后我们才有转向的基点。

(五) 法治意识形态演化——由制裁、制约到克制

法治的目标,我们能够在各种论著中看到。例如,通过限权达到政治权力运用的平衡、通过规则实现秩序、通过程序实现正义、通过权利的分配实现自由、通过立法和司法的运作实现和谐。但对法治原则中所隐含的指导理念(意识形态),有时因为不便明说,有时客观情势使我们不知怎么说。面对法治可能出现的多重意义,我们确实难以解释其真谛。从思维对行动的限制模式观察,我们可以看到法治所隐含的精髓,这就是制裁—制约—克制的发展线索,这种发展虽然是历史总体趋势,但在中国三十年的法学研究中依稀可见。

1. 管理—制度—制裁,压制型法治

在中国法制的早期,法就是刑,刑主要不是规则而是指刑罚,即制裁。法治就是“刀把子”并不是今天特有的观点,而是在中国有深厚的文化根基,这种观点与中国特定的历史时期的无产阶级专政思想结合起来,就成了那个时代法制的精髓。法律就是暴力,与国家暴力机关紧密相连几乎成了教科书中的说教。我们很多人相信,离开国家暴力,法律就是毫无意义的空气振动。但是当我们

用这一个结论审视社会主义法律的时候,我们就不得不考虑“反映人民意志”的法律是不是也是暴力的问题。一种结论肯定地回答说:是。因为人民要对敌对阶级实施专政。由于人民不是一个纯粹的法律概念,而是一个政治概念,所以,当监狱中多数人也是属于“人民”范畴的时候,我们感觉到茫然。于是人们开始反思,制裁虽然是法律或者法治所不可缺少的,但暴力并不能成为法律的精髓,尤其是法律并不仅仅是刑法或者公法。刑法只是法律中很小一部分,大部分的法律是调整日常生活秩序的。这些法律是人们日常生活的组成部分,只有极端的情况下才与制裁相联系。所以,面对多数法律我们必须承认法律是规则及其体系。法治就是把这些规则落实到现实生活中,依法办事就成了法治的核心。而要做到依法办事,其前提就是制定完善的法律。甚至,在我们的法学词典和一些教科书中,法制(治)的含义就是法律和制度。所以我国法治建设这些年最主要的成就,就是制定了大量的法律。

对法治的这种认识无疑是片面的。法治是一个系统,既需要各方面的条件(如制度、文化、政治气候、经济需求等),也需要各方面的协力(如司法、立法、各种监督等)才能实现。法律与制度只是建立法治的前提条件,把法治视为法律与制度,容易引起对法治简单化倾向和浪漫主义的法治观点。最主要的是这种观念没有抓住法治的关键,没有看到法治的实现也是一种艺术,是一个复杂的过程。我们都知道,立法实际上也是一个利益衡量的妥协过程。所以,立法在法治国家的发展速度并不是很快。但由于我们文化的骨子里面,对法治并不是很重视,所以立法的争论在很多时候都被忽略了。由于我们着急赶上世界先进的法治国家,所以在立法中不仅对现成的法规采取拿来主义,而且将其争论的很多观点也直接引进到法规中来。以至于我们很多人沾沾自喜,认为我们的立法超越了法治发达的国家。但我们能看到的是:我们的公民对立法工作是如此地不重视,几乎所有的法律都是在没有大的争议中通过,这证明我们的法治才刚刚开始甚至说还没有开始。法治不仅表现在司法行政环节,也表现在立法的各个环节。我国立法除了引进西方的现成法律制度外,由于民众很少参与立法或者没有能力参与立法,更重要的是没有利益代表团体的有效组织,所以很重要的特点就是方便管理者,怎么样方便就怎样立法。这对法治是极为不利的,因为限权的目的很难在这样的法律中得以完整体现,所以我们的高效有时是以牺牲法治为代价的。这不能不引起我们的深思,我们必须呼吁法治与民主在各个环节上的关联。试图以制裁达到法治秩序,实际上依赖的是法律的强制力。“如果法治片面依赖强制力,那无论进行多么悲壮卓绝的努力,共鸣也还是无法导致共识。”①

2. 制约—规范—限权，民主型法治

我们的许多管理者，包括研究法学的很多管理者，有一个重要的管理思路，就是认为要用制度管人，要用制度管事，这比人治无疑是一个巨大的进步。这种想法的来源，既源自俗语“没有规矩，不成方圆”，也来自邓小平的那句名言：还是制度靠得住些。制度可以使坏人办好事，没有制度也可能使好人办坏事。然而，我们没有思考过：究竟是用制度管理管理者，还是用制度管理或者“卡”被管理者，或者制度对管理者与被管理者都有约束作用，这是一个值得深思的问题。其实，在笔者看来用制度来管理的思路是没有问题的，但对制度的态度和解释很可能会出问题。制度是要执行的，但制度的有效执行是有条件的，如果制度只是约束被管理者，那么这种制度就不可能很好地贯彻下去。这实际上涉及法治的理念问题。法治最根本的是制约，但制约的主体不仅是被管理者，更主要的是管理者。对一个国家来说，主要是政府和政党，对一个单位来说，制约的对象是主要领导，特别是所谓的“一把手”。人们已经普遍地认识到，我国的制度对“一把手”没有被纳入制约对象所产生的危害。现在大量的窝案说明，制度首先必须被领导者所遵守。这倒不是说，被管理者不需要遵守制度。我们相信，只要管理者自己受规范与制度的约束，他就不可能放任被管理者不遵守法律和制度。只要权力被有效的约束，制度的作用就会很好地发挥出来。

制度主要表现为一系列的明确规范。对这些明确的规范，按照法治原则是不能进行随便解释的——这就是法治反对解释的原则或者说明确的规则反对解释的原则。为什么我们很多行政单位的文件最后都要加上解释权归管理者，实际上就是看到了解释权对管理者的利益与方便。任何规则的运用都可能需要哲学意义上的解释，但我们要恪守最基本的法律明晰性原则。不能动辄进行解释，把被管理者解释得永远逃脱不出法网，形成管理者永远是正确的局面。法治所要求的解释主体，必须是无利害关系的第三者。明确的法律反对解释，体现一种法治的制约精神，没有明确法律规范的制约，宪政、限政根本就无从谈起。对权力的制约实际上也是以规范的制约为条件的。每一种权力都认为自己有解释法律的权利，法治就贯彻不到底，或者说只能有口头上的法治。我们现在基本上就是只有口头上的法治，各级领导信誓旦旦的宣言背后，掩盖着主要长官的任意。我们只要在体制内，都程度不同地有这种感觉。这当然不是说

---

① 季卫东：《结构的组合最优化——探索中国法与社会发展的新思路》，载梁治平主编：《国家、市场、社会：当代中国的法律与发展》，中国政法大学出版社 2006 年版，第 61 页。

每一个领导都是这样做的,但在我们文化意识的深层,领导者"言出法随"的思想并没有根本的改变。由于我们看问题总喜欢用辩证法,因而灵活性就表现得多一些,依法办事被看成是机械僵化的表现。我们的骨子里没有认真对待规则权威的意识,这使得法治之制约精神成了空中的幽灵。虽然时常有人提起,但不能处处都发挥作用。

与规则没有权威相对应,我们的宪政理想基本上还难以被管理者所接受。宪法的闲置状态还没有根本的改观。宪政是法治的标志,它是指在权力受到有效制约的情况下,人们把宪法及其程序放到重要位置,高举人权的旗帜,把民主、自由和权利等法律价值落实到现实的政治经济生活中去。宪政、限权的法治离我们还有一段距离,因为我国的现实情况,要求我们还必须首先重视民生问题。如果民生问题解决不了,民主、自由、尊严等的人权还很可能是奢侈品,生存权还对我们具有重要意义,但这绝不意味着我们现在不该弘扬其他的人权。人权的目标也不是一下子就能实现的,各个阶段都有不同的人权要求。但我们应该看到人权还隐含着一种批判精神,即某一阶段的人权实现以后,新的人权要求就会出现。这也就意味着,生存权不可能是人权追求的永恒标准。在生存权的基础上,人权应该不断地提高民主、自由、尊严等内容。

3. *克制—谦抑—保守,和谐型法治*

过去我们常常说中国人保守,但经过革命的一百多年的熏陶和三十年改革的快速发展,保守似乎成了贬义词,人们唯恐避之不及。如今在进行反思的时候,已经很难说保守是我们思想的主流了。我们到国外一看,"保守"一词原来还有其正面意义。西方法治国家已经有了保守与激进的协调机制,而我们还在一味鼓吹改革开放。胆子再大一些、步子再快一些、实现跳跃式发展等已经成了各级领导的口头禅。在高速发展了几十年后,我们是否需要一些保守的思想来阻遏过高的速度,这可能就是问题。我们是不是该停下脚步,反省一下我们所面临的"中国问题"。

我国法学三十年发展的重点问题,基本上围绕着法治理论而展开。这主要是从有关主题研究内容和发表论著的数量得出的判断。我们研究的问题很多,但所有的问题都离不开对法治的思考。法治最基本的属性就是它的保守性,与保守主义相对应的是激进主义的各种命题。在前面我们已经对激进主义进行了几个角度的反思,但这还不够,我们还要进行理论上的反思。激进主义的思维表现为多个方面,比如说,我们"任何法律都需要解释"这一命题的判断,在很多人心目中就一般地接受,但却少有对行为克制或谦抑的分析。比如,从解释哲学的角度看，任何法律确实都需要解释，但是，为什么需要解释呢？一般的回答是：(1) 法律规范不会自动与案件结合，必须有人去理解并加以执行。这是从哲学思维角度看出的道理。(2) 法律与案件遭遇会产生模糊，即产生不清楚的法律，因而解释就是把不清楚的说清楚。如果基于这个原因叙说解释学，那么我们的问题是：解释者究竟要把什么说清楚——是作者的意图还是解释者目的？是文本字里行间的意思还是作者的意思？法律解释是一种独断性解释，按法治的要求，解释者所要揭示的意义已经在文本中存在或已由立法者确定。但哲学解释的诘难就在于：离开解释主体，文本自身能产生意思吗？在时空的流变中，我们能探讨清楚立法者的意思吗？德里达认为，确定性的概念早已饥毙路旁，我们既不能确定每个词的意义，也无法把握文本的整体意义。"文本的自由嬉戏既缺乏确定意义的，能指的永无止境的运动使阅读不再是传统上以求真为旨归的解读，而成了随心所欲的滑稽模仿性的活动。解释学一次一次地撩拨又一次一次地被挫败——这是由文本所牢牢控制的解释学家在劫难逃的职业宿命。"①从这个角度看，解释学与解构主义之间是针锋相对的，这使我们的思绪难以矜持，但也相互辉映，可以使我们深入地思考。只是在这种阴影下，我们看不出像早期解释学那样清晰的结论。思想与行动毕竟是两个不同的概念，思想中说得过去的东西，未必能在现实中行得通，所以我们鼓励思想的创新，但却又强调行动克制与谦抑。

哪里有理解，哪里便可能出现误解，因而解释学是一种避免误解的学问。为了避免误解，我们强调全面地看问题，在寻求不到正确答案的时候，我们也要追寻最低限度的共识。正是因为存在对法律的可能的误解，才需要法律解释学，这构成法律都需要解释的反命题。那么我们的问题是：这个反命题能成立吗？误解本身就意味着正确答案的存在，但哲学解释学又不承认正确答案的存在。我们该怎么办？在笔者看来，也许最好的方法就是摘取我们已经能认识到的"正确"，来解决我们所面临的疑难问题，这就是一种克制主义的精神或者说保守主义的追求。克制与保守不是说不要进步，而是要放慢进步的步伐，在我们已经成熟的经验中追求一种稳定性的发展。就我国的法治发展来说，几个主要的法律机关现在都要奉行克制主义。司法克制主义应该成为法律人的意识形态。他们应设法把已经经验化的法律，贯彻到现实生活中去，而不是不尊重

① 金慧敏：《后现代性与辩证解释学》，中国社会科学出版社2002年版，第4页。

法律,把个体对法律的创新当成理想追求。[1] 循规蹈矩是法律人的本色,也是法治对法律人的基本要求。各种激进主义是法治的大敌。现在经济学界已开始反思,近十年的高速度发展所带来的问题和可能的危害。法律人在对我国发展所出现的问题也需要拿出自己的姿态,克制与谦抑的本性可能使我们对问题的看法更老成和持重。法律应该对经济的可持续发展作出自己独特的贡献。忧患意识要有,但我们不能经常抱着一种世界末日马上到来的思想,来决策我们的未来。

三、司法方法论的概念及其理论问题

关于法律方法论的研究似乎进入了高潮。从研究队伍来看,不仅法理学者,而且部门法的学者都在参与;从研究范围来看,已经遍及法学的各个学科,甚至还波及了逻辑学、哲学和经济学。近三年来,每年都有几百篇文章出现。仅2007年,以"法律方法论"直接命名的书就有三本[2],其他以法学方法论、法律解释学或部门法方法论等名义出现的书籍就更多一些。这为法律方法论的进一步研究,提供了新的契机和良好的基础。法律(学)方法论研究的繁荣可能真的"应"了舒国滢的判断:他说:"假如我们确实不知道'中国法学向何处去',那么有一点可能不失为一种值得尝试的选择:转向法学方法。"[3]这里的方法包括法学建构的方法、法学研究的方法和法律适用的方法。"事实上,每每处于精神困顿之时,法学家总会热衷于'方法的转向',从中寻求推进思想的动力和进路。"[4]1960年以后的德国法学进展就说明了这一点。至于当代中国法学为什么要重视方法论,舒国滢说:"那就是:我们的法学未曾受到过严格的方法论的'规训'。以至于,我们的学者难以保持理性、严谨和科学的问学态度,难以保持

---

① 司法克制主义的追求是不是有点像法治主义?季卫东说:"法治主义的理想是追求'去人称化'(depersonalization)的客观公正,而中国的传统政治模式则试图通过'人称化'(personalization)来建立具体主体的全人格为担保的承包责任机制。在这两者之间,还存在着'泛人称化'(pan-personalization)的权力,即个人假冒集体的名义或者以'社会性形象'来行使压力和制裁。"季卫东:《结构的组合最优化——探索中国法与社会发展的新思路》,载梁治平主编:《国家、市场、社会:当代中国的法律与发展》,中国政法大学出版社2006年版,第66页。

② 这三本书是《法律方法论》(1—3卷)(孔祥俊著,人民法院出版社2007年版)、《法律方法论》(刘治斌著,山东人民出版社2007年版)、《法律方法论》(陈金钊主编,中国政法大学出版社2007年版)。

③ 舒国滢等:《法学方法论问题研究》,中国政法大学出版社2007年版,第17页。

④ 同上书,第19页。

思想谦抑的心情,难以抵御形形色色的思想诱惑和恣意表达思想的冲动;在我们的法学思考中常常可以发现学术传统的断裂、思想链条的中断、思想理路的混乱和思想鸿沟的无理跳跃,缺乏细致入微的分析、论证和说理。而法学方法论的研究,从一个侧面为我们的法学建构提供一种观照的镜鉴,一种特殊的精神气质和建立法学知识标准的某种进路。如无方法论的支持,我们可以对一切所谓的学术创造提出最低限度的质疑。"[1]其实关于方法论研究的兴盛还有别的一些原因。比如,在一定程度上可以避开政治意识形态的"禁区"和一些无谓争论,因而也可以少担一些政治风险。这当然不是说政治意识形态的争论不重要,而是说在各种大喊大叫的批评中,关注方法论的研究可以心平气和地进行,因而也可以使我们的思考更加富有理性。或者说在理论方面的大争论确定了政治方向以后(比如在确定了法治与和谐社会建设的方针以后),我们也许没有必要再去喊叫第三条道路或其他道路了。在各个领域中寻求实现法治与和谐社会的方法,就成了最重要的学术问题。

(一) 司法方法实质上必须是法律方法

司法方法是一种以主体和权力为标准而进行的分类称谓,它无法显示法律方法的特质,所以把司法方法称为法律方法是显示司法特质的需要。从规范法学的角度看,司法方法的实质是法律方法,因为这种方法的最大特征是法律性,即法官等主体在运用法律方法的时候,都必须把法律作为思考问题的出发点和归宿。以法律解释为例,在法律的具体意义没有被揭示出来以前,其意义被假定存在于法律之中,这就是法律解释的独断性。法官等主体所解释出来的"意义"必须是法律的意思,而不能是解释者个人的意志,尽管这一观点受到了解释哲学的批判,但是作为法治论者的一种姿态,还是有其存在理由的。如果法律解释不具有法律的独断性,那么倡导法治根本就没有必要,由法官或其他什么人任意裁断就行了。但按照法治的原则要求,法官等主体解释法律不能任意地解释,只能根据法律进行解释。只有根据法律,对文本和事实解释出法律意义,所解释出的结论才有权威性和说服力。长期以来,我国法学界忽视对法律解释的独断性的研究,以至于许多学者对该理论问题不够重视,影响了对法律解释的理解。离开了法律解释独断性,由法官主导的泛法律解释就会出现,法律的约束作用就会降低。司法方法的称谓,明显是一种基于主体和分工的分类称

[1] 舒国滢等:《法学方法论问题研究》,中国政法大学出版社 2007 年版,第 20—21 页。

谓,这种分类强化了法官作为主体的地位,在"新形势"下有可能被误解。[①] 因为,在"法律方法"的概念下,法官等主体"隐退",彰显的是法律对运用者行为的约束。司法能动主义者对法律的约束长期不满,以至于其中的极端者,主张无法司法、建构无需法律的秩序,这与现代社会是法治社会的事实相矛盾。规则是法治得以成立的最重要因素之一,法律规则对运用者的约束,也应该在概念的表述中显示出来。在"方法"前面加上法律的限定,主要是提醒法律人在运用法律方法的时候不能忘记法律的约束。但我们必须注意的是:法律方法主要是司法方法,但不是法定方法,法律人运用何种方法、方法的选用顺序都不是法定的。

用法律方法称谓司法方法是一种习惯用法。把法律方法称为司法方法是西方法学著作中的常见现象。与中国法学相反,西方法学家的研究立场与我国正好相反,他们是站在司法立场上的研究。形成这种印象,可能是因为我国近年来深受美国法学的影响。英美法学家对立法研究不是特别重视,他们很多人认为,立法是政治学家或社会学家的工作,因而在他们的法学著述中,讲的大多是司法现象,这与英美国家的法律形式主要是判例法——一种由法官所创设的法律有关。制定法虽然具有比判例法高的效力,但在司法中起作用的多数法律是判例法,只是当判例法与制定法发生冲突的时候,制定法才对判例法进行修改。立法在英美国家很大程度上被看成是政治家的工作,议员在议会上争吵,最后达成妥协才出台法律,所以立法学也被视为政治学的范畴。大陆法系国家对立法相对来说重视一些,但他们所说的法律方法论,主要讲的也是规范与事实之间的问题——即司法的问题。当我国法学界呼吁法学研究应坚持司法中心主义的时候,西方的一些法学家却在呼吁另一种转向——即由司法中心主义向立法中主义的转向。我们在阅读西方法学作品的时候,有时往往感觉不好理解。从笔者个人的阅读体会来看,这与没有进行视角的转换有关系。因为,许多西方法学家是以司法为中心立场进行的表述,而我们却站在立法立场上阅读,自然感觉到对很多问题不好理解。

(二)法律方法的研究及其意义

近几年来,法律方法论的研究取得了很多成果,但经过了十几年的研究后,

① 这种新形势就是许多法学流派否定或者消解法律解释的客观性,弘扬解释的主体性。如有人主张强势的司法能动主义、法官造法、无法司法、法官自主的自由裁量、利益衡量等。

我们确实也该停下来反思一下——对原来思考的问题进行再思考，这对理论的进步与发展有重要的意义。2007 年 12 月，全国第二届法律方法论坛暨第四届全国法律思维与法律方法研讨会在广州召开。会议上各种新颖的理论、不同研究视角、不同学科的积极参与，给我们留下了深刻的印象。但我们也听到了一些好似当年初步研究的提问，那就是"什么是法律方法?"这与第一届"法律思维与法律方法"会上的问题相似。因而，我们中的很多学者，包括笔者自己在内都认为，这是基于对法律方法论没有研究而提出的问题。但几经反思又觉得这确实是一个问题，因为学者们确实是在不同意义上使用法律方法或法学方法的。当一个学科发展到一个阶段后，我们就需要进行自我反省。只有不断地反省，我们的认识才能不断提高。就现有的研究水平来说，我们确实很难用简明且有说服力的定义来回答这一问题。这说明有必要在学科发展到一个阶段后重新再回到原点，研究基本的问题甚至理论的命题的假设前提。像"什么是法律方法"这样的问题，是法律方法论研究的"元"问题。一般来说，某一学科的基本概念，对理论体系的建构具有重要的意义。如果我们能够定义得当，就能在理论体系中显现基本概念的巨大穿透力或影响力。我们如果不能发现一个合适某一学科的核心概念，就很难建立起逻辑一致的理论体系。正因为我们对法律方法的概念没有进行深入研究，所以我们现在也没有建立起方法论的体系。这说明我们的法律方法论研究还不"成熟"，当然，理论的成熟也就意味着它暂时的停滞。研究不成熟恰恰给我们这些当下的研究者提供了机遇，所以对前一阶段的成果进行反思也就有了现实意义。

现在存在的问题可能在于，我们是直接从西方法学中直接引进法律（学）方法论的；基本上是在理论研究的"感觉"层面上谈论法律方法的，没有对"什么是法律方法"进行细致的思考与论证。[①] 实际上，当一个学科处在初级阶段的时候，也不可能对基本问题进行深入的研究，因为那时我们还不清楚法律方法论学科的主要内容。学科的发展史表明：只有当对某一学科的诸多问题有诸多的研究，出现了百家争鸣的局面，我们才能着手法律方法论体系的建构。现在百花齐放已经出现，但建构成熟理论体系的契机是否到来，还有待于历

① 当然，也不是完全没有人关注法律方法概念的研究。像舒国滢、林来梵、郑永流、赵玉增、胡玉鸿、焦宝乾等对该问题都进行了认真的探讨。笔者在此要说的是：他们的研究没有把法律方法的概念和法律方法论的基本问题，如法学（律）方法论体系等联系起来进行考察。甚至可以说几乎每一个研究者都会在自己的研究中给法律方法一个定义。只是我们还很难感觉到，在学科建设意义上的有穿透力的法律方法论概念已经出现。在众人研究的基础上我们能否找出一个对学科的系统建设有意义的概念是对法学家智慧的一种考验。

史检验。[①] 也许我们只能在已有研究的基础上对法律方法进行重新梳理,更深入的研究成果才能出现。现在,各种各样的法律方法已经使人眼花缭乱,理论简化复杂事物的目的并没有达到,我们陷入了更加复杂和混沌的认识。

从拥有较为明确的学科意识觉醒算起(不包含民国时期),我国关于法律方法论(法律解释学)的研究最多有十余年历史。从笔者的感觉看,法律方法论的研究有两个方向:一是引介西方的法律方法理论,即所谓理论前沿研究,所做的工作基本属于整理翻译文献的范畴。但笔者感觉到,我们很少思虑文献学的研究究竟要干什么。也许,文献学的研究提供了他山之石,但能否攻中国之玉,还得看我们从文献中找出的是什么,以及这种东西是否适合中国的情况。专注文献学的研究会误导我们忘记法学研究的目的,经常"迫使"我们追问是否真正理解或者误解了西方的文献。另一个是朝着实用化的方向努力。许多人认为,法律方法论甚至可以叫做司法方法论。许多作者都在为法律人着想,为法律人如何寻求案件的正确判决出谋划策,但这种努力似乎是不成功的。有两种现象可以佐证:一是实务部门的很多法律人,对法律方法研究出来的诸多成果,要么不知道,要么不以为然,认为法律方法是一种纯理论的研究。这起码说明,关于法律方法的研究成果传播不力,使人们看不到法律方法研究的实际用处。二是我们的研究没有进入经验的实证层面,多是关于思想史的梳理。虽然这种梳理也未必都是尽如人意的,但我们必须注意到:"方法论始终是一个与各学科的生存相关联的问题,因而存在各学科的方法论研究,例如经济学方法论、伦理学方法论以及社会学的方法论等。"[②]我们在阅读西方法学著作的时候,大都抱着虔诚的心态,唯恐误解了原著的原本含义。这从翻译的角度看,并没有什么不妥,但对学习者来说就可能存在问题,因为学习除了要进行知识的累积以外,更主要的是要学以致用。这就是说,我们坚持以实用性研究法律方法的姿态并没有错,错误的可能是我们研究法律方法的方式。比如,我们关于法律论证的研究也和西方学者一样已经进入纯逻辑的研究。我们好像不清楚,"搞纯逻辑的思

---

① 对法律方法论研究也有另外一种评价。在修罗之剑的法律博客中,他贴出了《一个法学后进眼中的"法学方法论"》,在其中谈到了这样的观点:"能做研究的都在做研究,不能做研究的就胡扯方法论。""重视方法论本来是要反对空对空的宏大叙事,但吊诡的是,他们对方法论的研究本身却成了另一种空对空的宏大叙事,只见名词在空中你来我往,煞是好看,但等戏过境迁,却什么也没留下。"尽管这是一种没有经过论证的感觉,但可能也代表了一些对法律方法论研究的误解。这种指责也许没有很多的道理或者理解者自身可能存在问题,但却值得法律方法论的研究者认真反思。一句凡人的人生智慧这样说:"解释永远是多余的。因为懂你的人不需要它,不懂你的人更不需要它。"《修罗思维碎片之:一个法学后进眼中的"法学方法论"》,载 http://www.oao.com.cn/bbs/dispbbs.asp? BoardID = 14&ID = 4451,最后访问于 2007 年 10 月 10 日。

② 陈兴良主编:《刑法方法论研究》,清华大学出版社 2006 年版,第 2 页。

辨意味着一种静观的生活方式,这种生活方式的理由基于一种对幸福的理解:自己的静观(如今所谓的'搞研究')生活才是最幸福的生活。……这种生活方式杜绝任何如今所谓的'政治参与',尤其小心不要出众,成为如今所谓的'名人',任何其他人的崇拜和社会荣誉都与这样的静观生活不相干。"①我们一方面想要影响现实的司法实践,一方面却采取静观生活的研究态度。这使得我们的研究显得不够成熟。我们必须注意到法律方法中的逻辑,但要解决中国的现实问题,我们还不能进行纯逻辑的研究。起码我们得明确自己的研究立场——无论是参与生活,还是静观生活的立场。

我们认为,学习西方的法学知识与原理是为了解决中国的问题,这可能被指责为对西方的系统知识进行实用主义的取舍,但笔者觉得对西学带有一种实用主义的姿态并无大碍,它总比天天在那里争吵,是否理解了文本的原意要好得多。当然,笔者不是说关于原意的研究没有意义。笔者只想说,对于什么是法律方法及其基本问题,我们得拿出自己的观点——那种中国化的法律方法理论。也许我们关于法律方法论的研究没有较为强烈的问题意识,我们不知道从何处开始研究。张掌然说:"根据研究的性质特点可以把问题分为探索性问题、描述性问题和说明性问题。对三类问题的解决形成了三种研究:其一是探索性研究;其二是描述性研究;其三是说明性研究。探索性研究是最初的研究活动,其目的在于了解一般的现象。探索性研究主要解决'什么值得研究'之类的问题;描述性研究主要解决'是什么'的问题,它以精确描述和精确测量为目标;说明性研究则主要解决'为什么'的问题,发现不同现象之间的互动关系。"②关于法律方法的研究还处在探索性研究阶段,这三类都属于基础研究。至于描述性研究,需要我们找出哪些问题值得研究,才能进行下一步的分析。

关于法律方法概念的讨论属于探索性的问题,但在探索以前,我们要有一个基本定位,这就是法律方法的研究是要解决中国法律实现的途径问题。途径问题是基本的问题,可以分层次进行,因为这样的问题可能涉及多种学科或某一学科的许多方面,中间充满了变数,是常说常新的问题。在社会科学领域,一旦某一问题被盖棺定论,这一问题就很难引起人们的兴趣。之所以要重新研究什么是法律方法论,就是因为这种研究有重要的意义。我们可以在对法律方法论作用的剖析中认识其意义。

(1) 社会中的很多人,都希望寻求"一劳永逸"的简明方法,期望掌握了这种"技术"就能破解一道道难题。这种想法隐含着"立法"万能的志趣,立法本

---

① 刘小枫为《逻辑与罪》(〔美〕谢尔兹著,黄敏译,华东师范大学出版社 2007 年版)所作的序。

② 张掌然:《问题的哲学研究》,人民出版社 2005 年版,第 334 页。

身就是一种治理社会的方法,立法者原初的想法就是用完善的法律规则解决所有的案件,但这种想法后来已被证明是不可能的。于是,法学家们便"自觉地"尝试用法律方法的研究来代替立法者的未竟之事业,把立法者的努力转换成了法律方法论的研究,法学家又以"立法"者的身份出现了。其实,在人文社会科学领域这种包医百病的方法是根本不存在的,"因为所谓的方法论体系不过是在某个特定的时代里被人们唯一地、采用了的一个特定的视角而已。没有普遍适用的万能的方法,不存在上帝之眼。"①

我们现在研究法律方法论所面临的理论问题是:立法是建立在体系化理论基础上的,这种体系化理论(或称为原理)与法律体系构成了一个"封闭"的法律体系,人们根据这个体系可以分析、解决许多案件,如犯罪构成原理、法律关系原理、各种法律的原则与程序,等等,但正如许多学者所指出的,确实不存在万能的原理、原则与方法,法律本身是开放性的。它必须向社会、案件事实和理解者开放,在理解过程中虽然根据法律的分析占据重要地位,但社会的因素、思维过程中一般与个别的冲突、人的目的和价值追求,等等,都会程度不同地影响人们对法律的理解。不存在纯粹的法学,尽管有一个法学流派叫做纯粹法学,但由于规范的概括性是有限的,人的思维也是开放的,所以只能是一种研究情结,而不可能是事实上的纯粹。现代法律方法论已经向着更加开放的方向发展,其中最明显的是利益衡量理论已被较为普遍接受,以论题学为基础的法律论证理论也逐渐被法学研究者开发。因而,现代法律方法概念的开放性与传统以法律分析方法为代表的"封闭"性之间的协调,就成了我们必须关注和解决的问题。

哲学解释学引导下的后现代主义对科学方法的诘难,确实揭示了传统方法论的局限性,从而也瓦解了其绝对性。几乎所有的人文社会科学的研究,所能起到的作用仅仅是为我们的进一步理解提供前见性知识。所以,法律方法是帮助我们理解的工具,而不是处理具体案件的方案。② 要增强对规则的理解能力,只能不断积累我们自身的经验——包括通过亲自实践和阅读他人的经验来丰富。对待法律方法,我们也不能像后现代主义所揭示的那样,彻底放弃方法论

---

① 张掌然:《问题的哲学研究》,人民出版社 2005 年版,第 336 页。

② "所有的方法都不能被视为偶像,它们只能被视为工具。我们必须用另一种方法来检验其中的一种方法,弥补和克服它的弱点,使我们在需要之时能够随时利用其中那些最强大最出色的因素。"参见〔美〕本杰明·卡多佐:《法律的成长》,刘培峰、刘骁军译,贵州人民出版社 2003 年版,第 55 页。

的客观性。这样会导致无政府主义[①],从而使法治走向毁灭。当代法律方法论研究的特点是支持多元的法律方法的存在。[②] 在多元的法律方法之间,存在着相互的支持与补充,但也存在着相互的对峙或不相容性。如文义解释与目的解释的冲突、三段论式的法律推理与非形式逻辑的法律论证的矛盾(实质推理与形式推理),法律发现与法律论证的逻辑区别,等等。

(2) 对法律方法的作用应该有一个准确的定位。“一切方法论、甚至最明白不过的方法论都有其局限性。”[③]我们学习法律方法并不是在学习过程中就学会处理具体案件的方案,我们只能有限地掌握法律思维方式。我们认为,对法律方法必须在法律思维方式上进行理解。比如说,通过学习法律方法可以使我们知道形式逻辑是有用的论证工具。在法律问题上没有正确答案似乎是被法理学界普遍接受的观点,但这并不能否认逻辑的功效,判决是否正确虽然不能由什么人最终说了算,但逻辑的论证可以使我们明确哪些是错误的思维,即不符合逻辑的判断就是错误的结论。逻辑虽不能证明哪种观点是正确的,但它却能在思维规律的意义上证明什么是错误的。多元的法律方法理论要求我们必须认真地对待,但越是认真对待我们就越能发现,法律方法论实际上是一种劝导性理论。这种理论并不能代替法律人在具体情境中的判断,最多是帮助我们进行决策性思维,为人们思维提供思维的前见。虽然理论的研究者要求我们要这样做或那样做,但在具体案件中决策的还是法律人。

(3) 通过学习法律方法可以使我们知道一切法律判决必须要经过法律推理这种形式。尽管我们并不认为法官判决所作出的结论都必须符合法律的规定,但我们始终不能忘记法治的根本目的是限制任意与专权。为达此目的,法律方法告诉我们,任何文字的背后都含有价值,在许多情况下,价值影响着我们的判断。但法律价值在社会中也是存在着相互冲突的可能,因而,法律人可以在特定的情况之下运用价值缓解法律文义的严格,即对法律规则进行价值衡量,在司法中所进行的价值衡量可以唤起人们关于法律判断妥当性的确信。

---

① “科学是一种本质上属于无政府主义的事业。理论上的无政府主义比其他的反面,即比起讲究理论上的法则和秩序来说,更符合人道主义,也更能鼓励进步。”“无论是考察历史插曲,还是抽象地分析思想和行动之间的关系,都表明了这一点:唯一不禁止进步的原则便是怎么办都行。”〔美〕保罗·法伊尔阿本德:《反对方法——无政府主义知识论纲要》,周昌忠译,上海译文出版社2007年版,导言第1页。

② 关于多元的命题,已经有人提出了逻辑上的质疑。所谓“元“只能是一个,而不可能是多个。

③ 〔美〕保罗·法伊尔阿本德:《反对方法——无政府主义知识论纲要》,周昌忠译,上海译文出版社2007年版,第211页。

(三) 法律方法的概念

在古希腊语中,方法是通向正确的道路。“在汉语中有关方法概念的术语包括方、法、道、术、招、辙、方法、途径、道路、策略、工具、谋略、手段、操作等。哲学方法论认为,方法是关于认识世界和改造世界的目的、方向、途径、策略、工具和操作程序的选择系统。其中,目的方向解决‘怎么做’的战略问题,而途径、策略、工具和操作程序解决‘怎么做’的问题。方法是发现问题、评价问题、选择问题和解决问题的方向、途径、工具和操作程序的选择系统。”①方法论分为三个层次:哲学方法论、研究的方法论、操作的科学技术与工具。哲学的主要方法有演绎法(理性研究方法)和归纳法(经验研究方法)。研究的方法论主要包括观察法、实验法、调查法、分析法等。第三层次的主要是各种各样的技术。“从解决问题的角度一切方法可以归结为两种:其一,规定或指明活动的目标(目的、方向)和对象的方法,简记为 M_1。目标总是指向对象、客体的,因此它与可能的世界打交道,它与本体论相联系。M_1 不仅要给出目标,确定对象,还要说明它是合理的、是值得追求的,所以 M_1 有明显的价值倾向。其二,规定或指明达到活动的目标与手段、途径、策略、工具和操作程序的方法,简记为 M_2。M_2 引导我们去从事或进行趋向、接近、达到目标的活动。”②方法的这些原本含义虽然对我们研究有一定的指导意义,但与法律方法比较未免显得宽泛。因为法律方法是已经有了规则指引的方法,所以寻求智慧就显得特别重要。法律方法是有明确目标并带有价值判断的方法,因而与 M_1 较为接近。从这个角度说,无论是胡塞尔的现象学,还是伽达默尔的哲学解释学,都可以帮助我们理解法律问题。尽管本体论的解释学在一定程度上反对方法,但其主要是反对把方法绝对化,并不是一味地拒绝方法。在达到理解的途中,各种方法只要我们了解它都有可能以前见的方式帮助我们理解。但不容否认的是:本体论解释学在一定程度上放弃了理解的标准,从而使方法变成“怎么办都行”,这与法治总体目标的实现产生了很大的矛盾。法治要求,法律要落实到行动中,并且要运用符合法律、方法地实现,不能说怎么办都行。“怎么办都行”不是法治。

1. *法律方法与法学方法*

法律方法、法学方法、法律思维、法律学的方法和法律技术是五个相关的争议较大的概念。探讨法律方法的概念,少不了要对这几个概念进行辨析。其

① 张掌然:《问题的哲学研究》,人民出版社 2005 年版,第 331 页。
② 同上书,第 332 页。

中,争论最多的是法律方法与法学方法。关于法律方法与法学方法的关系有三种不同的认识:

(1)“法律方法”与“法学方法”是不同层面上的概念,可同时使用。戚渊对法律方法与法学方法作了区分,认为“法律方法是运用法律的方法,表现为执行、适用、衡量、解释、修改等;法学方法是研究法律和法律运用的方法,表现为分析、批判、综合、诠释、建构等。在此等层面上,法律方法重知识和理性的运用;而法学方法则重价值与意志的实现。由于法律是一个有限的知识和理性领域,法律方法的运用始终要考量‘法效’的制约问题。”[①]在戚渊看来,法学方法是一个高于法律方法的概念,因为法学方法要反思的一个重要问题就是:法律方法的正当性问题。“法律方法的运用实际上是一种‘技术’性活动,它重视逻辑,讲究程序模式,寻求个案处理,解决本体(客观世界)问题;而法学方法运用则是一种人文活动(法学是人学、是人文科学),它重视思辨,讲究对程序模式进行论证,寻求整体的融合,解决对本体的认识问题。”[②]由于法学不只是一种运用知识的活动,同时也是创造性活动。这说明法学方法超越了法律本身。这和法律方法构成了鲜明的区别——法律方法局限于法律的意义空间。戚渊强调了法律方法的法律属性,认为超越法律的方法,就不能称为法律方法。这种意识无疑是与法治观念相符合的。但存在的问题是,无论是称为法律方法还是法学方法,我们都不能忽视法律的规范存在,也不能认为法律方法或法学方法就是法律。把法律方法与法学方法区分开来的做法,自有逻辑上的道理,但法学方法论与法律方法论实际上有很多重合的地方。二者的区分也许只是研究者感觉中的“分裂”或者说只能在理论上能说清楚的问题。在对“具体”方法的归类问题上,人们并不是很好确定哪些方法是法学方法,哪些方法是法律方法。例如,法律解释、利益衡量、法律论证等,我们说不清哪些是法学方法,哪些是法律方法。所有的分类研究,实际上都是根据研究者的需要对原本混沌的事实所进行的清晰化活动,因而必然带有研究者主观性的倾向。我们不必苛求别人与我们一致,实际上也根本不存在完全一致的可能性。

(2)主张舍弃“法律方法”,而专用“法学方法”的概念。原因在于“法律方法”容易引起人们的误解。王夏昊通过对西方法学的考证,得出结论认为:“原本的法学就是将具有普遍性和一般性的法律规范适用到具有各自独特性的个案过程中的一种实践智慧、技艺和学问,质言之,它本身就是指解决问题的技

① 戚渊等:《法律论证与法学方法》,山东人民出版社2005年版,第21页。
② 同上书,第23页。

艺、方法和智慧。”[①]从法学是一个实用学科的角度来看,法学原本就意味着方法,就是智慧地运用实在法。“当你适用法律来解决个案时,你就不仅仅是在运用法律,而是在运用技艺、学问和智慧即法学来解决案件纠纷。如果使用‘法律方法’一词就体现不出来适用法律解决个案纠纷所需要的那种技艺、学问和智慧,而是给人一种简单地、机械地、计算化地、技术化地适用法律的感觉或印象。”[②]其实不仅是法律方法可能会引起误解,几乎所有的概念都存在着被误解的可能性,这不构成法学方法不被误解的原因。

王夏昊的主张显然受到其导师舒国滢的影响。在舒国滢看来,法学方法主要是法律适用的方法。这是因为,法律适用是司法实践的核心,以事实的认定和法律规范的寻找为工作重点,构成了法学方法的主要问题。例如,法条的理论、案件事实的形成及其法律判断、法律的解释、法官对法的续造之方法、法学概念及其体系的形成等构成法学方法论的主要问题。[③] 这种看法又是受到了德国法学家拉伦茨的影响。但在拉伦茨那里,法学方法与法学方法论是有些区别的。法学方法论是“以诠释学的眼光对法学做自我反省。‘自我反省’指的不是对法律决定过程的心理分析,虽然这种分析亦自有益,但是于此所指的是:发掘出运用在法学中的方法及思考形式,并对之做诠释学上的判断。此外,它还要探究:特定方法可以提供的贡献为何,其不能贡献者为何,如何才是方法上‘正确’的做法,何种做法实际上不能获得无可指摘的结论,因此可认其有方法上的错误”。[④] 法学方法或法律方法都是法律运用的方法,但对这些方法运用不同的反思理论却会有不同的观点或学说。拉伦茨的方法论以诠释学为基础进行反思,这与用其他的理论作为反思手段会有很大的不同。

不仅法学方法与法律方法有所区别,而且法学方法论与法学方法也是有些区别的。法学方法论有更浓厚的理论色彩,是对已经形成的各种各样的方法进行理性的反思,因而更加强调方法的逻辑系统性与体系性。法律方法或法学方法似乎是在叙说办案的具体操作技巧与技能,而对其理论化、系统化反思就是法律方法论。[⑤] 但从各种论文的叙说来看,人们似乎并不在意二者的区别,在许多场景下法律方法与法律方法论(法学方法与法律方法论)的含义大部分是重

① 舒国滢等:《法学方法论问题研究》,中国政法大学出版社 2007 年版,第 28 页。

② 同上书,第 33 页。

③ 同上书,第 18 页。

④ 〔德〕拉伦茨:《法学方法论》,陈爱娥译,商务印书馆 2003 年版,第 121—122 页。

⑤ 葛洪义在谈到为什么已经召开的四次“法律思维与法律方法”会议命名,不用“法律方法论”而用“法律方法”的时候说过,法律方法离实践很近,容易吸引实务部门的人士参与会议,如果叫成法律方法论就可能带有较强的理论色彩而吓跑很多搞实务的人。

合的。沃克认为:法律方法论是指"可以用以发现特定的法律制度或法的体系内,与具体问题或争议问题的解决有关的原则和规则的方法知识的总和。法律方法论的使用首先取决于引起问题的事实的确定和真正待决问题的发现。事实可以商定或接受,但如果不予接受,则必须通过听取、解释和评价有关事实的证据予以解决。事实一旦予以确定,则必须对其进行分类或归类以发现应调查何种法律争论点或法律问题"①。这种法律方法论的运用,是建立在一定经验(包括文本中获取的经验)和对法律较为熟悉的基础上的,人们一旦掌握了这种经验和知识就会程度不同地掌握法律的运用技巧,从而产生法律职业和执业能力。

(3) 主张用法律方法而慎用法学方法的提法。也许按照德国法学的标准,法学方法论的称谓比较合适。因为,德国法学继受了罗马法的传统,法学家的地位一直较高,因而法学对司法实践的影响也就很大。但在我国,法学家的地位和法学对司法实践的影响,与德国相比有很大差别。这表现在立法和司法的各个领域,我国的大多数的立法,属于移植的产物,与法学家的研究成果并无太大的关系。我国的司法理论也都是来自西方,在实践中还存在一些"水土不服"的问题。在我国,法学方法论的运用,很可能会产生误解。假如不存在一部分人误解的话(主要是把法学方法误解为法学的研究方法),叫做法学方法也无大碍。因为,如果我们进行深层思考的话就会发现,法律方法论实际上就是法学方法论。法律方法论尽管强调"根据法律的思考",但真正的研究过程还是"关于法律的方法论"而已。法学家眼中的法律多是"多元"的法律,所有的法律方法或法学方法是帮助我们理解法律的方法。但问题可能在于,我国大陆的法学可能与德国法学差别较大,立法中心主义立场下的法学研究,忽视法律的运用研究,所以在我国一提法学方法,许多人自然就想起了法学的研究方法。

实际上,如果我们的法学以司法活动为研究重点的话,把法学方法或法律方法视为法学的研究方法也没有太大的问题。但我国的现实情形是:一提到方法,马上会使人联想到哲学上所讲的各种方法、各种科学的方法以及其他什么新的方法,我们的学者总希望往高深方向进行研究,而不愿意做一些"雕虫小技"式的细致工作。我们看到,越是往高深处研究,越是不容易出"错"。因为这种研究是远离法律的具体规定的,怎么说似乎都是有道理的。任何人——哪怕是一天法律没有学过,也会说出一些难以批驳好像永远正确的大道理。但实际上,真正的法律方法不能离开具体的法律规定来讨论,法律方法本身就是关于法律应用的方法。许多"智商"高的学者,正是看到了法律方法问题很难走向高

① 〔英〕戴维·M.沃克:《牛津法律大辞典》,李双元等译,法律出版社2003年版,第761页。

深,因而也就不愿意专门涉足法律方法问题的研究;并且一有机会总是高屋建瓴地进行宏观方面的指引与批评。而法学方法论就不一样了,“学”无止境,法学方法论上可着天,下可连地,运用自如。我们很难说清楚那些法学研究不是方法论研究。所以我们觉得,法学方法论的说法在我国比较容易引起误解。因而在平常的研究和表述中,我们更愿意称谓法律方法,其好处在于:法律方法就是法律应用的方法,法律方法强调了法律的重要作用及法律对方法的限定或规制。这里的法律既包括制定法,也包括法律学。我们的结论和郑永流相似:即用法律方法或法学方法并不重要,要紧之处在于“各提法指向的实质立场究竟是什么,以及体现何种法律观”[①]。

2. *法律方法与法律技术*

胡玉鸿认为用法律方法的概念,还不如用“法律技术”概括更为合适。原因在于:第一,就语词本身而言,技术更为清晰地体现了司法的性质与特色。技术本身意味着法律的执行是一项非常人所能胜任的事业,需要特有的素质、学说和经验。而方法,人们多在认识论上使用,意味着对事物的认识必须采取的基本立场与态度。方法一词过于宽泛,无法揭示司法特有的专业性质。第二,就司法本身而言,方法与技术分别代表了不同的内容。(1)方法可以指称法官对法律的认识与理解;方法是法官为何会作出该种判断的认识前提,技术则是在面临案件解决之时,采用的具体解决纷争的手段与技艺。(2)方法是一种主体性的方法,也就是说不同的人有不同的方法,而技术则与社会有关。(3)就司法决定来说,技术代表了一种固化、稳定的行为准则,是约束自己的有效工具。方法虽然也具有一定的客观性,但它主要是要来认知法律本身的。第三,法律技术在学界早已使用,代表着法律适用的实践技艺,也是法律工作所必需的基本手段。[②] 笔者非常赞同胡玉鸿对法律技术的定位,但总觉得还有点什么问题,这个问题也许就是技术都已经是被研究出来的、带有规范性和操作性的东西,这种规范只需遵守和运用,而自身不包含对在个案中的灵活运用。

对胡玉鸿的法律技术论,王夏昊进行了侧面的批评,他认为:“实践智慧与技术也不同。虽然两者的对象都是可改变的事物,但后者的本质仅是制作或生产出东西,只是工具或生产手段,而且其目的存在于生产或制作之外,而实践智慧的目的就是践行本身,它关心人类自身的价值与意义。技术只是将学到的原

① 郑永流:《法学方法抑或法律方法?》,载戚渊等:《法律论证与法学方法》,山东人民出版社2005年版,第25页。

② 胡玉鸿:《方法、技术与法学方法论》,载《法学论坛》2003年第1期。

理或规则简单地运用于具体事物,既可学习又可传授。"①法学是一种实践智慧,它既不是科学也不是技术。也许关于技术的方法论是从单纯规则应用的角度来谈论的。因为,从更广泛的意义上看,原则、规则与程序本身就是法律作用于社会的方法。但技术意义上的方法,最后又还原成了与规则、原则相差不大的东西。我们觉得这有违于法律方法论研究的目的。我们看到,与政治、道德或其他的目的相比较,法治本身就是实现政治等目的的手段或方法;但与人类的整个目的比较,政治又是手段或方法。方法的本质是在思维过程中所表现出来的,实际上就是解决法律问题的能力。这意味着,我们对方法论的认识需要分层次进行。如果把方法都归结为技术层面,实际上有把法律运用机械化的倾向,而法律运用不是机械的过程早已被揭示。规则不可能被机械地运用,法律方法也不能被还原成技术。人类的能力现在还找不到纯粹运用法律的"技术",只好用规则、原则、原理来加以表述。如果我们再把司法能力还原成技术规则,那只能运行更为细致的原则、规则。这是没有必要的,也难为了我们的研究者。我们应该看到,技术的使用只是比喻性的。在一般情况下,我们也把法律方法说成是一种以司法操作为代表的技能。但实际上司法操作技术是在比喻意义上使用的,它并不像生产技术中的那种技能。因为,所谓的司法操作就是法律人在运用思维作出司法决策,而不像生产活动那样的行为。所以,法律方法的实质是法律思维方式,即运用法律规范与程序、"技术"(更准确地说是技巧)并智慧地运用原则、规则、程序、原理及各种方法的能力。甚至也可以说,法律方法论是一种对法律决策者来说的劝导性理论。各种各样的方法论日益成为互不相容的、但又相互可取的理论海洋,这个海洋是法律人汲取智慧的思想源泉。

法律技术关注的是知识,是对知识的逻辑重建,而忽视了很可能鲜活的司法过程。法律方法是指法律的应用方法,而这种应用是一种包含逻辑与文化历史的过程。以不变应万变的法律技术实际上只是强加给法律人的逻辑预设。虽然这种逻辑预设有很重要的作用,但它不是法律方法的全部,甚至不是法律人主要的思维形式。许多疑难案件并不是法律争论,而是对事实的真相的探讨。真正的法律方法论应该是逻辑与文化、规则与智慧、理性与经验融贯一体的思维训练。

3. 法律方法是在规则与无规则之间寻求解决案件的智慧与能力训练

林来梵对法律方法的称谓有自己的见解。他主张用法律学的方法来取代法学方法或法律方法。他发现,德国的法律方法论除了研究法律运用的方法之

① 舒国滢等:《法学方法论问题研究》,中国政法大学出版社2007年版,第25页。

外,还研究这些技术背后的有关法哲学问题。"如果我们在最宽泛的意义上理解法律学方法论,即把它看成有关法律思维之学,那么应该承认,有关法学研究的方法理论,其实也包含在这种法律学方法论的内涵之内。"①具体说包含两部分:一是有关学术研究的一般方法意义的理论要素;二是法学研究中特有的方法意义上的理论要素。尽管林来梵没有直接说,他是在结合法律方法与法学方法来谈论法律学方法论的,但这种称谓很容易使我们联想到二者的结合。这种称谓应该说是一种有优点的命名,可能的问题是:"法律学"对于"法学"来说多了个律字,似乎是突出了"法律"的地位,但法律学仍然属于学的范畴,其结果仍可能是淡化法律规制作用。这就会影响法律方法论运用的说服力。笔者认为"法律学方法"的提法的最大的好处可能在于,他把法律学的训练当成法律方法的主要功能。因为在笔者看来,法律方法也好,法学方法也好,我们不能让其承担过多的责任。法律方法是对司法活动有所助益,但它并不能代替法官律师独立思考。法律方法论最主要的功能就是对法科学生的训练——训练那种在规则与无规则之间解决纷争的能力。

我们之所以倾心于对规则运用的智慧,乃是因为规则本身已经是方法。这就意味着我们的法科学生在学校学到的都是方法。在这样的情况下,规则的直接运用作为法律方法论研究的对象,没有多少现实意义。所以我们把规则的灵活与智慧的运用当成法律方法论研究的重点,认为法律方法是指在规则与无规则之间,寻求案件事实的法律意义以及解决案件纠纷的方法;这种方法在司法过程中会转变成运用法律的能力。或者说法律方法是指法律人在法治理念下,把法治当成目的,而把法律方法当成实现法治的手段,智慧地把法律运用到司法实践中去的思维活动。法律方法论最主要的功能就是要帮助法律人在解决疑难案件的时候,提供智识和智力支持。法律方法论中的单个"具体"方法,都是分析案件的工具,但其应用却是一个综合的过程。靠单一的方法来解决的案件都是那些简单案件,简单案件不需要"艰深"复杂的法律方法论。分析了一大段,我们还要回到原点:"什么时候法官才会面对所谓的疑难案件呢?答案是:当来自现有法律的法律规则都没有构成能够处理问题的规范时。"②法律方法就是那种运用规则、尊重法治、维护一般正义,但又不放弃个别正义、智慧灵活地处理案件的思维方法。

我们之所以要突出强调对各种方法智慧地运用才属于法律方法,还因为方

① 林来梵、郑磊:《关于"法律学方法论"——为了一个概念的辩说》,载《法学》2004年第4期。

② 〔法〕保罗·利科:《论公正》,程春明译,韩阳校,法律出版社2007年版,第129页。

法是一个含义非常宽泛的概念。如果把所有的与方法相关的研究都称为法律方法，实际上就泛化了法律方法。我们必须为法律方法确定一个大体的范围。探寻案件的法律意义像其他认识活动一样，需要各种各样的方法，但过于泛化的研究很可能使我们陷入茫然。因为，我们在研究法律方法论的时候，往往把法律规则到个案判决的转换技术与智慧视为解决问题的法律方法。比较两大法律传统可知，法律学方法主要是指法律推理和法律解释的方法和技术，尤其是指法官在审判过程中进行法律推理和法律解释的方法。[①] 这就是说对于方法论所研究出来的结论还需运用到对个案的解决上去，这仍然像规则和原则一样，被使用到对个别问题解决的思维上。也就是说，解决具体问题的方法论研究，得出的仍然是一般性的结论。这是不是可以说方法论研究的是具体问题，得出的却是一般理论？方法论的运用几乎成了以方法论的名义而进行的"规则或原则"式的运用。方法论最多是经验性的理论，不可能是操作技能。法律方法论的研究是要解决具体问题，但从经验中寻找到的是一般的、或然的法律方法，这是我们必须注意到的。

4．法律方法的理性（规则）和经验因素

（1）根据法律思维的智慧或技巧

根据法律的思考意味着，法律规则是思考问题的出发点和归宿。法律人以法律规则作为观察问题的标准，以其来衡量所观察事物的性质，赋予事物以法律意义，这是法治对思维的基本要求。尽管这种要求并不完全能够在司法中实现，但这种要求在司法中是必须被张扬的，是法治论者的起码姿态。从立法学的角度看，法律就是规则体系。立法者要求，人们必须严格遵守法律规则。然而，规则是关于事物的一般性规定。在与个案结合的时候，人们会发现许多规则难以和个案契合。[②] 这就使得依法办事成了一种立场或者思维的原则，而法律是行动方案的观念就被打破。尽管依法办事说起来也是一种方法，但这里面却不含有艺术的成分，因而被很多人看成是机械的方法。依法办事是建立在三段论基础上的，但在哲学解释学出现以后，法律解释方法产生了一场革命，告别三段论似乎成了不用证明的结论。恩吉施"目光的往返流转"不断论证与解释的理论，使得解释不仅仅是对法律规范效力的确认，而且成了造法的行为。"在

① 林来梵、郑磊：《关于"法律学方法论"——为了一个概念的辩说》，载《法学》2004 年第 4 期。

② 对于变动不居的现实生活，不管多么技术的语言，多么恰当的"名"都将是捉襟见肘的。这一方面是因为事物本身的复杂性，另一方面也是因为语言本身的概括能力是有限的，经常会出现言不尽意，词不达意的现象。语言与其意义的分裂成了解释学永远存在的理由。

欧陆法律理论,主要是法国和德国,这期间占绝对统治地位的观点是,法律解释并不局限在对制定法已经规定的东西的发现上,更多的也是造法的创造性行为。"①

从辩证法的角度看,如果没有对规则的遵守也就无所谓技巧与智慧,蛮干是不需要艺术的。正因为法治理念下的司法活动是一种规则治理下的事业,所以才需要技术与智慧。古代罗马法学家赛尔苏斯说过"法学是善良与公正的艺术"。但我们必须注意到施莱依马赫的忠告,"艺术是任何有赖于规则的活动,但是对此类活动而言却又是无规则可依的"②。在日常用语中,艺是指技艺,术是指规则和方法。这实际上道出了法学的双层含义:法学研究追寻的目的是善良公正,以及实现善良公正的规则和技艺。方法论的目的是要解决实际存在问题;法律方法主要是运用法律,和平而艺术地解决纠纷。③ "法律方法是应用法律的方法,不仅着力于实现既有正确的法律,还效命于正确的发现新法律。"④

法律规则在没有遭遇具体案件的时候,一般是清楚的。但由于规则是抽象、概括的产物,因此我们会经常遇到许多疑难案件。所谓疑难案件,实际上就是规则与案件之间出现不吻合的现象,或者说一般职业人不能迅速作出答案的案件,诸如出现法条竞合、法规模糊、法律规定相互矛盾、法律没有明确规定、法律的规定和社会的公众价值相矛盾、按规则判案和立法的目的相冲突,等等。更多的情况是规则比较清楚,但对规则如何运用却是茫然的,这就是哲学家常说的:规则是明确的,但规则的运用却无规则可循。从这个角度看,法律方法论就是要在规则与无规则之间寻求决策理由的艺术。虽然这种寻求的理论也不一定就能使人们简便地解决案件纠纷,甚至在有些人看来还可能是使简单的问题复杂化了,但却对正当性、合法性、合理性判决结论的得出提供了思维方法的

---

① 〔德〕托马斯·维腾贝格尔:《法律方法论之晚近发展》,张青波译,载郑永流主编:《法哲学与法社会学论丛》(总第8辑),北京大学出版社2005年版,第22页。

② 金惠敏:《后现代性与辨证解释学》,中国社会科学出版社2002年版,第7页。

③ 法律方法与法学方法在我国的学者中有时不加区分,这可能是有一定道理的。因为法学方法研究的核心问题,从根本上是与法律方法一致的。二者在深层次的研究中并没有质的区别。但从直观的角度看二者有一定的区分,法学方法一般指的是关于法律的思考;法律方法更多的是指根据法律的思考。这就是说,法学方法论研究的内容比法律方法更为宽泛。法学方法论是对法律方法的再思考或者说是反思。多年来人们致力于法律方法论的研究,想要揭示出法律运用的一般规律,人们学了以后就可以少费力气,就可以像计算机一样处理案件。这种想法只能在培训学生时达到一定的效果,学生们学了法律以后,就可以分析简单的案件。但现在是一些法官也想着通过学习法律方法之类的课程使自己的思维省一些气力,这可能是徒劳的。因为,关于法律方法的研究实际上仅仅是对法律人思考的反思,只不过是对法律人办案经验的总结。这种总结虽然对开启法官等的智慧有作用,但不可能代替法官面对新事物的思考。新型疑难案件还必须由法律人进行创造性工作才能完成。

④ 刘治斌:《法律方法论》,山东人民出版社2007年版,第13页。

帮助。它至少可以开阔法律人的思路,使法律规范在转换为裁判规范的时候有一种理论的支持。

(2) 运用法律人经验的思维方式

在上述解说中,我们强调了规则及其灵活运用对法律方法的重要性。在这一部分我们则强调经验对法律运用的重要性。但对经验的强调并不能甩掉理性。因为,任何言说都是理性与经验(或者说非理性的),二者的区别仅仅在于理性与经验量的比例。我们看到,许多法理学教材都在强调,法律是经验的总结,但法学教材及法律规则中的经验实际上已经是理性化的经验,是人们对经验进行理性思维的结果。理性在这里与经验交织在一起,让我们既分不清二者的区别,又一直使我们纠缠于理性与经验的矛盾中。在学习一般理论的时候,我们常说要理论联系实际的经验,但对经验的观察中我们往往感觉找不到头绪。我们不得不一会学习一般的理性,一会又返回到经验,这可能又是解释学所讲的"循环"在发挥作用,我们的学习不得不在理性与经验之间进行目光往返的来回顾盼。我们看到,在大学法学院所学的东西大部分是关于法律的原则、概念、原理以及运用的一般技能。这些原理都是法律经验的理性概括。虽然是经验性的东西,但以理性形式出现,缺乏鲜活的经验或者说处理个案时的个性处置经验。当然,我们也可以在课堂上讲授鲜活的经验,但过多的鲜活经验可能掩盖对一般知识的总结,人们的时间及成才的需求不允许一切都从头做起。在学习的时候我们必须是首先传授一般的知识,最多是为了很好地理解法律而加入一些经验的东西。为了深刻地理解理论,我们还强调联系实践,以获取更多的经验来加深我们对法律的把握。在法学院里的学习,是我们在短期内把握某一门学科的必由之路,因而这里更多的是理性化的经验。在这里面也存在着吊诡现象,对经验与理性之间这种辩证关系的把握,并不能证明我们的思维决策是理性的,"它们只是表明,用理性的方法多么容易牵着人的鼻子走。一个无政府主义者就像一个隐蔽的代理人,他为了挖'理性'权威('真理'、'诚实'、'正义',如此等等)的墙角而玩弄'理性'"①。法律方法论的学习是我们在掌握了大量的概念、原则和规则的基础上,训练如何运用法律的艺术。而能不能灵活地将方法转变为能力,还要看每个人的"造化"。

5. 法律方法是谁的方法

法律方法肯定是法律人的法律方法。其中,律师、法官、检察官、政府官员

---

① 〔美〕保罗·法伊尔阿本德:《反对方法——无政府主义知识论刚要》,周昌忠译,上海译文出版社 2007 年版,第 211 页。

可能最为重要,但最为需要的可能是法学院的学生。现在,一般的学者都认为,法律方法论是法律人最为缺乏的。但这种状况会很快转变,因为我们已经有大量的法律人才。尽管,这些刚毕业的大学生还在被不断地“妖魔化”。许多人认为,在大学里所学的东西是些无用的知识,大学生的能力尤其有问题。但如果我们想一想,现在叫嚷大学生能力不强的是些什么人,我们就能清楚这种叫嚷是一种有了经验后的“傲慢与偏见”。十年或二十年前,说这些话的人同样被他的那些前辈说成是“没有能力的人”。人们总是那么容易忘记历史;历史也是这样一遍遍地重复。另外,我们必须看到,现实生活中法律人不能很好地解决问题是多种原因造成的,不能掌握法律方法只是极少数的法律人,其原因在于疑难案件并没有我们想象的那么多。我们所诟病的许多判决,多数并不是因为法律人不掌握法律方法所致,法律方法只是法律人从业的基本条件。对许多“错案”产生的原因来说,重要的也许是这些办案人缺乏起码的司法职业道德。我们更愿意相信,清平盛世的许多优秀判决多来自法官的自律与正义感。缺乏正义感,即使掌握再完善的方法也可能作出与法制无关的举动,今后这种情况可能会更为突出,因为我们的法科教育越来越发达,掌握专业知识与技能的人才就会越多。所以就对未来的影响来说,法律方法论很可能是法科学生最为缺乏的。法律人要想上岗必须掌握充满经验与理性的法律方法论。

当我们在争论法律方法与法学方法的时候,我们也许没有注意“读者”问题——即针对学生的训练肯定应该是法学方法论,而针对法律人的也许可以称之为法律方法论。学生通过法学方法论的演习,形成法律思维方式,为走向法律职业做知识与能力的储备。另外我们是否还应注意到,法学方法论在很大程度上与法学流派有一定关系。每一个法学流派都有自己研究法学的方法,这种方法是学派能够成为独立学派的因素之一。

(四)法律方法研究的目标取向

在法律解释学理论中,有一个“法律解释的目标”的问题研究,主要叙说法律解释的目标到底是主观说还是客观说,以及主观与客观之间的折衷说。[①] 法律解释虽然是法律方法的主要成分,但法律方法的范围比法律解释要宽泛一些。因而我们认为也得追问:法律方法论的研究,究竟要达到什么样的目标?

1. *探寻法律与事实之间的关系,追求判断的正当性或者可接受性*

恩吉施说:“法律逻辑和方法论是对不易看清的、实质主义的法律认识程序

① 参见黄茂荣:《法学方法与现代民法》,台湾大学法学丛书编辑委员会 1993 年版,第 293—302 页。

的反思。它追求的目标为,发现(在人的认识允许的限度内的)'真理',作出妥善说明理由的判断。"[①]严格起来说法律方法不是探寻真理的理论,说发现真理只是在比喻意义上运用的。法律的运用并不是对真理的判定,法律方法论主要是探讨规则与案件之间的关系,找出恰当的判断。这当然不是说法学研究中不需要对真善美的追求,因而各种法律方法的运用,既要关注一般规则的实现,还要关心个案中的具体情况,是要把一般正义与个别正义有机地结合起来。在这个过程中,既要遵守规范和技术的要求,也要把各种法律方法综合使用。司法过程不完全是规范与技术的直接运用,正义公平等法律价值始终缠绕着法律人的思绪。尽管社会上经常发生有违正义公平的判断,但良心的谴责会使很多人心灵受挫或不安。这就意味着,法律方法论除了规范、程序和技术这一部分外,还有姿态(立场)、技巧、个人能力以及智慧的运用等。对这些价值与经验等方面的问题,法律方法论都要研究,而不仅是光研究规则的技术运用。法律方法论的天地,比法律规则与技术的天地更宽阔,从这个角度说,法律方法论的空间很大——法律方法论的天地就是法律的天地。

抽象原则与规则的具体化方法是传统的法律方法,问题可能在于这种具体化的方法是如何运作的,机械地依法判案已经受到种种责难。单一地追求法律效果,已经被既要重视法律效果也要重视社会效果所取代。三段论已受到了法律论证理论的冲击,或者说形式逻辑的绝对性已受到了挑战。从论题学(法律论证的理论基础)的角度看:"法律具体化的方法首先是寻求引导裁判的视角,然后是权衡。权衡的方法部分与合比例性原则重合。"[②]具体化的方法可能很多,推理、发现都属于涵盖模式下的具体化,而论证、创造性解释、价值衡量等属于论题学的范畴。在涵盖模式下,一般性的法律优于特殊性案情,应该按一般性法律覆盖事实的意义。在论题学模式下,一般性法律的权威在一定程度上受到质疑,案件中的个性得到张扬,个别正义与一般正义的冲突得到缓解。除了这两种模式还有追求主体间性的商谈理论。这种理论奠基于法律具体化中的民主理论,追求人民普遍认为正确或道德上推崇的东西。"方法论在这里指明了,如何取向于民主原则而解释和续造法秩序。"[③]从解释学的角度看,一般法律与个案遭遇肯定会产生相互的影响——即一般法律赋予事实以法律意义,而事实又影响一般法律的具体含义。在片面依法办事的理念下,我们过分地强调

---

① 〔德〕卡尔·恩吉施:《法律思维导论》,郑永流译,法律出版社2004年版,第7版序言。

② 〔德〕托马斯·维腾贝格尔:《法律方法论之晚近发展》,张青波译,载郑永流主编:《法哲学与法社会学论丛》(总第8辑),北京大学出版社2005年版,第23页。

③ 同上书,第28页。

了一般性法律对个案的决定作用,因而就会出现个别正义被忽视的情形。如何协调一般法律与个别正义之间的关系成了法律方法论必须关注的内容。商谈理论突出了司法中的“民主”作用,但它与法制要求之间的关系该如何协调要通过法律论证方法解决,而这并不意味着要舍弃传统的法律方法。

2. 为达到理解,寻找法律的正确使用之方法

“各种方法着力于法律应用,法律应用是一种判断活动,方法与判断的关系是:在逻辑上,方法必须独立于根据普适性规范作出的判断,而判断当通过方法获得,无方法的判断不能免于任意。判断活动的过程是把事实与规范进行等置。”[①]这就是说,在案件的处理过程中,法律人要把规范具体化,把事实一般化,然后进行等置换算。这个换算的过程也是法律方法的运用过程,也是在事实与规范之间寻求理解的途径。“视事实与规范之间的不同关系便生成不同的应用方法。”[②]各种方法虽然各有自己的侧重点,但并不拒绝综合使用各种方法。只有综合运用才能出现多种理解,只有在多种理解中不断探寻,才能找到最好的判断。

我们看到,所有的案件运用都要运用法律发现,明确的法律运用三段论的推理,模糊的法律运用法律解释,有不同结论的案件要运用法律论证,涉及价值冲突的要用利益或价值衡量,等等。上述结论意味着,“法律方法论是制定法所有解释和适用的基础”[③]。但实际上人们对“解释”的理解有很大的区别。追求客观意义的解释与追求创造的解释可能有着“质”的区别。法律方法究竟是为司法活动寻找指南,还是建立理解的前见?法律方法论究竟是发展法律还是解释法律?法律方法论究竟是为法官决策服务,还是为法科学生的专业训练服务?法律方法论究竟是以达致理解(法律与事实)为核心的艺术,还是作为理解前见的知识?这些都是需要我们认真探讨的问题。“在德国20世纪70年代以来,人们讨论一个新的方法论,对在解释制定法和裁决实际案件时如何造法,它给出方法上的启示。”[④]法律方法论依此为标准有两个阵营:(1)解释法律就要“造法”是事实,但必须限制(主要是私法领域);(2)法律解释就是法律原则与法律规范的具体化。通过演习法律方法论,我们希望为司法找到正确适用的途

① 郑永流:《法学方法抑或法律方法?》,载戚渊等:《法律论证与法学方法》,山东人民出版社2005年版,第32页。

② 同上。

③ 〔德〕托马斯·维腾贝格尔:《法律方法论之晚近发展》,张青波译,载郑永流主编:《法哲学与法社会学论丛》(总第8辑),北京大学出版社2005年版,第16页。

④ 同上书,第22页。

径,但我们最后不得不承认,它仅仅给我们提供了理解法律问题的前见性知识。它最大的作用不仅在于为法官提供方法与技巧,更是为法律人提供了理解的前见。我们种下的是“龙种”,收获的是“跳蚤”。

法理学总的来说是一门实践学科,但我们看到,无论是西方的学者还是中国的学者,“热心于接待来自相邻学科——比如哲学和社会科学——的论据,而不怎么关心其实践效用的面相”①。循着这一思路,德国的邦格探讨了法学方法论的根本问题。他认为,正确使用法律是法学方法论的基本问题。对此问题的展开,是从批判德国法学家 R. 克里斯特宣布的“在案件之前没有法律”开始的。在案件之前没有法律,如果换成德国哲学家伽达默尔的表述就是“理解始终就是适用”。这种观点对法律方法来说是解构性的,因为它放弃了理解的标准和客观性,这无助于推进法律方法论的研究,反而是反对方法论的。“但是,伽达默尔的‘公理’给了这个问题一个线索,指示我们将如何推进对法学方法论基本问题的追踪。”②邦格提议我们把注意力集中到法律的一个片段上,比如法律规范——在正确使用之前我们必须有一定程度的掌控,这种掌控必定是一种理解。我们在正确适用法律规范之前,理解这个规范意味着什么?“在正确理解和适用之间存在着一个空间,这个空间使得法学方法论的基本问题成了一个有意义的真问题。如果适用是理解的单一标准,正确适用的问题就变得荒谬无稽。”③你不应该杀人,初看起来这个判断既不是真的也不是假的。但是,邦格认为,我们理解一个规范时,没有人能阻止我们主张在什么样的条件下该规范是真的。我们需要用这种理论来给予法学方法论的根本问题——法律的正确使用——以合理性。一旦我们设计出自治规范的意义的概念,我们就可以把法律与正确适用的问题联系起来。但使用的正确与错误还需要一个标准,而这个标准是无法最终确认的,这就可能导致一个无标准的正确的奇怪观念。如果规范适用的正确性依赖于所参照的标准,那将是不可能的,但我们确实在适用规范。“所以,某种类型的‘无标准的正确’必须是存在的。”④“法律的正确适用是一个主体间的过程。当我遵循一种我不能向任何人解释的标准,我就没有标准从错误的正确适用中把真正正确的适用区别出来。”⑤我们是理性的存在物,合理性的法律适用者。对法律使用者来说,我们只要能达到对任意的限制,哪怕

---

① 〔德〕约亨·邦格:《法学方法论的新路径》,牧文译,载许章润主编:《清华法学》(第9辑),清华大学出版社2006年版,第42页。

② 同上书,第43页。

③ 同上书,第46页。

④ 同上。

⑤ 同上书,第48页。

得出的判断不是“真理”性的,没有哲学家所讲的终极标准,法治也算是方法的实现了。

3. 发现法律或立法者的意图,探寻客观意义避免误解

在早期的时候,萨维尼认为,法律解释学的任务是发现或重构立法者在制定法中所宣布的意图。为了获得立法者的意图,在解释时必须考虑历史的、逻辑的、体系的和语法的因素。然而,立法者的意图确实难以探寻,这当然不意味着没有立法者的意图,只是这种意图难以在理论上证立。大部分法律条文的立法意图并没有理论家说的那样神秘,但由于19世纪的所有学者几乎都高估了法律的体系性因素,立法者的意图也因为“立法者是谁”难以确定而被放弃。后来的概念法学就转而认为,解释的目标不是立法者的意图而是法律的意图,即体现在法律文本中字里行间的法律“意志”。

葛洪义提出只有当讲法说理的时候,法律方法才是一个值得讨论的问题。[①]如果我们所说的法律没有意图,那么人们的判断就是纯粹探究的结论,这就会使得法律解释的独断性没有了任何意义。其实,法律解释的独断性是法治对解释与适用的最基本要求。尽管法律解释的独断性要求在理论上也是难以证立的,但它是法治论者的基本姿态。我们说理的时候也必须讲法,讲法也须说理。讲法自不待言,说理也是要说法律之理,即包含着事物的本质、法律价值和法律理念的道理。林来梵说:“法律学方法论要解决的最终问题之一,就是为法律上的价值判断提供一种‘客观’的标准。为达到或接近这一标准,各种方法理论精彩纷呈,共识逐现,这一轮又一轮的理论过程或更替来源于法官判案过程方法的贫乏;然而,迄今为止,谁都未能终止此项探索,法律学方法论也在此过程中走向成熟,接近客观化标准。”[②]这个客观标准就是法律的客观意义。这种“客观”意义其实也并不绝对地客观,但我们可以通过一个被称为“法律意图”的理论设计,要求每一个解释法律的人都有一种姿态——应该客观地解释法律,而不是任意地解释法律。法律文中确实也含有一定程度的“客观”意义——那种最低意义上的共识或法律用语的最基本含义。

“问题的解决与方法紧密相关,方法是获得知识财富的工具,方法是知识中最有活力的部分。笛卡尔说:最有用的知识是关于方法的知识。黑格尔说:方

① 见《第四届全国“法律方法与法律思维”学术研讨会暨第二届“法学方法论论坛”全国会议简报》(一)。

② 林来梵、郑磊:《关于“法律学方法论”——为了一个概念的辩说》,载《法学》2004年第4期。

法是任何事物所不能抗拒的、最高的、无限的力量。"①方法贵在运用，在运用中调整、发展、完善，并通过运用转化为能力。法律方法论的核心是法律解释学。而解释学在很大程度上是一种避免误解的艺术。这样定位法律解释学，不一定符合哲学解释学的说法。因为，关于误解的概念实际上假定了正确答案的存在，这一点是哲学解释学所反对的。但关于误解的概念却符合法律解释学的一般特征。因为，在法律解释学者看来，法律解释最主要的特征是独断性，独断性要求法官等法律人所作出的解释必须是法律的已有意义，只有这样才能实现法治。法律解释学从总体上是为法制服务的。尽管许多法律人的解释并不符合法治的要求，在解释过程中进行了意义添加，但这在法治论者看来是不能容忍的，因而避免误解成了法律解释学研究的根本目标。"理解方法这个词来自诠释学传统，其理论基础是这样一种基本观点：理解人的文本和社会实践活动，需要不同于研究自然科学的那种知识类型。……这一传统的一个分支将人文（社会）科学中的这种理解视为一种'来自内部'的理解，视为实践的参与者或者文本的作者能够理解（或者已经明白）这些存有疑问的实践或者文本。人们应根据那些行为的意义和意图来看待社会实践。……在法哲学中，这一传统的重要意义在于它在法律解释方面——这是这些理论一种自然非常自然的应用——以及也许有点令人意想不到的是，在法的本质方面对近期学者的影响。在后者上面，H. L. A. 哈特模式的法律实证主义其强有力的基础就是规则和法的'内在方面'，这又是以彼得·温奇发展起来的理解观为基础的；而且，尼尔·麦考米克、奥塔·魏因贝格尔等人提出的法律的制度理论，也都表现出这一进路的影响。"②

（五）法律方法论与法哲学的纠缠

在法律方法的理论中，有许多纯粹的理论问题。这种问题严格说起来不是法律方法论，但却对建构理论体系有意义。因而在回答法律方法概念的时候，应该对此有所研究。在这里我们只是叙说三个法律方法论的法哲学思考。

1. 法律解释与法律论证是两种独立的方法

对于法律论证，我们是把其视为规范性理论还是说服性理论？法律论证是不是法律解释？德沃金在《法律原则》一书中认定，法律是一种整体性、阐释性

---

① 张掌然：《问题的哲学研究》，人民出版社2005年版，第331页。

② 〔美〕布莱恩·H. 比克斯：《牛津法律理论词典》，邱昭继等译，法律出版社2007年版，第238页。

概念。他没有对解释与论证做一区分,但法国哲学家利科发现了这一问题。"法律论证必须被看做一个独特的领域,但它又是实践性论证的一般理论,而解释丝毫没有被视为法律话语的原初要素而存在。"①"围绕辩论的一系列主题而展开研究的法律诠释学需要具有解释与论证之间关系的辩证法概念。"②"借助解释理念的明确目标就是:在该框架的固有限制内寻找使得论证这一问题域被隐藏的理由。"③法律解释与法律文本的模糊有关,因而读者就要重构文本的意义。在重构过程中,法律解释是具有一定规范性的;但在解释的开放性结构中,会出现一种解释优于另一种解释的情况。"德沃金忽略了如下时刻:解释应当诉求论证理论的支持,这种论证理论本身就避开了在可证明性与武断之间的选择。"④法律解释是实践性的,并且带有一定的规范性,这就意味着所有的解释必须是对法律文本的解释。但解释是应该有客观性的,尽管这种客观性在哲学上也许存在一定问题——即法律文本不存在绝对的客观意义。一般来说客观性的解释就是正确的解释。然而,面对社会现实来说,正当性也许比客观性更为重要,所以法律论证应运而生,论证带有对正确性的追求或者矫正性的使命。法律论证虽说是以逻辑(包括形式逻辑与非形式逻辑)为主要手段,但也不完全拘泥于逻辑,甚至当代法律论证可能更强调修辞,它是以说服为目标的,寻求的是一种更为宽泛的可接受性。法律论证突出了法律应用的说理性,这种说理的过程不仅要接受一般规范的约束,还要注意到个案中的个别正义。这样解释与论证之间的区别就显现出来了,但二者是有一定关系的,法律论证的命题都是"解释"出来的多种结果之一。这也意味着并不是所有的问题都可以拿到法庭上去讲,只有那些与解决案件相关的命题才有必要进行论证。这也就是说解释可以是论证的组成部分,但两者要达到的属性、目标和使用工具是不完全相同的。从解释的属性看,法官不是立法者;但从论证的功能来看,法官无疑是在为个案"立法",他要在一定程度上突破法律规范的限制,自觉或不自觉地进入造法活动。因为,法律论证要解决的是判断正当性的问题,正当性虽然和合法性有一定的交叉,但也有各自独立的领域。法律解释把重点放到了对文本意义的阐释,要挖掘各种可能的意义;而论证则要发挥解释共同体的作用,用论证的方式寻求答案的可接受性。解释总是个体在言说,论证更多的是在论辩,在论辩中寻求可接受的答案。

---

① 〔法〕保罗·利科:《论公正》,程春明译,韩阳校,法律出版社2007年版,第127页。

② 同上书,第128页。

③ 同上。

④ 同上书,第131页。

我们更愿意接受解释和论证是两个不同的方法,并不是我们没有看到,法律论证与解释的重合之处,而是想建构法律方法论体系。要想使法律方法论的研究深入下去,就应该对其分层次研究。像法律发现方法所能解决的仅是简单案件,法律关系的分析大体上也是解决简单案件的,而价值衡量、法律论证、法律解释就是解决疑难案件的。大部分的法律方法也许是为解决疑难案件进行准备的。疑难案件在一定程度上说是对法治的挑战,使得法治的不可能性在司法领域显现出来。而法律方法就是要应对这种挑战,对法律的"伤残"进行修补,这也许是法律方法论除了对学生进行培训外的最主要功能。

2. 一般性与个别性的关系

这个原则是理想法治的基本命题。"法学所要处理的恰好不是一些可以量化或计算的问题,它要'理解'那些对它而言'既存的事物'(现行的法律规范),以及隐含在其中的意义关联。进一步说,法学是一门有关法律实践的社会生活关系、通过规定性陈述来进行合理与不合理、有效与无效、正确与不正确、公正与不公正判断以理解事实与规范之意义的学问。""从方法论的角度看,法学强调'个别化的方法',强调'情境思维'和'类推思维'。情境思维,简单地说就是依据具体言谈情境的思维,它要求所有对话都应当建立在一定的语用学情境下展开。由此发生的语用学情境也是法学思考的出发点,参与法学论辩的谈话者如果想要为自己的观点确立论证的根基,就必须把自己所有的思想成果追溯至它的情境源头或初始情境,由此出发重新对它们加以阐释。类推思维则是法学思维的最重要的特性,德国法学家阿图尔·考夫曼甚至认为,'法原本即带有类推的性质'。"[①]"一般从成文法国家来看,法官判案的过程实际上也是一个逻辑三段论推理的过程。在这个过程中,法官需要在确定大前提(即具体法律规则)和小前提(即本案事实)的基础上,才能得出最后结论(即判决结果)。而能否得出正确的结论,则与我们能否根据已查明的案件事实找出对应的、恰当的且又可以适用的法律规范(即大前提)直接相关。择法准确,才可能作出正确的判决;而择法不当,则必然导致适用法律的错误,所作判决结论也不可能正确。"[②]具体择法的方法是首先进行归类。"所谓归类就是把已查清楚、确定的案件事实划归到现有的法律关系中去,从而使我们明确案件的性质、类型和具体的案由种类归属,为最后准确适用法律做好各种准备。从两者的关系来看,正确归类是准确择法的重要前提和必备条件,准确择法是正确归类的结果和必然。归

① 舒国滢等:《法学方法论问题研究》,中国政法大学出版社2007年版,第4—5页。

② 王世平:《走过法官的岁月——一位高级法官办案后的思索》,中国法制出版社2007年版,第9页。

类的过程实际也是从'抽象到具体'、'从特殊到一般'的过程。在这个过程中归类是否准确,将直接影响到择法的正确与否。"[①]

无论法律人怎么进行归类,按照法治要求,都要按照一般性优于特殊性的原则赋予事实以法律意义,这就是法律解释的一般性优于特殊性的原则,这一原则保证了法治在解释中的实现。但法律解释的一般性优于特殊性命题,早在50年前就受到了攻击,其代表性学说就是所谓的命题学。他们借用恢复亚里士多德修辞学的名义,认为"法律的解释和续造由视角或论题决定,它们有助于以令人信服的方式解释法律"[②]。对法律方法论来说,这一研究的转向有重大意义。它打破了一般性优于特殊性的原则,它的倡导者认为:"论题学摆脱了古典解释方法的陈规,指出了趋向于具体法律问题的论证之路。然而,这一开端可能最终无法被广为接受。那么论题学可能总是被指责为忽视了法律获取的体系要素,这就牺牲了法律发展的可预测性和可预见性。"[③]我们认为在中国特定的历史时期,还是应该坚持一般性优于特殊性的原则。因为我们的法治进程才刚刚开始,一般性的法律还没有绝对的权威,严格法治的弊端在我们这里还没有充分地体现。在这种情况下就打破一般性法律的而由特殊性主导法律人的判断,法治的进步将会是缓慢的。

3. *法官能比立法者更好地理解法律*

最早看到这一论点是在德国法学家拉德布鲁赫的《法学总论》中,其思想来源是德国哲学家施莱依马赫。在施莱依马赫看来,解释学是研究意义的学问。这种研究不是无的放矢,其主要是挖掘文本中没有被展示的意义,这正如指出解释学是一种避免误解的学问一样,其假定了有正确答案的存在。意义问题的存在说明,言词和意义既具有一致性也具有差异性,其差异性意味着,文本中的言词与解释要挖掘的意义可能是分裂的。而法律解释学所要做的工作,就是在言词中寻求意义。当然,这种寻找主要是消弭言词与意义之间的紧张关系。法律规则是一种技术性较强的语言,由于经过了较多的修饰,其中言不达意、言不尽意、言外之意等可能会少一些。但是,"言与词之间的关系,从来而且永远是不对称的"[④]。但言词与意义之间的关系是相互依存的关系。施莱依马赫指

---

① 王世平:《走过法官的岁月——一位高级法官办案后的思索》,中国法制出版社2007年版,第9—10页。

② 〔德〕托马斯·维腾贝格尔:《法律方法论之晚近发展》,张青波译,载郑永流主编:《法哲学与法社会学论丛》(总第8辑),北京大学出版社2005年版,第18页。

③ 同上。

④ 金惠敏:《后现代性与辨证解释学》,中国社会科学出版社2002年版,第35页。

出："语言只能通过思想而存在，反过来思想也只能通过语言而存在；每一方都借助对方而完成其自身。"[①]思想为内在的言说，言说则是外在的思想。

法官能比立法者更好地理解法律，最近又得到了哲学解释学中"前见"理论的支持。"对文本和由此而来的制定法的理解总是由确定的前见所影响，不仅仅待解决的问题，而且应解释的文本也是以前见来着手的。即使是解释者，也就是法律者并未注意到这一点，他也总是不可避免地受到确定的前见引导。前见由阐释者、解释者的人格所塑造，因为他追随一定的价值、世界观、传统、进步信念或其他别的什么。"[②]法官能比立法者更好地理解法律，似乎也没有什么新鲜之处。原因在于，立法者是文本的创立者，他不是解释者，理解得好与不好都是他的事情。法官不存在和立法者之间的比较问题，但这种比较的意义在于打破法律解释的"原意说"。对法律解释的原意说，我们在前面进行了分析，这是对法律解释客观性的一种捍卫与拯救，这种拯救在理论上是没有多大效力的。但理论上效力较弱，并不等于实践上也没有力量。作者在完成作品以后就死了，作品的生命是由读者来延续的。但作者死后其作品还在，作者赋予作品的含义并不会完全消失。对文学作品来说，作品的意义是由读者来言说，这是没有什么问题的，因为文学作品不是规范性的文本。法律就不一样了，法律是规范，它要用自己的含义来规范人们的行为，它不能失去自己的客观含义。虽然法官能比立法者更好地理解法律，法治也要求他不能任意理解。法官该如何去理解法律文本呢？除了接受法律规范的约束外，还要接受法律方法的约束。所谓"更好"只是表现在：灵活运用法律而又不违背法律的智慧与能力。如果没有体现出运用法律的智慧，就不存在好与不好的问题。

（六）和谐社会建设对司法方法的要求

"依法治国方略"已经实施了十余年了，中国的法治进程已经有了长足的进步，但我们的法治还有很长的路要走。随着中共中央又提出了和谐社会建设的目标，法治又被进一步强化了。这当然不是说我们的法治建设今后将是坦途。实际上，我国的法治建设才刚刚起步，作为执政党和政府主动推行的法治，其局限性是很大的。其中，关键的问题也许是，法治的真正根基是公民社会对权力的制约，而我们在这方面还没有自觉意识。公民文化还在萌动之中，这意味着我国的法治还没有思想基础和群众基础。这当然不是靠群众运动来解决这一

---

① 金惠敏：《后现代性与辨证解释学》，中国社会科学出版社2002年版，第35页。

② 〔德〕托马斯·维腾贝格尔：《法律方法论之晚近发展》，张青波译，载郑永流主编：《法哲学与法社会学论丛》（总第8辑），北京大学出版社2005年版，第18—19页。

问题，但我们的法律人和政治人有责任改变我们固有的臣民文化。现在，良好的契机已经到来，我们可以在和谐的旗帜下，探讨适合中国法治之路和解决中国问题的法治方法。作为手段的依法治国与和谐社会建设目标的提出，在思想史上标志着中国主流思想的重大变化：即主导性的思想已经超越并度过了“激情燃烧的岁月”，思维方式已由革命转向了建设，和谐的秩序是我们实现一切目标的前提。法治手段是一种趋于保守的方法，它是要用经验的方法解决问题；和谐的目标也是要把冲突控制在“量变”的范围内，其实现的主要途径是法治。

法治虽然是治国的方法，但法治是法律人的目标，法治作为目标也是需要自身方法的。对这些可能影响中国法治进程的重大问题，我们必须研究。法治社会与和谐社会并没有质的区别，只不过和谐社会的建设使我们更加清楚了目标和手段。和谐意味着目标的中和，法治意味着实现手段的保守。尽管和谐社会是一种理想状态，但它不是自动实现的，不是人为安排的结果，而是博弈的结果。和谐社会是一个合而不同、承认价值多元的社会，和谐社会也需要我们不懈的努力与斗争，需要各个领域的秩序与协调。社会链条上的任何一个环节出问题都可能会影响整体的和谐，因而对和谐社会的研究需要多个方面和谐。我们觉得，和谐社会的建设首先需要法治方法本身的和谐。在法治领域，我们需要在指导思想上衡平保守与激进、克制与能动、严格规则与自由裁量；在方法和结果上衡平文义解释与目的解释、法律效果与社会效果、法律发现与创造等之间的关系。和谐社会需要我们尽力消解各个方面的冲突，尽管各种冲突在化解后仍然会不断出现。和谐社会的建设既有自然的成分，又有人为能动的努力。法制理论在法制建设中不可缺少，但“法治在本质上是一项实践性事业，对法治优劣的评价智能仪器实际运作及其效果为标准，而不是图纸完善的程度”①。和谐社会与法治的实现需要精致的司法方法论。

1. 和谐社会建设的方法论选择

(1) 从历史发展的角度看，和谐社会是一个文化的概念，是中国整体性文化的自然延伸，强调各种社会关系之间的张力都在“自然”所能容忍的状态。这里的“自然”是指各种社会关系是一种矛盾存在状态。按照马克思主义的矛盾观，这种矛盾状态是社会的存在的基本形式。从这种意义上讲，和谐社会不是不存在冲突，而是说各种冲突被保持在一个合理的范围内、在一种事物本质所许可的幅度内。和谐是一个社会所固有的本质要求，但是这并不意味着每一社

① 谢海定：《深化法治：以解决具体问题为重心》，载李林、王家福主编：《依法治国十周年回顾与展望》，中国法制出版社2007年版，第206页。

会经常都处于和谐状态,人为的许多因素都可能经常破坏社会的这一本质。所以,和谐社会建设是我们认识事物的本质后的一种积极建设态度,是一种引领思维决策的指导思想。正是从这一角度,有人也把和谐称为法的价值,即法治所追求的目标之一。当然,对此也有许多不同的认识。因为传统西方法学的法律价值中,虽然有秩序的概念,但没有和谐这一价值。西方人的思维方式恰恰是重视分析,而轻视整合。重视整体性是中国人思维方式的特点,建构法学中国化的过程中,以和谐作为指导思想正好可以使中国法学呈现出现实特色。

2006 年 10 月 11 日中共中央第六次全体会议通过了《中共中央关于构建和谐社会若干重大问题的决定》(以下简称《决定》)。在这个《决定》中,全面论述了建设社会主义和谐社会的纲领和规划。这个规划对社会主义法治(法制)在和谐社会建设中的作用非常关注,比如,在 2020 年构建社会主义和谐社会的目标和主要任务中,提出了"社会主义民主法制更加完善,依法治国基本方略得到全面落实,人民的权益得到切实尊重和保障"。为保障这一目标的实现,《决定》还提出了建设和谐文化的问题。"建设和谐文化,是构建社会主义和谐社会的重要任务。"和谐文化包括法治文化的建设。与社会主义和谐文化相适应的法律文化应占据重要位置。特别是《决定》第七部分第六个问题提到了"坚持执法为民,加强政法队伍建设,确保政法队伍严格、公正、文明执法,始终忠于党、忠于祖国、忠于人民、忠于法律"。在笔者看来,法官忠于党、忠于人民、忠于祖国是政治要求,而忠于法律是职业要求,明确这一点是非常重要的,它是法治可能实现的前提条件之一。和谐社会与法治社会可能有不少的区别,但有一点可能很清楚,那就是和谐社会的建设,肯定离不开法治的支撑,和谐是法制范围内的和谐。

(2) 从哲学的角度看,和谐社会的建设是一种现实主义的理想。这种理想的建设表现了一种人类的目标追求,表达了人对现状的不满,是一种对社会负责任的态度。和谐是相对于不和谐来讲的,如果人们对现状已经很满意,和谐社会的目标作为发展的动力就不足。我们把和谐社会建设作为目标,就意味着现实社会不是那么令人满意,所以和谐社会不是静止不变,也不是自然状态。它反映了人们对美好生活的向往。由于和谐社会的这一属性决定了和谐社会不是自然生成的,它里面含有许多主观努力的成分。虽然人与自然的和谐,人与法律制度的和谐,人与国家的和谐,都受"自然"属性范围的限制,但是在和谐的主要要素中也充满了变数和人的主观能动性的发挥余地。人们对目标与手段的选择,对于能否建成和谐社会有重大的影响。笔者认为,《决定》中的选择是迎合了天时、地利与人情。《决定》中讲:民主法制是建设社会主义和谐社会的原则。"必须坚持民主法治。加强社会主义民主设,发展社会主义民主,实施依法治国基本方略,建设社会主义法治国家,树立社会主义法治理念,增强全社会法律意识,推进国家经济、政治、文化、社会生活法制化、规范化,逐步形成社会公平保障体系,促进社会公平正义。"法治建设是社会主义和谐社会建设的基础。在《决定》第四部分第二个问题中讲到:"完善法律制度,夯实社会和谐的法制基础。维护社会主义的统一和尊严,树立社会主义法制权威。坚持公民在法律面前一律平等,尊重和保障人权,依法保障公民权利和自由。坚持科学立法、民主立法,完善发展民主政治、保障公民权利、推进社会事业、健全社会保障、规范社会组织、加强社会管理等方面的法律法规。加强建设法治政府,全面推进依法行政,严格按照法定权限和程序行使权力、履行职责,健全行政执法责任追究制度,完善行政复议、行政赔偿制度。加强对权力运行的制约与监督,加强对行政机关、司法机关的监督。推进和规范法律服务,加强和改进法律援助工作。深入开展法制宣传工作,形成全体公民自觉学法守法用法的氛围。"这意味着和谐社会建设是民主法制建设的继续,法律的作用不是弱化了,而是得到了强化。

(3)从学科的角度看,和谐社会的建设是一个政治社会学的概念。从政治学的角度,我们可以看到,和谐社会是一种政治人、管理者所追求的目标。如果把这种目标与追求的过程结合起来就构成了政治社会学研究的主要内容。和谐社会不完全是一种对现状的描述,而是包含有目标与过程的统一,在这个过程中,政治决策起着最为重要的作用,这一目标的实现离不开法律工作、社会工作、行政管理以及经济建设等的支持。从学科角度追寻下去我们看到,和谐社会的建设实际上还是一个方法论的问题,即在总体政治目标的要求下,各个学科都要为这一目标的实现寻找方法意义上的途径。和谐社会是指整体社会的和谐,即大的方面政治与经济、政治与法律、法律与经济、社会保障与法律、社会保障与政治、社会保障与经济,等等。而小的方面还包括法律内部的和谐、经济内部对和谐、社会保障系统内部的和谐、尤其是政治系统的和谐。这些方面的和谐都需要相应的方法。法治与和谐社会的关系一方面是政治问题、宏观目标问题,但另一方面也是个方法问题,甚至在总体目标已确定的情况下主要是个方法问题。

就法律方面来说,首先要做到自身内部的和谐,即法律体系的统一与融洽。当然法律自身的和谐是受到法律与其他社会关系是否和谐的影响,因而还需要法律与社会的和谐。和谐社会的建构虽然是个宏伟的目标,但也包含了我们观察、分析问题的立场,是目标与立场的统一,在一定意义上属于认识论问题。和谐社会的建构是从整体的角度、关系的角度、体系的角度看问题,它要求我们不仅要看到问题,更主要的是要找到解决问题的方法。我们观察问题不能仅看到表面现象，还要找到解决正确的方向和方法。我们注意到和谐社会的建设是要解决当前社会中存在的诸多问题，但我们对克服这些社会弊端的方法选择，不能寄希望于革命方式。对革命思维我们必须保持高度警惕。和谐思想与革命思想有许多不同，如果我们寄希望于用革命的方式构建和谐社会的理想，那便没有现实意义。从这个角度看，中央关于和谐社会的建设具有真正的划时代意义。其次，司法是社会主义和谐社会建设的最后保障系统。对这一工作中央很重视，提出了“完善司法体制机制，加强社会和谐的司法保障。坚持司法为民、公正司法，推进司法体制和工作机制改革，建设公正、高效、权威的社会主义司法制度，发挥司法维护公平正义的职能作用。完善诉讼、检察监督、刑罚执行、教育矫治、司法鉴定、刑事赔偿、司法考试等制度。加强司法民主建设，健全公开审判、人民陪审员、人民监督员等制度，发挥律师、公正、和解、调节、仲裁的积极作用。加强人权司法保护，严格依照法定原则和程序进行诉讼活动。完善执行工作机制，加强和改进执行工作。维护司法廉洁，严格追究徇私枉法、失职渎职等行为的法律责任”。

2. 与和谐社会建设相适应的司法方法

法律方法多种多样，但在本书中主要是指司法方法，即法律发现、法律论证、法律解释、价值衡量、法律推理等，其中每一种方法都有其特点。在和谐社会的总目标下，这些方法该怎样运用才能与和谐社会的要求相一致，这是我们需要研究的问题。和谐社会是一个整体性概念，它的提出再一次表明了中国文化的包容性。这种提法本身与西方人及我国部分学者常提的法治、德治、法官之治、规则之治等都不相同，建设和谐社会的提法是一个综合性、体系性的概念。它强调了社会的建设者应认真分析当下存在的各种不和谐情况，从而提出所要解决的问题和奋斗目标。从中央的判断来看，我国总体上是和谐的，但是也存在许多不和谐的问题。从《决定》的分析来看，其主要表现在如下几个方面：(1) 城乡、区域、经济社会发展不平衡，人口资源环境压力加大；(2) 就业、社会保障收入分配、教育、医疗、住房、安全生产、社会治安等方面关系群众切身利益的问题比较突出；(3) 体制机制尚不完善，民主法制还不健全；(4) 一些社会成员诚信缺失、道德失范，一些领导干部的素质、能力和作风与新形势、新任务的要求还不适应；(5) 一些领域的腐败现象仍然比较严重等等。围绕着解决上述问题，笔者认为法律方法能以司法活动为纽带发挥重要作用，这些现象的克服都需要法律方法的运用。我们先从和谐社会需要什么样的法律理念和方法谈起。

从我国现在的法制形势来看，应奉行司法克制主义的理念。这是和谐社会建设所需要的司法理念,而对司法能动主义要保持适度的警惕。在这一理念下对于法律方法论我们做如下选择:第一,重视法律发现方法,限制法官造法。创造是我们这个时代的强音,但我们鼓励的是在自然科学与社会科学研究中的创造。在司法领域面对疑难案件,我们也倡导法官进行创造,因为如果法官遇到法条没有规定的案件就拒绝审判也不符合和谐社会的要求。但在一般案件中,法官的职责就是把法律的规定落实到案件中,法官所使用的方法就是到现成的构成法官法源的法律形式中去寻找针对具体案件的法条(或法律),法官不能随便创造法律。法治的本质实际上是在经验范围内解决问题,立法者向社会输入的法律,实际上是经验的总结。成文法律中虽然没有解决所有问题的现成答案,但也绝不像有些法学者所说的法律解决不了任何案件。许多法学家和法官都曾言证,已有的判例或成文法律能解决90%以上的案件,所以法官的主要任务不是去创造法律,而是要针对具体案件发现法律。正是在对这些法典化经验理解的基础上,法官能在保持传统的基础上又与现在联系起来,这是社会保持稳定的法律方法之一。按说我国正处在社会的大转变时期,法律的变化应是法学家们来提倡的。但是我国与西方不同的是,我国的现有法律不是固有的法律,大都是从西方传来的规则,正是这些规则的实施促动了我国社会的变迁。我国法治的现状是立法在前,司法滞后,现有的法律已对社会要变革的社会关系作了革命性规定,要发生矛盾也主要是现行法律和固有社会关系的矛盾。变革社会关系,就是贯彻现有法律,这一点与英美国家形成了鲜明的对照。在英美国家,社会的进步是从突破法律的限制而开始的,这种突破首先由司法活动开始,但是在我国则是直接引进外国的法律规则并用来打破我国原有的制度。所以我们认为,在现有情况下要坚持的是发现法律而不是创造法律。在司法过程中,法官创造性太多并不利于和谐社会的建设,因为我国法律负有建设社会新秩序的任务,许多新制定的法律本身就是对旧秩序的破坏。我们要在新旧社会关系的变动中获取和谐就要照顾到新法律的实施。如果我们仅仅注意到本土的固有文化,与传统的和谐局面可能出现,但可能丢失社会的进步,最终社会还是不和谐。

第二,重视文义解释方法,严格依法办事。我们希望在社会变动中付出小的成本,因而选择了法治。这种选择的第一步就是制定了大量的法律,试图先解决有法可依的问题,并在此基础上,在司法、行政领域逐步实现法治,实现在法治基础上的和谐发展。但是由于我们新制定的法律多是从西方引进的规则,与我国固有文化之间或现有社会秩序之间存在着一定程度的紧张关系。为缓解这种关系,法学界提出了两种相对立的观点:一是法社会学的观点,认为法律应适应现有的社会关系,法律规则应屈从于社会,但这一点正如我们上述以分析的,能使社会暂时出现和谐,但付出的代价是法治永远建立不起来,从长远来看也不符合国家的根本利益。笔者认为既然我们已经选择了法治,那么我们就应为法治而努力,所以缓解法律与社会的紧张关系就得从长计议,我们得准备为法治而牺牲一些利益。因此,从规范法学的角度,就应倡导法治反对解释的原则,把文义解释放到首要位置,严格依法办事。笔者认为,中国传统文化中是存在缺陷的,虽然传统文化为我国几千年的社会和谐作出过贡献。但是,由于我们在过去的两千多年中,反思法家思想严酷的同时,也消解了对法律的严肃态度。天理、人情成了能代替法律的东西,“缘情而法”的观念似乎成了主导思想。我们对待法律,除了那些所谓十恶不赦的罪行外都可以不遵守,这使得我们的法治根本就无法建立起来。法治的精神不存,即使出现了所谓和谐也是靠不住的。因为情势的变动都是由人来操纵的,而人如果背离法律的约束,行为的可预测性就会失去,人们对安全的期待就会消失,和谐社会的建设总目标根本无法达到。我们不能轻视依法办事的法治原则,我们应在方法论上坚持文义解释优先的姿态。

第三,有条件地运用价值衡量方法,文义解释外方法的运用必须进行充分论证。有人说和谐社会就是正义、公平得到实现,没有公平、正义现实就没有和谐。但研究法学的学者都很清楚,社会除了公平正义以外还有许多价值,并且这些价值之间还有许多冲突。可以说法律的各种价值都有其积极意义,都含有人追求的真善美。但是从逻辑的角度看,各种价值都有其区别,甚至可以说有不同的属性,同时人们对各种价值又有不同的喜好。各种价值并不好换算,这意味着价值衡量从逻辑上讲根本无法实现。但是我们似乎都能感觉到,价值(包括正义、公平与秩序等)都含有人类美好的追求,试图否定价值的做法必定会受到人们的诅咒。所以我们还得追求法律的价值,尽管抽象的价值难以叙述清楚。但价值在和谐社会的建构的过程中,其定位究竟是引导作用还是决定作用是我们必须面对的问题。笔者认为价值问题虽然很重要,它可以是人类最美好的愿望与目标,但它绝不是现实社会中最为重要的事情。法治也许不是我们最好的选择,但是它起码是在无奈之中的最优选择。所以在和谐社会的建设中,价值问题只能起辅助作用。在以法治为旗帜的和谐社会建设中,我们只能运用有限的价值衡量方法,我们应在法律明确的地方反对解释,在文义确定的地方认真落实文义解释优先的原则,而对价值衡量方法的运用必须经认真的论证,我们不能为了某一片面的所谓公平正义而放弃法治的追求。法律文本中实际上已包含了许多的价值,认真贯彻法治在大多数场景都是符合和谐要求的。至于法律与法律文本外价值的冲突,主要由立法加以解决。司法只能有限地、附条件地运用。否则,成文法律中所肯定的价值就会落空。

第四,重视法律推理方法,补充法律文化中的逻辑因素。中国文化是一种整体性文化,所以有一些西方学者认为这是一种不讲逻辑的文化,在法律领域这一问题主要表现在不重视法律推理方法的运用。笔者认为中国文化的整体性包含了和谐社会的基因,因为整体性要求我们全面地看问题,把能考虑到的问题都纳入思考的范围,唯恐出现不和谐。但这并不意味这种文化到处都是和谐的,笔者觉得文化的整体性使得我们太重视彼此之间的关联,但却使许多重要的正义被放逐了。我们的习惯遮蔽了我们的心灵,使得我们在很多问题上无法创新。假使要重视法律推理我们就得改造我们的思维方式,我们得重视事物及法律的形式性,只有这样法治才有可能实现。如若只是重视传统的和谐,使法律与社会出现分裂,就很难构建和谐社会。所以和谐社会的建构包括文化的重建,使新的法律与现有社会、与传统社会之间形成一种默契。毕竟我们无法重新回到传统,我们得在现有的基础上建设和谐社会。整体性文化与分析性文化的矛盾,已非常明显地凸现在我们面前。不重视分析性文化、不重视法律的逻辑性运用,我国的法治就无法实现,这一点表现在司法领域就是要重视法律推理的作用。

第二章

和谐社会建设中的司法理念

人是社会性动物,必须通过相互间的合作,才能获得生存所需的必要资源,也只有合作才能不断扩大人的自由度。然而要实现合作就必须首先解决相关利益的分配与责任的分担问题。因不能妥善的处理这一问题,个体与个体之间、个体与群体之间、群体与群体之间发生了无数的冲突与战争。为了摆脱这种霍布斯所谓的狼对狼的战争状态,人类在长期的社会进化中形成了各种各样的社会控制机制,以尽可能地减少冲突,促成合作,实现社会和谐。这些机制包括:通过个人良心予以执行的主要是道德与伦理、通过神的惩罚来执行的主要是宗教、通过第三方组织体来执行的主要是各种社会组织团体规范、通过国家权力予以执行的主要是法律等。随着社会的发展,法律的重要性不断加强,尽管法律对形成社会秩序、促成合作具有重要价值,然而法律主要由国家权力来执行,国家权力却又极有可能成为掌权者用以掠夺财富的工具,最终成为破坏性的力量。到了近代,部分地区逐渐发展出法治制度,既保障法律有足够强制力来实现社会秩序,同时又能约束自身的执行者,使其为善时无所不能,为恶时却处处掣肘。现代法治制度的基石乃是独立之司法权,司法运作的好坏决定着一国法治发达的程度。在探讨和谐社会中的司法理念之前我们先来看一下和谐社会中的法治理念。

一、法治理念

要达至和谐,实现良好的社会合作,就必须有效地预防纠纷和冲突,这就要求法律必须能够清晰、有效地界定好各方的权利义务关系。只有权利义务关系得到了有效的界定与保障,人们才会更多地倾向于合作,通过自愿交易来获得自己所不拥有的东西,而不是进行寻租和掠夺。在现代社会中,法律必须有效地处理好个体与个体之间的关系、个体同公权力之间的关系及不同的公权力主体间的关系。第一种关系可以说是法律与公权力最初形成的目的,正如霍布斯的论述,国王与法律的诞生在于使人们摆脱严重的相互战争状态。后两种关系则是近代法治思想的产物。历史的发展出现了一个悖论,为了实现社会合作与人的自由,我们建立了政府,然而此后人之自由最大的敌人却又往往是政府。为了解决这个问题,人们要求国王与政府亦必须遵从法律,政府的权力只能来自法律的授予,此外则是私人自由的领地。由此形成了第二种关系,即由法律界定出公共领域与私人领域,公共领域所涉为公共事务,国家权力可以介入。而在私人领域,则是公民私人自治的领地,国家权力不可以介入。为实现对国家权力的此种约束,就不能让权力掌握在一个人或一个机构的手中,必须进行分权与制衡。也就是说将公权力划分开来分别授予不同的部门掌握且相互制衡,以此避免专断和独裁。由此法律就必须能够有效界定三种关系。政府权力受法律约束乃是现代法治的精髓,亦为达成法治目的保障人权,实现社会和谐的根本所在。制度运作的质量不仅取决于制度设置本身,还同与其相关的社会理念密切相关,与制度相契合的好的社会理念不但能够保障制度的有效运作,还能弥补制度缺陷、推动制度的发展和完善。要建设法治国家与和谐社会,就必须努力提倡、培育、形成良好的法治理念。

(一)法治社会必须坚持法律至上的基本理念

法律界定了个体与个体、个体与政府、政府各机构间的权利义务关系,成为社会交往的基本规范。任何个体或机构都不能凌驾于法律之上。社会冲突若不能协商解决,则应在法治的框架内解决。只有如此才能形成有效的秩序,才能真正保障人们的自由。自然只有在一个和平有序且人们的自由不断获得保障的前提下,社会才有可能更好地发展。我国的传统历来重伦理、人情、权变而轻法治。《孟子·尽心》中记载了一段反映孟子如何对待法律与人伦冲突的对话,他的学生问:如果舜的父亲杀了人,舜应该怎么办?孟子的答案是:尽管舜不可以干预执法官的行动,却可以带他的父亲逃跑。这意味着在孟子的心中人伦要高于法律,可以为尽孝而违法。① 实际上在孟子的老师孔子那里已有这样的观念,孔子认为:父亲犯了罪,儿子竭力隐瞒这才是正义,而不是法律得到执行。所谓:"吾党之直异于是,父为子隐,子为父隐,直在其中矣"(《论语·子路》)。我国国民的行为很好地体现了圣人的这些思想,无论是平民百姓还是君王官吏。有名的故事就是后周世宗柴绍的亲生父亲杀人,作为皇帝的世宗却拒绝过问。到了近代我们推翻了帝制建立了共和,然而政府及民众漠视法律的观念却没有多大改变。就政府层面而言,民国初年,袁世凯与在国会占多数的国民党争夺权力,面对宋教仁遇刺案件,双方都选择武力解决而不是司法途径,结果导致"二次革命",南北内战,开启了近代军阀干政、武力割据的先河。就民众层面而言,"五四"运动期间,学生为争国权进行游行示威是正当的,但因此而打人放火就违背了法律。当时在举国称颂的情况下,梁漱溟先生却认为违法的学生应该被起诉和审判,以维护法律的尊严与秩序,尽管可以事后由有关部门特赦。"试问这几年来,哪一件不是借着国民意思四个大字不受法律制裁才闹到

---

① 参见周天玮:《法治理想国——苏格拉底与孟子的虚拟对话》,商务印书馆 1999 年版,第 62 页。

今天这个地步。"[①]但在我们这样一个传统中,此种声音历来不受人喜欢。基于此,后来及至新中国成立后,无数背离法律的激进运动就不是那么难以理解了。直到当代我们仍然没有形成对法律应有的尊重与敬畏。几年前,某地执法部门在处罚一制造假冒伪劣商品的企业时程序违法,法院依法判处该执法部门败诉,结果招致了舆论的巨大谴责以及立法机关的"个案监督"。

我们亦应该形成尊重法律与司法的观念和传统,学会将各种社会矛盾的解决纳入法治的轨道,以避免社会失序、暴力冲突。古希腊先贤亚里士多德认为法治需具备两个条件:一是法律至上;二是法律本身应该是良好的。这就涉及"善法"与"恶法"的问题,亦是法理学中的一个核心问题。对此,以哈特、拉兹为代表的实证主义法学认为"恶法"亦法,只要该规范经承认规则确认(某种意义上即合法程序确认为法律),就成为法律,就具有法的效力。而以富勒为代表的新自然法学派则坚持认为"恶法"非法,一项规范要成为法律必须满足一些基本的条件,否则就不能够称之为"法律",不具有法律的效力,即使其披上法律的形式外衣也一样。[②] 双方辩论的主要背景就是纳粹德国的邪恶"法律"。新自然法学派认为,若承认非正义的规范为"法律",人们就会在法律的名义下为恶,尤其是统治者更会借法律来剥夺人们的权利与自由,因此邪恶的法律不是法律,人们可以拒绝服从,甚至这是一项义务,当然更不能以遵从法律为名来从事非正义的行为。实证主义法学派从法治的操作性的层面出发,认为只要经正当程序承认的规则就应该被认可为法律,这有助于法律的确定性与权威性,尤其在一个道德多元的时代。这并非意味着只要是法律,人们就应当毫无保留地服从。事实上恰恰相反,他们强调人们对于邪恶的规则拥有拒绝服从的道德义务,哪怕这些规则是法律也一样。如此他们甚至比自然法学派更突出了个体与社会的正义诉求,后者仅仅是认为邪恶的东西不应该被承认为法律,因此自然可以不去服从;而他们则主张即使是法律,人也拥有拒绝的道德义务。从本质上说他们都认为对于极端邪恶的规则,个体都不应该服从,只是在不同的层面寻求正当性依据,因此双方的论战某种程度上是一个误会,甚至有些吊诡。实证法学派尽管在什么是法律这个问题走的是"实证"进路(经法律确认程序的即为法律),但在什么样的法律应当被服从这个问题上却又是"自然"的进路(人们拥有抵抗恶法的道德义务,注意不是"自由"而是"义务")。与此相反,虽然自然法学派在什么是法律这个问题上走的是"自然"的进路(恶"法"非法),

---

① 梁漱溟:《梁漱溟全集》(第4卷),山东人民出版社1997年版,第577页。

② 有关该问题的详细论述可参见强世功:《法律的现代性剧场:哈特与富勒论战》,法律出版社2006年版。

但其接下来的推论必然是凡成为法律就必须被服从,这又更倾向于“实证”的道路。

我们认为,从法治的实践层面来看,实证主义法学的理论更具有可操作性,凡是经正当程序制定的法律,就具有法律效力,相关部门必然要严格遵守和执行,不能因为该法律触犯了某种道德观念,就拒绝承认其效力。当然从道德上人们可以抵制它,甚至以身试法,以表明自己的观念与立场。但只要该法律没有经正当程序废止,违背了法律就必然要承担责任,就像马丁·路德·金那样的黑人民权运动领袖所倡导与身体力行的那样。这些民权人士为表明对非正义法律的反抗,会故意触犯此类法律,然后在司法诉讼中寻求对相关法律的违宪审查。如果成功了就可以推翻非正义的法律,如果失败了就要坦然面对法律的惩罚,当然若他们坚持自己的理念,可以在一定时期后再次触犯该法律,再次寻求违宪审查的机会。这意味着既存的法律制度为人们的改革诉求留下有效的通道,如言论自由、司法审查等制度。改革的最好选择是在既有法律制度下有序地进行,而不是推翻一切法律制度的激进“革命”,从制度建设的层面来看,渐进的改革模式从来都要比激进的“革命”更有成就。如此,在我们这样一个法治不发达且又处于转型期的社会中,培育正确对待法律的观念、形成法律信仰,就显得更为重要和紧迫。我们应该努力以良好公民的美德来对待法律,尤其是非正义的法律,不应该以恶抗恶、以暴制暴。不能因为犯下恶行的人逃脱了法律责任,我们就可以抛开法律去惩罚他,更不能因为有的人为恶而没有受到惩罚,就认为我们为恶也不应受惩罚。否则,我们从事恶行,伤害其他无辜的人就在道德上有了可恕性。在前些日子的“许霆”案中,很多人支持许霆的理由就是有人贪污腐败成百上千万都没事,那许霆这点钱自然算不上什么,也不应该受惩罚。这样一种观念是极为危险的,是典型的以恶制恶,甚至是别人可以为恶而不受惩罚,那么我自然也不应该因为恶行而受罚,如此一来,不但法治会受到根本的破坏,甚至连基本的道德底线都会荡然无存,大家都可以理直气壮地去从事各种恶行。正确的出路是尊重法律,努力在法律秩序的框架内不断推动社会变革,从而实现正义与和谐。

尽管在什么是法律及如何对待法律的问题上更倾向于实证法学派的观点,但自然法学派的理论却为我们在建设法治的过程中努力寻求好的法律提供了一些标准。一项法律要想有效运作,达成良好的社会目标,需要满足一些基本的条件。随着社会的演进,人们对于什么样的法律是制定良好的逐渐形成了一些共识,尽管在道德上社会日趋多元。一项重要的法治理念就是有关什么是良法的理念。根据众多理论家的论述及法治实践经验[①]，我们对于什么样的法律是良法大致总结以下几点：首先是法律应该具有普遍性，法律不同于命令，其指向不特定的人，能够反复适用，同样情况同样对待。法律具有公开性，应当能够被人们所知悉，只有如此人们才有可能在法律的指引下进行合作，而不用担心动辄触犯法律。若政府可以根据秘密的法律惩罚公民，那人们将会陷于恐惧之中。法律不能溯及既往，不能用明天的法律处罚今天的行为，如果违背了该原则，那么人们将会无所适从，今天被允许的行为，明天却会受到惩罚，人们将丧失可预期性与自由。法律应该具有明确性，法律的表述应尽可能的简单明确，尤其是授予政府权力限制公民自由的领域，更应该清晰确定，如此才能够有效地制约政府权力，避免政府利用模糊授权随意扩张自己的权力而减少公民的自由。法律规则应该具有一致性，不能既允许公民做什么，又因为公民的此项行为而予以惩罚，如此才能给公民提供确定的指引，保障公民的自由。法律不能强人所难，其要求和禁止的行为应该是可以合理期望一般人能够做到或避免的行为，不能因为人们没有做其不可能做到的行为而惩罚之。法律应该具有稳定性，不能朝令夕改，否则人们同样会无所适从，不但会损及法律的权威，更重要的是社会将丧失可预测性，人们不能有效地规划自己的生活，也就没什么自由可言。最后规则还应该能够在实际中执行，而不仅仅是写在纸上。我国法治目前最大的问题不是是否存在法律，而是法律能否执行的问题，这自然与法律规范的内容本身有关，但更重要的是权力制约机制的问题。这些标准亦不是绝对的和确定的，对这些标准的理解及判断一项法律对这些标准的满足度上也会产生分歧。如此一来，还有一条操作性强的良法标准就是该法律是否经正当法律程序而制定。以上这些标准某种意义上都是形式方面的要求，在实质方面人们普遍认为好的法律应致力于且能够限制政府权力，保障基本人权与自由。当然这样一个标准其操作性更弱，但却引出了另外一项关键的法治理念，那就是限制政府权力。

（二）法治理念从方法论的角度看就是限制公共权力的任意行使

实际上对良法的基本要求所体现的就是要通过普遍、确定、公开、稳定、不具有溯及力的规则来约束政府的权力。为了保护和扩大公民的自由人们建立了政府，而政府却又常常异化为自由最大的敌人。法治的首要目标就是人民通过法律来控制政府，而不是政府通过法律统治人民。我国是一个有着漫长专制

---

① 对许多学者法治理论的总结分析，参见周天玮：《法治理想国——苏格拉底与孟子的虚拟对话》，商务印书馆1999年版，第六章。

历史的国家,从根本上说国家权力近乎不受限制,人民唯一的手段就是最后揭竿而起。政府习惯于将法律作为统治人民的工具,认为法治就是惩罚人民时有被叫做法律的东西就行了。甚至当法律成为统治的障碍时,还会一脚将其踢开,因为其仅仅是一件统治工具而已。当下我们建设和谐社会与法治国家,必须彻底纠正这一错误的观念。无论是普通民众还是政府官员必须树立起法治首先是用法律来约束政府手脚的观念。限制政府的权力,意味着对于政府而言法无授权皆禁止,政府权力来自于法律授权,必须依法行使,除此以外则属于公民自由的领地,法无禁止皆自由。这就要求法律有效地界定出公共领域和私人领域,公共领域为国家权力可以介入的范畴,但也必须依照法律程序进行运作,而私人领域则只能留给公民,由公民根据自己的良心进行私人选择,国家权力不能干预。[①] 法治的限权原则尽管是在反抗国王专制的过程中形成的,却同样适用于多数人统治的民主政府。现代民主政府经常借助于多数人的意愿来扩张自己的权力,且以此为自己的行为寻求正当性,似乎反对政府权力扩张就是反对民主,就是不道德的,为自己的行为披上了正当性外衣,使得限制政府的权力变得越来越困难。然而权力掠夺性的本质都一样,无论其掌握在少数人的手里,还是多数人的手里,现代法治的重要功能就是要限制"多数人的暴政"。民主也必须在法律的制度化约束下才能有效地运转。

(三)法治理念最根本的目的是保障人权

限制政府权力的根本目的在于保障公民的权利与自由,人权与自由是最具目的性的法治理念。自由可能是一项最具有终极性的价值,就像一位经济学家的著作"以自由看待发展"[②],社会发展的终极目标在于增进人们的自由。法治根据权力分立与制衡的原则配置政府权力,其根本目的就在于保护人的权利与自由。自由是一种很特殊的"物品",一个人享有自由并不会减损他人的自由,人们可以普遍地同时拥有自由,若一个人享有就意味着其他人的克减,这是特权而不是自由和权利。现代法律权利与自由可以为每一个个体所普遍享有,且不可能只保护一部分人的权利与自由,而取消另一部分人的权利与自由,如此只会导致所有的人都将丧失权利与自由,剩下的只有专制和特权。正如马克思所说的,每一个人的自由是其他人自由的条件。在建设法治国家与和谐社会的过程中,必须树立保障人的基本权利与自由,这是任何法律与改革的终极目的的法治理念。我们三十年的改革取得了重大成就,一般认为这首先归功于经济

---

① 季卫东:《宪政新论》,北京大学出版社 2002 年版,第 85 页。
② 〔印度〕阿玛蒂亚·森:《以自由看待发展》,任赜、于真译,中国人民大学出版社 2002 年版。

体制改革,也就是由计划体制向市场体制转型。然而所谓市场,简单地说,就是人们可以通过自由交易来配置资源,而自由交易的前提在于对公民权利与自由的承认与保障。市场经济体制的建立根本上是不断承认和保障公民财产与契约自由的结果。因此,准确地说,所有的改革归根结底都在于公民权利与自由的保障或克减。我国 2004 年宪法修正案明确规定尊重和保障人权,这是我国法治建设的重大进步与成就。人之权利与自由的保障既是和谐的目的,亦是和谐的必由之路。

我国是社会主义国家,致力于建设社会主义法治,根据我国的国情确定了"依法治国、执法为民、公平正义、服务大局、党的领导"这五项基本的社会主义法治理念。这些理念既不违背法治的基本原则与普世价值,又根据我国的具体情况做了变通。建设社会主义和谐社会必须深入贯彻和坚持社会主义法治的基本理念,社会主义法治是建设和谐社会的必由之路。依法治国是社会主义法治的核心内容,其本质在于建设法治政府,政府的权力来自体现人民意志的法律授权,法律至上。政府的一切行为必须符合法律的限制和要求,不能逾越法律,滥用权力。法律约束政府权力,这是法治亦是社会主义法治的核心要求,舍此便不可能谈得上什么依法治国。而法律约束政府权力的最终目的在于保护公民的权利和自由。执政为民、公平正义本质上意味着政府权力来自民众,其存在的唯一理由和目的就在于保护人权实现社会的公平正义,而绝不能权力私化,成为某些群体或集团谋取私利的工具。而法治政府,保障人权以实现社会和谐,这在我国必须在共产党的领导下,逐步实现。尽管我国的法治建设已取得了重要成就,对于保障和促进社会和谐起了极为重要的作用。但整体而言我国仍然是一个法治落后国家,一些有效化解社会矛盾,维护社会和谐的机制不够健全。由于历史的原因,我国一直是国家强、社会弱的二元模式,如此以来,社会的一大矛盾就是政府权力同社会的矛盾。由此通过法治建设,成功约束政府权力,同时有效沟通政府与社会关系,就成为建设和谐社会的关键一环。"在提高国家—社会和谐的过程中,最难解决的是如何建立和执行一套宪政和法治体制来使掌握国家机器的政治精英真正对人民负责。"[①]宪政和法治的定义尽管复杂,但核心只有一个,那就是限制政府权力与保护公民权利。

保障人权的法律条文仅仅写在纸面上并不是法治,最重要的是,它们能够成为社会实践而被有效遵守和执行。法律实施的关键就在于司法,司法成为法治的最后堡垒。很长一段时期以来,我国理论界与实务界的很多人均致力于通

① 裴敏欣:《提高社会和谐必须对症下药》,载徐昕主编:《司法:纠纷解决与社会和谐》,法律出版社 2006 年版,第 34 页。

过司法改革实现法治,进而通过法治实现民主,从而稳定有序地完成政治体制改革,确保社会的持久稳定与发展,实现建设和谐社会的目标。制度的形成、运作、变革都是人之行为的结果,而人之理念又影响着人之行为。进行司法改革、建设和谐社会需要有良好的司法理念予以支撑,接下来我们讨论一下和谐社会建设中的司法理念问题。

二、司法理念

简言之,所谓司法理念主要是指法律职业共同体尤其是法官对司法应有的角色、功能、价值及如何实现之的基本认识与观念,也包括社会公众在此类问题上的一般性观念与共识。司法是实施法律、解决纠纷、实现正义的关键一环,能否形成正确的司法理念对我国司法改革、法治建设及和谐社会具有极为重要的价值。目前,学界与实务界对于在和谐社会建设中应该秉持的司法理念均有不同的认识。[①] 根据法治的基本要求与司法权的基本属性[②],我们以为要推动经济政治变革,建设和谐社会必须坚持以下基本的司法理念。

首先是司法独立与法官的自主决断。司法独立是法治的基本要求,1959 年国际法学家会议提出了一份法治宣言,其中就有对司法独立的明确要求。该宣言主张“司法独立是实现法治的前提。司法机关在行使职能时不受行政和立法部门的干预,但法官不得假独立之名而行专断之实”[③]。司法独立的价值是在近代宪政国家的建立过程中被逐渐发现和接受的。我们知道,在英国,早期贵族为维护自己的权利,坚持用法律来约束国王,主张国王在万人之上,但在上帝和法律之下。法律必须有人去执行,才能真正有意义,然而司法不独立,国王可以随意干预司法,凭自己的意志裁决案件,那么法律和权利都将不复存在。为此,当时的英国贵族为对抗国王对司法的干预,坚持必须有跟他们同样身份的人组成陪审团才有权力给他们定罪,他们不相信由国王任命的法官。后来其本身多为大贵族的法官亦反对国王对他们的干涉,最典型的例子莫过于柯克与国王詹姆士一世的斗争。之后随着宪政革命的进行,人们意识到只有确保司法独立,才能真正有效地确保司法公正与权利自由,逐步建立起一套确保司法独立的制度。如我们现在所熟知的,司法独立的关键在于法官独立,法官只对法律

---

① 参见韦中铭:《论司法理念与政治理念的冲突与平衡》,载《太平洋学报》2007 年第 8 期。

② 参见徐显明等:《司法改革二十题》,载《法学》1999 年第 9 期。

③ 周天玮:《法治理想国——苏格拉底与孟子的虚拟对话》,商务印书馆 1999 年版,第 84 页。

和自己的良心负责。法官作出决断不受权力、金钱等的诱惑。为此一般法治发达国家通常实行法官终身制、在任期间不得有不利调职等制度来确保法官独立。我国古代的传统是行政兼领司法，没有任何司法独立的制度传统，当下司法改革中司法的独立性问题仍是关键所在。目前我国的司法制度过于行政化，一方面司法权的设置本身使其不能有效地制衡行政与立法分支，反而容易受到两者的干预；另一方面由于司法机关内部制度安排的行政性，法官之间亦有行政等级关系，法官的地位不平等自然也会影响到司法的独立性。更为重要的是，在推进司法改革的过程中，人们对于司法独立及其如何实现、是否独立甚至还存分歧，以致有些改革同司法独立的基本理念不符甚至相背离，如"个案监督制度"、"错案追究制度"等。在建设和谐社会的过程中，我们必须秉持司法独立的基本理念，只有如此才能推动有助于司法功能与价值实现的变革，从而促进法治，实现社会公正与和谐。司法独立还意味着，司法必须能够抵制社会舆论的压力，公正地不偏不倚地审判案件。"舆论审判"、"民意暴力"不仅妨碍法治，亦与和谐社会的目标相违背。信任对于一个社会的和谐具有至关重要的价值，实证调查表明社会的信任度同司法独立的程度正相关，司法独立程度的上升将大大提高整个社会的信任度[①]，自然有助于社会和谐的实现。

建设和谐社会所应秉持的第二项司法理念就是程序正义理念。程序正当是司法公正的逻辑起点，只有坚持正当程序，才能尽可能地避免冤假错案，从而最大限度地实现实质正义。为了在个别案件中寻求实质正义而抛弃程序正义，最终只会带来更严重的非正义。程序不仅仅是确保实质正义的手段，且有其本身的价值。依据正当程序执行法律有助于维护人的尊严，获得公正的程序的对待本身就是公民的一项基本人权，程序具有独立价值。从本质上讲，人类能够实现的只能是程序或机会的公平，在这个前提下个体去竞争去努力，寻求好的结果，然而由于机会是随机的，我们不可能保证人人胜出，结果平等。西方心理学的研究表明人们在有关政府行为的正当性问题上更为重视程序的正当性而不是结果对自己是否有利。[②] 当然，有人认为我国国民的普遍态度是偏好实质正义，为求结果正义不择手段。但这种偏好未必如此持续下去。游戏开始前首先要确定一个公正的规则，只要游戏是按事先确定的规则进行的，无论结果如何都是公正的，都应该被接受。赌博文化在我国源远流长，甚至有人认为中国人是好赌的民族。就赌博来说，只要过程公正没人作弊，无论是什么结果，双方都应该接受，所谓"认赌服输"。在乡村，邻里间发生纠纷，人们一般会主张找一

① 张维迎：《信息、信任与法律》，生活·读书·新知三联书店2003年版，第304页。

② 周天玮：《法治理想国——苏格拉底与孟子的虚拟对话》，商务印书馆1999年版，第106页。

个公正的(无利害关系)的老人,双方都阐述一下自己的理由,最后由这个中间人作出裁决,对此双方都倾向于接受。这也是一种程序正义的观念。但我们在国家法律与政治领域上却长期以来缺乏程序正义的理念与相关制度设计,主张不择手段,你死我活的"成王败寇"。我们的关键问题不是是否存在权利理念与规定权利的实体法,而是缺乏贯彻此种理念的制度方法与确保实体法有效运作的正当程序。正当程序的基本内容源自英国的"自然正义"原则,即:任何人都不能做自己的裁判者;一个人的权利与自由受到克减之前,必须有为自己公平辩护的机会。程序正义的理念是和谐社会的关键前提。人们对社会利益关系有着不同的理解与偏好,不可能存在大家都满意的实体结果,只要这一利益冲突经正当程序形成了一个解决方案,我们就必须接受之,尽管可能是我们不喜欢的,且有可能将来被证明为错误的。当然,在以后的日子中,我们可以寻求通过正当程序来改变这一被实践所证明为错的结果,但当下我们应当接受并服从之。美国 2000 年总统大选,最高法院最后的判决导致赢得多数普选票的戈尔失败,而仅赢得少数普选票的小布什当选总统。戈尔尽管认为最高法院的判决是不正确的,却立刻表示接受和服从,保障了政府权力的和平更替,维护了美国的宪政制度与社会稳定。实际上,不管结果如何必须服从最高法院的裁决,这也是美国普通选民的普遍态度,当社会面临重大冲突时,各方应该接受经正当程序形成的结果,不管自己是否喜欢,其是否一定是正确的,这样社会矛盾才能在法治的框架下不断解决,避免动刀动枪的暴力冲突。尽管并非没有或不能接受程序正义的理念,但相比较而言,我们更多地将程序仅仅作为一项工具,当发现其会束缚自己的手脚时,就倾向于破坏程序,这是我们法治建设中面临的关键困难。为克服这一困难,必须努力培养程序正义的基本理念。坚持程序正义,这样才能有助于矛盾的有序合理解决,不至于导致不必要的冲突及由此而来的社会资源的浪费。大家有事当面说清楚而不是背后捅刀子,这是和谐的必然要义与前提。

第三项基本司法理念就是司法公开理念。司法公开不仅仅是指要公开判决结果与判决理由,判决过程亦应公开。正义不仅要实现,而且要以看得见的方式实现。司法程序的公开与透明可以避免"暗箱操作",防止司法不公,所谓阳光是最好的防腐剂,灯光是最好的警察。同时司法公开可以提高司法的信任度,使得司法判决更具有权威性和可接受性。我国法治建设中的一大问题,就是司法的公信力不足,人们普遍存在对司法的不信任。很多案件,法院及法律专家都认为无论是事实定性还是法律适用都没有问题,民众却仍然不愿意接受,甚至强烈抵触法院的判决。对此法院颇感委屈,甚至认为中国国民法治观念淡薄,不具备实行法治的条件。此种逻辑是讲不通的,法院既不应该抱怨更不能指责民众对自己的“不理解”,其应该做和能做的是通过司法公开与透明运作来让民众信任自己。坚持司法公开,提高司法机构的权威,对于纠纷的解决和社会和谐的稳定具有不可或缺的意义。因此,我们必须秉持司法公开的理念,在司法改革中提升公开透明的程度,公开是原则,不公开是例外。司法公开能够提高公民对司法的信任,树立法律的权威,进而人们能够相信无论是政府还是其他公民都会尊重法律都受法律约束,进而自身也有效地遵守法律,同他人进行良好的社会合作,避免社会冲突,从而达成社会和谐。

和谐社会需要秉持的又一项基本的司法理念就是司法克制理念。① 司法权本质上是一项判断权,具有被动性。我们知道司法构成法治的基石,法治社会坚持法律至上,而法律是什么从逻辑上说最终要由司法权来决定,由此司法权也就拥有了最高权威。根据司法独立的原则,法官一般不是由民选产生的,且终身任职,可以说是政府权力中最不民主的一个分支。那为什么还要赋予其最高的权威呢,原因就在于其是最小危险的部门。司法权既不能掌握钱袋子,亦不能掌握枪杆子,其不能主动地去调查和执行法律,只能被动地接受当事人的诉讼,不偏不倚地听取双方论辩,然后根据法律给出一个判决。司法权的功能与属性要求其必须保持克制、超然、中立与被动的姿态。只有如此,司法权才能具备其最高权威,才能成为社会矛盾的终极裁判者,才能有效地解决个体之间、个体与政府间、政府各部门间的冲突,成为秩序与和平的基石。因此建设和谐社会应该秉持司法克制与谦抑的理念。我国传统的做法是将司法权作为一项达成某种目的的工具,司法部门本身亦习惯于主动担当实现某项任务的工具角色。如我们熟悉的“送法上门”、“主动追债”、“保驾护航”等等口号与行动。所有这些都是与司法权的克制、中立、超然、被动相违背的,无助于司法权威的形成与价值的实现。我们知道要达致社会和谐,必须建立社会主义法治国,保障人权。法治的基石则是强大而稳固的司法权。司法的克制与中立是司法权得以成功履行其职能的必要前提,这也是其权威的来源。由此要建设和谐社会,司法必须奉行克制和中立。

最后要建设和谐社会还必须坚持司法协同理念。起源于西方的众多经典司法理念,仍是我们建设法治实现社会和谐的宝贵财富,但也有其不足之处。如传统的英美司法过分强调对抗制,尽管一定程度上确保了司法中立,却带来诉讼费用极高,社会矛盾不能有效化解等诸多矛盾,以至于出现法律和律师越来越多,矛盾和纠纷亦越来越多的困境。为解决这些问题,西方的司法哲学与司法理念也开始转向,倾向于弱化对抗,推进协同,并以此为指导,积极改革诉

---

① 参见陈金钊:《和谐社会建设:法制及司法理念》,载《法学论坛》2007 年第 3 期。

讼制度。如1999年,英国法院作出了一个具有改革意义的判决。原告律师忽略了向法院提交一份有关修改过去损失和费用的陈述的重要文件,但上诉法院并未因此而判决被告胜诉,其理由是,“被告试图利用原告律师的差错,而不是通过与其合作来澄清事实”。因此我们建设和谐社会,必须在坚持司法独立公正的前提下,同时注重司法的协同理念。

上述即是和谐社会建设中应该坚持的一般性的司法理念。在我国的特殊国情与司法实践中,为建设和谐社会,还必须处理好审判的法律效果与社会效果之间的关系。下面我们来详细考察一下,司法对此所应秉持的正确的理念及法官的行为选择。

三、法律效果、社会效果与和谐社会建设

“坚持法律效果与社会效果的统一”是长期以来最高人民法院对审判工作的一项基本要求。用最高人民法院负责人的话说:法律效果是“通过严格适用法律来发挥依法审判的作用和效果”,而社会效果则是“通过审判活动来实现法律的秩序、公正、效益等基本价值的效果”;对于大多数法官而言,“法律效果是法院审判对法律规范和立法精神所体现的立法正义的实践程度*,社会效果是法院审判对社会生活产生的实质影响”①。有学者可能会对其“正确(或应当是正确的)”含义持有不同意见,但我们以为必须认真对待司法实务人员对其的理解,毕竟其首先是司法实务部门对审判工作的一项要求,法官对其的理解与接受影响着具体的案件裁判,进而影响着司法在和谐社会中发挥的作用。

(一)法律效果与和谐社会建设

尽管和谐社会所追求的价值目标可能很多,但一些基本的底线条件必须具备,这些条件也应是任何一个有助于增进其成员福利的社会所应当满足的。其中非常重要的一点就是要有一套有效的规则体系(包括法律与社会规范)来激励人们相互合作及减少矛盾冲突,恰当地分配合作的收益与负担,合理配置资源提高稀缺资源的效率,以及有效地解决纠纷。西方有句谚语:“好篱笆带来好邻居”。意思是设置良好的篱笆,可以清晰地界定各自的宅院地界,从而避免发

---

* 也就是是否严格依据实体法和程序法进行审判。——作者注

① 参见吴美来:《论审判工做法律效果与社会效果的统一》,载 http://www.cqcourt.gov.cn,最后访问日期2007年8月1日。

生纠纷冲突,人们能够和谐相处。同时由于相关土地或其他资源拥有确定的产权归属,从而人们有动力亦有能力合理有效地利用资源,避免了“公共土地的悲剧”(或我们所熟悉的公共楼道的脏乱差——“楼道效应”)。实际上我国古人很早就明白这个道理,所谓“定分止争”。“一兔走,百人追之。积兔于市,过而不顾。非不欲兔,分定不可争也”,人们并非不想要集市的兔子,而是它们已经有了明确的权属,获得它们需要通过规则约束下的交易而非“丛林规则”。如此人们才能安心地养兔子,放心地拿到市场上交易,而不用时刻提防邻居或路人抢走自己的财产。这样人们才有动力亦有条件去积极地进行财富的创造活动(结果是普遍的繁荣),而不是担惊受怕地花费巨大代价来保护自己的财富或处心积虑地去掠夺他人财富(结局是普遍贫穷)。我国国企改革中强调“产权清晰、权责明确”的根本原因亦在于此。这就需要有效的规则体系,既包括由国家强力来执行的法律制度,也包括依靠私人之间的惩罚或社会组织力量或道德信仰来执行的社会规范。随着历史的发展,其中国家正式法律制度的地位与作用日趋重要,在近现代以来此种有效的法律制度被称为“法治”,其成为文明与良好社会的象征,事实上也是“法治”逾彰的社会其成员拥有越多的繁荣与自由。

而要有效地达成其功能,法律制度自身也需要具备一定的条件,美国法理学家富勒将法律称为“使人的行为服从规则治理的事业”,并概括了良好的法律必须具备的八项外在条件。[①] 法的一般性或普遍性是指法律应指向不特定的人与不特定的事并且能够反复适用,其连同法律应当公开、明确、不溯及既往、规则间应该相互一致避免矛盾冲突、应当相对稳定,都在于使法律能够清晰地界定公民与公民、公民与政府及政府各部门间的权利义务(所谓群己权界),给人们的行为提供有效的预期和指引,充当“好篱笆”,从而带来好邻居。然而法律仅仅满足这六条、并被清晰地制定出来写在纸上还远远不够,真正起作用的是在现实生活中被实际执行的“活”的规范,对于法律而言首要的是法官在有效的判决书中所最终确定的及相关执法部门实际执行的规则,在这个意义上我们同意霍姆斯关于“法律就是对法官行为的预测”的论断,当然法官的裁决必须能够被有效执行。正因为如此,富勒还强调了另外也是非常重要的两点:法律不能强人所难及政府实际执行的法律应与制定法相一致,只有这样才能实现法律的价值与功能。当然纸面上的法律能否转化为现实的生活,并不取决于人们的期望及其道德上的正当性,而是对它的遵守是否构成一项“纳什均衡”。[②] 也就是在既定条件下大家(尤其是政府)都有动力去执行而非偏离它,这是博弈各方的

① 该命题的详细论证参见 L. Fuller, *The Morality of The Law*, Yale University Press, 1969。
② 张维迎:《博弈论与信息经济学》,上海三联书店、上海人民出版社 1996 年版,第 17 页。

最优选择,后面我们还会回到此点。这里我们首先来看为实现国家正式法律的功能,法院(准确的说是法官)应该做些什么。

良好的社会需要良好的规则来实现,然而徒法不足以自行,司法在法治实现的过程中具有核心作用,被称为正义与权利的最后堡垒。为使国家制定的良好的法律有效执行,实现良好的社会治理,法官必须首先遵守法律,严格依据程序法与实体法裁判案件,也就说首先追求良好的法律效果。如此才能确保法律规则有效地划定"群己权界",为社会成员提供可靠的预期与指引,有效地促进人们相互合作,尽可能地减少矛盾冲突,从而增进社会福利。同时从总体上看,这也是解决纠纷的最有效方式。追求审判的法律后果,重新有效的宣明和确立法律规范的要求与权威,为社会成员以后的行为提供了明确而有效的指引,这本身会激励人们严格遵守法律从而减少了纠纷发生的可能性。同时严格依法裁判必然意味着同类案件同样处理,如此在相当多的情况下,纠纷当事人就能够有效地预测到诉讼的结果,自然也就更容易达成和解而无需通过成本高昂的诉讼程序,这既减少了相当一部分和解的谈判成本,更节约了珍贵的司法资源。若法院不依法裁判,临事制法,同类案件不同样处理,甚至枉法裁判,必然导致人们无所适从,冲突加剧,诉讼泛滥,无法有效实现社会治理、保护公民权利、增进社会福利。且当司法无法满足人们界定权利解决纠纷的需求时,人们会寻求其他替代方式,如私人之间的报复与惩罚(此时可能是十分血腥的)及黑帮的地下秩序等,最终导致整个社会秩序的崩溃,弱肉强食的"丛林规则"再现,"匪帮"并立、"军阀"混战,生产遭到严重破坏,社会日趋贫困。如此只有首先追求良好的法律效果才能达成有效的社会后果。

由于我国儒家传统奉行"中庸",倡导"息讼",裁判过程中讲究"春秋决狱"。因此很多人认为强调"和谐"的儒家,并不重视法律及判案的法律效果。并引海瑞(据儒家标准可谓模范官吏)对诉讼的论述:"窃谓凡讼之可疑者,与其屈兄,宁屈其弟;与其屈叔伯,宁屈其侄;与其屈贫民,宁屈富民;与其屈愚直,宁屈刁顽。事在争产业,与其屈小民,宁屈乡宦,以救弊也。(乡宦计夺小民田产债轴,假契侵界威逼,无所不为。为富不仁,比比有之。故曰救弊。)事在争言貌,与其屈乡宦,宁屈小民,以存体也。(乡宦小民有贵贱之别,故曰存体。弱乡宦擅作威福,打缚小民,又不可以存体论)"①为证。实质上这只是海瑞对诉讼程序完结后仍然无法辨明是非曲直,也就是"两造具备,五听三讯,狱情亦非难明也。然民伪日滋,厚貌深情,其变千状,昭明者十之六七,两可难决亦十而二

① 参见陈义钟编校:《兴革条例》,载《海瑞集》上册,中华书局1962年版,第117页。

三也。二三之难不能两舍”[1]案件的裁判原则。对于十之六七的“昭明者”海瑞首先强调的是严格依法公正裁判，而非“和稀泥”及单纯的“息讼”。亦即他所说的：“问之识者，多说是词讼作四六分问，方息得讼。谓与原告以六分理，亦必与被告以四分。与原告以六分罪，亦必与被告以四分。二人曲直不甚相远，可免愤激再讼。然此虽止讼于一时，实动争讼于后。理曲健讼之人得一半直，缠得被诬人得一半罪，彼心快于是矣。下人揣知上人意向，讼繁兴矣。……可畏讼而含糊解之乎？君子之于天下曲曲直直，自有正理。四六之说，乡愿之道，兴讼启争，不可行也。”[2]海瑞可能没有我们现代的经济学知识，但他凭借直觉与经验充分认识到：必须首先严格依据法律公正司法才能有效地解决和预防纠纷，达成有效的社会治理；而“和事佬”及“乡愿之道”只会导致是非曲直不明（也就是产权不清），法律的可预期性降低及给予人们错误的激励，从而好事者缠讼，反而与“息讼”背道而驰。某种意义上，海瑞可能认同“为权利而斗争”。苏力教授据此总结出一项有关司法（不仅是古代，更重要的是现代）的基本定理：“始终如一地依法公正裁判会减少机会型诉讼。”[3]严格依法审判追求良好的法律效果能够清楚地界定权利同时给人们提供正确的激励。谈及此就不可避免地要说到我们的调解制度。

调解被认为是我国司法的一大特色，在建设和谐社会的形势下更是不断受到重视。但根据上面的论述，我们以为法院调解亦应该建立在严格执法分清“是非曲直”的基础上，而不是单纯地“和稀泥”，否则不但起不到促进和谐的作用，反而会带来海瑞所言的“讼繁兴矣”及社会矛盾加剧。根据张维迎教授的一项实证调查发现，大多数违约案件属情节简单、责任明晰。然而根据激励理论及前面的分析，若法院严格依法裁判且判决得到有效的执行，将不会产生过多此类纠纷，且即使产生了，由于人们对审判结果有着比较确定的预期，也大多会选择自动和解，而不是支付巨大代价提起诉讼。实质上该调查的结果表明，许多违约者基本提不出像样的抗辩理由甚至不提抗辩，他们的目的就在于提起诉讼然后追求在法官的主持下调解，在讨价还价中尽可能争取不该属于自己的利益，本质是恶意违约是在要赖，是将调解作为获得不正当利益的策略行为。[4] 如此的调解显然不但无助于和谐，反而一定程度上鼓励人们要赖违约不讲信用，加剧社会矛盾，且导致诉案或调解案件增多浪费司法资源。有人指出，注重调

---

① 参见陈义钟编校：《兴革条例》，载《海瑞集》上册，中华书局1962年版，第117页。

② 同上。

③ 参见苏力：《“海瑞定理”的经济学解读》，载《中国社会科学》2006年第6期。

④ 参见张维迎：《诉讼过程中的逆向选择及其解释》，载张维迎：《信息、信任与法律》，生活·读书·新知三联书店2003年版。

解确实减少了审判的数量,且调解的程序比较简单,节约了司法成本。但实质上,前述的调解只是把审判案件转移到了调解上,且以各种方式“劝服”双方的调解未必一定比审判的成本低,更不用说其导致的“是非曲直”不清(产权不清)及不正当激励带来的案件激增。在有效的依法判决与调解下,许多案件将不会发生或根本不用走到法院。当然支持调解的另一理由是判决难以被执行,而调解容易被当事人接受和执行。但若司法所依据的法律并非严重的为社会成员所竭力抵制的“恶法”,那审判结果就应该被严格执行。此时,是否能够有效执行是执行制度设计问题,应该通过合理的制度设计予以改变,而不是在审判中减损对法律的遵守。一项错误不能用另一错误来纠正,那样只能是“饮鸩止渴”,和谐社会恰恰需要“为权利而斗争”。

因此法官首先应该严格服从程序法与实体法,追求良好的法律效果,只有这样才能真正实现法律的社会控制功能,达成良好的社会效果。法律工具主义在一定程度上会赞成严格的“法律形式主义”。[①] 其会从实用的角度上认同:法律在某种意义上是一个独立的存在物,“法律至上”,法官必须服从法律而不是将其当作“工具”。因为如此以来,能够降低法官服从法律的成本,使法官依法裁判成为一种下意识的行为,从而最有效获得良好的法律效果与社会效果。当然我们说追求良好的法律效果就是追求好的社会效果,这是在一般意义上,可能绝大多数案件是这样,当然绝非所有的案件都如此。有时候法律效果会同社会效果相冲突或无从寻求,那么法官应该在什么时候注重追求审判的社会后果以及应该如何追求呢?这是我们下面要探讨的内容。

(二)社会效果与和谐社会建设

前面的论述表明当法律制定良好时,法院严格依法裁判追求良好的法律效果,自然就会获得良好的社会效果。尽管在良好的法律制度下法官一般能够依法判案,但其亦不可避免会面对需要自由裁量的情况。一种就是前面海瑞提到的虽经“五听三讯”案件事实依然真伪难辨的案件。由于技术手段、人的理性有限及资源不足,人们不可能完全弄清已经发生的案件实事,当然也不应该无限的投入资源追求完全的真实。事实上,法律上的“真实”并不等于完全的“客观真实”已成为人们的共识。既是如此,仍有部分案件经过所有的诉讼程序后,还会连法律上的“真实”都达不到,但法官却必须作出裁判,此类案件就属于“疑案”。

---

① 〔美〕波斯纳:《超越法律》,苏力译,中国政法大学出版社 2001 年版,第 459 页。

针对疑案，在传统中国的社会条件下，海瑞提出了一套判案原则，即所谓“事在争产业，与其屈小民，宁屈乡宦”而“事在争言貌，与其屈乡宦，宁屈小民”。尽管该具体规则在现代社会不再适用，苏力教授却探究了其背后的经济学逻辑，并概括出即使现代仍具有普适性的疑案裁判原则，即“在经济资产的两可案件中，无法明晰的产权应配置给经济资产缺乏的人；以及文化资产的两可案件中，无法明晰的产权应配置给文化资产丰裕的人”。[①] 由于此时从法律上而言，“权利”界定给谁都是“合法”或“不合法”，那么该原则的正当性理由就只能从判决带来的不同社会后果中获得。就经济资产而言，同样数量的财富对不同的人其效用是不一样，1000 元钱对于一个民工的效用要远远高出对百万富翁的效用。如此在两可案件中由法官进行产权的分配时，将其配置给效用更大的人，就是有效率的，能够提高社会总福利。另外同相反的配置相比较，被剥夺的一方的损失相对较小，也就更容易接受裁判结果，上诉的动机与可能性更小，从而有效地减少上诉，节约有限的司法资源。实质上还有很重要的一个方面，这是错判概率较小的选择。[②] 海瑞从其经验认识到“乡宦计夺小民田产债轴，假契侵界威逼，无所不为。为富不仁，比比有之”，因此选择“宁曲乡宦”，错判的可能性更小，从而避免了错判的损失，自然也给人们提供了正确的激励，有效地预防“乡宦”有预谋的掠夺“小民”的财产，鼓励人们积极地创造财富而非相互掠夺，亦有效地减少了纠纷冲突，实现良好的社会治理。对于文化资产而言，其权利配置的原理一样，只不过已拥有较多文化资产的人比文化资产较少的人对文化资产的评价更高，自然也会更加珍惜。一个拥有良好名声的人通常会比一般人更珍惜名誉更讲信用。下面来看一个具体的案例。

【案例 1】　魏某在其开户银行取款后随即打算将现金存入另一家银行储蓄所，储蓄所工作人员发现其刚刚支取的现金中有一张百元假钞。魏某立即返回到原开户银行，声明假钞来自该行要求以假换真，银行对此予以否认和拒绝。魏某因此向法院提起诉讼，但法院判决其败诉。[③]

就本案而言，假钞到底来自银行还是他处，双方均无法证明，因而构成了疑案。我们支持法院的判决。在正常情况下银行会比储户更珍惜声誉更重视自己的信用，其主动欺诈储户的可能性要远小于储户欺诈银行的可能性。法院如此判决不仅对声誉资源的配置是有效率的且从总体上降低了错判概率。同时

---

① 参见苏力：《“海瑞定理”的经济学解读》，载《中国社会科学》2006 年第 6 期。

② 对此问题的详细分析参见桑本谦：《疑案判决的经济学原则分析》，载《中国社会科学》2008 年第 4 期。

③ 参见《北京晚报》2001 年 6 月 20 日相关报道。

给社会成员提供了正确的激励,银行没有动力去欺诈储户,但相反的判决会激励很多储户去欺诈银行,纠纷与恶意诉讼增多,社会福利减损。当然,有人会说银行的偏好同银行工作人员的偏好有区别,单就本案而言,我们相信更大的可能性是银行工作人员的工作失误或欺诈行为,也就是说假钞确实来自银行的概率更大。但即使如此,法院也只能亦应该判决银行胜诉,法院此时应该重视的是同类案件的抽象错判概率及判决结果对社会成员未来行为提供的激励,而不是单个个案的错判概率与谁是谁非。[①] 也就是说单就本案而言,法院的判决导致了一场悲剧(虽然很小),但不能因为一项悲剧而否定和推翻一种规则和制度。一定社会条件下有效的制度并不能杜绝悲剧的产生,但破坏这项规则和制度将导致更多更大的悲剧。[②] 当出现疑案,从法律上看怎么判都行时,法官应该注重判决的社会效果,将权利界定给更珍惜该权利的一方,及选择抽象错判概率更小的方案,为社会成员提供正确的激励。

以上论述的是当案件的事实出现问题时,法官应该如何追求判决的社会效果,下面我们看一下当法律出现问题时,又该如何。由于人的理性有限及语言的有限,法律不可能捕获现实世界的所有复杂。因此当法律面对事实时不可避免地会出现法律模糊(有多种解释)、法律空缺(无相关规则)及法律与正义严重冲突。[③] 此类案件的事实并不难以弄清,但法律同事实之间却存在紧张关系,通常被称为"难案"。面对难案,法官没有办法亦不可能单纯地依法审判追求法律效果。有人会建议,此时法官应该考虑社会"正义观念"或一般的法律乃至道德原则。然而"建议据正义判案"并没有给人们提供任何有用的东西,人们对正义的认识往往不尽相同,若法官真能简单地凭借"正义"判案,那很大程度上也就没有必要制定法律了。当然很多情况下法官的确能够通过一些具有共识性的"正义"或道德原则获得帮助,法官可能也倾向于首先查看是否存在具有共识性的法律与道德原则。但此种进路是十分有限的,往往存在相互冲突的原则,且即使就一般原则达成共识,在将其如何具体落实到案件上亦会存在重大分歧。此时更可靠的进路就是运用社会科学的方法,考察不同备选方案的社会后果,根据社会后果进行裁判。[④] 如波斯纳所言:"科学的话语趋向于合流,而

---

① 对此问题的详细分析参见桑本谦:《疑案判决的经济学原则分析》,载《中国社会科学》2008年第4期。

② 参见苏力:《制度变迁中的行动者——从梁祝的悲剧说起》,载苏力:《法律与文学》,生活·读书·新知三联书店2006年版。

③ 该问题可参见陈金钊:《司法过程中的法律方法论》,载《法制与社会发展》2002年第4期。

④ 对该问题的详细分析参见桑本谦:《法律论证:一个关于司法过程的理论神话——以王斌余案检验阿列克西法律论证理论》,载《中国法学》2007年第3期。

道德话语则趋向于分流。"[①]实质上即使通过"共识性道德原则"解决的案件,在终极意义上亦取决于社会后果。道德共识(公认的道德原则)并非源自更高的价值观念,而是社会成员长期博弈的结果。其生命力在于它在一定历史时期内暗合了有助于人们生存与发展的经验法则,尽管人们可能不再明确意识到这些经验法则,平常只是下意识地根据道德原则行事。"我们所称的那些正义的原则可能实际上就是产生有效率的结果所需要的各种原则的重要组成部分,是一些被我们内化了的原则。"[②]有人说法律讲究正义,经济讲究效率,因此经济允许乞丐偷窃富人的100元(这100元的价值对乞丐更重要,因而归属乞丐更有效率),但法律却禁止(因为偷盗是非正义的)。此种论述并不正确,经济更不允许乞丐偷盗富人,因为这破坏了产权制度,给人们错误的激励,鼓励相互掠夺而非合作生产,会导致整个社会福利(效率)的损失。从效率出发经济亦禁止偷盗,如此效率同正义合二为一了,正义只不过是效率更间接更富于修辞效果的另一种表述。下面我们通过几个案例进一步讨论。

首先我们来看曾引起巨大争论的"知假买假是否为消费者"案。支持者与反对者各自运用文义、体系、法律目的、立法意图等方法来论证自己的观点,"公说公有理,婆说婆有理"难分高下,不同的法院亦作出了截然相反的判决。我们以为面对此案,法官应重点考察不同的判决所带来的社会后果,给人们提供的不同激励,选择能获得有效社会后果的方案。据此我们支持将"知假买假者"作为消费者对待。通常情况下由于诉讼成本较高,消费者一般没有动力和实力积极的维护自己的合法权利,结果导致"制假售假"有恃无恐,日趋泛滥,这本质上是一种掠夺或偷盗行为,不仅损害消费者利益,亦会导致整个社会福利减损和无效率。支持对"知假买假者"的双倍赔偿将有助于激励消费者积极维护自己的权利,同时极大提高"制假售假"的成本,当其无利可图时,自然就不会再制假售假。最终消除此种"剥夺"行为,实现良好的社会合作与市场秩序,提高整个社会福利。且有人担心的那些所谓的"负面"影响(如倾向于不劳而获、诉讼谋利、干扰国家公权力行使等),最终亦会自然消亡,实质上我们以为这些所谓"负面"影响毫无事实与理论根据,完全是凭空杜撰的。解释法律最重要的是我们所追求的目的(即良好的社会后果)。"在解释一个书面合同时,法院是否应该听一听当事人就他们谈判合同时的意图所作的证言,这可能取决于合同解释的目的是要重构双方的意图,还是要鼓励双方把他们的协议写进一个语言明确、

① 〔美〕波斯纳:《道德和法律理论的疑问》,苏力译,中国政法大学出版社2001年版,第74页。

② 〔美〕弗里德曼:《经济学语境下的法律规则》,杨欣欣译,法律出版社2004年版,第20页。

内容全面的合同。”①

对于法律空缺问题亦应遵循同样的进路。普通法上经常被讨论的一个案例就是有关石油和天然气产权的正确规则。有人主张“类比”适用有关野兔和狐狸的“捕获规则”。但类比仅是一种比喻,其可能有助于我们发现一些规则,其属于发现的逻辑而非证成其合理性的逻辑。② 石油天然气产权规则的确立,最重要的是通过社会科学理论及经验事实来分析验证何种规则对该资源的利用是有效率的,为人们有效地利用该资源提供正确的激励,提高社会福利,实现良好的社会后果。适用于野兔的“捕获规则”显然不应该适用于石油天然气的产权界定。

当法律同正义严重相冲突(实质上大多意味着会带来严重无效率的不可欲的社会后果)时,其道理亦同于前两种情况。但需要特别指出的是,绝不是说,法律一旦同正义相冲突,或者一旦不能带来有效的社会后果,法官就要抛弃法律,改弦更张。因为法律的稳定性本身就是一种重要的善(尽管不是至善),保持法律稳定是给人们提供可靠的预期和有效激励必不可少的前提,所以我们前面一再强调法官应首先追求审判的法律后果。一般情况下,好的法律效果就意味着好的法律后果。“如果把足够的强调放在审判的系统性后果上,那么法律实用主义就同法律形式主义合二为一了。”③因此即使实用主义的法官亦会十分重视服从既有的规则,而不是其一不顺手时就要颠覆它。只有当改变一条规则的收益超过了不改变此规则带来的损失与因规则改变导致法律稳定性与可预期性减损带来的损失之和时,改变一条规则才是有效率的。也就是说“只有在极端的案件中,法官才有理由忽略立法的决断”④,也就是我们所说的“法律与正义严重冲突”。

另外,此处的“同正义严重冲突”并非是指具体的个案后果,首先强调的是一般的社会后果。认真的读者会发现,上文中论述的社会效果全部是指一般性的社会后果,也就是判决所最终确定的规则通过为社会成员提供不同的激励而带来的社会效果。法律是一种激励制度,司法审判不仅仅是在解决个案纠纷,其裁判规则及对法律的重新解读或补充形成了最终具有效力的“活”的规则,其具有“溢出”效应或外部性,“今天的判决将影响明天的对错”,必然会影响广大社会成员未来的交往行为,从而导致不同的社会后果。这才是法官审判应该考

---

① 〔美〕波斯纳:《法律与文学》,李国庆译,中国政法大学出版社 2002 年版,第 270 页。

② 〔美〕波斯纳:《法理学问题》,苏力译,中国政法大学出版社 2002 年版,第 116 页。

③ 〔美〕波斯纳:《法律、实用主义与民主》,凌斌、李国庆译,中国政法大学出版社 2005 年版,第 79 页。

④ 同上书,第 87 页。

虑的“社会效果”。海瑞努力将对疑案的审判概括成抽象的一般规则,实际上就是通过规则的激励作用追求一般的而非个案的社会后果,若仅考虑个案,可能“和稀泥”是最好的选择。如此以来,我们的法官平常所熟悉的对社会效果的评价标准,如要有利于化解矛盾,维护社会稳定;有利于维护国家利益;有利于维护社会正义和公德的进步;有利于保护公民的合法权益;有利于审判结果的实现;审判结果有较高的公认度等。其中就有不少内容过于含糊缺乏可操作性,甚至是不正确的,容易形成误导,反而不利于实现良好的社会效果。且这些模糊或不正确的标准还容易为法官借口“追求社会效果”,不服从法律,错误解释法律乃至枉法裁判、司法腐败提供机会。在此意义上,我们认同部分法官对“追求社会效果”提出的警惕,支持他们对法律效果的坚守。[①] 假设依法审判会导致某大型企业资不抵债最终破产,大量职工下岗。若不能对该企业依法重组或在明确债权债务关系及债权人自愿同意的基础上调解,我们认为就应该严格依法裁判。此时真正应该追求的社会后果是严格执法为社会成员(包括企业及其他组织)提供正确的激励,从而维护社会信用与良好的市场交易秩序。若讲究地方或部门利益,或为了暂时的所谓的“减少下岗,避免社会问题(我们怀疑强行维持一个无效率的企业是否真正有助于就业)”,而拒不服从和执行法律,只会破坏法治,破坏人们的预期,给人们提供不正确的激励,破坏社会的信用资源,最终损害全社会的福利(包括该企业所在地及其员工)。我们当下无数的故意违约,恶意欠债,所谓“死猪不怕开水烫,欠账越多越安全”,很大原因就在于我们不严格依法审判及判决不能有效执行。麦考密克在论述对不能直接适用法律的案件进行“后果主义”论证时,曾特别强调这里的“后果”是指一般的普遍的社会后果,而绝非个案后果。[②] 而一般性的社会后果,主要依靠社会科学理论对人们所面对的激励与行为的预测及经验研究与事实的验证来评价。当然依靠此种进路决策并非都有效或正确,但至今我们还没有比其更可靠更具说服力与操作性的进路,毕竟社会科学进路关注的是社会事实,相当程度上社会事实是可以进行验证和比较的。

至此,我们无论是论述一般情况下法官应首先亦只需追求好的法律效果,还是特殊情况下法官通过考察不同的社会后果来选择如何解释或补充修正法律,主要是在讨论法官应该如何干,什么样的司法理念是正确的。然而“了解什么是应当做的事,什么是合乎道德的事,这并没有为做此事提供任何动机,也没

---

① 参见王发强:《不宜要求“审判的法律效果与社会效果统一”》,载《法商研究》2000 年第 6 期。

② Neil MacCormick, *Legal Reasoning and Legal Theory*, Oxford University Press, 1978, p. 115.

有创造任何动力;动机和动力必须来自道德之外。"①大家都清楚,在上文假设的企业破产案中,我国的法官很可能会选择"维护地方经济与避免过多下岗保持社会稳定"的社会效果,即使其知道应该首先严格依法审判追求真正的好的社会效果。下面我们来探讨法官为什么会做这样的选择。

(三)和谐社会建设要坚持法律效果与社会效果的统一

上面的论述中我们一再强调,人会对激励作出反应,不同的激励导致不同的行为选择。法官作为人亦是既定约束条件下的利益最大化者,法官的行为选择取决于其面对的激励。若司法制度能够有效的保障法官独立,法官能够仅凭自己的良心对法律负责,有效抵御不正当压力,法官通常会选择严格依法裁判追求良好的法律效果。因为此时,法官服从法律是其利益最大化的选择,当然此时的司法制度也必须能够通过公正透明的程序有效监督法官,防止法官进行"权力寻租"活动。此时的法官既不能进行"权力寻租",又不存在无法抵御的外部压力,依法办事就成为其最佳选择。依据既定的法律审判首先是一种最省力的选择,创造的成本往往十分高昂。同时亦有助于裁判的权威和法官自身的安全,是神圣的法律剥夺了你的财产或生命,而不是我愿意这样做,请尊重该判决且不要怨恨我。另外严格依法裁判,追求良好的法律效果,亦有助于预防纠纷,促成私下和解,避免诉讼泛滥。面对疑案或难案时,法官亦会倾向于追求良好的社会后果。由于此时如何裁判并不会给法官带来利益或不利益,法官自然会倾向于有助于社会福利最大化的方式进行裁判,这样可能间接有利于法官至少会有利于法官的子孙后代。相信这也是由法官创立的普通法规则有效率的原因所在,当然这并不意味着每个法官都自觉的清醒的根据经济学的逻辑进行裁判,但只要他们凭经验与直觉去追求最有利于社会的结果再加上试错与优胜劣汰自然就会形成此种有效率的结局。② 当然处于不同地位(面临不同激励)的法官,其行为选择亦会有所不同。对于初审法官而言,可能更关注纠纷的解决,即使其关注判决的一般社会后果,若得不到上诉法院的支持也没有什么意义。上诉审法官则有条件亦有动力更关注与判决有关的规则问题,他们的判决更容易成为判例,给人们的行为及社会福利产生影响,当然亦会影响他们自身的声誉。

当司法制度不够健全无法为法官提供正确的激励时,法官面对错误的激励

---

① 〔美〕波斯纳:《道德和法律理论的疑问》,苏力译,中国政法大学出版社 2001 年版,第 7 页。

② 参见〔美〕波斯纳:《正义/司法的经济学》,苏力译,中国政法大学出版社 2002 年版,第 102 页。

自然会选择不好的行为。若法官枉法裁判"权力寻租"比严格依法裁判更有利更容易,法官自然倾向于"出租"权力而非服从法律。我国目前的司法制度不够完善,不能有效地保障法官独立及正当有效地监督法官,法官的利益及是否能够继续任职,都相当程度上取决于行政部门领导甚至是其他法官的意志。当法官面对不正当干预时,其利益最大化的选择就是屈从于外部压力而非服从法律,如此法官连正常案件中服从法律都办不到,更不用说在疑难案件中客观地追求一般的社会效果。前文假设案件中法官选择背离法律"维护地方利益与眼前的稳定"就再正常不过了。法官的行为取决于其面对的激励与不同选择的成本收益,无论是严格遵守法律还是行使自由裁量权,当某些情况下自由裁量的权力成为烫手山芋时,他会设法将其扔掉①,而且法官的此种行为逻辑与法官是否清醒地意识到这一点没有关系。前面曾提到过"调解问题",许多法官之所以愿意调解结案,就在于某种程度上调解能够避开很多自己难以操作的法律问题,且可以降低"错案追究"的风险。② 近来被查处的司法腐败窝案(如武汉中院事件)及影响很大的"李慧娟事件",均凸现出我国司法制度及法官激励机制的重大缺陷。前者的腐败窝案表明腐败似乎要比不腐败收益更大风险更小。后者法官李慧娟因否认了同上位法相冲突的下位法的效力而被免职,则表明依法审判似乎十分艰难。如果司法制度不能给法官提供良好的激励,我们就不能期待法官有动力有能力作出可欲的选择。如电影《女人香》里的台词:"每一次,我们都知道那条路是正确的,但我们从不选它,因为我们知道,正确的路有多难走。"我们需要让做正确的事不再那么艰难。

在疑难案件中,法官追求良好的社会效果,通过后果主义的论证来裁判案件,意味着法官行使较大的裁量权。权力越大,对其制约就应该越大。其中一项制约措施,就是要求法官详细地说明判决理由,加重其论证义务,以确保其恰当的行使裁量权和作出可欲的判决。然而并不是要求法官这么做及法官知道应该这么做,他们就会这么做,是否详细地说明判决理由同样首先是一个制度激励问题。③ 在我国现行的司法制度下,法官尤其是审级较低的法官不会乐意对自己的判决进行详细论证。一方面,对于一些受到不正当影响(未必一定是错误或违法)的判决,往往说得越多问题越多,所谓越描越黑,此时法官自然是说得越概括越模糊越有利。同时我国尚无正式的判例制度,法官对案件进行详

---

① 对此问题的详细分析参见桑本谦:《疑案判决的经济学原则分析》,载《中国社会科学》2008年第4期。

② 参见强世功、赵晓力:《双重结构化下的法律解释——对8名中国法官的调查》,载梁治平编:《法律解释问题》,法律出版社1998年版。

③ 苏力:《道路通向城市——转型中国的法治》,法律出版社2004年版,第199页。

细论证,并不能起到像普通法国家优秀判决那样的作用,亦很难给其带来普通法国家法官那样的声誉。且详细论证需要花费巨大的成本(包括时间与精力),更何况我国法官的待遇与考评同判案数量密切挂钩。如此以来,详细说明理由就是一种费力不讨好、得不偿失的做法。只有好人有好报的制度才能带来更多的好人好事。

通过上面的论述,我们以为要有效地发挥司法功能,实现良好的社会治理,建设和谐社会,法官在通常情况下应该首先甚至只应当追求审判的法律效果,良好的法律效果自然会带来好的社会效果,社会效果必须通过追求好的法律效果来实现。在极端情况下,包括"疑案"与"难案"(由于相当一部分有效的"疑案"裁判原则已经法律化,如一般情况下的"谁主张,谁举证",因此更主要的是涉及法律问题的"难案"),法官应该借助社会科学知识与经验事实来追求良好的一般社会后果(而非个案的社会后果)。帮助法官树立正确的司法理念,告诉法官应当做什么及如何做,是十分有助益的,但这并非事情的全部,甚至并非是最重要的。更重要的是要创造一种能够培育、积累、运用好的理念及知识技术的制度环境。有效的制度不仅能够激励法官学习遵循正确的司法理念,还能促使他们积极探索有助于达成司法目的的正确道路与方法。

第三章

和谐社会建设中的司法意识形态

在现代社会,法律已经越来越广泛地渗入到人们的日常生活。法律现象处处可见,"每一包食物、每一款衣服、每一件电器都有某种标志,警示潜在的危险性,指导人们如何使用,告诉我们如果遇到问题应该找谁去投诉。我们每一次停车、干洗衣物,或是将伞放在衣帽间时,我们都会被告知如果东西丢失,他们所负的法律责任是有限的。报纸、电视、小说、戏剧、杂志以及电影等都渗透着法律的形象,同时,这些文化产品上都标明了版权声明"①。相对于人们过去法律意识的淡薄,对商品瑕疵、医疗侵害、行政不作为等行为的沉默和接受,如今越来越多的人知道了用法律来面对和解决生活中的各种问题,如有的人可能因邻居的装修噪声、相邻建筑物影响采光而起诉法院。随着权利意识的增强,最近也出现了多宗以贞操权、接吻权、悼念权等人身权受损害为由提起民事诉讼、请求精神赔偿的案件。对于一些媒体广泛报道的典型案件,例如许霆案、肖志军案、正龙拍虎案等,似乎每个公民都能站在自身立场和角度进行一定的分析和评价,但这些分析似乎源于人们内心深处的"应当"或说是经验、伦理性的潜在判断,是否体现法律思维却不一定。那么何为法律思维?其与日常思维有何区别?中国目前和谐社会建设又应当如何关注法律思维?

一、和谐社会中的法律思维

(一)法律思维的含义

法律思维是思维的分支之一,具有思维的共性和自身的特点。思维无所不在,但由于思维的作用机理及其承担的功能相当复杂,人们对思维的认识也呈现多样化的局面。在亚里士多德看来,思维一般包括两种形式,即"沉思"(contemplation)和"审慎"(deliberation)。前一种思维可以使人获得对事物的认识,即获得理论理性;后一种思维可以使人作出正确的决策,即获得实践理性。②《辞海》将思维概括为三种含义:(1)思考;(2)理性认识或理性认识的过程;(3)相对于存在而言,指意识、精神。③ 还有学者们从心理学上对思维加以界定,比如认为思维是人类的一种高级神经活动,属独立的精神机能或心理机

---

① 〔美〕尤伊克、〔美〕西尔贝:《法律的公共空间》,陆益龙译,商务印书馆 2005 年版,第 6 页。
② 张恩宏:《思维与思维方式》,黑龙江科学技术出版社 1987 年版,第 2 页。
③ 《辞海》(缩印本),辞海编辑委员会编,上海辞书出版社 1980 年版,第 1676 页。

能等。①

在人的思维过程中，许多专业知识、原理是交织在一起的，但由于专业分工越来越细，每门知识、原理、规范的术语、概念等语言系统的差异，导致了思维的细化。法律思维的存在至少需要两个条件：一是相对独立的法律存在，如果没有法律存在就不可能有法律思维；二是有职业群体运用法律思维方式。② 对于法律人来讲，法律思维是确立法律共同体的一个标志，法律人应当具有同质化的思维方式。与其他思维相比，法律思维不像道德思维或政治思维那样对问题作开放式的思考，而是根据法律进行思考。这里的"法律"应作宽泛意义上的理解，即"强调各种形式的法源，增大了法律适应社会的广度；强调法律方法，增强了法律调整的能力；强调法学原理，增大了法律人对法律理解的深度"③，在注重法律文本中正义成分的同时关注法律方法中价值衡量的因素。例如，法律人对民事行为要围绕法律关系、对刑事案件要围绕犯罪构成、对行政行为要围绕权力在法律的框架内进行分析。虽然法律思维强调各种形式的法源，但由于法律通过对实体性和程序性规则进行梳理，并以方法和严密的演绎推理保证结论具有法律约束力而具有确定性和缜密性的特点。具有法律思维是法律人生存的手段，但人们对何为法律思维却没有完整、清晰的定义。目前学界对法律思维的研究大多从以下几个方面展开：第一是从思维的发生机制来探讨法律思维，认为法律思维学与法律现象学、法律本质学和法律价值学并列，共同作为法哲学的组成部分。其中，法律思维学的研究主要运用生理学、生物学、思维学、逻辑学、心理学、文化学和社会学等科学理论的研究成果，从人与法的关系角度研究与法律活动相关的限定思维、异态思维和"我向思维"等诸种思维类型，剖析立法、执法、司法、守法过程中人们的思维习惯，以及刺激他们法意识和法行为的因素，揭示法律思维的特点、表现形式和运行规律。④ 第二是从法律学内部、在法律视野内对法律思维的过程进行分析，认为"法律思维的任务一方面应以形式逻辑为基础并在其框架中，另一方面在与特殊的法律方法论协同一致中显示出，人们如何获得'真实的'或'正确的'或至少是'有理的'对法律事务的判断"。⑤ 第三是将其放在法律方法论的框架内进行分析，认为法律思维可以被认为是法律方法的上位概念。法律思维包括了法律方法的运用，有关法律方

① 〔苏联〕A. A. 柳布林斯卡娅：《儿童心理学发展概论》，李子卓等译，人民教育出版社 1961 年版，第 434—435 页。

② 陈金钊主编：《法理学》，山东大学出版社 2008 年版，第 364 页。

③ 同上书，第 367 页。

④ 林喆：《法律思维学导论》，山东人民出版社 2000 年版，第 26 页。

⑤ 〔德〕恩吉施：《法律思维导论》，郑永流译，法律出版社 2004 年版，作者序。

法的研究成果构成了法律思维研究的广大资料来源，是法律思维的核心要素。第四是从法治角度对其进行论述，认为“法治本身就是一种思维方式。在法治国家中，法律思维的关键就是要用法律至上、权利平等和社会自治的核心理念去思考和评判一切涉法性社会争议问题”。[①] “法律思维以观念和方法形态为法治开辟道路，指明发展方向。”[②]

结合上述学者对法律思维的几种定义，笔者认为，法律思维是指主体对法律的理性沉思过程，即法律思维主体带着有关“关于法律的思考”的认识，从法律的立场出发，运用法律方法解决具体问题的沉思过程，也是主体通过具体问题对法律的反映、再认识和再把握的过程。

（二）法律思维的类型

在法律人对法律的思考过程中，由于主体对具体问题与法律规范的关系的认识的不同，就此所采取的进路以及解决问题的方式也会有不同。一般来讲，法律思维的模式主要有三种，即涵摄思维模式、类型思维模式和反省思维模式。涵摄思维模式是建立在三段论的基础之上，主要运用演绎推理方式进行思维的模式。在根据法律进行思维的总前提下，将法律的一般性规定运用于所欲调整的具体情况，在对事实的解释过程中，依据法律规则或合同的约定作为大前提进行直接的推理。[③] 涵摄思维模式是法律思维的主要模式，能够在最大程度上实现法治理念。因为它首先能够保障所有符合法律规范所定条件的情况被相同处置，从而实现“相同情况相同处理”的法律形式正义要求；其次能够保证从前提推导出结论的必然性，就此可以维护法律的安定性和确定性；最后能够使我们以最可靠的方法检验各个推论环节的正确性，进而对裁判过程进行监督和批判。下面以案例1为例来看涵摄思维模式的应用：

【案例1】 新华网2005年8月20日电，来自六省的8名犯罪嫌疑人，在今年7月初流窜至安徽合肥后，凭借一把剪刀，在公交站点和公交车上制造了一起又一起配合默契的盗窃项链案件。此类案件侵害的对象均为戴项链或手链的女性，发案地点或在公交站点或在公交车上，发案时间一般集中在早晨6时30分至上午9时这一时间段内，受害人均遭遇过被男子抱腿，然后低头看见男

---

① 郑成良：《论法治理念与法律思维》，载《吉林大学社会科学学报》2000年第4期。

② 陈金钊并不仅仅从这个层面对法律思维进行分析，而是认为法律思维包括了法律知识、法律价值和法律方法。其从法治层面讨论法律思维表现了学者对所研究的问题的一种价值关怀。参见陈金钊：《法律思维及其对法治的意义》，载《法商研究》2003年第6期。

③ 陈金钊主编：《法理学》，山东大学出版社2008年版，第368—369页。

子捡拾手机或MP3的相同情节。即使发现项链被盗，但其时赃物已被转移，受害人也很难当场指认嫌疑人。针对这一新出现的犯罪形式，警方发现，自今年4、5月份以来，国内多个城市此类案件的发案呈惊人的速度增长，在个别地方甚至已发案数百起。犯罪嫌疑人事前经过精心策划，多人配合，反复演练，作案过程只有短短数十秒。目前合肥警方已核实此类案件20余起，涉案价值7万余元，该团伙8名犯罪嫌疑人全部被依法刑事拘留，案件尚在进一步审查中。[①]

问题：此8名犯罪嫌疑人可否构成盗窃罪？如果用涵摄思维的方式来看此案会发现：此案的大前提是，《刑法》第264条的盗窃罪是指以非法占有为目的，秘密窃取数额较大的公私财物或者多次秘密窃取公私财物的行为；此案的小前提是，8名犯罪嫌疑人以非法占有为目的，在公交车上秘密窃取价值7万多元的金项链、金手链；此案的结论是，8名犯罪嫌疑人构成刑法规定的盗窃罪。

涵摄思维虽然是法律思维的主要形式，但由于作为大前提的制定法在与案件事实遭遇的时候具有模糊性、不确定性和不周延性。作为小前提的案件事实具有不断变化性、复杂性的，制定法语言本身又具有流变性的特点造成该理论能涵摄的事物和行为极其有限。类型思维模式对此提出了解决办法，类型模式主要运用类型理论对案件进行处理，它更多地表现为从个别到个别的推理路径，是用法律中的事实和生活中的事实进行比照得出法律结论，以此保证具体情形中个案正义的实现，体现了实质主义的法律思维模式。我们以案例2为例来探讨类型思维方式的运用：

【案例2】 平顺村为某省南部小山村，由于经济发展落后，该镇的主要交通工具仍为老式驴车和极少量的三轮车，刘某常年以驴车为他人拉货为其生活方式。某冬日夜，刘某应雇主要求连夜赶着驴车去另一小镇送货，早上5时许行至一拐弯处，刘某因困乏，驴车与低头背着货物到平顺村赶早集的张某相撞。由于路面结冰，张某摔断大腿、背篓里的二十多斤鸡蛋全部摔碎。

问题：刘某是否犯有交通肇事罪？用类型思维的具体步骤如下，第一，交通肇事罪中的交通工具，依其文义，是从事交通运输活动，违反规章制度，并致人重伤、死亡或者使公私财产遭受重大损失的大型、现代化的交通运输工具，不能够解释为驴车。第二，驴车纳入交通肇事罪中交通工具的范畴，其目的在于，驴车虽一般只能造成特定的个别人的伤亡或者有限的损失，但不能因此而否认其具有危害公共安全的性质，况且中国许多城镇交通事故都直接或间接与非机动

① 具体参见《合肥摧毁一“剪刀帮”盗窃团伙8疑犯被刑拘》，载 http://tieba.baidu.com/f?kz=34591265，最后访问于2008年8月1日。

车（自行车、三轮车、马车、驴车）违章行车有关。第三，基于同一法律理由，关于驴车使用者在运输过程中因过失造成他人伤亡或有限损失的，应按交通肇事罪论处。刑法禁止类推适用，但交通肇事罪的立法目的是保障公共安全，使交通工具的驾驶者在驾驶过程中尽到其应有的谨慎责任，如果没有尽到义务而造成严重损害，即应当承担相应的刑事责任。找到交通肇事罪的立法目的之后，需要审视案例 2 中的驴车与该规则典型情况之间的相似点和不同点。具体来讲，相似点是驴车是运输工具，驴车造成了他人的伤害；不同点是驴车是非机动车辆，而交通肇事罪中是大型、现代化的机动车辆。通过以上分析可以发现，相似点构成了交通肇事罪的决定性因素，不同点对该罪来说并非是决定性因素，因此可以将运输中的驴车造成的严重伤亡或损害纳入交通肇事罪的刑罚范围。目前我国司法实践中，也是按照此规定进行审理的。

除了以上两种法律思维模式，美国大法官亚狄瑟还提出了反省思维模式。其认为把法律思维和形式逻辑联系起来最重要的意义，不是用形式逻辑作为思维的指南，而是作为一种反省的工具。其反省的基本方式是运用形式逻辑的规则对法律判断进行反思。[①] 对于法官的解释和裁决放在历史角度或社会学的角度没有绝对的正确或错误，但从逻辑判断的角度来看，形式逻辑的规则是社会大众判断法官裁判正确与否的工具，对此不做过多赘述。

（三）和谐社会中的法律思维

国外许多法学著作认为，法律思维是像法律人那样思考，这是从法律思维的主体进行的界定。法律思维虽然是法律人的职业思维，但不同的法律人，其思维方式仍有很大区别，如法官是以公平正义、忠于法律贯穿思维的主线；律师以公正、维护当事人利益为追求的目标；检察官以维护法律和国家权益为奋斗己任。在本章中，我们主要将集中在法官的思维上。这样的取舍与规范法学研究的视角从立法中心主义向司法中心主义转变有关，即关注个案中法律如何应用，关注法律人如何运用法律知识和法律方法实现法律的价值。如果从司法的视角观察法律人，那么关注的焦点应集中在解释具有独断性和终局性的法官身上，因为从法律的使命及其实现过程来说，任何人都有权利对法律作出自己的解释，但只有法官的解释在司法中起决定性作用。

法官法律思维属于马克思所说的上层建筑中的一部分，其发展具有一定的客观基础，是由社会决定的，而不是纯主观的、先天和超验的东西。法律中的许

---

① 具体参见〔美〕亚狄瑟：《法律的逻辑——由法官写给法律人的逻辑导引》，唐欣伟译，台湾商周出版社 2004 年版。

多问题通常都是建立在其主体所生活的社会环境和具体历史条件之下的。这就是马克思主义所说的“物质生活方式的决定性”原理。法的发展中不仅有经济原因,有政治因素、文化因素,也有法律制度自身的作用,很多具体问题的分析总是与特定的社会和时代背景相联系的。[①] 因此我们更应关注在当前建设和谐社会的大背景下,法官需要具备的法律思维。

第一,法官与当事人的和谐需要法官具备公正、中立、服从与忠于法律的思维。

自人类社会产生以来,就伴随着各种纠纷的产生。随着人类社会的发展,纠纷的解决方式随之发生变化。换言之,纠纷解决方式的进步是人类社会发展进步的缩影。现代文明社会中,司法在社会功能系统中首先是作为一种冲突解决机制而发挥作用。司法产生和存在的基本目的之一就是处理衍生自社会生活的各种利益冲突。如果从单纯功利的角度看,案件一旦进入法院,双方都赢的情况并不多见,但两造双方愿意将纠纷诉诸法院的原因,除认为法官具有强烈的正义感、责任心外,主要原因就在于当事人相信法官在审理案件中释放的是法律的意义而不是个人的见解。法官以事实为依据、以法律为准绳。这里的“法律”从分析实证法学的角度看是一个概念、规则、原理和技术的体系,具有确定性、客观性的特点。法律的客观性和确定性体现在两个方面:即法律本身的客观性和法律解释的客观性。分析法学通过将法学的研究对象定位在“法律是什么”而非“法律应当是什么”上,将法律的范围局限于一个特定的时空下而非所有的时空下。通过认为法律主要由规则组成,而规则又能够通过某种标准加以辨识等种种分析,确保法律自身的客观性和确定性。对于法律解释的客观性和确定性,则通过引入语义分析的方法,将绝大多数的案件纳入规则的中心意义范围,以此捍卫规则的客观性和确定性。[②]

法官思维上“忠诚于法律”不仅是两造主动将纠纷纳入司法程序的原因,也是当事人信服裁判结果的原因,是构架法官与当事人和谐司法关系的桥梁。“以法律为依据”,就可以排除令当事人担心的“灰色地带”造成的不法裁判,不掺杂法官偏好所得出的裁判结论最容易令当事人接受和信服。司法作为社会公正最后的救济方式,要求案件的审理能让当事人达到最低限度的信服。而忠诚于法律、熟练地运用推理、论证等法律方法可以排除司法的专断和任意,将纠

---

① 参见范愉:《现代司法理念漫谈》,http://www.xici.net/b46489/d45024657.htm,最后访问于2008年11月10日。

② 当然,立法者是人而不是神,因此会有一些规则无法涵盖的情形,需要法官行使自由裁量权。自由裁量权的行使并不意味着法律客观性和确定性的丧失,恰恰相反,自由裁量是对法律客观性和确定性所导致的法律僵硬性和时滞性的有效弥补措施。

纷解决在司法之中,减少上访现象的发生。

第二,法官与社会的和谐需要法官具有法律效果和社会效果相统一的法律思维。

法官与社会的和谐首先要求案件审理的结果在维护法律权威的前提下,适当考虑案件的社会效果。所谓法律效果,是指通过法律适用作出裁判,体现法制的原则与内涵,要求法官在审理案件时既要遵守法定程序,又要维护司法公正,体现法律自身的价值。法律效果更注重于法律对具体行为的约束,更拘泥于法律条文本身的意义,更侧重于运用形式逻辑的推理方法来推断当事人所争议的法律事实,解决当事人之间的纠纷和矛盾。所谓社会效果是指具体案件通过法官的审理和裁判,所获得的社会各界和人民群众的评价和认可程度。不同于法律效果要重视案件的形式正义,社会效果的实质在于司法的结果要满足实质正义,满足社会的主流价值观和长远发展利益,获得公众的情感认同和尊重。审判的社会效果侧重于运用法的正义价值,来判断当事人之间的争议,实现法的秩序、自由和效益。它更重视司法的社会意义和目的。为了实现法律的社会效果,法官往往需要运用哲学的方法来推断当事人所争议的法律事实,解决他们之间的纠纷和矛盾。

法律效果和社会效果在一定程度上既相冲突又相统一,这是因为:社会效果更多体现为对正义价值实质意义上的追求,而法律效果更多体现为对正义价值形式意义上的追求。两者在正义实现方式上的差别,可能出现二者适用于同一案件时产生不同甚至对立的裁判结果的情形。另一方面,法律效果与社会效果又是统一的,统一于社会公平正义的实现。一般来说,当社会关系比较稳定、社会主流价值观念趋于一致时,法律效果与社会效果处于高度重合状态,容易实现两者的有机统一。相反,在社会转型期,国家政治体制、经济体制等各个方面都具有“新旧并存”的特点,社会关系极不稳定,人们的价值观念日趋多元。在这种情况下,法律的权利保障功能与社会秩序的维护功能就经常会出现矛盾和冲突,最典型的表现就是有的案件,从认定事实到适用法律并不存在明显的问题,但社会认可程度不高,有关方面意见较大。也就是说,有良好的法律效果,未必就有良好的社会效果。

法治本身要求法官忠诚于法律,但由于语言本身的流变性、社会的发展性、立法的有限性导致进入司法程序的纠纷并不能如同自动售货机一般可由法官直接得出裁判结论。法律效果与社会效果从法律产生之初就有一定的距离,就像经济社会中的价值与价格的关系一样,时刻处在不断的整合状态。正是基于二者既矛盾又统一的特性,我国社会主义司法政策提出了法律适用要追求法律效果和社会效果相统一的目标。这一目标既是坚持社会主义法治理念的要求,也与建设社会主义和谐社会相一致。[①] 司法要注重社会效果,可以从以下几方面着手,具体来说:充分发挥人民陪审员制度的作用;从通过司法考试的社会成员中挑选优秀人才担任法官;司法程序向社会开放;重要司法活动,如司法解释及重要改革措施制定前进行社会听证或向社会公开征求意见;司法主体和司法活动全方位接受社会监督;司法效果接受社会评价。

【案例3】 2006年4月21日晚10点许,时为广东省高级人民法院保安的许霆与同事郭安山来到广东省高级人民法院对面的自动柜员取款机旁,用自己的工资卡取钱。原本只想取100元钱的许霆无意中将100元按成了1000元,取款机竟然真的吐出了1000元钱。十分奇怪的许霆再次把卡插进取款机查询余额,吃惊地发现银行卡上的余额竟然只少了一块钱。他觉得这个很奇怪,决定就再试试看,反复50多次后,卡中只有170多元余额的许霆,一口气从自动柜员取款机里取出了5.5万元。回到宿舍后,两个人就商量该怎么办?报警或者报银行,郭安山就说,天上掉馅饼一样的,反正不拿白不拿。22日凌晨1点左右,许霆和郭安山再次来到自动柜员取款机前,许霆用自己的工资卡再次连续取款102次,前后两次共计从自动柜员取款机取出了人民币17.5万元。他的同事郭安山则取款1.8万元。取款后许霆并没有马上逃跑,22日上午9点,他照常到省高级人民法院上班,他当时的心态是这个钱不是我的,但是银行肯定第二天会发现的,发现了他肯定会来人,来人就把这个钱还给他就没事了。22日的一天平静地过去了,没有人来找许霆,23日,本不该许霆值班,但是许霆仍然在值班室呆了一天,等待广州市商业银行找上门来,结果又是平安无事。谁知道到了星期一上午也没动静,许霆就说那你银行都不要钱我就走了,他就把钱打包后,坐长途汽车准备回家。4月24日下午3点,许霆离开单位,背着这17.5万元,坐上了回山西老家的长途汽车。就在许霆离开广州的同时,广州市商业银行发现了这台自动取款机的异常情况,根据许霆办卡的记录,很快查到了许霆。4月25日,银行在电话联系许霆的同时,也向广州市公安局经济犯罪侦查支队报了案。而此时许霆乘坐长途汽车刚到山西临汾,就接到其原单位保安部的电话,要他马上与银行联系。许霆打电话到银行,说我把钱还给你们就没事了,银行一个经理就说,不行,不仅要还钱你要回来投案,我们已经报案了。如此,许霆便不敢回家开始了在外的流亡生活。2007年5月22日许霆在他出差经过宝鸡火车站时,被公安民警抓获。2007年6月4日,广州市公安局天河分

---

① 具体参见何志锋:《促进法律效果与社会效果》,载 http://theory.people.com.cn/GB/49150/49153/8488107.html,最后访问于2008年12月9日。

局正式对许霆进行刑事拘留。2007年10月15日,广州市人民检察院向广州市中级人民法院提起公诉,指控许霆犯有盗窃罪。2007年11月6日,广州市中级人民法院刑事审判第二庭,正式开庭审理许霆盗窃案。2007年11月20日,广州市中级人民法院作出判决:许霆以非法占有为目的,伙同同案人采用秘密手段,盗窃金融机构,数额特别巨大,行为已构成盗窃罪,依法判处无期徒刑,剥夺政治权利终身,并处没收个人全部财产。同案犯郭安山,向公安机关投案自首后,全额退还了1.8万元赃款,被广州天河区人民法院判处有期徒刑1年,并处罚金1000元。一审结果宣判后,引起社会各界强烈关注,九成以上的网友认为银行有错在先,法院不该重判被告许霆。

2008年16日,许霆辩护律师收到广东省高级人民法院裁定书,裁定案件"事实不清,证据不足",发回广州市中级人民法院重审。2008年2月22日:广州市中级人民法院对案件进行了重审。检察机关仍以盗窃金融机构罪对许霆提起公诉。被告人许霆承认公诉机关陈述的案情基本属实,但他表示,自己虽然犯了错误,尚不到构成犯罪的地步,更不应该被处以无期徒刑这么重的刑罚。被告辩护律师也仍然坚持许霆的行为不构成犯罪,而只是民法上的不当得利。辩护人提出,许霆利用真实的姓名和密码取款,其行为不符合构成盗窃罪所必需的"秘密窃取"的要件,而银行在本案中有重大过错,而且该案的社会危害性显著轻微,又是概率非常小的事件,列为刑事犯罪缺乏现实意义,应当认定许霆无罪。控辩双方在法庭上就盗窃罪的构成条件、ATM机是否为金融机构、银行是否存在过错等案中争议较大的问题展开了辩论。尽管这一案件案情并不十分复杂,此次庭审还是持续了整整4个小时,直到22日13时方才结束。合议庭经过合议后,将择日对此案作出宣判。

2008年3月31日,广州市中级人民法院经重审一审以盗窃罪判处许霆有期徒刑5年。法庭并对许霆判处追缴所有赃款173826元,并处2万元罚金。2008年4月9日,许霆正式向广东省高级人民法院提起上诉。其后,最高人民法院核准了广东省高级人民法院的判决,许霆被以盗窃罪判处5年有期徒刑正式生效。①

① 参见http://news.sohu.com/s2007/qukuanpanwuqi/,关于该案的众多评论,可以参见如下网址:http://www.locallaw.gov.cn/dflfw/Desktop.aspx?PATH=dflfw/sy/xxll&Gid=320610a8-f150-4aba-8e23-66c7629e96ae&Tid=Cms_Info;http://news.sina.com.cn/c/2008-01-18/034214769320.shtml;http://www.locallaw.gov.cn/dflfw/Desktop.aspx?PATH=dflfw/sy/xxll&Gid=71f5b8ad-aadf-4b15-b6d0-ae199f7e1574&Tid=Cms_Info;http://www.chinanews.com.cn/gn/news/2008/04-01/1208083.shtml;http://news.xinhuanet.com/legal/2008-03/06/content_7726099.htm;http://www.nanfangdaily.com.cn/zm/20080117/xw/200801170014.asp;http://news.sina.com.cn/c/2008-01-18/034214769320.shtml;http://rmfyb.chinacourt.org/public/detail.php?id=118079。

许霆案被一些媒体评为"2007 年度十大影响性诉讼",该案前后两次判决结果的巨大差异直接反映了民意、媒体的巨大影响,是法律效果和社会效果相结合的产物(在许霆案的整个过程中,我们更多看到的是人们对该案各种批判性评价的顺畅表达)。在一定程度上允许民意对司法的渗透,是防止司法官僚化的一个方法,例如熟知的陪审制度。民众对许霆案的关注与讨论不仅远远超出了陪审制度的范围,更具有了"广场司法"的效应,可以说最大化地达到了法律与社会民众的可接受性。[①] 法律效果与社会效果的和谐虽然强调法官要具有将法律效果与社会效果相统一的思维,但影响案件审理的社会因素绝不可代替法律因素。社会因素只能作为法官审理案件时的一种考量因素存在,而且法官在考量社会效果时需要关注诸多方面,如:媒体报道和评论所依据的事实是否真实、是否无恶意;民众参与讨论的方式、程度;法院对民意采纳的方式、方法等。

第三,从方法论的角度来看需要法官注重形式主义法律思维的解释方法和实质主义法律思维的解释方法之间的和谐。形式主义的法律思维更多地强调法律的权威性、客观性、确定性和可操作性,思维方式上更多地采用形式推理,姿态上更加保守和克制。形式主义法律思维的主要运作模式就是将案件事实归入法律规范之中,运用涵摄模式从而得出案件的结论。在涵摄模式下,需要将案件事实归入法律规范。法律规范本身的抽象性和案件事实的具体性使得法官必须通过解释来将法律规范具体化。为了维护规则的确定性、寻求规则的原意,常用的解释方法是文义解释、体系解释和历史解释诸方法。实质主义的法律思维在案件解决的过程中更注重案件自身的特殊性和法律规范的当下语境,即案件结果的妥当性。当然这种妥当性判断一般是从目的合理性和价值合理性出发的。将法律的目的和价值引入案件的裁决过程就是把法律之外的道德、政策以及政治、经济和习惯等因素纳入到法律之中。据此,基于实质合理性的考量,实质主义法律思维在解释方法的选择上会更多地考虑影响案件和法律意义的实质性因素。于是,其他的解释方法如目的解释、社会学解释以及法律续造等方法就会在案件决定过程中发挥其作用。

法律思维如果缺乏了方法的指导,理解或解释法律就会变成盲目的任性。

---

① 也有学者认为该案不是在法律之下寻求案件的解决之道,而是在法律裁判的打扮下直接诉诸道德、政策或者是社会效果。在该案的重审判决中,法官以《刑法》第 63 条作为对一审改判的理由,然而纵观许霆的种种表现,无论如何都不构成适用第 63 条的理由。这只不过是法官改判的表面理由,其实质是对社会舆论压力和判决社会效果的考量。实质主义的法律思维虽然也重视公共舆论和裁决的社会效果,但是其一般都会将对这些方面的考虑导入法律程序之中,通过法律方法和法律技术的运用使之正当化。

为确保裁判尽可能地趋于正确，必须认真对待各种解释方法。但问题是：针对具体的案件，各种解释方法之间是否有基本的排序，以指导法律人据此裁决案件？各种解释方法排序的依据和立场如何确定？哲学解释学揭示了理解、解释的前提是每个人的“先见”，从法律思维角度就是法律人在解释的过程中所采取的立场。如果站在维护法治的立场上，文义解释、体系解释和历史解释，因尊重法律的权威和确定性应当是法律思维经常采用的方法，而且文义解释应当是最首要的解释方法。“在各种解释方法中，文义解释是首先应用的方法，而目的解释、历史解释、社会学解释则是有条件应用的方法。这种程序的确立奠基于法治理念，因为法治的基本要求是依法办事，而依法办事在方法论上就必然要求使用法律推理方法，没有法律推理方法，法治在理论上就不能被证立。”①目的解释、社会学解释以及法律续造，因破坏了规则本身的客观性和可预期性，应当是在前述诸种解释方法用尽后其解释的结果不正义并达到不能忍受的地步或者缺乏调整的规则时不得已采用的解释方法。这种排序是基于一般情况而言的，但司法中法律方法的和谐要求法官对各种方法在熟练掌握的前提下，针对个案进行论证和分析。

第四，从司法机关与其他国家机关关系的角度看法官的法律思维如何和谐。

不论各国政治体制如何发展，国家权力的运行都包括立法、行政、司法三个机关。不同于立法权、行政权行使过程中具有主动性、公益性的特点，司法权具有独立性、中立性、程序性、公正性、专业性、权威性等特点。洛克、孟德斯鸠都曾认为，立法就是制定法律；行政是执行法律，注入法律效果；司法是用法律解决争论。司法权行使的依据是代表人民意志的法律，在司法过程中法官必须以体现人民意志的法律为判断准则，尊重代表人民的立法机关和行政机关。在我国建设法治社会的初级阶段，由于历史（情理法的传统）、现实（经济发展不平衡、行政权力的扩张、法制观念的淡泊）的诸多原因，司法权对法律、规章、规则的尊重可以最大化地防止行政权的侵犯（法律思维因是专业性思维，具有独特的法律语言、特定的法律程序和专门的司法技术，必须要经过特殊的训练将预干涉审判的其他机关排除在外）。

目的法学、利益法学、自由法学和现实主义法学都强调法律并非完美无缺的规范体系。法律既不可能无所不包，立法者也不可能预见到一切可能事情，还有成文法的滞后等，使得任何法律都存在缺漏和盲区。不可避免地，法律在反映社会关系上具有一定的局限性。我国正处在剧烈变革的阶段，由于中国自

① 陈金钊：《法律思维及其对法治的意义》，载《法商研究》2003年第6期。

身的特点，出现了各种各样的复杂问题。例如，城市的诉讼爆炸，北京市海淀区法院一年也会有5万个案件涌来；农村土地问题，既要保障农民稳固的土地承包权又能促进农业集约化经营；在环境保护方面，中国现在90%的河流不符合健康饮用水标准，环境破坏严重却同时必须考虑经济发展；我国现在已经有大量的立法，但同时严格实施某些形式公平的规则会带来出乎意料的不良后果。这种情况损害了法律的尊严，事实上的选择性执法又使得人们深感不公平，依靠立法上的集中统一有时又不能保证法律秩序的统一和法律的确定性。这就要求法官在审理具体案件的过程中，如果发现立法机关的法律已经不能跟上时代的发展并严重违反公平正义，或者发现立法和行政机关疏于行使职权，而且立法和行政机关此种不作为的行为已经严重影响到了公民权利的保障时，法官应当行使具有一定政策性和社会性目的的准立法权或准行政权。①

笔者需要指出的是，司法机关和其他机关的和谐要求以司法权对立法权和行政权的尊重为主，以司法过程中准立法权和准行政权的行使为辅且必须在充分论证的前提下才能行使。

二、司法克制主义和司法能动主义

克制和能动本是人类行为时观念、态度上的倾向：克制通常与消极、保守、被动相连，当行为主体无意用自己的意志影响他人，那么我们就认为该主体带有克制主义的倾向；相反，能动常与积极、进取、主动相连，当行为主体试图用自己的意志影响他人，那么我们就认为该主体带有能动主义的倾向。在法律事务的解决方面，法律人对能动或者保守的取舍和选择形成了司法能动主义和司法克制主义这两大司法哲学。

（一）司法克制主义

1. 司法克制主义的界定

司法克制主义（judicial self-restrain）由美国著名大法官霍姆斯和布兰代斯

---

① 司法过程中的准立法性和准行政性的职权行使，也可以看成法官在法律的“空隙”内“造法”或“行使行政职权”。此时针对案件，法院就不能只考虑已经发生的事实，简单地适用既有的法律规范来解决纠纷，还必须贯穿“目的——手段”式的政策性思考，在必要时应该作出创新性判决来重新分配社会资源。因此，案件的结果可能直接或间接地改变了社会的利益分配格局，影响了国家的决策、相关产业的发展、数量庞大的现实或潜在当事人的切身利益。

首先提出,主张法院应当遵从立法和行政等由选举产生的政治机关批准和作出的法律和政策,在国家政治结构中扮演消极被动角色。作为一种司法哲学,波斯纳认为,"'司法自制'一词至少可以在五种不同的意义上使用:(1) 一个自制的法官不允许本人的政策观念影响自己的判决。(2) 他对是否将自己的观点注入判决中总是小心谨慎因而也总是犹豫不决。(3) 他很留心加诸于司法权力之上的现实政治限制。(4) 他的判决受如下考虑影响:应避免那种让法院淹没在诉讼之中、以至法院不能有效运作的混乱的创权行为。(5) 他认为,法院体系相对于其他政府部门的权力应该缩小"①。波斯纳重点关注第五种意义上的司法自制,将其称为"权力分立的司法自制"或者"结构性自制"。他进一步解释了这种司法自制的含义,即"法官试图限制其所在法院对其他政府部门的权力。若他是一名联邦法官,他会希望联邦法院对国会、联邦行政机关、行政部门以及州政府的各级部门等机构的决定予以更大尊重"。②

考克斯通过分析司法克制的要件来定义其内涵:在从宪法概念中阐释出更为具体的价值时应该审慎,以免被认为"不过是恣意的(法官)个人偏好"的嫌疑;在选择相冲突的价值之时,应审慎地、尽可能少地用自己的判断去取代立法机构的偏好;如果立法机构的事实认定可能是正确的,或可证明法律合宪性的事实存在从理性上是可能的,法官应该接受这种事实或假定这种事实存在。③

学界有时将司法克制翻译成司法自制。卢班对司法自制的界定是,"在其最使人信服的用法上,司法自制并不是法官的一种美德,而是司法机关与其他政府部门的一种结构性关系。我要阐述的经典的司法自制的概念,是有关司法对立法合宪性进行审查的一种策略。按照这种策略,法院,尤其是美国联邦最高法院,将采取一种谨慎或恭顺的态度根据宪法来决定立法是否无效"。④ 近年来,国内对司法克制主义的研究越来越关注,如陈金钊认为,"从司法的中立性要求来看,克制主义应该是法官的意识形态。司法克制主义要求法官对法律要忠诚;要克己守法,廉洁自律,尊重法律规则;要对立法权、行政权和其他社会公共权力保持谦抑的姿态。法官保持克制主义是法制本质中的应有之意;是保

---

① 〔美〕理查德·A.波斯纳:《联邦法院——挑战与改革》,邓海平译,中国政法大学出版社2002年版,第335页。

② 同上书,第339页。

③ 〔美〕阿奇博尔德·考克斯:《法院与宪法》,田雷译,北京大学出版社2006年版,第160—161页。

④ David Luban, Justice Holmes and the Metaphysics of Judicial Restrain, 44 *Duke Law Journal* 449 (1994). 转引自黄先雄:《司法谦抑论——以美国司法审查为视角》,法律出版社2008年版,第8页。

障法律自身意义安全性的需要”①。

通过以上定义的介绍,我们可以从以下几方面来分析司法克制主义:

第一,从法院功能的历史考察,司法克制主义是与早期社会司法权不强大、司法行为本身规范化程度差联系在一起的。为了避免司法危机,所以强调克制主义,主张限制司法权力的行使,把立法机关和行政机关看做是政策的主要来源。同时司法权无钱无枪的脆弱性使之在与前两个机关的对抗中甚至可能会受到威胁,所以为了保持司法权的独立性,行使时必须谨慎。而随着司法独立体制的稳固,司法权自身运作的规范化、司法在国家权力体制中的制约力量得到重视以及人们对司法的政治功能的理性预期,司法权总会从克制主义向能动主义方向发展。“例如,第二次世界大战后,司法权的社会功能不断扩大,并且发生了从传统的司法消极主义到积极主义的变化。权利配置的重大变化使西方政治体制的基石三权分立在形式上已经失衡。在此基础上,司法功能和法院的作用也发生了显著的变化。当司法权的扩张发展到一定程度时,司法权又开始自觉地进行自我限制(司法尊重)。”②尽管各国的政治法律传统和国民性因素会影响转变的进程和深度,但这种转变的不可逆转则几乎可以说是司法的内在规律。

第二,从司法机关与其他机关的关系上看,克制主义主张法院应当遵从立法和行政等由选举产生的政治机关作出的法律和政策,尊重制定法的权威,认为制定法是法律的唯一渊源并努力探询立法者的原意;法官应严格受制定法的约束,“服从”制定法是法官的天职,反对法官造法。法院在国家政治结构中扮演消极被动角色,司法审理的范围应做严格的限制,重视法律形式正义的实现,且把对立法、行政机关的尊重和司法的自我克制看做是与民主原则相一致的审判方式,是维系司法独立和权威的基础。

第三,从解释追求的价值立场看,司法克制主义是在最大限度地尊重先例和成文法、严格寻求立法原意的基础上,对法律尽量作出逻辑上的严格解释,属于客观主义解释。司法克制主义是司法解释的一种价值取向,“价值取向是价值哲学的重要范畴,它指的是一定主体基于自己的价值观在面对或处理各种矛盾、冲突、关系时所持的基本价值立场、价值态度以及所表现出来的基本价值倾向”③。法律解释在不同的时代,不同的社会、经济、政治状态下有不同的价值取

① 参见陈金钊:《法官司法缘何要奉行克制主义》,载《扬州大学学报》(人文社会科学版)2008年第1期。

② 参见范愉:《现代司法理念漫谈》,http://www.xici.net/b46489/d45024657.htm,最后访问于2008年11月10日。

③ 具体参见徐贵权:《论价值取向》,载《南京师范大学学报》(社会科学版)1998年第4期。

向。法律解释的价值取向是指在某一法律观的支配下，在对法律进行解释时，对法律利益、目的、价值等进行衡量时的倾向性。司法克制主义的价值取向认为形式正义优于实质正义，即使在个案应用现有法律导致不正义的情形时，只要立法没有改变，就应当牺牲个案成就法律的权威。

第四，在解释方法的选择上，司法克制主义因强调对宪法或法律进行字面解释或者是原意解释，而非根据社会情势和主流道德观念来解释，更注重法律规范的文义解释、体系解释和历史解释等解释方法，强调形式推理在案件解决中的重要作用。因为只有这几种方法能够固守法律意义的客观性，使人们的行为有了可预测性。目的解释、价值衡量、社会学解释等虽然也能很好地解决案件的纠纷，但它们都程度不同地对法律意义的安全性构成威胁。

2. 司法克制主义的哲学基础

司法克制主义源于原意主义。原意主义的核心理念是"立法的意图就是法律"，司法能动主义就是在对原意主义的批判过程中日渐明晰和成熟的。传统法律解释学强调并赋予立法者意图重要的角色，认为解释只有忠实地执行制宪者和立法者的最初意图，才能防止法官根据自己的价值观、道德偏好和利益而恣意地解释宪法和法律，从而为评价法官是否正确解释寻找客观评价标准。在传统解释学领域，无论是圣经解释、世俗作品的解释，还是法律的解释，都是围绕如何发现作者的原意，并力求由文字的表面意义推知作者寄托在作品语言中的意旨。如果解释一旦离开了作品的"原意"这一本体论的基点，解释便会丧失其客观性的标准或依据。因为一部作品只能有一个且只能有一个真正的作者原意，在解释的过程中没有发现它，就证明解释者在方法上存在着失误。这一认识论和方法论反映到法律解释学领域，就是在于寻找一条直达制宪者和立法者意图的方法和途径。原意主义建立于人民主权、社会契约理论、成文法①和法

① 成文宪法要求原意主义，按照惠廷顿的理解应有三方面的理由：第一，美国与英国的不成文法传统在制宪时代已经决裂了，当时的人们显然是想把政治的基本原则通过清楚而永恒的文件固定下来。美国继承了英国的宪政精神，但是却拒绝英国式的不成文宪法。这说明美国人民是想让这些原则保持不变，是想追求永恒。第二，美国选择固定化的成文宪法是想要强化司法权，使其能约束立法权。司法机关要想审查立法机关的决定，它必须有一个确定的依据，如果宪法是经常变动的或者可以随意解释的，那么司法就缺乏约束立法的权威。司法审查经常受到的攻击是：法官不过是在用自己的意图去否定立法机关的决定。而如果法官所依据的乃是制宪时就已经被固定化的(fixed)意图去审查立法的话，司法审查就能免于这种攻击，从而更好地完成美国人民交付的任务。这正是美国选择成文宪法而否定不成文宪法的原因。第三，法律文本如同其他文字作品一样，承载的就是作者的意图。这是最为普通的一种论证方法，也就是说，文本的意图与作者的意图是一样的，文本的解释者所需要确定的文本意图只能是作者的意图，所谓宪法文本的含义，就是制宪者的意图。参见〔美〕惠廷顿：《宪法解释：文本含义、原初意图与司法审查》，杜强强等译，中国人民大学出版社2006年版，第46—56页。

治理念的基础之上,旨在保护自然权利,明确政府官员的权力和限制权力的权利清单,实现法律的政府而非人的政府。在司法权初设阶段,在"有枪有钱"的立法机关和行政机关的眼中,法院的主要工作就是根据法律来审判案件,不能用自己的偏好来代替法律涉足政治纷争,法官只能是法律的解释者而非立法者。司法克制主义极力否认法官的造法功能,要求法官对制宪者和立法权予以足够的尊重。原意主义理论正好迎合了克制主义的政治立场,即通过寻求宪法和法律的原意来约束法官的自由裁量权,避免司法专横。原意主义者强调解释必须遵循立法者制定法律时的意图。他们的司法实践实际上就是"意图"的历史,揭示的意图是"活在过去或者说是历史上某一时刻"的意图。"'历史'实际存在着两种相反的情形,一是'发展中'的历史,一是'原初意图'的历史。前者支撑着'活宪法'观念使宪法条款不断适应新的历史发展,后者则将解释与文本文字当初实施时的含义联系在一起。"[①]原意主义者也有着两个不同的层次:极端的原意主义者(extreme originalists)和温和的原意主义者(moderate originalists)。前者以制宪者意图为解释的唯一因素,认为除此以外的任何因素都不能被纳入宪法解释[②],后者则承认其他解释因素的重要性,特别是在原意不明确时,认为其他因素对原意有补充意义。"温和的原旨主义者与非原旨主义者之间的唯一不同只是二者对于文本与原初理解的一个态度。对于前者,这些因素是最后的和决定性的,而对于非原旨主义者来说,这些因素是重要的,但不是决定性的。"[③]原意主义是一种"限制理论",意味着禁止法官随意地解释宪法,认为法官应受制宪者意图的约束。同时,原意主义也是一种"优先理论",意味着制宪者原意就是优先的。也就是说,即使有很多因素可以影响宪法解释,但是如果制宪者的意图是可以确定的,那么制宪原意就是最终解释。[④] "只有以原初意图为基础的解释,才能限制法官的权力,赋予司法审查以正当性,保障宪政目标的结构、形式和程序。只有由人民主权所赋予的合法性的宪法原初意图的

---

① Charles A Miller, *The Supreme Court and the Uses of History*, Belknap Press of Harvard University Press, 1969, pp. 25—26.

② 极端的原意主义者态度鲜明,在美国早期较多,例如大法官塔南就认为"只要宪法未经修正,它就不仅有同样的文字,而且还表达与制宪时起草者和通过它的美国人民所表达的同样含义和意图"。参见 Dred Scott v. Sanford, 60 U. S. (19 How.) 393, at 426 (1857)。

③ Paul Brest, The Misconceived Quest for the Original Understanding, 60 *B. U. L. REV.* 204, 229 (1980).

④ 需说明的是,温和的原意主义是区别于非原意主义的,非原意主义者并不将制宪者意图作为优先的和决定性的解释因素。同时,原意主义和文本主义也不同,前者强调的是宪法起草者(framers)的意图,是作者的意图,后者的原初含义是指在制定时人们对宪法文本的理解,"人们"不是指宪法的起草者,是读者的理解。

解释,才能使尊重潜在的主权成为可能,而该主权可能在现在或者未来行使。"①原意主义的捍卫者认为宪法批准时的词句含义,应该像限制立法和行政部门一样也限制法院。最高法院不应该将由民选产生的代表制定的法律置之不理,除非这些法律与已表达在宪法内容之中的建国者原意发生冲突。法官是法律的"守护神",不应加入自己的观点,更不应以"与今天的道德标准不一致"为由,而用自己的道德规范来代替选举产生的机构的道德规范。

(二) 司法能动主义

1. 司法能动主义的界定

根据《布莱克法律大辞典》,司法能动主义(judicial activism)指司法机构在审理案件的具体过程中,不因循先例和遵从成文法的字面含义进行司法解释的一种司法理念及基于此理念的行为。当司法机构发挥其司法能动性时,它对法律进行解释的结果更倾向于回应当下的社会现实和社会演变的新趋势,而不是拘泥于旧有成文立法或先例以防止产生不合理的社会后果。因此,司法能动性即意味着法院通过法律解释对法律的创造和补充。②

司法能动主义的最早记录并不是在法律话语中,而是亚瑟·施莱辛格(Arthur Schlesinger Jr.)在1947年通过《财富》杂志的一篇文章把这个词介绍给了公众。③ 他勾画了当时最高法院的九位法官的形象,对布兰克、道格拉斯、墨非、鲁特莱格赋予了"司法能动主义者"的品格,弗兰德富特、杰克逊和伯顿被称为"自我克制主义捍卫者",而里德和首席大法官文森则构成了中间派。施莱辛格所描绘的司法能动主义指涉法律与政策是不可分的,而司法克制主义的捍卫者在施氏的描绘形象来看,则指涉不信任法官的正义理念,相信法律并非政治学,法律具有固定的含义,不是被利益团体任意解释从而从中获益的工具。"如果立法机关犯了错,那就应当由立法机关来补救它们。任何其他路线都将逐渐侵蚀我们民主的生命力,那就等于鼓励立法机关不负责任地去期待法院勒住那脱缰的野马(backstop their wild pitches)。"④这就是说,立法是立法者的任务而不是法官的使命。而在司法实践中最早运用"司法能动主义"一词,则是法官约瑟夫·C.小哈切森(Joseph C. Hutcheson, Jr.)处理的 Theriot v. Mercer 侵权案。

---

① Keith E. Whittington, *Constitutional Interpretation: Textual Meaning, Original Intent, and Judicial Review*, University Press of Kansas, 1999, p. 217.

② Black, Henry Campbell, *Black Law Dictionary*, 6th ed., West Publishing Co., 1990, p. 847.

③ Arthur M. Schlesinger, Jr., The Supreme Court: 1947, *Fortune*, Jan. 1947, pp. 202, 208.

④ Ibid., p. 204.

他是在推翻初审判决的司法意见中首次运用了这一词。

美国加利福尼亚大学伯克莱分校法学院科南·D.考密克(Keenan D. Kmiec)教授通过对司法能动主义概念发展的历史考察认为,多数学者认为最高法院违宪审查制度已经涉及司法能动主义了,包括对罗斯福新政的干预和1937年“革命”。考密克教授把美国当代学者对司法能动主义含义的讨论概括为五种:(1) 可以论证其他机构的宪法性行为无效;(2) 不遵守先例;(3) 通过司法“立法”;(4) 偏离公认的解释方法;(5) 结果导向的判决。[①]如果采纳综合论的观点,那么这些司法理念都可归之于司法能动主义,而这种能动主义理念的法哲学基础便与20世纪20年代和30年代以霍姆斯等人为代表的现实主义法学的形成密切相关。

对司法能动主义的含义,我国的学者论述得也比较多。如信春鹰认为,司法能动主义是“一种司法哲学,它促使法官为了推动新的进步的社会政策偏离严格遵循先例的原则”,这些进步的和新的社会政策经常与人们期待的上诉法官所受到的限制不一致。司法能动主义的共同标志是法官更多地把自己看做社会工程师而不是单纯适用规则的法官,而“那些旨在建造社会工程的判决有时候表现为对立法和行政权力的侵犯”。[②]司法能动性既是司法哲学观,又是司法哲学的方法论。其在追求公平、保护人的尊严这一目标的过程中,“凸显了客观性和运动性的法哲理特征:为主观世界的主体(法律人)科学认识客观世界对象(法律规则与判例、法律行动)提供了智识的支持和方法的选择”[③]。

通过以上定义的介绍,我们可以从以下几方面来分析司法能动主义:

第一,从解释的价值取向论看,司法能动主义是除了法律字里行间的意思之外,还掺杂了法官一定的个人政治偏好、力图达到一定政治目的的主观主义解释。强调进行法律解释时,不应仅限于逻辑推演,而应根据法律的目的对现实社会中的各种利益进行衡量,作出选择。法的价值应是安定性与妥当性的统一,不能为了法的安定性而牺牲妥当性。如果运用已有的法律将会导致个案不正义的话,法官可以突破或摒弃现有的法律。法官的经验和价值观左右和影响法律未来的发展。由此也可以看出,能动立场的法律人奉行的是实质主义的法律思维。“司法机构在审理案件的具体过程中,不因循先例和遵从成文法的字

---

① Keenan D. Kmiec, Origin and Current Meanings of Judicial Activism, *California Law Review*, Vol. 92, No. 5. (Oct., 2004), p. 1444.

② 参见信春鹰:《中国是否需要司法能动主义》,载 http://www.legaltheory.com.cn/info.asp?id=3424,最后访问于2003年4月23日。

③ 参见陈朝阳:《司法哲学基石范畴:司法能动性之法哲理追问》,载《西南政法大学学报》2006年第3期。

面含义进行司法解释的一种司法理念以及基于此理念的行动。当司法机构发挥其司法能动性时,它对法律进行解释的结果更倾向于回应当下的社会现实和社会演变的新趋势,而不是拘泥于旧有成文立法或先例以防止产生不合理的社会后果。因此,司法能动性即意味着法院通过法律解释对法律的创造和补充。"①

第二,从司法权行使的限度来看,司法能动主义倾向于对司法权进行一定程度的"张扬",主张司法权应广泛而非吝啬地运用。"法官应该审判案件,而不是回避案件,并且要广泛地利用他们的权力,尤其是通过扩大平等和个人自由的手段去促进公平——即保护人的尊严。能动主义的法官有义务为各种社会不公提供司法救济,运用手中的权力,尤其是运用将抽象概括的宪法保障加以具体化的权力去这么做。"②"司法能动主义的维护者强调的是法官要'实现正义'的使命,从而倾向于轻视对司法权的限制,而倡导司法克制的人则倾向于强调在民主国家中对司法权所应该进行的限制,并试图通过各种方式对法官的自由裁量权进行限制。"③

第三,除了定分止争,司法能动主义还强调法官应扮演一定的政治角色。"由于在客观上法院所处的宪法地位的差异,不同国家关于法院角色也许会有不同的认识。同时,对司法活动描述内在的不一致或含糊使得法院的角色也会随之变得复杂化。而且,对于司法过程和社会正义之间关系的各种设想,以及司法活动导致的普遍目标的提升,都将会使法院的角色受到不同的影响。"④"对法院角色的思考应该是一个国家司法制度的基本的核心问题。法院地位的确认和作用的发挥不仅仅是法院自身的问题,而且是关系到一个国家现代法治的实现和宪政秩序形成的重大问题。"⑤司法能动主义认为法官制定社会政策是具有合法性的,法官不应仅仅把自己局限于处理法律冲突,而是要敢于参与社会政策的形成,即使是与既定的政策和先例不一致。无论是否定式的司法能动主义——违宪审查,还是肯定式极端司法能动主义——填补法律的"空隙",都需要法官对法律发展关键因素——社会政策(即什么是社会最好的)——进行考量,强调"法院作为政治机关和以增进社会正义和民众福祉实现为最终目的公益机构,必然要通过对政治问题、社会问题的适度能动地干预和调处,反映

---

① Black, Henry Campbell, *Black's Law Dictionary*, 6th ed., West Publish Co., 1990, p. 847.

② 〔美〕克里斯托弗·沃尔夫:《司法能动主义——自由的保障还是安全的威胁》(修订版),黄金荣译,中国政法大学出版社 2004 年版,第 3 页。

③ 同上书,第 2 页。

④ Geoffrey Marshall, *Constitutional Theory*, Oxford University Press, 1980, p. 73.

⑤ 李晓兵:《宪政体制下法院的角色》,人民出版社 2007 年版,第 452 页。

社会的一般压力,同时发挥它积极的政策导向作用,体现法院的存在价值。尤其在特殊时期如社会变革过程中,法院更应该对未来的社会发展作出具有指导意义的裁决"①。

第四,在解释宪法的过程中,司法能动主义更倾向于随社会的变化与思想、观念、价值的更替而使宪法文本在内容上得到扩展。司法能动主义强调对宪法进行与时俱进的"活"的解释,在避免宪法频繁修改的同时,保护还没有受到立法、行政机关关注的权利问题。

2. 司法能动主义的表现形式

司法能动主义最重要的表现形式存在于违宪审查过程中。沃尔夫的《司法能动主义》在谈到司法审查时说,了解违宪审查的历史和性质,"也有助于解释这样一个事实,即为什么可以把司法机关现代角色的讨论归结为一个赞成或反对'现代'司法权或者司法能动主义的问题"。沃尔夫认为司法能动主义的另一种激进的表现形式是在宪法案件中由法院行使立法权,在包含笼统模糊原则的宪法所留下的"缝隙"间进行司法性立法——"填补法律的'空隙'"——即"宪法和普通制定法提供了审案的原则,但要把这些原则运用到具体的案件中则与适用先例一样具有很大的不确定性。在界定与运用成文法规定的原则方面,也就与普通法的裁判过程一样,都需要在法律空隙处进行立法。实际上也可以这么认为,宪法的笼统性使其成了一个非同寻常的不确定领域。因此,它特别需要通过司法性立法来'填补法律的空隙'"。②笔者从实践和学理两个方面划分,认为司法能动主义的表现形式有以下三种③:

第一,"技术性的能动主义"——与政治有关的违宪审查。"技术性的能动主义",也是司法能动最主要的形式,即法官利用司法审查权,以自己对宪法狭隘或宽泛的理解和解释,宣布某项立法或行政部门的做法违宪,或者享有不受

---

① 司法能动主义和司法克制主义都是在宪政国家中司法权发展到一定程度、法院对一些特殊案件进行审理、发挥政治功能时要考虑并进行平衡和取舍的首要因素。法院的政治功能不同于人们常说的"司法政治化",后者意指法院仅为一种政治工具,其运行目的是如何实现统治者的意志、确保政治统治的运转,实现以法治民、维护专制统治;而法院的政治功能是指法院在权力分立的政治架构中,通过个案的审理与相关政治行为的判定,以制约其他国家权力,规范权力运行并维护宪政制度的功效。法院的政治功能包含三个方面的因素:法院政治功能以分权体制为基础的,只有当其与其他国家机关成为并列的机关并保持体制上的独立时,才能真正发挥政治功能;法院政治功能的实质在于对其他类型的权力的制约;法院通过政治功能的运作,对社会形成强有力的影响。

② 这部分观点的介绍可参见〔美〕卡多佐:《司法过程的性质》,苏力译,商务印书馆2000年版;〔美〕克里斯托弗·沃尔夫:《司法能动主义》,黄金荣译,中国政法大学出版社2004年版。

③ 这种划分的方式,参考了〔印度〕P. N. 伯格瓦蒂:《司法能动主义与公众利益诉讼》,仁堪译,载《法学译丛》1987年第1期。

先前判决的约束甚至背离对同类案件的判决(推翻先例)。①它通过宣布一项法律、法令、政策因违宪而无效来干预公共政策,换言之,它通过否定立法机关和行政机关制定的公共政策的方式,来表明司法机关的政策观。法官对立法机关和行政机关"否定权"的行使依据和判断标准均来源于宪法。宪法表达了最基本的公平正义,体现了全体公民的意愿。与传统的或者"温和"的司法审查性质相比,现代司法审查更强调具有立法性质的司法审查形式,顺从立法的原则受到了实质性的修改。立法的原则、程序和内容借司法能动主义进入法官的法眼:法官尊重宪法,也应尽量尊重依据宪法选出来的立法机关的意志,但只有那些体现了公平与正义,并保证人民享有平等宪法权利的法律,才能得到支持和维护。法律必须以维护公民宪法权利的平等为根本出发点,如相反,法院则有权宣布该项法律因违宪而无效。同时原来一直用来阻止司法介入的挡箭牌——"政治问题原则"也因技术性的能动主义而日渐衰落。

"在性质上属于政治性质的问题……决不能由法院决定。"②也就是说法院只处理法律问题,而不处理政治问题。涉及多数人利益的"政治问题",一般应由政治部门,即立法和行政机关予以解决。政治部门代表多数人的利益,这也符合民主政治的基本原则。在民主政治下,少数应当服从多数,但也存在着如何保护少数的问题,因为多数意见并不是在任何时候和任何情况下,都是正确的,多数意见也存在着以全体共同意志的名义,侵犯少数人权利的情况。在现代社会中,社会利益日益多元化、动态化,政府对社会经济生活的干预不断加强,特别是国家功能从传统的"警察国家"向"福利国家"转型之后,行政权力的扩张便日趋突出。相应地,侵犯公民权利的事更易发生。我国近年发生的贵州瓮安事件、假虎照事件要求行政机关更加谨慎对公民权利的保障及对自身权力的行使。法院审理的涉及行政权力的案件在形式上一般都具有合法的外观,必须从实质——维护公正和法秩序的根本理念——来分析内在的问题。对此,司

---

① 在普通法系的美国和英国,由普通法院行使司法审查权,美国行使司法审查权的对象是立法机关和行政机关。英国对行政机关的司法审查相当完备和发达,但是却缺乏对议会立法的司法审查;另外,英国将上级法院对下级法院的审查监督也列入司法审查的范围。在欧洲大陆的法国、德国,司法审查采用宪法法院制度,它与美国的司法审查并列为司法审查的两种模式。在这种模式下,司法审查权仅为单一的司法机关——宪法法院所有,同时采用抽象审查的方式。首先明确提出设立宪法法院作为宪法监督的专门机关的是奥地利规范法学家凯尔森。他认为,为了保证法律的合宪性,必须审查并废除违宪的法律,但是美国式的司法审查模式不仅在实践中存在缺陷,而且在理论上也违反分权原则。对某一违宪法律的审查和撤销是一种消极的立法行为,此种权力只能授予具有专属职能的宪法法院。参见〔奥〕凯尔森:《法与国家的一般理论》,沈宗灵译,中国大百科全书出版社 1996 年版,第 298—299 页。

② 参见程悟:《马伯里诉麦迪逊》,载《外国法译评》1994 年第 3 期。

法权如果仍奉行纯粹克制主义的司法哲学，过分地拘泥于严格的形式合理性、忽视实质合理，则只能起到承认既得利益和维持现状的作用，纵容政府的此类任意行为，无法保障民主。为了保障处于社会弱势地位群体的宪法权利，使之不受地方政府的侵害，保障公民权利的平等，这就需要法官通过司法能动主义以实质正义来修正形式正义。违宪审查就是法官寻求宪法“活”的灵魂，将宪法伴随时代的发展进行解释，来监督日益出现的新的行政管理模式是否在实质上符合宪法对公民权利的保障。

技术性的能动主义还体现在法院对立法权因违宪而行使的否决权和在英美法系国家法官对先例的“背叛”。立法是不同利益集团的博弈，是多数人“胜者全得”的结果，很多条款可能完全或部分地忽视了少数人的利益。针对排斥与孤立少数群体的立法，司法审查在此情形下的介入非但不是反多数的，有时甚至是让政治过程回归多数人治理的前提。政治过程中的民主恰恰如市场经济的竞争会导致企业垄断与社会不公。有时，民主市场的竞争也会催生政治垄断与偏见，甚至有时会出现政治内部人封锁政治过程以排斥竞争的情况。立法机关不会主动纠正自己的错误，此时必须用司法审查来纠正本质上可能是反民主的“少数人的控制”。在英美法系，法院对先例的“背叛”也是技术性司法能动主义的表现形式。“先例”虽不是立法机关制定但却是法官判案时的主要法源①，社会与法律是发展的。先例也是发展的，先例的法律效力最终不在于它的法定权威，而在于它已有的合理性和说服力能否有效合理地处理当下的社会问题。遵循先例规则不应被放弃，但应在某种程度上被放松。程度的检验标准在于一项规则在经过经验的正当检验后是否仍符合正义感或社会福利、而未褪色。此时，司法审判的重点从尽可能地遵循先例和恪守已确立的司法原则，到更多地去关注其深层的内容是否在现实中有利于维护公民的平等宪法权利，是否有利于实现社会公正。

第二，社会性司法能动主义——准立法、准行政性质的制定“公共政策”。社会性的能动主义以达到社会正义为目的，要求司法机关不能仅以法律的形式主义为审判依据。当涉及立法和行政机关没有行使的职权时，应利用司法能动主义来达到分配的公正，即社会正义。②不同于技术性司法能动主义“否定式”的“矫正正义”的政治性特点，社会性的能动主义具有“肯定式”的“分配正义”

---

① 先例不是指一个个孤立的案例，而是一个根据具体案情加以区分的连续体系。每一个已经判决的案例都是这个体系的一部分，法院所判决的所有案例在一起形成了前后一致的先例系统。

② 参见〔印度〕P. N. 伯格瓦蒂：《司法能动主义与公众利益诉讼》，仁堪译，载《法学译丛》1987年第3期。

的权利性特点，即法官在审理具体案件的过程中，发现立法和行政机关疏于行使职权，而且立法和行政机关此种不作为的行为已经严重影响到了公民权利的保障时，法院以宪法为依据，在判决中定纷止争的同时主动代行立法和行政机关的职权。法官准立法性和准行政性的职权行使又具有一定的政策性和社会性目的。社会性能动主义可以看成法官在法律的“空隙”内“造法”或“行使行政职权”。此时针对案件，法院就不能只考虑已经发生的事实，简单地适用既有的法律规范来解决纠纷，还必须贯穿“目的—手段”式的政策性思考，在必要时应该作出创新性判决来重新分配社会资源。因此，案件的结果可能直接或间接地改变了社会的利益分配格局，影响了国家的决策、相关产业的发展、数量庞大的现实或潜在当事人的切身利益。①

社会性司法能动主义是法官在案件中主动行使具有宏观决策性质的“膨胀”司法权。公共政策的制定因涉及多数人的利益，需要法官对社会未来的发展走向有很好的了解、对自身素质有很清楚的认识，因此，社会性司法能动主义并非司法能动主义的主要表现形式，在各国发展也比较缓慢。英美法系一直存在着法官造法，在一定程度上可以说，其司法史也是法律自身的发展史。社会性司法能动主义是与法律解释行为有机勾连在一起的。法官根据社会正义、衡平理念、法律原则等进行创造性解释或创制新判例，对该纠纷所涉及的社会问题的解决思路和解决方式产生了波及效应，从而影响到相关领域的政策制定和执行。在英美法系，具有“准立法”、“准行政”性质的社会性司法能动主义比较好理解。英美法系就是法官造法的历史，法官根据宪法、在法律的“缝隙间”进行立法，对行政权也有一定程度的监督、指导和介入。对大陆法系的社会性司法能动主义则需要多做一点介绍。在大陆法系，当具有政治、经济、社会等多方面重要性的纠纷交给法院时，法院无论是否情愿，对这些诉讼都不得不作出某种法律上的判断，其结果则是给政策的形成带来了一定程度的冲击和影响。这种冲击和影响是间接地影响了立法和行政机关的行为，也可以说是“推动”这两个机关积极主动地改进原来的不作为行为。

第三，法学性司法能动主义——法律新概念的发展。法学性司法能动主义是指在司法权在行使过程中对所创设的权利适当性的分析以及法学新概念的

① 社会性能动主义司法权的实质是一种主动式决策权力，需要法官较高的职业素质和对国家未来发展的正确把握，所以在各个国家发展缓慢，且皆无法与美国最高法院相比拟。如法国的宪法委员会是在1971年以后才逐步活跃，德国的宪法法院也是第二次世界大战后才发挥作用的，而英国基本上缺乏对立法的否定权，只有对行政有一定的制衡权力，但也很难看到对宏观政策的参与，日本法院在判决中规定了隐私权、日照权等权利，印度在公益诉讼方面提出了一些政策性指导，所以说社会性能动主义只占了能动主义的一小部分。

形成。不同于技术性和社会性司法能动主义在司法权的行使过程中具有一定的主观意图,法学性司法能动主义不问其要服务的目的,也不关心这些新概念将为谁所用,而是对法学知识在理论上的客观性探索、分析和创造。法官在创设新的权利和法律概念时,都会对抽象的自然价值、逻辑规范和动态的社会事实及案件的特殊情况进行系统分析,用简练的语言概括并体现在对判决理由的论证过程之中,对原有的知识体系不断刷新并为知识的积累创造条件。例如,法官们在判决时,用其独特的智慧创造了许多富有原创性的基本概念。这些新概念不仅能够澄清认识,进行理论创新,成为新的知识并将一种研究传统维持下去,甚至还可能引发新的值得思考的问题;引导人们在继承传统知识体系的同时能够对原有的知识体系产生新的质疑。所以从某种意义上说,普通法本身的充实和发展就是法学性司法能动主义的例子。但需要说明的是,法学性司法能动主义是以技术性和社会性司法能动主义为载体的,并且是这二者实践目的的必需手段。技术性和社会性司法能动主义在实践上,法学性司法能动主义在理论上共同发展与完善了司法能动主义。

三、和谐社会建设中的司法意识形态

任何一种司法哲学的选择都并非历史的偶然,必须结合具体的时代、现实情况和国情。从历史唯物主义的角度来看,法治不能超出社会经济、政治和文化所提供的社会条件。国情不同,决定了不同国家不同的政治制度、法治模式和司法意识形态的选择。即使在司法能动主义很有市场的美国,法官对司法能动主义的选择也是与其法治基础的深厚、国民法治观念的根深蒂固、法官精英化的培养方法以及严格解释原则已经成为法官们在司法裁判中的习惯思维方式密不可分。[①] 邓正来在《中国法学向何处去》中认为中国法学自 1978 年以来一直受西方现代化范式的支配,中国法学缺乏对中国现实的关注,从而无力引领中国法制的发展。国情和司法意识形态之间的关系,用简单的类比来表述,是土壤和植物的关系或者母亲与孩子的关系。在西方运行很好的理念是否适合移植到中国司法实践中,需要综合考虑我国现有的国情、中西方的差异。任

---

① 源于美国的司法能动主义是其司法审查过程中的产物。在司法实践中,尤其是在 20 世纪 60 年代,在维护有色人种的平等受教育权、保护公民的宪法权利等方面发挥了推动社会进步的历史作用。美国最高法院也因在司法能动主义指导下审理的一系列有影响的案件而被称为“展现司法能动主义的历史舞台”(也有一些案件因有违历史发展而受后世人诟病)。

何司法理念的选择都是与一定的时代、法治状况和司法体制相联系的。如果缺少了这些条件,选择的理念不仅不能发挥其应有的作用,反而会对一国法治建设带来负面的影响。在我国法治建设的初级阶段,甚至是今后的一段时间内,还不能为司法能动主义提供适宜生存的环境和生长条件。司法实践中还应以司法克制主义为主。

(一)初级阶段的法治建设需要强调司法克制主义

马克思说过物质决定意识,经济基础决定上层建筑。作为上层建筑之一的司法意识形态的选择也必须结合我国国情的具体情况予以考虑。我国经过多年的法治建设,法律虽然已日益进入人们的生活,但在我们这个历史上缺乏法治观念的国家,目前人们对规则还不够尊重,规则意识还有待加强。[①]正是这一特殊国情决定了现阶段我国法治建设需要以司法克制主义为主。

第一,我国法治观念的土壤依然贫瘠,人们缺乏对规则的信仰。法治社会最根本的做法是要通过认真地对待法律规则,用明确的、公开的、带有严格程序性的法律作为指导和评判行为的标准。通过遵守规则人们就可能获得行为的预期、获得安全感和秩序感。西方人由于长期受守法思想的熏陶,普遍具有认真对待规则的态度,但是我国却有两千多年的封建统治时期。秦朝可以看成是法制的典范,但正是苛刻的刑罚被认为是秦二世而亡的真正原因,造成后继各朝都引以为戒,改变严格法制的思想。自秦朝后,当政者一直主张德主刑辅,法家严格执法的思想一直处于被压抑的状态。古代判决中,"天理、人情、国法"是处理社会争议的依据,国法被置于最后,天理和人情却是首要考虑的因素。追求形式正义的刚性国法在具体案件中可以用柔性的天理和人情(类似追求实质正义)来代替,前者可以被后者灵活地加以运用。这虽然克服了法律的机械性,使法律执行有了所谓社会效果,但法律效果却受到了很大冲击。这实际上已影响到了人们的日常思维,以至于无论是大事小情中的规则,人们都能够找到消解其实效的方法。新中国成立后,虽然"依法治国"的观念已经随着时间的流逝而深入了我们国民的意识,但是长期的传统观念依然渗透在生活的方方面面,而且实实在在的发挥着它的作用。国民的"青天"观念、"关系"观念等,都是法治进程中的思想障碍。[②] 法律权威地位的树立仍然需要时间,对权力的顺从和

---

① 如现实生活中存在的一些负面现象,如"规则是死的,人是活的"、"与政策赛跑"、找关系"通融"、用金钱"摆平"、借权力"放行"等躲避规则现象。

② 谢晖:《价值重建与规范选择——中国法制现代化沉思》,山东人民出版社 2002 年版,第497—498 页。

敬畏导致人们更多地将纠纷“平息”。即使对进入诉讼中的案件不是去寻求法律的帮助,而是寻求法官的帮助,更不用说内心对法律认同与信仰的确立。现阶段不是如何突破规则的问题,而是认真对待规则的问题。我们对规则的不尊重,已引起国际社会的不安,据说美国移民法的多次修改,就跟中国人总能找到瓦解规则的对策有关。

树立规则意识、确立对法律的信仰与司法克制主义的含义不谋而合。司法克制主义首先强调对规则的尊重,强调对法官自由裁量权的约束。即使在司法能动主义强势的美国,从宪法制定之日起到20世纪司法权获得权威之前,法官也是严格奉行司法克制主义的。[①]法官在审判中对规则的重视,体现了法律的权威,从而使社会大众相信具有确定性和可操作性的规则是法官审理案件的主要依据。西方社会正是因选择了具有形式正义的规则而逐渐走上了法治的道路。法治的要义就是法律的统治。在中国,不强调规则意识,法治根本无法彻底实现。我们现在对严格规则的破解方法太多,公众对规则不受遵守所表现出来的容忍力也太强。在司法实践中,法律人应当表达对规则的尊重和忠诚,恪守规则意义的固定性和安定性,而不是用法律外的因素,诸如道德、政策、习俗等改变现有规则,也不是用自己的直觉和道德观来取代规则。

第二,真正实现司法独立的理念任重而道远。国际上公认的司法独立包括:法院的整体独立和法官的个人独立两个方面。就司法与行政的关系讲,在我国传统社会中,行政与司法一直是合二为一的,二者之间没有明确的权力界限。“以强大的皇权和官僚制为代表的中国传统政治文明,其行政权的发达是世之罕见的。随之而形成的司法与行政的合一也构成了中国传统司法独具特色的性质。”[②]总体上来说,司法附庸于行政,在这种法律文化传统之下,司法权的独立难以想象。行政因素、长官意志以及对于地方治安的考虑都会融进判决当中,成为影响决断的因素。而且这种制度安排使得官吏把诉讼案件当做行政事务,把判决当做管理手段,把解决纠纷是否符合民意当做政绩的考核标准。新中国成立后,尤其是各种司法改革措施实行以后,我国司法权地位得到了很大的提高,但司法权独立问题仍任重道远。例如,立法上规定了法院作为整体的独立,“人民法院依照法律规定独立行使审判权,不受行政机关、社会团体和个人的干涉”,对法官的独立只字未提。从实质而言,法官独立才是其关键所

---

① 当时并没有司法克制主义的概念,宪法解释被认为是对成文宪法所固定的、不变的含义的揭示与运用,是对宪法“意图”的探究。

② 参见龚先砦:《古代法律文化传统:中国司法行政化现象的成因之一》,载《法制与社会》2007年第10期。

在。即使就法律规定的法院独立来看，法院在内部管理、上下级的请示制度、司法权运行过程中都存在行政化的特点。即使判决书的内容有时也是在权衡行政、政党、社会舆论、法院内部领导意见等方面"综合考虑"的结果，离法律规定的法院独立相距甚远。需要强调的是，我国国家机关的组织与活动原则不是三权分立原则而是国家机关之间实行分工与合作，权力机关在国家政治生活中居于核心的地位，其他国家机关都由它产生、向它负责、受它监督。司法机关的独立需要接受权力机关的监督。

司法克制主义是司法权获得权威之前法官们的最好选择，而司法能动主义需要以司法独立体制的稳固、司法权自身运作的规范化、司法在国家权力体制中的制约力量得到重视为基础。司法权除了公众信赖以外，"既无财权，也无军权"，并无对抗其他权力的特别力量，甚至法官的任命、法院的判决也需要其他权力机关的配合。在目前我国司法权真正独立还任重道远的情况下，如果过分能动则会招致立法机关和行政机关的报复，影响司法独立的政治保障。"法院在与其他机关对抗中很少取胜。实际上，对于旨在限制法院权力的报复行为，法院往往是脆弱的。"①

第三，我国司法体制与西方的司法体制存在着巨大的差异。以司法能动主义代表的美国为例，初期较弱的司法权自 1803 年"马伯里诉麦迪逊案"后因司法审查权而得到加强。经过上百年的发展才真正强大，特别是沃伦执掌最高法院后，司法能动主义才进入最活跃的时期。司法权不仅与立法权、行政权平等，其判决也得到了行政机关的维护。例如为了维护"布朗案"中确立的废除种族隔离政策，总统曾在后来的小石城案判决后派出海军陆战队帮助执行法院决定。相比较而言，我国是"议行合一"的政治体制和"一府两院"的政治架构，法院没有司法审查权，而且在经费、人员任命、行政升迁等方面还受到行政机关的诸多掣肘。例如安徽省律师协会曾先后下达过这样一些通知，各律师事务所如果接到了关于涉及房屋拆迁、土地赔偿、涉外等敏感案件，应先将案件情况上报省司法厅备案，部分案件报主任批准，使案件的受理在未进入审理阶段就显露了行政干预色彩，无法谈及行政机关对法院判决的尊敬与坚决维护。法官在这种情况下，根本不可能以自己对宪法的狭隘或宽泛的理解，来否定立法和执法部门的做法，更谈不上由此影响公共政策，引导国家的发展方向，而用司法权否定立法权和行政权恰恰是司法能动主义的主要表现形式。换句话说，在我国现行体制下，法官在审判过程中多数情况下是尊重行政机关的，这与司法克制主

---

① 〔美〕彼得·G. 伦斯特洛姆编:《美国法律辞典》，贺卫方等译，中国政法大学出版社 1998 年版，第 344 页。

义强调司法权尊重行政权的思想相一致。只不过司法实践中的尊重应避免行政权对司法权的过多干涉,坚持"以事实为依据、以法律为准绳"。

第四,与法治建设相适应的法律人的素质还有待进一步提高。司法公正是与完善的法官制度分不开的。司法机关适用法律解决案件需要法官经过严格的法律训练,具有专门法律知识和职业道德,其任职和免职条件均十分严格。法官通过自己的工作体现法律的正义,因此,在那些法治传统比较浓厚的国家,法官是正义的象征。司法能动主义要求"无钱无枪"的法官不仅是法律的守护神,更要求其作出的判决卓尔不群。以美国为例,美国的职业法官是从律师转变而来的,而律师也是法学训练的专业结果。长期的职业生涯使得他们具有较高的理论素养和执业经验。美国最高法院90%以上的法官来自社会地位优越、政治上有影响和上等阶级的家庭,其中的2/3参加过常青藤联合会,或读过其他名牌法律学院。"最高法院法官的典型形象是:白种人、一般是新教徒,……任命时是50—55岁的年纪,……有较高的社会地位,在大城市的环境中长大,出身于公民意识强烈、政治活跃、经济宽裕的家庭,受过法律训练,担任过某种公职,受过良好的教育。"[①]相比较而言,中国法官的整体素质不高。由于历史和社会条件的原因,特别是中国几千年崇尚"无讼"观念、"和为贵"文化的影响及其在人们心中的潜移默化,司法与行政合一的体制在中国延续数千年,一旦讼案发生,父母官们更多的是依据情理等自然理性和经验断案。各朝历来不太重视对法律人才的培养和使用,行政官员兼任司法官员且未经专门的法律训练,直至清政府终结而未有实质性改变。20世纪70年代末80年代初,各地司法机关的陆续恢复设置。由于法学教育的停滞,司法机关面临大量的人员缺口,不得已采取吸收军转干部、社会考干和调干的形式招录了大量的不懂法的法院干部。虽然此后法律专业的毕业生不断充实到法院来,但吸收非法律人才进入法院的状况一直持续到20世纪90年代中期后才逐渐消失。[②] 除了上述传统原因外,还有制度上的弊病和法学教育的原因。

法官的主要任务是定分止争。一般而言,法官应对立法者的判断保持一种尊重,尽量按照立法者的价值判断来司法,不能率性而为将法律弃置一边,按照自己的主观臆断来司法,法官所需要的是一种司法所独有的审慎的态度,这与司法克制主义不谋而合。同时,我国法官的素质远未达到司法能动主义的要求。在这种情况下,如果过分张扬司法能动主义,必然使还没有形成认真对待

---

① Henry J. Abraham, *The Judicial Process*, Oxford University Press, 1968, p.58.

② 具体参见徐纯志:《司法公正与法官素质》,载 http://www.law-lib.com/LW/lw_view.asp?no=3824,最后访问于2004年9月28日。

规则意识的法官更加滥用自由裁量权,从而导致法官解释的随意性、主观性。

(二) 法治建设的初级阶段不宜推崇司法能动主义

有学者认为,司法能动主义在承认宪法法律原初意图的基础上,"发展了其意义,增加了许多原初意图所未预想到的,而这是符合历史发展和社会进步这一基本规律的,……是合乎社会进步之趋势的,并得到了社会大众的接受和历史的认可"[①]。笔者虽承认许多重大社会变革确实是法官能动主义的立场才得出的,如美国废除种族隔离的"布朗诉教育委员会"案,但认为在我国法治建设初级阶段对司法意识形态的选择不宜以司法能动主义为主。[②]

第一,我国通过人民代表大会制度体现全体人民的意志,而司法能动主义是将法官个人的政策偏好或价值观运用到司法过程中,以自己的判断超越法律所体现的人民意志,有违民主的要求。能动主义法官的判断基础通常是自然法和道德哲学,"关于自然法的一切理论都有着一种特别的模糊性,人民可以用自然法来支持任何他们所希望的东西,而道德哲学更是无法统一"[③]。法院不是民选机构,也不直接对公众负责。其能动主义做法是在行使司法权以外的政治权力,必然缺乏民主基础。如有的学者指出的,"即使法院作出了'正确'的判决,法院取代民选代表的立法职责也不对"[④]。

第二,从法官思维在审判中的表现来看,司法能动主义是用实质正义取代形式正义。我国从来没有经历过形式主义法律思维的洗礼,也从不曾树立起过法律至上的权威。适用实质主义法律思维的背景不同,有可能导致适用效果的巨大差异。实质主义的思维之所以称得上是法律思维,必须满足几个方面的要求,即尊重规则,从规则出发;背离规则必须充分论证和穷尽规则进行漏洞填补。在司法实践中,我们既没有形成尊重规则的事实,法官在背离规则时更没有任何充分论证。实质主义法律思维需要法官根据法律目的、法律价值、社会后果等实质性依据来考量,并通过目的解释、社会学解释、价值衡量等诸多方法保证。即使如此,判决仍然可能具有可争议性、可反驳性和可推翻性。在美

---

① 参见范进学:《"法治反对解释"吗?——与陈金钊教授商榷》,载《法制与社会发展》2008年第1期。

② 笔者认为,在法治建设初级阶段,对司法意识形态的选择应以司法克制主义为主,以司法能动主义为辅,并且对后者的运用空间应进行严格的限制。

③ John Ely, *Democracy and Distrust: A Theory of Judicial Review*, Harvard University Press, 1980, p. 50.

④ 〔美〕詹姆斯·M. 伯恩斯等:《民治政府》,陆震纶等译,中国社会科学出版社 1996 年版,第717 页。

国,人们对法官秉承司法能动主义审理的案件也并非都高唱赞歌。"在最高法院的历史中,荣耀和指责甚至可以说是形影相伴。因为最高法院的判决往往是两种重大利益或基本价值之间进行取舍,失败的一方不是哭诉不公,就是充满怨恨。针对马歇尔扩大联邦权力的判决,杰弗逊指责马歇尔法院的法官是在偷偷瓦解美国宪政大厦的'工兵和坑道工';针对坦尼维护战时个人自由的做法,北方舆论大骂他是'南方奴隶制老不死的代言人';针对休斯法院阻碍新政立法的企图,罗斯福的支持者以'九老院'相讥;针对沃伦法院消除学校种族隔离的判决,南方各州发起'弹劾沃伦'的群众运动"①。

第三,在我国,法官运用司法能动主义进行决策的能力有限。首先,司法决策与立法或者行政决策相比,其范围通常要小得多。即使法院对某社会问题感兴趣,其能否有资格解决也完全取决于是否有相关的诉讼进入司法程序,法院是被动的带有依赖性的决策者。其次,法院通常无法检查自己判决的影响或效果,更不可能随时改变主意而把某项判决收回并加以更改。法院所形成公共政策的生命力很大程度上取决于立法和行政机关对该公共政策的态度,法院不能自己执行自己的政策。最后,法院作出涉及公共正义分配的信息是有限的。其只能依靠当事人双方提供的材料,而利益偏向与个人能力都可能导致当事人所提供之信息不充分。这当然影响决策的准确性、及时性。特别在公益诉讼中,证据在当事人双方之间的分布通常极不平衡,用于证明要件事实的证据材料往往处于加害方的控制领域之内,而受害人则可能无从知道。如排污方所排放的污水是否超标、受害人所受的损害与排污行为之间是否存在因果关系的证据基本掌握在排污方手中,而污染受害人无从举证。

我国学者信春鹰认为司法能动主义的条件"首先是司法精英解释群体的存在。这些司法精英清楚地了解国家立法和社会现实之间的距离,具有强烈的使命感,理解社会全面进步的价值,希望通过司法解释迅速地补充立法的缺陷和不足。其次,社会对通过司法解释完善国家的法治体系具有高度的期待。这种期待和司法精英形成强烈的互动。最后是通过具体案件的审理所产生的对普遍规则的要求。立法是一项复杂的工程,从立法提案到法律通过需要一系列的民主程序,民主程序中的不同利益集团对立法的不同要求经常会使得社会迫切需要的法律难以通过。而在这种条件下,通过司法解释产生出规则的成本要小

① 任东来、胡晓进等:《在宪政舞台上——美国最高法院的历史轨迹》,中国法制出版社2007年版,第461页。

得多,效率也高得多"[1]。如上所述,现阶段我国并不具备司法权的独立、宪政体制的建立[2]、违宪审查的运行、国民权利意识的提高、法官个人素质的完善等运用司法能动主义的条件。

四、司法意识形态的运用

按照中共中央的要求,我们要建设的和谐社会是指那种"民主法治、公平正义、诚信友爱、充满活力、安定有序、人与自然和谐相处的社会"[3]。作为一种文化理念,和谐社会是人本主义的,是以人为中心来观察问题和解决问题的,强调人的身心和谐、人与自然的和谐、人与人的和谐以及人与社会的和谐。将和谐融入中国现代化建设尤其是法制建设中并将之作为制度构建的目标,突显了中国的主体性意识。这意味着在现代化建设过程中,各种利益关系的构建开始关注对传统文化精髓的汲取、对民间规则的运用、对经济发展不平衡等国情的考虑。事实上,每一种制度都存在着众多相互冲突矛盾的价值。其相互制约与平衡是一个需要不断调整的价值选择过程,司法意识形态的选择也是如此。当前,在以司法克制主义为主的前提下,必须做好司法能动主义和司法克制主义的和谐,在司法实践中防止理念选择的极端化。

(一)司法克制主义运用的原则

我国的法院,除了在文字上恪守大陆法系对法官的教条之外,还受到宪法体制的严格约束。从理论上说,我国的法律意识形态不主张法院或者法官创造规则,而只是在法律适用的过程中解释和适用规则。全国人大常委会于 1981 年颁布的《关于加强法律解释工作的决议》赋予最高司法机关司法

---

① 参见信春鹰:《中国是否需要司法能动主义》,载 http://www.legaltheory.com.cn/info.asp?id=3424,最后访问于 2003 年 4 月 23 日。

② 司法能动主义的主要表现形式都集中于对宪法的解释:通过对其狭隘或宽泛的理解来否定立法或行政部门的做法或者在宪法的缝隙间立法,宪法地位极其重要。但是,最高人民法院 2008 年 12 月 18 日废止了《关于以侵犯姓名权的手段侵犯宪法保护的公民受教育的基本权利是否应承担民事责任的批复》。

③ 本书编写组:《推动科学发展促进社会和谐》,中央党史出版社 2007 年版,第 78 页。

解释权[1],这项中国法律制度的特色,不仅实行判例法的英美法系国家没有,而且实行成文法的大陆法系的国家也没有。司法解释为统一司法人员对法律的理解和认识,合理限制司法人员的自由裁量权,保障法律的正确适用发挥了重要作用。

第一,恪守司法权的独立性和被动性的原则。虽然在现实生活中,作为机构的法院或作为个体的法官不免要同其他政治机构和个体发生千丝万缕的联系,但是司法克制主义更强调法院和法官与其他机构和人员的独立性,避免其他机构和人员对其裁判活动的干预和影响,以确保案件的公正审理。司法克制主义严格遵循司法被动性原则,秉持改造社会,实现社会福利的任务应交由立法机关和行政机关的信念,认为司法机关只能够通过适用法律实现正义。"法官并不能像立法者那样为社会制定一般规则……法官不能主动发起诉讼……法官只是处理一定范围内适合以诉讼形式出现的争议事项……司法审查中司法命令的形式是消极的,也就是说,是命令停止做某些违宪的事,而不是命令积极地去做某事。"[2]因为如果司法具有主动性,就往往会使其失去中立性,进而可能失去公正性。尤其是在一些敏感社会问题方面,法院如果不恪守被动、克制的姿态,就会使自己被卷入政治纷争之中,并有可能引发政治风险。

第二,形式正义优于实质正义原则。"形式主义法学用法律概念、法律规则、法律原理、法律体系等知识结构为法律的意义找到了存身之处,使法律呈现出相对独立性。这种独立性使得法律的意义处于相对稳定状态,并出现了法律意义的相对固定性。而这正好构成了法制之所以可能的基本条件。"[3]现代法治的基础就是强调程序正义、形式合理的法律,但没有谁能够说清楚确定实质正义的标准是什么,它是一个众说纷纭而又很难达成共识的概念。一般来讲,形式正义与实质正义是兼容的,实现了形式正义,就实现了实质正义。但是二

---

① 全国人大常委会于1981年颁布的《关于加强法律解释工作的决议》中规定:"一、凡关于法律、法令条文本身需要进一步明确界限或作补充规定的,由全国人民代表大会常务委员会进行解释或用法令加以规定。二、凡属于法院审判工作中具体应用法律、法令的问题,由最高人民法院进行解释。凡属于检察院检察工作中具体应用法律、法令的问题,由最高人民检察院进行解释。最高人民法院和最高人民检察院的解释如果有原则性的分歧,报请全国人民代表大会常务委员会解释或决定。三、不属于审判和检察工作中的其他法律、法令如何具体应用的问题,由国务院及主管部门进行解释。四、凡属于地方性法规条文本身需要进一步明确界限或作补充规定的,由制定法规的省、自治区、直辖市人民代表大会常务委员会进行解释或作出规定。凡属于地方性法规如何具体应用的问题,由省、自治区、直辖市人民政府主管部门进行解释。"

② 〔美〕克里斯托弗·沃尔夫:《司法能动主义》,黄金荣译,中国政法大学出版社2004年版,第22页。

③ 参见陈金钊:《法官司法缘何要奉行克制主义》,载《扬州大学学报》(人文社会科学版)2008年第1期。

者也常常是冲突的。在具体的个案中,克制主义立场的法律人往往会成就形式正义而牺牲掉实质正义,因为他们明白,缺乏形式正义支持的实质正义有可能是武断的。因此,他们常常对以实现实质正义的名义改变法律或创造法律的做法保持警惕的态度。然而对于能动主义立场的法律人,他们更倾向于对个案中实质正义的维护。他们认为,不能够实现个案正义的法律无论如何都失去了其应有的品性。尽管对于实质正义的缺席,克制主义立场的法律人也感到非常遗憾,但他们能够对法治的代价意识有清醒的认识。

第三,注重形式推理在法律思维中的作用原则。从法律思维角度来看,司法克制主义沿袭传统的法律推理方法,相信法律规则能够解决绝大部分的法律问题。所谓的裁判就是一个将法律规范作为大前提,案件事实作为小前提,得出结论的过程。由于现代解释学的影响,裁判过程更多地被理解为一个在事实与法律规范之间目光往返流转的过程,但是这种目光的往返流转最终要以清晰的逻辑形式固定下来。当然,在有些复杂或者疑难案件中,对作为大前提的法律规范的选择不能够凭借形式逻辑来获得,但一旦确定了可适用的法律规范,案件最终都要导向一个形式推理。因此,形式推理在案件解决过程中发挥作用的空间是广大的。那种动辄贬低形式推理,甚至否定形式推理,而过分强调类推推理、实质推理的认识实际上是法律虚无主义的表现。

第四,奉行反对解释和有限创造的原则。司法克制主义认为现有规则能够解决绝大部分的社会纠纷,而且认为规则具有相对清晰的含义(当然绝对的清晰是不可能的),案件的处理就是一个将"在那儿"的法加以适用的过程。在某些情况下,当法律规则遭遇到具体案件时,会呈现意义的复杂性和歧义性。这时,为了维护法律意义的确定性和可预期性,法律人应当有限制地运用法律方法。即通过文义解释、体系解释和历史解释方法明确法律的含义,对于目的解释、社会学解释和法律续造方法则有限制地运用,并且需要同时承担论证义务。

陈金钊教授认为,法官在司法过程中应当奉行克制主义,并在此基础上提出法治反对解释的理论场景,主要是:(1) 对与案件相遇时含义明确的法律规范,不需要解释只需要认可(虽然认可也是哲学解释学意义上的解释);(2) 对所有的强制性规范,只需贯彻无需解释;(3) 对权利(力)性规范可以在规范射程内进行解释,但反对权利(力)的过度解释。① 笔者将在下文对司法能动主义的运用场景做仔细的介绍。除下文中提到的场景外,其他场景都适合运用司法克制主义,所以这里不予赘述。

---

① 参见陈金钊:《反对解释的场景及主体》,载《北方法学》2007 年第 1 期。

（二）司法能动主义的运用

我国现行法律解释体制一直被表述为立法解释、司法解释和行政解释三种类型。这实际上没有涉及法官解释的问题。虽然我国对属于司法理念的司法能动主义和司法克制主义还没有完整的意识形态和理论形态，但随着我国法制建设的不断推进，权利意识的觉醒，人们越来越重视司法机关的作用，对司法权给予了很高的期待，司法实践中也出现了司法能动主义形式的司法权行使。但法官这些所谓“司法能动主义做法”只不过是其一种近乎本能的法律意识。我国实际上还没有一个明确的、指导性的司法理念，在理论上还缺乏系统性的研究和梳理，更缺乏实践层次的分析。下面笔者试图就司法能动主义在我国的运用做一粗浅分析。

1. 我国司法实践中司法能动主义的表现形式

第一，对行政不作为案件的审理。我国的法律对行政机关不作为均没有规定惩罚性措施，法院在受理有关案件时，就可以“原告请求追究被告人渎职的行政、刑事责任，不属于人民法院管辖”为理由裁定不受理当事人的诉讼请求。这在一定程度上导致现实生活中公民对行政机关的不作为束手无策。但是，最高人民法院通过回复下级法院对此类案件如何审理请示的批复，规定行政机关对自己不作为行为所导致的行政请求相对人的损害应承担赔偿责任，填补了立法的空白。[①]

【案例4】 案发四川省，被害人在侵害发生过程中曾经跑到派出所求救被值班民警拒绝，后派出所又提出收“保护费”，导致被侵害人被肇事者打成残疾。被害人因公安机关不作为导致人身和财产遭受侵害，诉诸法院，要求公安机关予以赔偿。一审法院认为，此诉讼请求没有法律根据，裁定“中止诉讼”。当事人不服，上诉至四川省南充市中级人民法院。后经四川省高级人民法院向最高人民法院提出《关于公安机关不履行法定行政职责是否承担行政赔偿责任的问题的请示》，2001年6月26日，最高人民法院审判委员会就此案作出回复：“由于公安机关不履行法定行政职责，致使公民、法人和其他组织的合法权益遭受

① 又如对四川省高级人民法院《关于王承玉、刘克勤诉重庆市西山坪劳动教养管理所行政赔偿上诉案的请示报告》，《最高人民法院关于劳动教养管理所不履行法定职责是否承担行政赔偿责任问题的批复》中写到：“重庆市西山坪劳动教养管理所未尽监管职责的行为属于不履行法定职责，对刘元林在劳动教养期间被同监室人员殴打致死，应当承担行政赔偿责任。人民法院在确定赔偿的数额时，应当考虑重庆市西山坪劳动教养管理所不履行法定职责的行为在造成刘元林死亡结果发生过程中所起的作用等因素。”

损害的，应当承担行政赔偿责任。在确定赔偿的数额时，应当考虑该不履行法定职责的行为在损害发生过程和结果中所起的作用等因素。”

第二，法律冲突的解决。我国法律、行政法规与地方性规章之间的冲突，是普遍和严重的。在司法程序中，法院有一定的对法律规范的选择适用权，即法院在审理案件时，拒绝适用同法律、行政法规冲突的地方性法规，可看成是一种司法调节机制。从宪法规定来看，我国法院没有司法审查权，法院不受理对行政法规、规章等抽象行政行为提起的诉讼，但对国务院部门规章和地方政府规章，可以选择适用。而且最高法院在其司法解释中也已经澄清：法院有权判定地方性法规是否与上位法不一致，并有权直接适用上位法。这实质上是在判决中对“实质违宪”的行政法规的直接不适用。

【案例5】　在泰丰大酒店有限公司诉大同市土地管理局土地使用权出让纠纷案中，山西省一项省政府规章规定：如果国有土地使用权出让中的受让方不履行合同，其所支付的出让金不予退还。大同市中级人民法院依据《民法通则》和国务院制定的《城镇国有土地使用权出让和转让暂行条例》，认为该案的违约方只需承担定金责任，而有权取回出让金，从而拒绝适用该省政府规章。山西省高级人民法院不仅维持了一审判决，而且还进一步阐明：该规章的这项规定“既未经行政法规授权，又与行政法规抵触，是无效的”。当然这里的无效，仍只是在具体案件中的无效，而对案外没有普遍约束力。规章的彻底无效，还需经行政或立法程序来完成，即或者通过制定该规章的机关对其“修改”或“废止”，或者通过其他有权机关对其“改变”或“撤销”。

第三，“案例指导制度”即法院有选择性地确定“判例”，以后相同事实的案件，在论理部分、适用法律及裁量幅度等方面要以“判例”为参照进行判决。我国一些地方法院应司法公正与法制统一的要求，在过去几年里在一定范围内开展了案例指导的实践探索。比如郑州市中原区法院的先例判决制度，天津市高级人民法院的民事判例指导制度，四川省高级人民法院推行的案例指导制度等。按照案例指导制度公布的案例，对司法实践具有指导作用，类似案件，在适用法律以及裁量幅度上，法官应该参照案例进行裁判。“建立和完善案例指导制度，重视指导性案例在统一法律适用标准、指导下级法院审判工作、丰富和发展法学理论等方面的作用。最高人民法院制定关于案例指导制度的规范性文件，规定指导性案例的编选标准、编选程序、发布方式、指导规则等。”①如《最高

① 参见最高人民法院2005年10月26日发布的《人民法院第二个五年改革纲要（2004—2008）》第13条。

人民法院公报》、《人民法院案例选》、《中国审判案件要览》、《人民法院报》所载典型案例,已经成为指导法官审判的重要方式。

第四,通过司法能动主义的案件促进制度变革和政策形成。在社会转型期,由于法律和制度的不健全,法律的空白大量存在。到目前,我国已经拥有了近五百个法律和法律性决定、近一千个行政法规、近一万个地方性规章,以及更多的部门规章和地方政府规章。即使如此,在社会转型期,旧有的法律有时也难以及时跟上社会的发展。同时,由于法律和制度的不健全,法律空白大量存在。如果在司法过程中完全依靠最高司法机关的解释,不但在时间上而且在数量上、人力上、资源上都无法保证及时地审判,这就要求在个案中重视法官解释的作用。法律的发展空间很大,法官通过个人的审判活动,发挥司法能动性来弥补立法的不足,在个案中探索如何实现社会公正,再从个案的突破到普遍的实践经验的积累,逐步被司法实践和社会认可,形成新的规范(司法解释、立法)。在司法实践中,许多司法判决影响了公共政策的制定和修改。[①]例如,"工商银行乱收费案"判决后,工商银行决定以前因补卡缴纳100元的其他消费者可凭交付凭证领取返还款69.2元及相应的利息。北京市发改委于2005年4月发布《关于驾驶人信息卡补领换领收费标准的函》,确定机动车驾驶人信息卡(牡丹卡)换卡、补卡的收费标准为30.8元。郝劲松的发票诉讼案后,2005年3月,铁道部向全国各铁路局发出《关于重申在铁路站车向旅客供餐、销售商品必须开具发票的通知》,后北京铁路局所辖各次列车按通知要求,在所有的列车上都配备了发票。

【案例6】 1995年3月8日,贾国宇与家人及邻居聚餐时,发生卡式炉爆炸,导致贾国宇容貌被毁并丧失30%劳动能力。北京市海淀区于1997年3月15日作出了"北京国际气雾剂有限公司、龙口市厨房配套设备用具厂连带赔偿贾国宇10万元残疾赔偿金"的创造性判决。在此案之前,我国法律并没有关于人身损害精神赔偿的规定,法院借鉴人权在国际领域的发展,使判决符合正义价值的最高理性的同时还收到了很好的社会效果和法律效果。正是这一判决直接影响了最高人民法院关于人身损害赔偿司法解释的制定:把赔偿残疾赔偿金和死亡赔偿金等精神损害赔偿制度扩大适用到一切人身伤害领域。

第五,民俗习惯在判决中的引用。理论研究和社会实践经验表明,具有中

---

① 类似案例还有"倪培璐、王颖诉中国国际贸易中心侵害名誉权纠纷案",在该案之前,我国没有消费者权益保护法,也没有保护消费者人身人格权利方面的规定。在该案中,北京市朝阳区法院以法律解释的方式,确立了消费者的人身人格权,并对它进行保护。

国特色而又符合现实需要的社会调控机制，应该是以法制为核心，以民俗、习惯、道德及其他社会自治规范为补充的综合性机制。其中，民俗习惯是指人们在长期的日常生活当中自发形成的，具有一定社会公认性和自我约束力的社会规范。在构建和谐社会、依法治国以及强调司法为民的时代背景下，在审判中准确、有效地运用民俗习惯处理纠纷，可以增加当事人和社会公众对司法裁决的认可度，提高审判效率，促进社会和谐稳定与发展。对民俗习惯在审判中的应用多存在于基层法院，基层法院法官的主要功能是解决纠纷，所以应该更多地了解当地的社会习惯、道德水准和舆论、价值观和习俗等社会规范，了解当地的经济和社会发展情况和民众的法律意识程度以及他们的社会组织、行为方式等特殊信息，以便在纠纷解决中更好地做到合情、合理、合法。除此之外，民俗习惯在我国司法审判中还具有以下特点，如："诉讼外程序运用的多，诉讼程序运用的少；法院调解运用的多，判决运用的少；判决书中转化运用的多，直接引用的少；民事领域运用的多，刑事领域运用的少；传统民事法律关系中运用的多，其他民商事法律关系中运用的少；传统民俗习惯在农村地区和少数民族地区运用的多，在中心城市和发达地区运用的少，商业惯例的情况则相反；本地或年龄较大的法官运用的多，外地或年轻法官运用的少。"①

2. 司法能动主义在我国司法运用中存在的问题

以上司法能动主义做法，只不过是法官的一种近乎本能的法律意识。由于我国实际上还没有一个明确的、指导性的司法理念，导致其在运行过程中不可避免地存在着一些问题。

第一，部分体现司法能动主义的案件实质是司法政治化的结果。司法运作的政治化是指在案件审理的过程中，法官运用政治思维而非法律思维，将自己的身份定位于行政官员，试图通过案件审理达到对社会实现全息性管理的目的，因此会积极主动地承办案件，会更加注重法律外因素对案件的影响，注重案件处理的政治效果。如莫兆军案即反映了我国司法的政治化倾向。作为民事审判的法官，莫兆军在审理一起民事纠纷案中，被告败诉后在法院门口自杀身亡。其后又经公安机关证明被告确实冤枉，于是法官莫兆军涉嫌玩忽职守，被检察院提起公诉。实际上莫兆军之所以被提起公诉，在很大程度上是司法机关把被告死亡作为政治事件处理的结果。由此可见，政治思维对我国司法审理的影响仍然根深蒂固。

① 参见广东省高级人民法院等：《民俗习惯在我国审判中运用的调查报告》，载《法律适用》2008 年第 5 期。

第二,运用司法能动主义审理的案件,因用实质正义替代形式正义更需要法官对案件审理结果作出充分的论证,而我国法官在论证时往往不仅没有任何说明而且即使有说明也过于简单。实质主义法律思维更多地考虑道德的、政治的、经济的、习俗的或者其他一些社会因素。法律规则仅仅是众多考虑因素中的一种而已,而不是压倒一切的考虑因素。无论是为了公平、正义,还是最大限度地满足和协调各种利益,都需要法官解释为何没有充分尊重具有确定性和可操作标准的规则,并将之体现在判决当中。判决理由是考虑法律文本、法律价值、法律方法、事物的本质、事实等因素,并包含多种法律前见的视阈融合,其直接决定着当事人对判决心悦诚服的程度。"有关研究表明,在所有国家,司法判决都包含最低限度的内容或要素。衡量最低限度的标准是,一个受过法律训练但不熟悉案情的人能够无须求助书面判决以外的材料而评估判决在法律上的正确性。"[①]我国裁判文书往往只叙述简单的事实,然后罗列上几个法律条文就算行使了职权,过于简单。至于为什么要引用这几个条文而不是其他条文,为什么这几个事实可以作为证据使用而其他事实不能,以及对所引用条文和事实的理解,在判决书中均不做说明,更看不到法律方法的踪影。

第三,法官有时会出现过度考虑民意,用不加区别的民意替代规则的情况。司法领域中的民意是指大众根据法律正义的外在社会价值所形成的一种民众意愿,暗含了大众对司法正义的期望,事实上是一种大众诉求。这种诉求往往以朴素的正义观为出发点,包含了朴素的善恶、对错,夹杂着道德要求,从司法的"应然"角度对司法制度、司法行为作出的评价。在和谐语境下,法官在审理案件时应当在法律的框架内,顺应民意,以最大限度捍卫人民群众的根本利益,最大限度地满足人民群众对司法的需求,但对民意的内容,法官应作出谨慎的判断。由于民众的范畴涉及社会中的每一个普通人,而每个人的价值观念、知识水平等不同,民意往往会随着相互的碰撞出现非理性的情形。[②] 有时"在具体的司法实践中,由于程序以及论证性对话条件性上存在的缺陷,公论很容易因'民愤'而情绪化,因'说服'而被操纵,变质成'疑似公论'并导致和加强审判的主观任意性"[③]。民意积聚到一定程度就会造成社会骚动,引起权力的不安。当权力感到民意的压力时,就会向司法施加压力,从而影响司法。特别在目前中国语境下,司法受制于权力,受制于行政,司法可能会在民意中摇摆。如张金

---

① 张志铭:《法律解释操作分析》,中国政法大学出版社 1998 年版,第 202 页。

② 尤其在失业率较高、犯罪、经济衰退、政治体制改革等社会矛盾较突出时期,民意往往会被某种具有煽动性观点左右,表现出非理性。

③ 参见季卫东:《中国司法的思维方式及其文化特征》,载葛洪义主编:《法律方法与法律思维》第 3 辑,中国政法大学出版社 2005 年版,第 71 页。

枉案，人们把平时积累的对警察不法行为的愤怒宣泄出来，形成对法院的压力；如刘涌案，法院在人们对黑社会严重不满、"不杀不足以平民愤"的情况下，牺牲了程序正义。但司法能动主义并不意味着对民意可以不加区别的服从。只有符合正义、体现社会发展规律的民意才应纳入法官考虑的范围。如果简单地以民意代替司法，法院就失去了存在的必要。

3. 司法能动主义在我国运用的场景

社会变迁之时，不同的利益集团、社会、文化价值观产生根本性紧张或碰撞的情况下，就可能产生一种能动主义倾向，以寻求解决冲突或矛盾的方法。司法能动主义虽然是捍卫公民权利、制约权力、维护宪政民主制度的最重要力量，但过于能动的法院也难以消除人们对司法专制同样的警惕，因此作为补充的司法能动主义在运用时也应尽量慎重。

第一，在我国现阶段，立法过程中少数群体的权利有时难以接受公平听证，如涉及基本权利内容的侵犯，法官可以奉行司法能动主义在宪法的框架内对其进行适当的司法救济。法律不能反映所有人的利益，是博弈的结果。制定过程中，少数人几乎不能参与其中，其权利或因弱小而被忽视或由其他较大利益集团代为适当考虑，作出象征性的规定，致使在司法实践中很难找到对其权利进行规定的有关法律法规，如称呼带有一定歧视色彩的拆迁中的钉子户、农民工、外来户等。对少数人私权利的最大侵权人莫过于国家，常见的是借公共利益之名行侵害私人权利之实。势单力薄的少数群体，由于太弱小而很难在民主程序中保护自己，与政府对抗；同时，后者也会利用手中的权力从各个方面来限制前者对于正当权利的诉求。例如，随着经济发展和城市扩建工程的动工，不少地区出现了公民针对政府部门对其民用房屋采取的强制拆迁行为不满所引起的诉讼。针对此类案件，某省律师协会以内部文件的形式规定：省内各律师事务所的律师在收到公民涉及拆迁案件的委托时，必须上报所长亲自审批，所长再向政府部门汇报，程序法中"当事人双方权利地位平等"的诉讼原则根本无从谈起，致使少数人的权利在进入司法程序之前就受到了不公正的待遇。少数人基本生存权受到侵犯时，法院应奉行司法能动主义将其纳入受理的范围，将少数人的权利与公共利益相比较，并分析少数公民的权利在何种情况及程序下，通过何种程度的补偿才能让位于公共利益，而不是以行政机关另有规定直接不予受理或驳回原告诉讼请求。

第二，法律没有规定的新型权利案件有时需要法官奉行司法能动主义进行审理并予以保护。法律属于社会科学，是对过去经验的总结。公民的很多权利是随着社会经济文化等的发展而不断进步完善的，很难"预测"出公民将来权利的所需所求。我们不能因为宪法没有对公民新出现的权利作出列举式的规定而否认其存在。但需要说明的是,面对法律未规定的新型权利的保护,应根据其类型进行具体判断,例如公民的积极基本权利案件,该权利是依赖国家经济能力、社会财富等因素逐步实现的,应尊重立法与行政机关的决策与判断。

第三,法官在面对行政机关或立法机关与时代脱节、明显不符合经济发展的法律、规章时,可以运用司法能动主义并根据经济发展对其作出相应调整。需要说明的是,这类相应的调整主要发生于人身损害的赔偿领域,通常是因经济、人民生活水平、物价等原因使原有赔偿数额已明显不符合时代发展,同时立法、行政机关又没有及时修改的不作为所致。例如,深圳市中级人民法院出台的《关于审理道路交通事故损害赔偿纠纷案件的指导意见》,规范了两级法院处理道路交通事故损害赔偿纠纷案件的办案标准,即遇到交通事故时,符合条件的外来农民工能够享受市民待遇。

4. 司法能动主义在我国的具体运用

结果不好的司法能动主义对法治建设的破坏远超过严格奉行司法克制主义的呆滞,所以法官在奉行司法能动主义进行审理时更需作出谨慎的考量和论证。

第一,法律方法的正确运用和充分的论证,即使司法能动主义的运用也必须尊重规则,从规则出发;背离规则必须充分论证和穷尽规则进行漏洞填补等。只有在经过充分论证的前提下,才能够根据法律目的、法律价值、社会后果考量等实质性依据来决定案件。在对案件进行实质主义的思考时,不仅不能够完全抛开形式性的思维,而且需要对背离或放弃形式主义的法律思维进行充分的论证。只有在对案件进行实质性考量与对案件进行的形式性考量相比具有压倒性理由的时候,实质性依据才能够进入案件的决定过程。换言之,实质主义法律思维并非单纯地依据实质性因素来决定案件。为了表明决断的过程不是由任意驱使的,就必须对法律人施加论证义务。例如,规则空缺的场合都会涉及创设新规则的情况,但是创设新规则并非是直接基于道德、政治、经济、习俗或者其他的社会因素,而是在法律内寻找理由。对于规则空缺的情况,解决的途径一般包括法律内的法的续造和超越法律的法的续造。对于前者而言往往采用类推适用的方法以解决问题,不管是依据规则的个别类推,还是依据原则的整体类推①,其都是在法律内进行评价。因此尽管更多地基于法律目的、法律价

① 个别类推是将法律中包含的适用于类似情况的规则准用于法律中未加规定的情况;整体类推是指从法律为规范相似的多种情况而统一制定的规则中导出一个一般原则,再将该一般原则适用于法律未作规定的情况。参见〔德〕拉伦茨:《德国民法通论》(上),王晓晔等译,法律出版社2003年版,第106页。

值等实质性依据，但仍然是一种法律性考量。对于后者而言，虽然其已经在法律之外，但仍在法秩序之内，即其只能在法律制度的基本价值观念范围内进行，并且应当通过专门的、法律上的权衡以及进行充分的论证。[①]

第二，运用司法能动主义需要考量的因素众多，需要就案论案。自然法的发展、社会的变迁、立法机关的民主正当性、行政机关的专业知识和经验、行政程序的正当性、法官自身能力的局限性、判决被执行的可能性、人民群众的接受程度、案件成熟情况、当事人是否穷尽其他救济、立法和行政行为是否已经完成、是否需行政机关行使首先管辖权、是否需对宪法争议进行回避、政治、经济、地域、文化、种族、成本、法院审级、人权运动等等因素都会作用于法官的考量过程之中，可以说影响因素众多。仅以突发公共事件为例，在 SARS 肆虐时期，法院较平时还要考虑人民生命的安全、事件紧急程度、案件执行的危险性、对公共利益的影响等。所以很难给出一个简单、清晰的程序化公式，需法官在实际的审判中就案论案。

总之，法律制度中并不存在绝对的“好”与绝对的“坏”，法律的精髓就在于平衡。“真正伟大的法律制度是这样一些法律制度，它们的特征是将僵硬性和灵活性予以某种具体的、反论的结合。在这些法律制度的原则、具体制度和技术中，它们将稳固连续性的效能同发展变化的利益联系起来，从而在不利的情形下也可以具有长期存在和避免灾难的能力。”[②]当然，其也承认“要实现这一创造性的结合是颇为困难的”[③]。在我国法治建设的初级阶段应以司法克制主义为主，以司法能动主义为辅。需要强调的是，即使在法院奉行能动主义实现其政治功能的过程中，必须保持最低限度的司法克制主义。

---

① 〔德〕拉伦茨：《德国民法通论》（上），王晓晔等译，法律出版社 2003 年版，第 108 页。

② 〔美〕博登海默：《法理学——法哲学及其方法》，邓正来等译，华夏出版社 1987 年版，第 36 页。

③ 同上。

第四章

司法方法体系与和谐社会建设

一、司法方法及其宏观体系

在对相关的理论研究成果进行概述之后,我们应当探寻司法方法自身的概念与含义。虽然相对于"法律方法"和"法学方法"等术语来说,司法方法的出现在时间上较晚,但是,其名称还是得到了广泛的认可。正如上文中有所涉及的,法律方法、法学方法以及司法方法在很多方面有相同之处,那么,较晚出现的司法方法是基于何种原因而获得承认和接受的呢?这里可以借助语言哲学中的命名理论来进行分析。

在语言哲学的命名理论(the theory of nomination)中,最核心的问题是词义(meaning)、词的客观所指(referent 或者 denotatum)以及词的命名根据(motivation,或者翻译为"理据")三者之间的关系问题。由于对这一核心问题的理解和观念不同,命名理论出现了一些不同的学派和观点,具有代表性的是由弗雷格、罗素提出,后被维特根斯坦、丘奇、塞尔等人加以补充发展的"摹状词理论"(description theory)和克里普克、普特南等人主张的"历史因果指称论"。前者认为只有对事物掌握了足够多的属性之后才能够对其命名,一个名和一个事物之间有着严格的对应关系;后者的观点是强调指称对于含义的独立性,从而更彻底地坚持指称论。"因果指称论"有三大论点:(1)指称独立于含义(专名和摹状词是两种截然不同的指示词,专名是"严格指示词"(rigid designator),它在一切可能的世界里都指示某一个特定的对象)。(2)指称产生于"初始命名"[名词与事物之间的指称关系是通过某种"'最初的命名仪式'(initial baptism)完成的。当这个名称"一环一环地传播开来"时,听说这个名称的人往往会带着与传说这个名称的人相同的指称来使用这个名称]。(3)名词的指称通过社会交往历史地传递下来(某种命名关系就在社会中扩展,并一代一代地传下去。即使后人对此名称没有亲知,通过"历史遗传"也能把名称与对象联系起来,无须借助词的含义)。①

以上两种代表性的命名理论各有其优劣之处,这里并不展开进行分析。其中特别值得注意的是维特根斯坦后期哲学中的观点。维特根斯坦后期哲学的相当重要的贡献之一在于其提出的语言活动观,而语言活动观的关键在于语言中的名字,这种名字促成对象的存在,而对象的存在反过来又使名字成为一种语言活动。语言活动促使语词像工具,促使其具有家族相似性,语言活动就是

---

① 参见梅德明、高文成:《命名理论的辩证观与实践观》,载《外语学刊》2007 年第 2 期。

人类生活形式的一种,这就是维氏后期哲学的意义理论,语词的意义通常在于它在语言中的用法。语言活动观是人类的活动。名字的意义在于它可以为一个东西取名,同时可以让别人在某一次活动中用名字来称呼该物。取名并在人类活动中使用它,这个过程产生的不是人们对该物的认识结果,而是产生该物的命名存在状态。某物就被这样一种名字贯穿始终,并分出层次。[①] 也就是说,"命名"和用"名"是两个结合得相当紧密的阶段,名就是事物的存在状态。这与中国古代哲学中对名与实关系之辩有着内在一致性。

司法方法这一概念的出现也遵循着以上的规律。最初,司法方法的含义是"司法作为方法",是指通过司法途径来解决纠纷,处理问题,例如可以将其与调解方法、和解方法等并列使用。此时的"司法方法"的使用还主要是处在一般意义阶段。但是,随着法律方法论研究的兴起,不仅各种具体的法律方法(例如法律解释、法律推理和法律论证等)主要是在司法领域中使用,而且方法论研究的总体立场也是司法中心主义的。此时,"司法方法"这一术语在研究中通过使用已经逐渐演化为"司法中使用的方法"。也就是说,在方法论的论域内,"司法方法"的含义已经进行了扩展、延伸和深化。上文中也曾论及,司法方法的概念在出现上晚于法律方法和法学方法。在方法论兴起之后,一些研究者在引进和介绍西方法学中关于方法论的观点之时,逐渐发现了其司法立场,进而开始使用"司法方法"来概括法律解释和法律论证等具体方法,这种情形相当于命名过程中的"先验偶然命题"。后来,由于多方面的原因,司法方法这一术语得到了越来越多的接受和承认,其含义也逐渐固定为"司法中使用的方法",虽然原初意义仍在使用。[②] 这种获得较大范围接受和认可的结果就是语言哲学中的"后验必然命题"。正如福柯所说:"语言本身只是大量的轻微的命名,这些,是相互覆盖、相互压缩、相互隐藏,并且,为了使最为复杂的表象的分析组合成为可能而又相互保存。"[③]正所谓:"名无固宜,约之以命,约定俗成谓之宜,异于约则谓之不宜。名无固实,约之以命实,约定俗成,谓之实名。名有固善,径易而不拂,谓之善名。"[④]这里的"名无固宜"和"名无固实"大致相当于"先验偶然命题",而"名有固善"则相当于"后验必然命题"。先验偶然命题大致相当于命名的初

---

① 参见陈道远:《维特根斯坦后期哲学的命名观》,载《宜春学院学报》(社会科学版)2004 年第1期。

② 当然,正如所有词语的最初命名的情形一样,这种对"司法方法"最初的命名的偶然具体作者为谁已经难以考稽,较早的论述参见陈金钊:《法律解释学的转向与实用法学的第三条道路》(下),载《法学评论》2002 年第2期。

③ 〔法〕福柯:《词与物:人文科学考古学》,莫伟民译,上海三联书店 2002 年版,第140页。

④ 《荀子·正名篇》。

始阶段,名称与事物之间是偶然联系的;而在后来的时间经历中,这种名称与所指的关系逐渐固定并广为传播,这一结果证明了命名的必然性,也就是后验必然命题。“相对于一个确定的语言系统,分析命题和综合命题的区分是成立的:分析命题就是那些仅仅借助于意义公设和逻辑推理而无需借助于经验事实便可确定其真假的命题,否则便是综合命题……意义公设只有先验偶然和后验必然之分:在一个语言系统建立初始,其意义公设是先验偶然的,因为其意义公设只不过是一种人为的约定。但是,随着一个语言系统的命题以致整个语言系统不断得到后验的支持,其意义公设的恰当性便得到承认,进而获得后验必然性。总之,先验偶然性和后验必然性是关于一个语言系统的意义公设的判别,是立足于一个语言系统之外的界定;而先验必然性(分析性)和后验偶然性(综合性)是关于一个语言系统之内的命题的判别,是立足于一个语言系统之内的界定。”①

对于司法方法来说,其后验必然命题现在得到了部分证立,已经有学者从方法论的视角来分析司法方法:“司法技术,也可以称之为司法方法,是指司法主体在司法权运行过程中认识、判断、处理和解决法律问题的专门性的方法。司法是法官判断和认定案件事实,并准确合理运用法律规则对案件作出裁判的司法实践过程。这个过程实质上就是司法技术运用于司法实践的过程。司法运行的过程通常可以分为四个阶段:即确定案件事实阶段、发现和选择与案件有关的法律渊源、诠释法律和法律论证阶段、作出裁判阶段。与此相适应,司法技术在这个司法运行过程中主要体现为法官法律发现、法律推理、法律解释和法律论证等四个环节。”②在这些就“司法方法”概念的后验必然命题背后,存在着一些“必然”的原因。从法律实践的角度看,极有必要成立一种司法方法论,理由包括:(1) 从狭义上讲,规范的制定与规范的适用并非一事,从法律本文到法律实践之间永远存在着一条鸿沟,一种兼具理论性和实践性的司法方法论则是对这一鸿沟的填补。(2) 在司法活动中,法律家运用司法规则和法律修养发现法律规范,但从法律规范的发现到对具体案件的法律适用之间,距离仍然存在。(3) 与上一过程紧密相连,法律规范的适用并不是一种在个案与规范之间的简单的连接或置入行为。理论分析表明,发现法律、适用法律之间还穿插着一个法律解释的环节。如何对这一环节进行分析和规制,就成为司法方法论的当然内容。(4) 人们普遍认为,法律解释从一定意义上讲是对法律本文的创造

① 参见陈晓平:《先验偶然命题与后验必然命题——兼评蒯因和克里普克的意义和命名理论》,载《哲学研究》2001 年第 2 期。

② 尹忠显:《司法能力研究》,人民法院出版社 2006 年版,第43 页。

性理解。但司法的创造活动是否会越出法律之矩从而侵犯现代民主国家的宪政体制甚至是法治的根基本身,或言之,如何对司法创造行为进行规制,这引起了学者们的普遍关注。(5)从深层次上讲,现代法律社会化运动向我们展示了这样一个现象:凌驾于社会事实的规范与面对社会事实的规范并非同一,它们之间的鸿沟须用法律解释、法律逻辑以及价值判断等方法加以协调,只有这样才能达致文本性法律与社会之间的和谐。另一方面,现行法所设想的社会事实类型与自然的社会事实类型之间往往无法做到完全对应。如果前者发生了变化,那么以之为基础的法规范的妥当性就可能受到怀疑,所以两者之间也应该通过方法予以协调。①

以上这几个原因是从司法方法存在的必要性上来论证其后验必然命题。但是,笔者认为,这些对必要性的论述与法律方法或者法学方法在必要性原因的论述上基本可以通用,仍然没有突出司法方法这一概念自身的独特之处。从语言哲学的角度来说,如何通过论证其独特属性来证明其命名原因和根据,才是最终能够确定其后验必然命题成立的方式。尽管司法方法实质上与法律方法是一致的,但因其具有独特的特征有别于法律方法和法学方法,所以还需进一步研究。这些独特之处至少应当包括以下几个方面:

首先,司法方法的内容主要集中于最重要的几种法律方法。一般而言,法律方法的内容包括法律发现、法律解释、法律推理、法律论证、漏洞补充、利益衡量等。② 应当说,这些内容在学术研究中都可以成为法律方法的研究对象。但是,司法方法更多的是探究其中几种适用范围最广、使用频率最高的方法。从本书后面的部分可以发现,司法方法主要研究法律解释、法律论证、法律推理和利益衡量这些方法。其原因可以从两个方面来分析:一方面,法律方法的体系中,容纳越多的内容,其中各种方法之间的关系就越复杂,出现冲突的可能性就越大,虽然从学术研究的角度来说可以将其细致区分,但是,在现实的司法过程中,却很少有时间和机会来分析这些方法及其相互关系。另一方面,法律推理和法律解释等主要适用的法律方法则可以提高司法效率,节省大量的司法资源,从而对司法过程进行更加直接的指导,将复杂问题简单化。

其次,司法方法更加强调其"司法"的立场。正如本章第一部分有所论述的,司法中心主义已经成为法学研究中方法论探索的基本姿态,但是,从语义学的角度来说,"法律方法"中的"法律"对那些没有对方法论深入探讨的学者或者一般读者来说,仍然可能产生一些问题,例如,基于何种原因法律方法基本上

---

① 李可、罗洪洋:《法学方法论》,贵州人民出版社2002年版,第413—415页。

② 参见陈金钊:《司法过程中的法律方法论》,载《法制与社会发展》2002年第4期。

对“立法方法”几乎没有任何论述，毕竟，立法应当是和司法并列而成为“法律”研究中的重要内容。虽然我们可以从很多方面来解释没有将立法方法纳入法律方法研究范畴的原因，但是，这种做法又浪费了很多资源，从语义学的角度来看是不恰当的。同样的情形也适用于“法学方法”，包含“法学”则展现了其学术研究的特征[①]，同样没有直接揭示其立场。与以上两个概念相比，司法方法的概念则清晰很多，因为它直接表明了适用的场所和领域，也表明了自身的立场和姿态。

最后，司法方法特别强调了实践操作的特性。从目前的研究现状来看，无论是法律方法的研究还是法学方法的论述，学理化的色彩还是比较浓厚的，这对于方法论研究的深入是十分必要的。但是，学理化过于浓厚的结果是和司法现实的某种分离和断裂，这也是一些学者将这种情形称为“屠龙之技”的原因。而司法方法更能够体现这些法律方法是如何在具体案件中得到展现和运用的，也就是说，虽然从学术深度上，司法方法可能有所欠缺，但是，从实践性和操作性上，司法方法有其独到之处。

总之，与法律方法和法学方法相比，司法方法有其语义学上的优势。总结以上论述，我们可以将司法方法定义为在司法过程中基于法律事实和法律规范，处理合法性与合理性之间的关系而裁判案件、解决纠纷所适用的各种具体方法。司法过程从动态来看，是行为主体法官围绕纠纷发现真实，发现“法律”，根据真实、适用法律作出合理裁判的过程；而从静态来看，司法过程主要是指由成文法到判决的过程，即事实—法律—判决。以事实为起点，以法律为标准，以判决为目的。而司法方法则是贯穿于此过程中的手段或工具，其重要性体现在：(1) 借助于具体司法方法和规则，才能在正确认定证据的基础上，把事实和法律有机地结合起来，通过“法律事实”以发现真实；(2) 借助于各种司法方法和技术才能把制定法与司法有机结合起来，从而疏通由法律规则到个案判决的转换过程，有效克服法律规则的僵化性，缓解规则和事实之间的紧张关系；(3) 法治的实现需要司法方法论，法治的一个核心意义在于限权，通过各种司法方法，可以增大行为的合理性、合法性，克服法官的主观臆断，阻止法官成为司法领域的专制者。[②] 从司法过程的理论步骤来看，司法方法的体系大致包括法律发现、法律解释、法律论证、法律推理和利益衡量等几个方面。由于关于方法论的其他著作已经对此有一定的论述，下面只对这几种方法进行概括介绍。

---

① 当然，这里的“法学”是指在中国的汉语语境中的含义，而不是带有外国既定含义的概念。

② 王圣诵、王成儒：《中国司法制度》，人民出版社 2006 年版，第 142 页。

（一）法律发现

从学说史的角度来看，法律发现及其重要性很早就被学者们所认知。亚里士多德认为，法治应该包含两层含义：已成立的法律获得普遍的服从，而大家所服从的法律又应该是本身制定良好的法律，其中“良好的法律”就是从自然秩序中发现的法律。法律发现观发展至斯多葛学派，形成了对西方政治、法律思想史影响巨大的“自然法”观念。法律发现观对近代法治社会的形成产生了深远影响，在欧洲大陆形成了影响久远的“高级法”传统。在英国普通法中则形成了一套复杂的发现法律的程序技术和技艺理性。只是由于笛卡儿的建构理性在欧洲大陆的兴起，使得这种“高级法”传统最终被立法理性所取代，拿破仑时代风靡欧洲的法典化运动意味着法律发现观在欧洲大陆的终结。

对于法律发现是否以及在多大意义上存在和运行，不同的法学学派有着不同的观点。传统分析法学认为，法律是主权者的命令，是“为一个理性人所设定的指导法则，这法则是由另一位拥有较高权力的理性人所制定的”，因此法官之职责仅限于运用逻辑的方法适用法律，法律本身业已“自满自足”，无待他求，法官仅以法律中所含概念作为大前提，运用逻辑去推演，以解决一切问题。不允许在法律之外考虑道德及其他善恶问题，司法者只考虑法律问题就行了。分析法学派的这种观点，实际上假定主权者所制定的法律具有明确性，主张司法过程只是法律推理，而不存在或者不允许存在法律发现，以期维护制定法的严肃性和权威性。

与分析法学不同，历史法学派主张，法律是民族精神的产物，是历史沿传下来的习惯。在法律发现问题上，历史法学派主张：(1) 法律是发现的，并非制定的，其产生源于自然的生长过程。(2) 立法只是对法律自然生长过程的总结。(3) 法律因不同的民族习性而呈现不同的特点，不可能放之四海而皆准。法官的职责在于发现法律，适用法律，而不是创造法律。在历史法学派之后，又出现了自由法学派的法律发现观。自由法学反对概念法学的机械性，主张缩减成文法的权威，扩大法官的自由裁量，希望法官自由发现法律，以弥补成文法典的缺陷。法律自由发现论主张，法官适用法律可以不受任何约束，可以自由地从社会生活中发现适用于个案的法律规则。这种观点主张发挥法官的创造力，反对机械适用法律，具有一定的合理性，但它夸大了法律的不确定性，势必会动摇法治社会的基础，在实践中又具有一定的危害性。[①] 在西方传统中，对于法律的公

① 任成印：《民法方法论》，中国检察出版社 2005 年版，第 369—372 页。

正性、正义性的一贯追求，尤其是自然法学的一再复兴，使得运用法律的裁判过程，变得越来越技术化和细化。从最初的主要按照裁判人员的良心对正义的确认来得出判决结果逐步演化成运用各种技术或方法，或者从法律规定本身或者从司法程序上保证这种法律发现的公正性。在职业操守之外，更为重要的是如何运用科学的、最好可以程式化的严格的方法来约束法官的法律发现过程。[①]法律方法的兴起也是这种趋势的产物，法律发现中操作性的因素越强，越有利于保证法律运行的公正性。

从方法论的角度来看，法律发现应当成为司法过程中首要适用的方法。虽然司法三段论的裁判模式在当前受到不少的批判，但不可否认的是，这种以构建大小前提之间的涵摄关系为主要内容的模式因为其便捷性和可检验性仍然在司法过程中发挥着极大的作用。对此，我们的姿态更应当是修正和完善，而不是彻底地推翻。构建大小前提的涵摄关系就必然需要有相关的法律规范作为依据，而适用于具体案件的法律规范并不会"自动"出现在法官以及当事人面前。因而，作为依据的法律规范如果要在司法过程中发挥作用，就必然是一个"发现"的过程，这也是法律发现的意义所在。[②]

这里涉及的问题是法律发现的含义范围问题。有学者认为，在法律适用过程中，法律发现有两层含义，一是指法官从现行法体系中找出那些能够适用于当下案件的法规范或解释性命题的活动；二是指在没有明确法规范或解释性命题可以适用的情况下进行漏洞填补或自由造法的一系列活动。[③] 还有学者认为，法律发现有广义、狭义之分。广义地说，法律发现就是法律方法，就是获得解决法律问题的正确结论的方法，包括法律思维、法律技术、法庭设置、法律程序设计，等等。其中，法律思维是法律发现的核心，因为只有依靠正确的思维活

---

① 参见吕芳：《关于法律发现的文化溯源》，载《法学杂志》2006 年第 4 期。

② 有学者将法律发现的意义概括为以下几个方面：(1) 法律发现确保了裁判依据的外在化：法官断案时的法律发现，充分说明它要求法官裁判向外找寻法律，而这一找寻恰恰体现了法律被全社会确认为至高无上的控制手段的法治理念。(2) 法律发现确保了裁判依据的确定化：法官是法律的阐述者、判断者，只有法官才能在裁判时找寻法律、判断选取法律、确定可做裁判依据的法律。反过来，承认并保护法官的法律发现活动，才能真正实现司法独立，才能真正确保法官自由确定裁判依据。参见邱爱民：《论法律发现及其存在价值》，载《扬州大学学报（人文社会科学版）》2006 年第 4 期。

③ 葛洪义主编：《法理学教程》，中国政法大学出版社 2004 年版，第 205 页。与之相似，还有学者认为，司法过程中的法律发现有两层含义：其一是指法官从现行法体系中找出那些能够适用于当下案件的法规范或解释性命题的活动；其二是指在没有明确法规范或解释性命题可以适用的情况下进行漏洞填补或自由造法的一系列活动。法律发现方法主要有法律识别、法律解释和漏洞填补几种。在适用法律中，法官关于法律的认识、法渊理论、诉讼参与人等因素都会影响法官的法律发现。参见刘治斌：《司法过程中的法律发现及其方法论析》，载《法律科学》2006 年第 1 期。

动,包括严格合法的法律推理和法律解释,才可能形成、推导出解决法律问题的正确结论。狭义地说,法律发现就是司法过程的法律发现,也就是在法律方法之下与法律解释、法律推理、法律补充相并列的方法。这种方法为法官裁判案件限定了其发现法律的大致场所,即各种形式的法律渊源,以限制法官的任意裁量。[①]

无论学者们在具体观点上有哪些分歧,总结起来 可以看到,对法律发现可以进行广义和狭义的划分。广义的法律发现不仅包括对作为依据的法律规范作为对象,还将相关的案件事实的认定作为对象,甚至将二者之间的对应与涵摄关系也纳入到法律发现的含义之中。[②] 我们认为,这种广义的法律发现有过于宽泛之嫌,因为,这种广义的法律发现会将法律解释、法律推理和法律论证等内容也包容进去,使得各种具体的法律方法之间很难进行细致的划分以及研究中的交流,这也会对法律方法在司法过程中的运用产生消极影响。所以,内涵过于广泛的法律发现并不应当成为我们的选择。

与之相对,狭义的法律发现主要是发现作为裁判依据的法律规范,这种观点更值得推崇。而且,有关事实的认定更多地是由证据法及其规则来认定的,其他一般性的法律规范并不直接对认定事实发挥作用。

在厘清了法律发现的含义之后,我们可以分析其主要特征:(1) 方法论属性:法律发现这种方法主要是要把法律展开,从而解释事实的多种可能的法律意义,然后经过论证或衡量,确定一种"合适的"法律规范并正确地适用。法律发现与法律论证的区别也许就在于人们发现的法律是多种多样的,而论证是要寻求一个最终的答案。我们说法律发现是一种相对独立的方法还在于,在司法过程中,各种案件所需要的方法是不一样的,法律发现与其他法律方法相比较有自己固定的范围。法律发现是法源理论支配下的思维活动,正是法律渊源的多样性、复杂性决定了司法过程必须有法律发现的方法。(2) 结果的多样性(不确定性):法律发现的目的在于使一般的法律个别化,但个别化途径并不简单,在复杂的案件中,人们很难找到恰当的标准,并且还很可能使看似简单的问题更加复杂。一旦深入到法律发现层面,人们更加相信,在法律问题上只有不同答案,而没有标准答案。尽管法源理论为法律发现准备了大致的场所和思维

---

① 刘晓兵:《法哲学思考》,知识产权出版社 2005 年版,第 327—328 页。

② 例如,有学者认为,法律发现是指法官判案时生成裁判规范的活动。在实际进行法律发现的各种方法中,有古老的、有现代的、有简单的、有复杂的。不过,集中体现法官能动性和创造性的方法主要有比较适用的方法、冲突解决的方法、法律解释的方法、漏洞填充的方法以及利益衡量的方法等。这些方法各有其特色,其运用皆体现了严格规则主义与自由裁量主义的有机结合。参见邱爱民:《论法律发现及其方法》,载《西南政法大学学报》2006 年第 3 期。

走向，但是在多元的法源框架内，人们仍能发现针对一个事实会有多个答案，其原因在于：第一，在案件与法律关系的联想问题上，由于当事人、旁观者、法律人所站的角度各不相同，对利益的追求也各不相同，所以参考法律及事实的法律意义的认识也就存在很大的差异。因而他们所发现的法律很可能不一致，乃至于对发现的同样法律在理解上也可能有很大的差别。第二，事前的规定反映的是事物的共性，而每一个案件却都是个性十足。在共性的法律与个性的案件之间，存在着天然的裂缝，对这一裂缝需要人们去弥合，而这一弥合过程又一次提供发现不同法律的机会。人们从充满个性的案件中，根据各自的需要很可能抽出满足不同法律规范共性的要素，从而使案件与不同的规范连接起来。第三，发现法律的不同途径，也可能使发现结果呈现出多样性。不同的法学流派对什么是法律有不同的认识，而这些认识又影响到法源理论。自然法学是把正义当成了最高法源，而分析法学则把实在法当成最高法源，法社会学则主张在现实社会关系中去发现法律。这种不同的理论，影响着人们运用不同的方式去发现法律，这在一定程度上又促成了人们发现不同的法律。另外，站在立法者、法官等角度去发现法律，也会有不同的结果。第四，事实本身的复杂性使得人们对事实也可能有不同认识，而这会反过来影响到法律发现的结果。总之，法律发现方法的应用，会使发现结果呈现出多样性，这一方面强化了一些人认为法律不确定的观念，当然另一方面也为其他法律方法的应用提供了用武之地。(3) 创造性（续造性）：关于法律发现的命题意味着司法过程既不是“无法司法”，也不是“依法办案”，法官无法司法是指完全的法官立法，漠视立法者的权威，法官具有太多的能动性。而严格的依法判案又束缚住了法官的手脚，使许多案件没有办法解决。法律发现理论一方面承认实在法（制定法或判例法）的权威性，使法官的“任性”得到一定程度的扼制，另一方面又不完全拘泥于实在法，承认实在法之外还有其他形式的法源，承认法官有一定限度的能动性，法官实际上是在为个人“立法”。当然这种立法不是任意之举，法律诠释的独断性决定了法官不能任意立法。但是，法律发现绝不是墨守成规，把案件与法律联系起来，这本身就是创造性思维的结果。而这种创造是有限的创造，是在法治框架内的创造，是在尊重实在法的基础上针对个案的创造。另外，在法律发现过程中还可能会出现例外的情况，对这些例外情况的法律发现，离开了创造性就寸步难行。[①] 当然，以上概括的只是法律方法的部分属性，它还具备法律方法的其他一些基本特征。

相比于含义和特征，法律发现的操作和运行对于司法过程来说更具意义。

---

① 参见谢晖、陈金钊：《法理学》，高等教育出版社 2005 年版，第 375—377 页。

这一问题包含很多方面的内容,例如对象、步骤、结果及其选择等。就法律发现的对象而言,从狭义的角度来说,主要涉及法律渊源问题。由于关于法律渊源的论述已经相当丰富,这里就不赘述了。①

从法律发现的途径来说,主要包括三种:(1)通过法律的效力位阶的判断规则发现法律:法律的效力位阶是法律效力的等级性或者层次性的体现。一般说来,当多个法律文本或者多个法律规范均可适用于当前某一具体案件的情况下,通过法律的效力的位阶的判断规则,可以准确地发现适用来处理当前具体案件的法律与法律规范。当适用来处理当前案件的法律与法律规范是明确的,但更具体的法律关系的权利和义务并不是特别明确和清楚的情况下,法律发现就必须运用权利义务的推定来具体地确定法律关系主体的法律权利和法律义务的具体内容。(2)依据法律规则进行的权利和义务的推定:依据法律规则进行权利和义务推定之所以可能,乃是因为一方面,法律规则已经对于各种事实状态及其相关的法律意义做了明确的规定,另一方面,在权利、义务和责任之间的确存在着内在的逻辑关系:也就是一项权利的存在,意味着相应的义务的存在,而对义务的违反则可能引起某种责任。(3)依据法律原则进行的权利和义务推定:当某一具体的行为或者利益导致法律上的权利和义务方面的争议,而这一争议又无法运用依据法律规则进行的权利和义务推定的各种方法来具体地确定相关法律关系主体的权利和义务内容,也就是说,在法律关系主体的权利和义务之争的焦点并非权利和义务的具体内容,而是涉及权利和义务在主体之间的合理分配和价值考量的时候,对于具体案件中主体的权利和义务的内容的确定,就必须依据法律原则进行推定了。依据法律原则进行权利和义务推定所要解决的主要问题是,当法律文本中的法律规定对于某一行为既没有被法律明确加以禁止也没有被法律明确予以许可的情况下,是以权利推定优先还是以义务推定优先。按照现代民主法治和宪政社会的基本旨趣与精神原则,其通行的惯例是:第一,对于以政府及其官员为核心的行使国家公共权力的"公权力主体",应当实行严格的"义务推定优先"的原则。第二,对于普通国民或者一般社会主体,则实行法律无明确禁止即自由的广泛的权利推定原则。其条件包

---

① 虽然我们可以从理论上把法律渊源分为实质渊源和形式渊源,但从规范法学的角度看,法律渊源是一个描绘司法过程的概念。在多数法学著述中,它是指法官在哪种法律形式中探寻针对个案的法律。因而我们应站在司法立场上来理解、认识法律渊源。法律渊源与法律形式的结合使我们看到法官发现法律的场所,而与法律发现的结合使我们看到其方法论意义。从司法的角度看,法律渊源实际上就是法官法源。详见陈金钊:《法律渊源:司法视角的定位》,载《甘肃政法学院学报》2005 年第 6 期。另外还可参见任莹瑛、李秀群:《法律渊源的方法论意义》,载陈金钊、谢晖主编:《法律方法》(总第 6 卷),山东人民出版社 2007 年版。

括：主体的具体行为或者利益不与现行法律原则本身相抵触，不得不公平地损害其他主体的合法权利和利益，不得损及公序良俗。[①]

当然，从过程—结果的角度来说，法律发现只是一个过程，这一过程的运行会产生不同的结果，也需要我们区别对待。（1）严格适用：就是在现有法律体系中存在针对具体个案的规范。面对明确的法律，法官可以直接把其作为法律推理的大前提，径直向判决转换。（2）辨析适用：对模糊不清的法律则需要进行法律辨析。这里的辨析不是立法解释，也不是我国的司法解释，而是法官等法律职业者对现有法律规范的明晰化，其前提是现有法律体系中存在针对个案的规定。需要注意的是，在法律解释问题上可能会出现多种答案。因为只要有模糊的地方，人们就可能有不同的理解方式，理解的方式不同，角度不同，结果便会不同。因此，对不同的解释结果就有进行法律比较和论证的必要，以在各种不同的理解中寻求最好的解决方案。（3）类推适用：类推适用需要满足两个条件：一是在现有法律体系中没有针对具体个案的规范；二是现有法律体系中存在针对类似个案的规范。在这种情况下，法官等法律职业者把针对类似个案的规范适用于该具体个案。[②] 这里我们需要强调的是，由于法律方法基于司法立场，其主要目标是针对司法过程中的具体个案，所以法律发现的效力也应当限制在特定案件之内。也就是说，在效力上，法官发现的法律仅仅对其所处理的个案有效。因为法官发现法律的活动从一开始就是针对个案的，即使他在处理典型案件中所发现的法律对同类案件都有参考价值，也只能起到参考的作用，其他类似案件在审理过程中还需要重新进行法律发现。[③]

（二）法律解释

一般可以认为，法律解释是对司法过程中的法律事实和法律规范等内容进行的阐释。凡是存在法律文本的地方就必然存在着法律解释，法律解释是法律适用者的一种自觉的行为理性。在司法行为中，法律解释不仅仅是一种让文本得以展现的方式，而且也有论证的分量。法官正是通过对于法律的解释在重新构造着法律，但这种构造并不是没有基础的任意的构造，而是深刻地奠定在实践合理性的基础之上的一种构造，这种构造不仅满足了法律文本的目的性追求，而且满足了生活在现实社会中的普遍的人们的行动理性的要求。[④] 在关于

---

① 姚建宗：《法理学：一般法律科学》，中国政法大学出版社 2006 年版，第 481—483 页。
② 刘晓兵：《法哲学思考》，知识产权出版社 2005 年版，第 330 页。
③ 参见魏胜强：《有关“法律发现”的几点思考》，载《理论探索》2008 年第 2 期。
④ 武建敏：《司法理论与司法模式》，华夏出版社 2006 年版，第 39 页。

方法论的研究中,法律解释理论是最先受到重视的,甚至有学者认为广义的法律解释理论就是法律方法论,所以关于法律解释的研究和论述相当丰富,当然这也给其概念和含义的厘清带来了一定的困难。因此,这里主要从三个角度对当前的法律解释理论进行概括。

首先,从学理视角来看,法律解释是一种系统的理论学说。从启蒙运动开始,代表民主的立法者获得了至高的地位,对司法者的不信任贯穿于整个法律制度之中。相应地,主要适用于司法领域的法律解释也没有受到多少重视。马克瓦德就曾经问道:"解释学是一门艺术,即从文本中得出其中没有的东西。问题在于:既然有了文本,还要法律解释干什么?"[①]但是,司法实践的发展却使得法律解释的重要性不断被人们发现,作为理论学说的法律解释(狭义的法律解释学)就受到了更多的关注。由于理论所具有的天然的批判性,从理论的视角来观察来源于司法实践的法律解释,其中还有着很多问题。[②]

针对这些问题,学者们在探讨中得到了部分一致的意见,如法律解释的立场问题,应当主要采取司法立场。[③] 但是,这些问题中的大部分还没有得出比较一致的意见,而且从目前的理论研究来看,其中任何一个问题的解决都是相当困难的,因为它涉及了很多两难选择,在更深的层面上拷问着我们对既定的法治观念的理解,甚至有些还能够上升到哲学观上的问题。这种研究现状至少可以从以下两个方面来理解:一方面,之所以认为这些问题在当前难以解决,主要原因是目前的理论研究还没有发达到足以对这些问题给出统一答案的地步;另一方面,这种情况也就意味着我们应当在法律解释学的领域内继续探索,即使这些探索没有能够直接解决这些难题,但这种探索过程的本身就具有重要意义,毕竟它能够使得对问题的解决不断前进。

任何学科都不是无中生有的,都有着自身的发展历史,法律解释学也不例外。从古希腊出现了法律解释思想的萌芽,到古罗马时期产生了法律解释学,再经过中世纪和近代,法律解释理论在当代得到了前所未有的发展。其中值得注意的是,在近代,法律解释随着整体法律的世俗化和理性化而逐渐凸现出自身的独立性,也渐渐成为市民社会中的显学。但是,当时的哲学上的主客体二分、对封闭体系的崇拜以及科学主义的倾向等宏观研究框架都使得法律解释难

---

① 〔德〕魏德士:《法理学》,丁小春、吴越译,法律出版社 2003 年版,第 311 页。

② 例如,解释对象是规范还是事实,解释立场是立法还是司法,解释目标是解析还是建构,解释特征是独断还是探究,解释重心是本体还是方法,解释权限是服从还是创造,解释方法是文义还是目的,解释结果是一解还是多解,解释方式是封闭还是开放等等,参见陈金钊:《法律解释(学)的基本问题》,载《政法论丛》2004 年第 3 期。

③ 参见陈金钊:《法学的特点与研究的转向》,载《求是学刊》2003 年第 2 期。

以摆脱机械、僵化的特征，这种弊端与法律解释的蓬勃发展明显是相背离的，这种紧张关系也为法律解释走向当代新发展阶段提供了契机。具体来说，传统的法律解释学说逐渐受到了现实主义法学、实用主义法学等理论观点的攻击，从而出现了诠释的转向和向本体上的回归。“法概念的争议在二十世纪更因理论的高度发展和历史经验的惊心冲击而呈现极为多样化之风貌。”①

其次，在静态的实践视角中，法律解释是既定国家权力框架中的一种司法权力。任何理论都来源于一定的现实，也为一定的现实服务。就法律解释来说，主要是来源于司法实践的需要，也同样应当为司法实践服务。因而，在实践领域内的法律解释主要是围绕着现实权力（主要是司法权）来操作和运行的，这就涉及司法过程中的法律解释权的问题，这一问题可以从主体、客体和内容三个方面来阐释。

在目前的权力框架内，法律解释权的主体主要是立法者和司法者，由于学理研究中将法律解释权的研究集中在司法领域，这里也更多地探讨司法者的问题。当下关于法律解释权的争议主要是在“机关（法院）有权解释法律”还是“法官有权解释法律”之间的选择。从目前我国的权力结构和运行的实际来看，在没有明确的法律条文对法官解释法律的权力予以规定的前提下，在名义上仍然要维持机关有权解释法律的现状，这就表现为最高法院出台的各种内容丰富的“司法解释”，但这只是在法律运行的形式层面的问题。从法律解释在具体案件中的实际运行情况来看，任何案件的整个过程都不可能缺少法官对法律进行解释的因素：无论是从认知事实到法律事实的挑选，还是相应的法律规范的发现和适用，都必须经过法官的理解和解释。这是法律解释权的实质层面的问题。大量的法律解释都是由法官作出的，但到目前为止，我国的制度层面并不承认法官有解释法律的权力。只承认最高司法机关有统一的司法解释权，这与法治社会的要求很不和谐。解决这个问题的办法就是从制度上承认法官在审判过程中有对具体案件的法律解释权，然后再用解释程序和规则对法官的解释行为进行约束，不使他们的自由裁量权过大而影响法制。

以上形式与实质两个层面的“双轨”做法与我国的司法传统有着密切关系：我国司法理念强调的是“法律裁判案件”而不是“法官裁判案件”，尽可能地减少案件裁判过程中的法官个人因素，这与大陆法系的传统也是内在一致的。这在更深的层面上涉及如何对司法权威进行维护的问题：虽然同样强调法律的至高无上，但是在中国，这种法律被抽象地树立为权威，而不带有法官的个人色彩。在中国当前法官的保障制度还不够健全的情况下，这种单纯地“以法律名

---

① 颜厥安：《法与实践理性》，中国政法大学出版社2003年版，第197页。

义"作出的裁判对维护法官个人的利益还是有着一定作用的。"由机关对法律统一来进行解释是有其必要性的。这是完善法律的重要手段,也对解决在法律意义问题上的纷争有重要作用。不然的话,关于某些法律的许多争论就会无休止地进行下去,这不利于法律权威的形成。"①就当事人来说,在法官的综合社会形象还没有达到如英美国家那种崇高的地位的情况下,"法律作出的裁判"还是优于"法官作出的裁判"的,因为前者可以获得当事人对裁判结果更大程度上的接受。"在任何一个社会,法律本身都力促对其自身神圣性的信念。它以各种方式要求人们的服从,不但诉诸他们物质的、客观的、有限的和理性的利益,而且求诸他们对超越社会功利的真理、正义的信仰,也就是说,它以那些与流行理论所描绘的现世主义和工具主义面目不同的方式要求人们的服从。"②因此,虽然任何案件中都必然包含法官裁判案件的因素,但是这种权力也不宜直接规定在法律的明文之中。在理论研究层面,能够对这种双轨的方式予以区分对待,这也是理论与实践的不同之处。

在法律解释权的对象问题上,大致可以将其概括为能够作为法官法源的各种法律形式、能够纳入法律调整的各种事实及其法律意义、司法过程中的法律与事实的互动关系三个方面。很明显,这种分类仍然没有完全摆脱传统法律解释中那种对事实和规范的二分,但重要的是,对法律与事实关系的互动这一环节的强调是对传统的法律解释的超越。因为传统的法律解释主要是司法三段论的简单适用,它强调的是大小前提之间的简单的涵摄关系,这种模式在不断发展的现实面前逐渐失去了其原初设计所能预想的结果,而强调法律与事实之间的互动关系就能够摆脱这种紧张关系。这也是法律论证理论能够兴起的重要的原因,因为法律论证理论的定位就是对法律与事实的关系进行挖掘和阐释,以形成二者之间的契合关系,而其中就需要运用逻辑、对话以及修辞等各种方法。这也从侧面反映了法律论证理论作为法律解释的新发展的地位和作用。

就内容而言,法律解释权可以分为解释的权能和解释的范围两个方面。前者包括关于法律的发现权、对法律或事实的法律意义的释明权以及法律的应用权,后者主要涉及法律解释的合法性(服从法律)与解释结果的创造性(创造法律)问题。如果说法律解释权能的几个方面在实质上与前一段中法律、事实以及二者之间的关系这些问题有着很大的相似性的话,那么法律解释的合法性和创造性问题就成为这些内容之中最值得探讨的部分。简而言之,在笔者看来,这一问题的解决与上文中的机关还是法官有权解释法律这一问题有着相似性:

① 陈金钊等:《法律解释学》,中国政法大学出版社 2005 年版,第 169 页。
② 〔美〕伯尔曼:《法律与宗教》,梁治平译,中国政法大学出版社 2003 年版,第 18 页。

从遵循立法者和维护形式上的法律权威的角度来看，法官应当以合法性为自己的目标和归宿，离开了这一根基导致的只能是司法的专制。但是，如果要达到这种目标，就必须在案件中创造性地适用法律，毕竟，法律规范本身并不会直接告诉法官在面对案件的时候是否以及如何适用法律，这就需要法官的创造性工作来将法律适用于经过挑选的事实之中。

在这个过程中，合法性是对创造性的限制，而创造性又是对合法性的满足，这就是二者之间的复杂关系。但是，这种理论上的复杂关系在现实的司法实践中应当是同一过程的两个方面，它们本身是交融在一起的，而在整个过程中最需要探讨的就是如何以合法性来限制法官的创造性，特别是任意的创造性问题。这一问题的回答需要多方面的共同努力，其中重要的一点就是不断完善法律运行的程序，特别是诉讼程序。诉讼程序的运行能够使得两造在特殊的场景之中就其纠纷进行对话和辩论，而法官形成心证的过程也受到双方的影响。这种正当程序的运行就能够在很大程度上避免法官的任意裁量。当然，这只是个总体性的框架，如何将其贯彻到诉讼程序改革的具体过程之中，还需要更加详细的探讨。无论以上的关于法律解释权的问题如何进展，这种权力的操作和运行的最终结果就是为了获得能够适用于具体案件的裁判规范。其原因不仅在于构建针对个案的判决规范是法官的责任，更重要的是它能够集中各种学说的优点，从而充分发挥法律解释的功能。这可以说是对整个法律解释作为权力行使的指导性原则，应当贯穿到主体、客体以及内容等各个方面。

最后，从动态的实践视角来看，法律解释是一种在司法过程中具体的实践方法，这也是方法论的法律解释最核心的含义。如果说前面问题的讨论主要是一种宏观视角的话，那么法律解释广泛的适用性还能够在微观的技术层面上得以展现。“文义因素首先确定法律解释活动的范围，接着历史因素对此范围进一步加以确定，同时并对法律的内容，即其规定做一提示。紧接着体系因素与目的因素开始在这个范围内进行规范意旨的发现或确定工作。这时候，‘合宪性’因素也做了一些参与。最后，终于获得了解释结果。”①笔者认为由此可以概括出法律解释在适用方法上的一些规则：文义解释应当得到优先的运用，在文义解释无法解释或者解释的结果与法治理念明显相违背的时候，其他的解释方法才能够得到适用。具体而言，文义解释是探讨具体的法律文字规定在法治的语境下应当具有何种含义，进而为确定裁判规范作出指导。“当适用某种观点可以获得一种解释，而其恰可正当化法官自始认为‘正当’的个案裁判方式

① 黄茂荣：《法学方法与现代民法》，中国政法大学出版社2001年版，第288页。

时,法官即可优先选用此一观点。”[1]而文义解释的正是这种“正当”的最直接表现。由于法官首先依据的应当是表现为文字的法律,因此对文义解释方法的重视就是对上文中有所涉及的合法性的重视,这是法治及其稳定性的当然要求。

但是,规范的文义往往存在不那么确定的情况(如多种解释结果、模糊解释结果和漏洞等),那么在文义解释的可能性范围之内,就应当适用其他的解释方法予以进一步确定。目的解释就是其中之一,它要求我们就立法者之所以如此规定作出一定的目的上的判断。由于任何规定都蕴涵着立法者所想要到达的效果(目的),那么根据这种目的在文义解释的可能性范围之内进行选择就是合理的选择,这也是维护法治统一性的表现。同时,这种根据目的进行解释的方法也能够对文义解释的可能性范围起到参考的作用,因为它可以在一定程度上限制文义解释的任意扩张。正是基于这种对目的的重视,耶林才会强调:“目的是全部法律的创造者。每一条法律规则的产生都源于一种目的,即一种事实上的动机。”[2]当然,在笔者看来,目的解释的作用也不应因为受到了法律解释学的重视而过分夸大。在目的解释中还存在着诸多选择上的难题(如历史目的与现实目的、实质性目的与形式性目的等),这些难题与本书开头的那些问题同样难以回答,毕竟法律科学不像自然科学那样能够有比较明确的证伪方式和标准,这也是法学的特点之一。“法学理论不可能被证实,但它能够和必须被证立。不能仅指明它至今尚未被证伪来为一个法律教义学的断言辩护,必须为断言的假设提供理由。”[3]

从以上的论述中可以发现,虽然文义解释的方法具有优先适用的效力,但是,整个法律解释的操作和运行过程都是一个各种方法在一起发挥综合作用的过程。任何单一的制度都无法完成该领域内的任何重大问题,甚至没有其他制度的协助,该制度自身的运行都存在发生异化的可能。各种法律解释方法之间相互对立又相互依赖和限制,只有这样才能够最大限度地为法官确定针对个案的裁判规范提供帮助,这也从侧面说明了对每种具体的法律解释方法进行分析和探讨的重要性。

接下来的问题就是,在何种情形中使用何种方法。虽然具体的讨论无法完全展开,但是一个基本的原则是应当根据规范概念与事实的具体关系来确定如何使用具体的法律解释方法。一方面,就规范概念而言,“法律概念的实际意义

---

① 〔德〕卡尔·拉伦茨:《法学方法论》,陈爱娥译,商务印书馆 2003 年版,第 20 页。

② 〔美〕博登海默:《法理学——法律哲学与法律方法》,邓正来译,中国政法大学出版社 1998 年版,第 115—116 页。

③ 〔德〕阿图尔·考夫曼、〔德〕温弗里德·哈斯默尔主编:《当代法哲学和法律理论导论》,郑永流译,法律出版社 2002 年版,第 453—454 页。

只能是通过案件事实才能变得真实和具体。在这个复杂的过程中,相对稳定的法律理念、民众的法观念、甚至一种根深蒂固的民族感情,都会对此过程和结果施加影响"①。对于事实来说,法律事实有别于哲学上的事实、生活事实、制度事实,它具有客观性与主观性二重属性及规范性、具体性等属性,它是能够引起法律关系演变的事实。站在司法裁判的立场上来看,法律事实是由法律所规定的,被法律职业群体证明、由法官依据法律程序予以认定的。从以上的观点来看,法律概念和法律事实的关系虽然难以从实体上予以确定的说明,但是仍然需要强调法律程序在确定二者关系的时候所扮演的重要角色。

以上是从三种主要的视角对法律解释进行的界定。其中涉及了一些具体的法律解释方法,这些解释方法具有较高程度的操作性,其基本内涵、操作方式及其相互关系都是司法方法研究中需要特别重视的问题,这里仅仅介绍几种法律解释方法的基本含义。

1. 文义解释

广义的文义解释包括语义解释、限缩解释、法意解释、合宪解释、当然解释、语法解释、体系解释等解释方法,而典型的文义解释就是语义解释(字面解释)。"文义解释,又称语义解释,指按照法律条文用语之文义及通常使用方式,以阐释法律之意义内容。"②无论文义解释的内容如何,其在法律解释的各种具体方法中的优先地位得到了广泛的认可。"只有在具有排除文义解释的理由时,才可能放弃文义解释。文义解释具有优先性,即只要法律措词的语义清晰明白,且这种语义不会产生荒谬结果,就应当优先按照其语义进行解释。"③杨仁寿也认为:"法律解释,应以文义解释为先,有复数解释之可能时,始继以论理解释或社会学的解释,就法文文义上可能之意义,加以限定之操作。"④

问题的关键在于:文义解释的优先性由何而来呢?学者们对此问题并没有太多的论述,也许这个问题如同文义解释中的"通常含义"一样,是一种"通常认识"。只有少数的学者有所涉及,"文义解释优先正是人们必须服从法律的原则的一种延伸。要想使法律规定发挥作用,必须坚持文义解释方法优先原则,否则法律就难以有规范作用。另外,服从法律规定就是尊重立法者的权威。立法者运用语词所表述的法律,不仅是一种规定,而且还在语词中表述或赋予了价值与目的。因此人们探讨所谓立法的目的或价值只能在构成法律的语词中

① 陈金钊等:《法律解释学》,中国政法大学出版社2005年版,第236页。
② 梁慧星:《民法解释学》,中国政法大学出版社1995年版,第214页。
③ 孔祥俊:《法律解释方法与判解研究》,人民法院出版社2004年版,第325页。
④ 杨仁寿:《法学方法论》,中国政法大学出版社1999年版,第139页。

去探寻而发现。议会作为集合体,自身是没有目的的。所以,文义解释优先正是尊重议会或人民代表大会权威的体现。这一点是现代法治的基本要求。正是因为我们在探寻法治的实现途径,文义解释优先的原则才彰显出其存在的必要"[①]。当然,从一般意义而言,文义解释由于距离规范(规则)的文字表述最为接近,能够捍卫法律含义的固定性和意义的客观性,因而具有了优先性。"规则大大减少了其所约束的人们以及需要对其加以运用和解释的人们之间的分歧。一旦规则发挥作用,我们就无需探究高层次的理论来了解规则的内涵,以及是否它们具有约束力。"[②]

2. *历史解释*

法律解释学内的历史解释,其含义主要是根据立法史的因素进行解释,当然这种历史是法律视野之内的历史,其核心就是对历史上立法者意志的探索。从萨维尼开始,经典的法律解释学说就区分了四种解释要素和方法,历史解释就是其中之一。根据这种经典性的论述,历史解释最基本的含义就是考究历史上立法者的意志。[③] 魏德士认为:"历史解释(historische Auslegung)力图从法律规定产生时的上下文中确定规范要求的内容和规范目的。"[④]梁慧星也认为,历史解释"系指探求立法者或准立法者于制定法律时所作的价值判断及其所欲实现的目的,以推知立法者的意思"[⑤]。由此可见,对立法者意志或者原意的探寻是历史解释的核心含义。

从历史解释的核心含义中就可以看出,立法者的权威是其发挥效用的重要来源,这一点与文义解释内在相通。就其自身特点而言,历史解释代表了一种卡多佐所说的"往昔崇拜","我确信,规则所给予的启示只是一种正义的情感,这种情感无法禁止,我们带着遵从先例的神圣光圈围绕着它前进"[⑥]。也就是说,历史解释推崇对经验和传统的尊重。"所谓'古今间'的关联,在法律解释的视角上其实就是指人类交往规则在古今发展的历史长河中所存在的内在逻辑关系。在古人的法律解释活动中,每每对法律的'古今之变'予以特别的关

---

① 参见陈金钊:《文义解释:法律方法的优位选择》,载《文史哲》2005年第6期。

② 〔美〕孙斯坦:《法律推理与政治冲突》,金朝武等译,法律出版社2004年版,第132页。

③ 〔德〕阿图尔·考夫曼、温弗里德·哈斯默尔主编:《当代法哲学和法律理论导论》,郑永流译,法律出版社2002年版,第381页。

④ 〔德〕魏德士:《法理学》,丁小春、吴越译,法律出版社2003年版,第340页。

⑤ 梁慧星:《民法解释学》,中国政法大学出版社1995年版,第219页。

⑥ 〔美〕本杰明·卡多佐:《司法过程的性质》,苏力译,商务印书馆1998年版,第25页。

注"[①],这种古今之间的关联就是历史解释的另一种说法,可见在古代社会中就已经对历史解释相当推崇。任何法治的理论和实践都不是凭空产生的,都是一定历史条件的产物,在现实中从来就没有先验的法治而只有经验的法治,因而对经验和传统的尊重从来就是法治应有之义。从这个意义上说,判例法的产生和运作,其背景就是对历史不断解释的过程。[②]

3. 体系解释

体系解释,又称系统解释、整体解释、结构解释,是传统意义上一种重要的法律解释方法,从一般含义上,可以将体系解释定义为在一定的整体背景下,根据特定的体系(尤其是法律体系)对特定的部分进行的解释。N.霍恩也认为,"系统解释要求在法规的背景下对一个法律原理来加以理解,而不是单独对其进行考察"[③]。拉伦茨也说:"解释规范时亦须考量该规范之意义脉络、上下关系体系地位及其对该当规整的整体脉络之功能为何。"[④]

体系解释特别适用于"文本论"的解释。"文本论"是当前法律解释的重点解释对象之一,应当强调的是,这种文本不仅包括成文化的法律规范,还应当包括当事人之间的狭义上的"法律"——合同。就成文化的法规来说,由于各国普遍推行了成文法,就在一国之内基本上能够形成一整套的法律由各个部门法组成的法律体系,这就为进行体系解释创造了良好的前提条件,而体系解释又反过来有助于对这种体系的和谐性进行检验;就合同来说,由于合同领域也出现了日益普遍的成文化的趋势(即使不成文合同也可以借助内容丰富的合同法进行"成文"),这也为体系解释创造了良好的适用条件。而且体系解释也已经成为合同解释的重要方法。[⑤] 无论是成文法还是合同,体系解释对其适用的一个重要预设前提就是"意志的整体性":立法者作为主权的代表,通过其整体意志来制定法律,进而形成完整的法律体系;当事人在制定合同的时候,其一以贯之的意志统驭着整个合同从制定到履行的过程。体系解释正是体现了这种对整

---

① 参见谢晖:《中国古典法律解释的形上智慧——说明立法的合法性》,载《法制与社会发展》2005 年第 4 期。

② 关于历史解释更为详细的论述,参见陈金钊、孙光宁:《"历史"的危机与"意义"的重生——法律解释中的历史方法(因素)》,载《河南政法干部管理学院学报》2006 年第 2 期。

③ 〔德〕N.霍恩:《法律科学与法哲学导论》,罗莉译,法律出版社 2005 年版,第 134 页。

④ 〔德〕拉伦茨:《法学方法论》,陈爱娥译,商务印书馆 2003 年版,第 316 页。

⑤ 相关文献参见孔祥俊:《合同法疑难案例评析与法理研究》,人民法院出版社 2000 年版,第 54 页;高建军、王一珺:《合同解释规则之研究》,载《求实》2004 年第 6 期;林晓云:《美国货物买卖法案例判解》,法律出版社 2003 年版,第 49—51 页;徐罡等:《美国合同判例法》,法律出版社 1998 年版,第 82 页;〔德〕拉伦茨:《德国民法通论》,谢怀栻等译,法律出版社 2002 年版,第 467 页;以及《法国民法典》第 1161 条、《中华人民共和国合同法》第 125 条、《美国统一商法典》第 1-205 条等规定。

体意志的推崇，例如，就合同而言，根据统一的合意而形成的合同，当事人自然能够较为主动地履行合同义务，也即基于此而接受合同；在纠纷发生时，显然不能以自己变化的意志来重新理解和履行合同。就成文法的体系解释而言，还有一种“聚焦效应”的存在：各种力量在某一特殊时刻集中在特定的焦点之上。具体来说，在常态下，法律体现处于静止的状态，而一旦出现了案件需要进行裁判的时候，就需要运用整个法律体系的力量来进行解决，尽管其中有些力量只是发挥了潜在的作用（从某种意义上来说，是被“遮蔽”了）。

4. 社会学解释

一般认为，“社会学解释，指将社会学方法运用于法律解释，着重于社会效果预测和目的衡量，在法律条文可能文义范围内阐释法律规范意义内容的一种法律解释方法”①。杨仁寿也认为，“社会学的解释，偏重于社会效果的预测及社会目的之考量”②。法律与社会总是存在着若即若离的关系，这种关系的判断也是分析法学和其他法学流派（特别是社会法学）得以区分的标准。“逻辑、历史、习惯、效用以及为人们所接受的正确行为标准是一些独自或共同影响法律进步的力量。在某个具体案件中，哪种力量将起支配作用，很大程度上必定取决于将因此得以推进或损害的诸多社会利益的相对重要性和相对价值。”③由此可见，由于社会学研究领域的广泛性，社会学解释能够代表不同的权威类型，例如逻辑、历史等。如何运用这些权威类型很大程度上是法官判断的结果，当然，这种判断要建立在对各方面内容详加考察的基础之上的。在司法实践中，Muller v. Oregon 是运用社会学解释的经典案例：俄勒冈州通过大量社会学统计数据证明了其 10 小时工做法的正当性，最终获得联邦最高法院的支持。④在制定行政条例的时候，对工作时间的考虑属于社会学上的解释，当这种考虑受到质疑的时候（司法审查），社会学的解释就从幕后走上了台前。

5. 目的解释

从望文生义的角度来说，目的解释就是根据目的进行解释。当然，学者们对目的解释也有着各种定义，例如，“所谓目的解释，指以法律规范目的为根据，

① 梁慧星：《民法解释学》，中国政法大学出版社 1995 年版，第 236 页。

② 杨仁寿：《法学方法论》，中国政法大学出版社 1999 年版，第 178 页。

③ 〔美〕卡多佐：《司法过程的性质》，苏力译，商务印书馆 2000 年版，第 69 页。

④ Muller v. Oregon 208 U. S. 412 (1908)，中文翻译参见北京大学法学院司法研究中心编：《宪法的精神：美国联邦最高法院 200 年经典判例选读》，邓海平等译，中国方正出版社 2003 年版，第 177—178 页。

阐释法律疑义的一种解释方法"①。杨仁寿也有类似的观点。② 这里需要稍作说明的是其中的"法律规范目的"和"立法目的"的差别。在很多学者的研究中,并没有仔细区分二者,虽然在进行定义的时候多使用的是"法律规范目的",但是,在对目的解释进行具体论述的时候却大多使用了"立法目的"这一概念。虽然二者有很多相同之处,但是,笔者认为还是有区分的必要,如果简单地认为二者相同,那就相当于把"法律规范"认同为"立法",这显然是不符合法学研究的。

虽然目的解释方法没有被萨维尼列为法律解释的几种基本方法之一,但是,目的解释的重要性却从来没有被忽略。作为一种相对独立的方法,目的解释的功能和作用在近代以来逐渐得到了认识。从一般意义上说,"对法律解释适用这样一点:规范文本应当表达规范目的。法律规范的语言文本是一种运载工具,立法者借此公开他们所追求的规范目的。……解释的三种辅助工具首先必须遵循最初的历史的规范目的,这一论断非常重要"③。也就是说,其他的各种解释方法实质上都是为目的服务的,而直接根据目的进行解释的方法对其他的解释方法就具有统驭的作用。从宏大的视角来说,任何人类活动都蕴涵着一定的目的,而法律活动由于承载着多种价值,其目的性就更加明显。如果忽视了这些目的,相关的法律行为就会产生偏差。需要说明的是,法律的目的性与中立性之间的关系。有些观点认为,既然法律是针对社会中普遍多数人适用的,就应当保持法律的中立性,尽量做到与价值无涉。在笔者看来,这种观点虽然注意到了法律的普遍适用性,但却混淆了法律的实体和程序这两个基本组成部分。就实体部分而言,法律是不可能做到价值中立的,即使是中立本身也是一种价值趋向。这种实体上的法律规范必然带有明显的结果指向的因素,也就是包含有特定的目的。但是,就程序而言,其设计就应当是中立的,虽然人们可以通过对既存的实体规范对最终的结果进行预测,但如果不经过程序就达到结果是违背法治的精神的。程序本身是过程指向和工具指向的,而不是结果指向和目的指向的。具体而言,在司法实践中,法律解释者运用目的解释主要达到四个目的:修正法律起草过程中的明显错误;消除法律条文的不确定含义;限缩法律条文的含义;扩张条文的含义。④

回到目的解释方法上来,这种对法律目的的揭示也决定了目的解释方法的

---

① 梁慧星:《民法解释学》,中国政法大学出版社 1995 年版,第 226 页。

② 杨仁寿:《法学方法论》,中国政法大学出版社 1999 年版,第 168 页。

③ 〔德〕魏德士:《法理学》,丁小春、吴越译,法律出版社 2003 年版,第 322 页。

④ 参见蒋惠岭:《目的解释法的理论及适用》(上),载《法律适用》2002 年第 8 期。

最重要的特征:隐性适用。在众多法律解释方法的运行中,目的解释的运用并不如其他的方法那样明显,例如,文义解释对规范字面通常意义的理解,历史解释中对历史上立法材料的整理,体系解释中对现存的法律体系的整体把握等等,但是,目的解释很难确切地找出容易操作的步骤,只是将其隐藏于其他方法之中,指导着其他方法的具体操作。当然,这一点也是其地位的表现。也正是在这个意义上,可以说,"目的论的解释超越刑法文本与立法史材料,力求根据对法律文本的公共政策分析、立法目的、法的一般原则的价值判断以及法律适用效果的社会学考察,对法律文本的语词含义进行符合立法目的的阐释。自20世纪以来,目的解释方法逐渐超越传统的文义解释、体系解释和历史解释而成为最受青睐的解释方法"①。当然,这种隐性适用并不是绝对的,从下文中的关于目的解释的适用范围的问题中就可见一斑。

从目前对目的解释的研究来看,虽然学者们对很多问题进行了探讨,但是,对适用范围及其方式的问题却很少提及。虽然目的普遍地存在于各个部门法之中,但是何种部门法能够更好地发挥目的解释的作用,或者说,目的解释更适合在哪些部门法中得以适用,这是个值得我们重视的问题。②

(三)法律论证

近几年的国内法理学研究中,对方法论的关注已经成为一种重要的研究倾向。作为法律方法的主要组成部分,法律论证及其研究也逐渐受到了越来越多的重视。这种趋势与国际法理学研究也是一致的,世界法哲学大会已经多次将法律论证作为大会讨论的主要议题,其他国家的法理学研究者(特别是德国学者)自从战后对这一领域的研究已经取得了重大成果。如何顺应对法律论证理论的研究趋势并将其引入中国的法治进程是我们需要认真对待的问题。

法律论证理论的兴起不仅有法学研究内部的原因,还有着深刻的理论和实践背景。一方面,20世纪中后期以来,哲学领域内已经出现了从本体论向方法论的转向,这一转向突出地表现在语言哲学的出现和勃兴。在本体论和认识论的研究已经出现了部分危机的时候,对方法论的强调成为挽救危机的当然选择,其中,通过语言分析的方法来重新认识世界成为其中受到推崇的方法。哲学解释学主要运用的就是语言分析的方法,其主要的观点就是理解本身就是一种存在方式。另一方面,在人类文明高速前进的过程中,出现了很多异于传统

① 参见梁根林:《罪刑法定视阈中的刑法适用解释》,载《中国法学》2004年第3期。

② 关于这个问题的详细论述,参见陈金钊等:《法律解释学》,中国政法大学出版社2005年版,第143页以下。

的社会问题,固定(甚至有些僵化)的传统如果不变通将无法适应这一状态,因此,如何在传统和现代(甚至后现代)之间进行选择和调和成为实践中的重大问题。法律论证理论正是在以上背景中受到重视的。从理论研究背景来看,法律论证理论本身就是法学方法论的重要部分,而且,它并不预设某种确定的价值或者标准,而是在法律程序(主要是司法程序)运行过程中发挥作用,这些程序都是通过语言的方式运作的;从解决实践问题来看,稳定性和变动性的关系本身就是法治过程中的基本问题,法律论证理论构建了基本的调整平台,无论是以稳定性和确定性为主要特征的传统,还是以变动为主要特征的后现代,都可以在这一平台上进行博弈,但无论各方提出何种观点,都必须通过各种合法和合理的理由进行"论证",从而宏观把握这些观点及其论证理由并最终作出决策。

正如法学中很多命题一样,虽然法律论证理论已经受到了广泛的关注,但是并没有形成统一的定义,学者们大都在这一命题之下表达着各自的观点。即使如此,在最低共识意义上来说,法律论证是指通过提出一定的根据和理由来证明某种立法意见、法律表述、法律陈述、法律学说和法律决定的正确性与正当性。[①] 虽然有着其他的种种论述,在笔者看来,法律论证的核心问题就是"证立"(justification,又可翻译为"正当化"),无论是使用何种论证方法,其终极目标就是为了使得自己的主张获得证立。在众多的学术观点之中,无论是细致的逻辑表达还是精确的图示论证,其目的不仅在于为理论和实践提供一定的方法和模型,更是为司法过程提供"证立"的方法。这种证立本身有着多种层次,包括微观(如具体关于事实和证据的证立)、中观(如个别判决的证立)和宏观(如整个司法过程的证立),等等。如果缺失了"证立"这一核心环节,任何模型和图示都会失去其本身的意义而变成理论学者们孤芳自赏的工具而已,这也与法律方法自身的实践指向相背离。

由于在多数情况中,法律论证总是要面对着两种以上的命题及其论证,在这些命题之间进行权衡和选择是不可避免的。所以可反驳性(defeasibility,也可翻译为可辩驳性、证伪性)是法律论证的基本特征之一。法律论证在不预设先验价值及标准的前提下,提供的程序就是在相互竞争的观点中获得最佳答案,所以法律论证中任何观点都有可能被辩驳,这与一般意义中的司法过程也是如出一辙的。由以上可反驳性可以引出法律论证另一个主要特征——似真性(plausible),这一特征用公式表示就是:在一般情况下,如果 x 是 F,那么 x 是 G;a 是 F;因此,a 是 G。其中的关键是"在一般情况下",也就是说命题的成立

---

① 参见葛洪义:《试论法律论证的概念、意义与方法》,载《浙江社会科学》2004 年第 2 期。

并不排除特殊情形，只要能够证立这一特殊情形，这种一般情况与法律所追求的一般性是内在一致的，所以我们能够在原则之外还可以看到例外。正是从这个意义上说，法律论证不是纯粹的演绎，也不是纯粹的归纳，而是一种似真性的论证过程。由以上的可反驳性和似真性可以归纳出法律论证最基本的特征——开放性。这种“兼听则明”的特征也是法律论证理论受到关注的重要原因之一，因为它可以在各种观点及其论证理由中博采众长，选择其中一种或者综合几种观点而形成最符合法律精神的判断。

当然，法律论证理论的兴起还有很多其他方面的原因。在探讨这些原因之前应当明确的是，虽然世界法理学研究已经关注了法律论证理论，但是，这并不意味着中国法治的理论和实践中就必然要随之出现相应的趋势，毕竟，中国法治有着自身独特的性质，而法律本身也是一种地方性知识。既然法律论证理论已经成为目前的热点问题，那么我们应当探究其中的原因，笔者认为可以概括为理论和实践两个层面。

一方面，法律论证理论符合理论研究的宏观转向。如前所述，当以价值论为代表的本体论已经越发在当代世界中显示出其局限的时候，如何破解高速发展中产生的各种难题，更多的需要方法论发挥其作用。在寻找新的本体论体系的过程中，我们需要首先完善所使用的分析工具。具体到法学领域中，自然法学已经将各种价值及其意义进行了渗入阐释，这种启蒙作用已经在近代以来的历史中得以充分展现，但是，如何在现实条件下具体实现这些法律价值却成为自然法学没有回答的问题。而解决方法不仅是要依靠“事后评价”的社会法学，而更多的是要依靠以规范为中心的规范法学，而且法律论证也是围绕着规范来操作和展开的，毕竟，正式的法律规范是论证中具有优先性的理由。特别是在那些价值之间出现冲突的场景中，如何选择一种能够最大实现各种价值的方案，就显示出法律论证理论的优越性。

另一方面，从法律实践的角度来说，法律论证有着重要的提升和改进作用。当下中国的司法过程中有着过多的独断性因素，当事人及其律师的作用发挥并不充分，特别是在认定事实和适用法律规范的过程中尤为如此。这一方面打击了当事人的积极性，另一方面却使得法官负担沉重，没有时间和精力对案件进行精致的分析。这种情形的改观需要一些制度上的新设计，而可以为这种制度变革提供理论支持的正是法律论证理论。例如目前判决书的制作被普遍认为是缺少论证和说服，而通过运用法律论证方法就可以改进这一情况。说理清晰、论证充分的判决不仅是对当事人及其案件负责，更是一个法治国家的要求和标志。“法官判案行使的是判断权，但法官的判断不能是跟着感觉走的判断，而应是一种理性的判断。这种理性的判断首先是通过法律并且能经得起普遍实践论证的检验。法官这样的裁判是在论证过程中形成的判断。这就从思维的角度或者说从方法论的角度排除了任意与专横的思想基础。”[①]从这个意义上来说，法律论证理论可以展示法官作出判决的各种理由及其依据，这样不仅可以防止司法腐败，更可以实现个案公正。

既然法律论证理论有着如此重要的意义，如何具体运作法律论证自然成为我们应当注意的问题。国内外的学者对法律论证的具体方法有着多种分类，例如分为基于个案的论证、根据归类的论证、因果论证等8类25种论证模式。[②]面对如此众多的分类和模式，笔者认为菲特丽丝（Eveline T Feteris）的概括是准确而简洁的，她将法律论证的方法概括为逻辑方法、对话方法和修辞方法三类[③]：(1) 逻辑论证方法是适用最为广泛的，为其他法律论证方法提供了一种基础性的前见。虽然逻辑方法自身也有多种类型，但是典型意义上的逻辑方法主要指的是形式逻辑，具体到司法过程中，经典的司法三段论是其主要的表现形式。虽然在近代以来司法三段论受到了很多方面的攻击，但是这种传统的逻辑方法仍然发挥着很大作用，具有重要的理论和现实意义。(2) 对话论证方法是哈贝马斯著名的“商谈理论”在法律领域（特别是司法领域）的具体体现。对商谈理论和程序主义的推崇为法律论证中的对话方法奠定了坚实的理论基础，通过在司法活动中贯彻对话方法，有利于以上理论设计在现实中得到理想结果。在司法过程中，对话论证方法可以实现拟制的平等，充分发挥各方（特别是当事人）的积极性，使得司法过程可以实现“兼听则明”的效果。(3) 而对于修辞论证方法来说，其在法律领域的功能在于：在传统的分析推理之外，或者在逻辑推理失去其有效性之处，它称为一种独立的、特定的推理论证方式，以此来弥补传统分析推理的若干缺陷与不足。与逻辑的方法强调法律论证的形式方面相比，修辞的方法注重的是法律论证的内容及其可接受性。[④]

（四）利益衡量

一般可以认为，利益衡量是在发现立法者对各种问题或者利害冲突，表现在法律秩序内，由法律秩序可观察而得到的立法者的价值判断。[⑤] 从这个意义

① 参见陈金钊：《法律论证及其意义》，载《河南省政法管理干部学院学报》2004年第4期。

② 武宏志、刘春杰主编：《批判性思维：以论证逻辑为工具》，陕西人民出版社2005年版，第170—193页。

③ 〔荷〕菲特丽丝：《法律论证原理——司法裁决之证立理论概览》，张其山等译，商务印书馆2005年版，第11—17页。

④ 焦宝乾：《法律论证导论》，山东人民出版社2006年版，第324页。

⑤ 杨仁寿：《法学方法论》，中国政法大学出版社1999年版，第235页。

上说,利益衡量也是一种价值判断,因此,有一些学者也使用了"价值衡量"的表述。"法官在审理案件中,对审理程序选择、证据运用、事实认定、适用法律及其法律解释的过程中,价值衡量是时刻面对的问题。而且,立法机关制定的一些法律,以及存在其中的原则、规则,也体现出立法上的一种价值选择。"①虽然利益是一种重要的价值,但二者之间还是有着重大差异的,具体可以表现在历史基础、基本内涵、表现形式和实践指向等几个方面。② 从研究现状来看,虽然研究利益衡量的学者对利益各有不同的界定,但总体上利益衡量的使用还是多于价值衡量。

作为一种方法的利益衡量,很多国家的学者都曾对此有着独特的研究。德国的利益衡量方法相对保守,虽然持竞争论的利益多元观,但强调法益概念和利益平等,以及业已隐含于既定法秩序中的立法者之利益评判;美国的利益衡量方法持通约论式利益多元观,在利益界定上较为精细,但在衡量方法上却相对失之模糊,而且倚重于一些经验的主观因素,例如裁判者个人的利益评判,因而其立场较为自由、激进。③ 相比而言,日本学者对其倾注了大量的精力,利益衡量也成为日本有关法律方法的研究中的核心问题,其代表人物是加藤一郎和星野英一。这两位学者所达成的共识,基本上可以说是利益衡量的核心精神所在,大致包括以下几个方面:(1) 他们都坚持裁判过程中的实质决定论,认为得出裁判结论的不是法律的构成,而是法律之外的其他实质性因素。(2) 关于利益衡量的标准,他们大都主张是法律外在的标准或者是超越法律的标准。(3) 二者都沿袭日本学者的传统,非常重视在衡量过程中对国民意志以及社会进步潮流的考察,主张在进行利益衡量或者价值判断的时候,应当采取普通人立场,而不是法律家的立场,而且衡量的结果不能违背常识。(4) 两人都主张由利益衡量所得出的结论,并非是最终的结论,而只是一个在随后的理由附随过程中必须要进行检验的一个假设结论。由此可见,这些日本学者所提出的利益衡量论,其核心精神载于强调决定裁判的实质因素不是法律的构成,而是裁判者对案件事实中诸多冲突利益所进行的利益衡量。④ 司法因为自身职业的高度专业化,加之职业的需要而与社会保持一定的距离,难免会给司法看问题带来一些局限性。这就要求司法在做法律判断,尤其是价值判断的时候,在思维

---

① 张素莲:《论法官的自由裁量权》,中国人民公安大学出版社 2004 年版,第 145 页。

② 参见魏治勋、张雅维:《利益衡量论批判》,载陈金钊、谢晖主编:《法律方法》(总第 5 卷),山东人民出版社 2006 年版,第 434—437 页。

③ 陈林林:《裁判的进路与方法——司法论证理论导论》,中国政法大学出版社 2006 年版,第 175 页。

④ 陈金钊主编:《法律方法论》,中国政法大学出版社 2007 年版,第 237—238 页。

视角和立场上不能仅仅站在法律人角度，而应当作为社会的一分子，站在公众的立场和视角，对问题的思考将有所裨益，不至于产生脱离社会的后果。[①]

在分析了利益衡量的基本含义之后，我们应当探究如何在案件中具体地操作利益衡量。首先应当明确的是，由于每个案件中所涉及的利益各有特征，而且各种利益之间大多存在着非常复杂的关系，所以利益衡量从这个意义上说没有一成不变的严格步骤，而只能是案件裁判过程中涉及的与利益有关因素的宏观指导。从具体操作步骤来说，根据拉伦茨的观点，首先应当对法的"价值秩序"进行分析，在案件中涉及的一种法益与其他法益相比较是否具有明显的价值优越性。例如，与其他法益相比较（特别是财产性的法益），人的生命或者人性尊严有较高的位阶。而在大多数案件中，出现的是两种情况：其一是涉及的权利在位阶上是相同的，其二是涉及的权利如此歧异以至于无法进行抽象的比较。在此种情形中应当进行两种考量：一方面取决于应受保护的法益被影响的程度，另一方面取决于：假使某种利益必须让步，其受害程度如何。最后，仍然需要引入比例原则、最轻微侵害手段或者尽可能微小限制的原则。[②] 也有学者为利益衡量确定了具体的步骤和方法：(1) 根据案件双方当事人的主张（请求），确定各自的利益诉求；(2) 衡量双方的利益是否具有正当性，谁更符合社会的价值判断；(3) 对两种不同利益进行权衡，确定应当保护的对象；(4) 保护一方的利益是否会侵犯制度利益和社会公共利益；(5) 保护一方的利益是否会违背法律的体系化解释，是否与法律追求的基本目标相违背；(6) 要考虑保护一方的利益将产生的社会效果与可能产生的影响。如果判断结果能够产生积极的社会效果并对人的行为产生积极的影响，那么利益衡量的结果就是成功的；反之，就说明法官最初的实质性判断出了问题，有可能存在情与法的冲突，应当重新进行修正，寻找法律依据，支持应当受保护的利益。[③]

另外，还可以从不同部门法各自的特征来分析利益衡量的适用范围。例如，在宪法领域中，由于宪法表明了国家的基本原理，因此不允许轻易变更，特别是国家的基本原则。当然，由于宪法含义的高度概括性，如何不限于条文的形式而进行解释，实质上就属于广义的利益衡量，在这种场合中必须看到基本原则所具有的约束力。再如刑法领域中，依据罪刑法定的原则，如果事实与条文规定不符，那么，应当依据反对解释而认定无罪。而与刑法不同，在民法中涉

---

① 汪习根主编：《司法权论：当代中国司法权运行的目标模式、方法与技巧》，武汉大学出版社2006年版，第470—471页。

② 〔德〕拉伦茨：《法学方法论》，陈爱娥译，商务印书馆2003年版，第285—286页。

③ 尹忠显：《司法能力研究》，人民法院出版社2006年版，第122页。

及的是地位相等的市民之间的利益冲突，因此在这样的场合中，利益衡量就有了充分适用的场合。[①]

当然，由于利益在具体案件中的复杂性，利益衡量的运用很大程度上与法官的自由裁量有着密切的联系，这也决定了其适用需要受到一定的限制，利益衡量方法也有一定的局限性，这种局限性至少包括以下三个方面：(1) 利益概念的局限：虽然"利益"一词是作为传统法律工具——法律概念——的批判武器出现的，并且在利益衡量方法中具有举足轻重的地位，但是利益法学方法的各个流派并没有对其内涵和外延进行周全的考虑，利益的概念显得过于一般、模糊。(2) 利益基准的不确定性：各种价值和利益之间并没有多少严格的位阶标准，如何准确地确定利益的界限与评估，如何具体地把握衡量，都带有很大的不确定因素，特别是涉及各种两难选择的时候(例如个人利益和社会利益)，这种不确定的色彩就显得尤为浓厚。(3) 权衡思维与法学思考定位的偏离：法学思维应当把各种与判决有关的因素(包括事实和规则等)联系起来，从案件到规则又从规则到案件，对二者进行比较、分析和权衡。法学思维就是判断，法律工作就是行使判断力，其定位应当是实现法的决定，而不是其自己的决定。但是，利益衡量所表现出来的并非是这种法学思维，它追求实质合理，并不完全认同法秩序在裁判过程中的中心地位，而是以一种不确定的综合性判断(包括自然法的、历史哲学的、社会学的等方面标准)来进行判断。[②] 从这个意义上说，必须对利益衡量的运用进行一定的节制，但是，如何确定这种节制又是一个相当复杂的问题。"何处引入利益衡量，进行实质的判断，应该归入说服力或可接受性的问题。"[③]

(五) 法律推理

从目前国内关于法律推理的研究现状来看，主要存在着两条进路：一种以法学研究者为主体，强调法律推理服务于司法过程，为司法裁判的最终形成发挥作用。另一种进路则以哲学、逻辑学研究者为主体，重视对法律推理自身的逻辑学进行研究。二者是相辅相成的关系，共同深化对法律推理的理解。从司法方法的角度来看，这里更多地强调前一种研究进路。

受推理本身含义的影响，法学家们一般是在两种意义上使用法律推理的：

---

① 梁慧星：《民法解释学》，中国政法大学出版社 1995 年版，第 322—323 页。

② 陈林林：《裁判的进路与方法——司法论证理论导论》，中国政法大学出版社 2006 年版，第 192—197 页。

③ 梁慧星：《民法解释学》，中国政法大学出版社 1995 年版，第 337 页。

一种是利用演绎推理中的涵摄特点把法律作为大前提，事实作为小前提，法官等根据大前提与小前提之间的逻辑涵摄关系进行推理，这种推理在严格法治时代是维护、论证法治的核心理论。另一种是利用推理含义中的论证、争辩过程，把确定针对个案法律前提的论证、衡量过程视为实质法律推理。第一种观点认为法律是明确的行为规范，因而可以作为判决案件的标准。所以，所谓法律推理就是法官等根据法律进行裁判的三段论推理。第二种观点包含着成文法律并不一定是明确的行为标准，即使是明确的标准，也可能和其他标准存在冲突，如法律与正义的冲突，法律之间的冲突等，因而许多学者认为，法律推理还包括应贯穿整个司法活动的争辩、论证和衡量等内容。在西方法学界，这两种观点争论不休，难有定论。我国法学界虽没有对法律推理做过深入系统的研究，但西方法学中的这两种冲突却程度不同地反映在我国法学研究中。由于我国在法治观念上具有更多的灵活性，所以多数学者都是在第二种意义使用法律推理的。当代法学家关于法律推理主流观点的影子，即他们都试图坚持传统的形式主义法学的观点，这种观点已是非常缓和的形式主义或已经修正的形式主义。①

由于对司法过程及其结果的重视，法律推理具有以下一些主要特征：(1) 实践性：法律推理所探求的是最佳法律解决办法，它必然受目的律的支配，受实践理性的指导。把法律推理建构于客观中立而又确定的规则之上，由此决定唯一正确的判决结果是不太可能的。另外，法律推理的实践性还体现在法律推理对社会现实的关注上。法官在司法审判中进行法律推理，就必须切实发现并关注现实的问题。(2) 保守性：由于法律推理者自身的角度定位，出于法律推理的目的性需要，在司法实践中，法律推理往往包含法官的主观创造性。这就需要对司法进行适当的制约，以防止过于任意而成为专断。这就是法治社会所赋予司法及其推理的保守性特征，法律推理的内在保守性潜藏在法官头脑的意识活动中。(3) 循环性：自然科学的研究强调科学推理的唯一性、逻辑性，它着力于建构语言词汇与物质世界的精确对应，着力于进行严密的推演论证，它强调结论的单一性、客观性和确定性。而在法律推理活动中，情况却并非如此。当我们在使用法律语言或法律术语进行法律推理，使用法律理由进行论证时，法律推理往往具有明显的循环性特征：即法律推理在前提与结论之间、已知与未知之间来回地反复或摆动，结果缺乏明确的单一性、客观性和确定性。②

法律推理在司法过程中发挥着十分重要的作用，甚至可以说，法律推理构建了整个司法过程的整体宏观框架，其他的法律解释和法律论证等法律方法都

---

① 谢晖、陈金钊：《法理学》，高等教育出版社2005年版，第472—473页。

② 公丕祥主编：《法理学》，复旦大学出版社2002年版，第413—414页。

在这个平台上得到运行。例如,就法律推理与法律论证的关系来说,法律论证注重在法律推理中大前提的建构问题。有学者将法律推理的重要功能和意义概括为以下几个方面:(1) 证成功能:对以法治为原则的司法审判来说,法律推理是必须加以运用的手段,在法律前提和结论之间没有任何确证关系则表现了理性的不确定。通过法律推理,对判决结果给予具有说服力的理由,是法治型法律制度的一种强制性的要求。法治社会的审判合法性或正义判决的要求,使审判人员在将法律条文、事实材料和判决结论三者结合起来的过程中,负有为判决结论提供正当理由的法律义务和道德义务。司法人员如果逃避这种法律推理的义务就会导致草菅人权和司法腐败。从这个意义上说,法律推理就是"说理",法治发展的历史就是用"说理"代替刑讯逼供和擅断的历史。(2) 解决争端和社会控制的功能:在法律社会,法院是一个供人们讲理的场所或中立机关。依照法律解决纠纷,具有和平、理性与公正的特点。在法庭上,争诉双方你讲你的理,我讲我的理,究竟谁有理,要由作为第三者的法官作出裁决。但是,法官的裁决不是任意的、怀有偏见的,他必须依据法律,如果法律规定得不清楚,他就要探求法律之所以如此制定而依据的目的性标准。因此,法律推理具有化解争议、争端的功能,可以解决人们在权利义务上的争端。(3) 预测功能:一方面,法律推理具有一般推理的预测功能。例如,法律推理活动的参与者、法律适用者之外的观察者可以通过对各种可能情况的分析推理,预测法院在何种情况下可能会作出何种判决。律师一般不会断然声称法院只会如何判决,他时常预测法院将会如何判决。而且,不同的律师可能会作出不同的预测。另一方面,法律推理的实际过程可以改变原来的预测后果,使法律决定朝着有利于诉讼某一方的方向转变。法律推理的预测功能来自于各种要素的综合作用,目的标准、操作标准以及评价标准的正当性、公开性、公认性等赋予了法律推理预测性;法律推理的预测功能还来源于逻辑的力量,逻辑性赋予法律推理结果的确定性,从而使预测成为可能;法律推理主体的能动性也是预测功能的重要源泉。①

法律推理在司法过程中的基本运行方式主要包括演绎推理和归纳推理两种。就归纳推理来说,是从个别到一般的过程。由于两大法系的差异,归纳推理在英美法系中得到了较大的重视。两大法系的法律推理有许多相同之处,只不过判例主义的法律推理因归纳规则而使工作起点大大提前,同时要关照因归纳的规则是否能作出合理的判决又加了一道与先例类比的工序。其实,法律发展至今,判例主义也不断地吸收制定法的合理理性,而制定法也不断借鉴判例

① 张保生:《法律推理的理论与方法》,中国政法大学出版社 2000 年版,第 91—96 页。

主义的例推经验。但是,一般说来,在法律推理过程中判例主义比制定法要承担更多的论证负担,因为类比推理与归纳推理不像演绎推理那样具有形式说服力。制定法法官的这部分推理工作由立法者代劳了,可是判例主义必须在法律推理过程中形成规则,而这些规则的形成都是从具体走向一般,也就是说都依赖于归纳推理,所以对归纳推理的有效性进行研究在判例主义中极其重要的。[①]与之相对,大陆法系以法典编纂思想、成文的法典法表现形式、权利法的制度特色为特征。司法裁判是法律规范发挥规范功能的前提和制度保障,司法裁判的目的在于实现法典(通过各种法律制度或法律规范)赋予人们的权利、实现立法者的规范意图。相应地,从预定前提出发的"规范出发型"诉讼制度设计就成为大陆法系司法裁判制度的基本架构。这些都是决定演绎式三段论法律推理作为基本法律适用方法的重要因素。[②] 从我国的司法实践出发,大陆法系所重视的演绎推理应当成为我们在法律推理方面研究的主要方面。

与归纳推理相对,演绎推理是从一般到个别(特殊)的过程,在司法中主要以三段论的形式来表现,即通过构建大小前提之间的涵摄关系来得出相关的司法裁判结果。在保证大小前提为真的情况中,得出的裁判结果是一种必然性推理。法律推理中着重强调的是必然性推理,特别是在审判推理中尤其明显。在审判活动中,法官要在对案件事实认定的基础上,根据法律规定,对案件作出裁决结论。判决结论一经作出,便要产生法律效力,这就要求结论要准确可靠。为了保证结论的可靠性,在审判推理中所运用的必然性推理便是其思维保证之一。在这一过程中,涉及对法律规范的推导,运用必然性的推理形式,从一般的法律规范推导出具有可操作性的个别规范,把某一法律条款的规定性传递给结论,使结论也具有法律效力。[③] 在法律推理研究中,我们应该分清为法律推理做准备的建构大小前提的活动与法律推理的关系。许多法学家所说的归纳推理、实质推理,实际上都是为三段论式的法律推理做准备的活动。这些推理整个属于法律推理的过程,但不属于严格意义上的法律推理。也就是说,演绎推理只是法律推理的一个部分而不是全部。而演绎推理的价值就在于尽可能地保证推理在形式上的一致性,进而保证裁判结论的客观性,这一点对于惩罚严格的刑事领域来说尤为重要,英美法系也不例外。"以演绎推理的形式提出法律论点,具有若干有价值的作用。法律规则在法律制度中确立了法律的框架,从而

---

① 参见李安:《归纳法在判例主义法律推理中的有效性与论证》,载《法律科学》2007 年第 2 期。

② 参见刘克毅、翁杰:《试论演绎式三段论法律推理及其制度基础——兼及大陆法系司法制度及其运作机制》,载《甘肃政法学院学报》2006 年第 2 期。

③ 陈应芬:《法律分析逻辑》,西南交通大学出版社 2002 年版。

也就建立了一种指定法官所可能作出结论的详尽的分类方案。推理从既定的规则出发,就使法律有了可操作性,从而使模糊的关于什么是'公正的'这类问题转变为比较具体的并且时常是没有争议的问题。即使是在有争议的案件中,规则至少也能确立争论的起点和终点,设置待决的法律问题,并建立法律对话的共同语言。法官只有在规则授权时并且按照此授权,才有责任下令给予救济。因此,原告和公诉人都有义务援引一项如果适用就将使他们的法律要求得到维护的法律规则。"①

应当指出的是,归纳推理和演绎推理只是法律推理的两种基本形式,法律推理的内容相当丰富,还包括设证推理和类比推理等。总体来说,法律推理应当以追求司法裁判结论的客观性为目标,但是,由于司法过程的复杂性,法律推理并不可能像纯粹逻辑推理那样在"真空"中运行。法律推理是法官在得出判决结论的过程中关于法律问题的思维过程和心理过程。法律推理要借助普通逻辑推理的规则,但是又不同于普通的逻辑推理。法律推理是只对法律命题运用一般的逻辑推理的过程,也有人认为可以分为广义和狭义两种。案件的处理,是法官在最初接触到案件事实以后所形成直觉的指引下,有意识地收集或者引导当事人提供某方面的证据来印证自己的直觉,如果证据能够完全印证法官的直觉的话,就在此基础上形成判决。情况也可能是法官的初始直觉被一些证据否定,然后相应的,他对于案件方法也做调整,再形成新的直觉,再印证和调整,如此反复,直到全部得到印证,如果仍然存在没有得到印证部分的话,也是可以合理接受的为止。推理的过程包括逻辑过程、心理过程和法定的程序。推理的程式有形式推理、实体推理、直觉和自觉推理、类推、归纳推理和演绎推理等。影响推理的因素是多样的,法律、政治、经济、文化、政策、个人等因素都要考虑。通过判决来进行法律推理,其表现形式有法庭辩论、法律意见书、判决书等。② 也就是说,法律推理虽然强调在形式上追求唯一正确的结论,但是,这种目标性指向并非会在每一个具体案件中得到完美的满足。相反,在很多情况中,受到司法过程内外各种因素的影响,司法裁判的结论往往并非唯一。

简而言之,追求确定性的法律推理自身仍然不可避免地带有某些不确定的因素。其原因可以从两个方面来分析:作为法律推理的大、小前提本身,都含有某些不确定的因素,使得这种推理的运用不可能是简单的形式逻辑的操作。法律推理的大前提是法律规范命题,虽然它也有其特定的逻辑结构形式,但它总

---

① 〔美〕史蒂文·J. 伯顿:《法律和法律推理导论》,张志铭、解兴权译,中国政法大学出版社1998年版,第51页。

② 井涛:《法律适用的和谐与归一》,中国方正出版社2001年版,第135—136页。

是以某个法律概念(或曰"专门术语")为中心而展开的。撇开表达这些概念的语词含义的暧昧或多义性等情况不说,仅就表面看来似乎非常确定的概念而言,其外延界限也并非人们想象的那样清晰,它的边缘情况往往是不明确和模糊的。既然法律概念的边缘难免模糊不清,以它为中心构成的某项法律规范能否适用于某一具体案件,或者说,某一案件事实能否通过司法归类活动将其纳入该法律概念所指称的对象范围,人们的认识就难免发生分歧;对该概念的解释不同,关于某项法律规范能否适用于某一具体案件,能否依据这样的大前提而演绎出该案的处理结论,见解当然也就不同。至于法律推理小前提的建立,情形更为复杂。虽然它是关于案件事实的认定,但这样的认定绝非简单的断定,总得有认定的理由或根据。由于任何一个具体案件,在事实方面总是生动、具体的,两个案件在各个方面完全相同的情况几乎不存在。不同的法官或律师,往往会因个人方面各种因素的不同,或者出自不同的考虑,即使对于同一案件也会侧重于关注不同方面的事实。特别是由于对案件事实的认定还要依赖于证据证明,尤其是在运用间接证据证明案件事实时,还免不了要运用各种推理,而这些推理即使形同演绎,其推理形式也不可能像形式逻辑要求的那样严格,更不可能用相关的推理规则作为判定它是否有效的标准;对于比较复杂的案件某个方面事实的认定,法学家们更是认为只要它不存在"合理疑点"就可以认定。①

总之,司法方法体系内的法律推理在整个司法过程中发挥着十分重要的作用,这是我们必须予以重视的。归根结底,法律推理所发挥的作用实质上就是逻辑在司法过程中所发挥的作用。逻辑在整个司法过程和体系中具有十分重大的理论和实践价值。虽然司法三段论和逻辑推理面临着许多质疑和责难,但是,在现实的司法实践中还是必不可少的,毕竟它可以在限制法官权力同时又能够起到保护法官的作用。当然,其最重要的意义还是在于使得司法判断能够符合社会大众的接受和认同。很多学者也都认识到了法律推理的过程并不是那种纯粹形式逻辑意义上的严格证明,而是内含价值判断的过程。例如麦考密克就认为,像司法三段论这种"演绎证明并不做详细阐释,它只是一个由各种价值构成的框架中的作用,正是这些价值,使得演绎证明作为终局性方式有了坚实的根据"②。而且,中国古代的法律推理分析是在司法实践中产生、并被运用到司法实践中的演绎推理、归纳推理、辨证推理等形式。这种司法推理的局限性在于"无法司法"的现象大量存在,忽视法律程序的风气比较严重,迷信色彩

① 雍琦:《法律逻辑学》,法律出版社 2004 年版,第 240 页。

② 〔英〕麦考密克:《法律推理与法律理论》,姜峰译,法律出版社 2005 年版,第 136 页。

没有完全消退。形成这些局限性的原因,就是中国古代的司法推理由于缺乏相对发达的逻辑学知识背景,和相对完备的法律规范被制定出来的立法条件,仅仅具有司法的工具性质,从而长期陷入到"人治"的环境中无力自拔。[①] 以上司法推理的传统对当下中国的司法也有着潜在的消极影响,由此,对法律推理、对程序主义以及对逻辑的重视就更凸显其现实意义。

(六)司法方法的体系化取向

已有的法律方法大体上可以构成一个分工不同,各有要解决的问题、任务、重点、各具有特色与优势的司法方法论体系。这个体系很难说完善,但也可称为一个"有机"体。从我们阅读的体会来看,关于司法方法论体系有不同的几种叙述方式。一种是日本法学家常用的,以法律解释为线索构架的方法论体系;一种是英美国家法学家,以法律推理为线索建构的方法论体系;还有德国有些法学家以法律发现为线索构建的方法论体系。当然这种说法不是那么绝对,仅仅是一种感觉上的认识,还需进一步深化研究。但这种迹象已经很明显。

我们在上述介绍的就是以法律发现为线索的司法方法论体系。这种确定立场是:(1)以司法为研究的重点,是一种司法中心主义的看法。(2)以制定法为主要的法律形式,同时兼顾非正式的"法律"。(3)将立法者的法视为最重要的权威性法律渊源,把司法者的法视为真实有效的法律。(4)这里寻找的是一种把多种司法方法联系起来的线索,而不是完美无缺的理论体系。因为"所谓的方法论体系不过是在某个特定的时代里被人们唯一采用了的一个特定的视角而已。没有普遍适用的万能的方法,不存在上帝之眼"[②]。

从司法的角度,我们是否可以从逻辑上这样认识司法方法论体系(事实上司法方法的运用可能是另一种情形,即各种司法方法的综合运用的思维过程):首先使用法律发现方法。所谓法律发现就是法律人根据案情,在各种法律渊源形式中,寻找与其相对应的法律规范。制定法是法律人必须首先探寻的法源。在制定法中,与案件相比较,可能有这样几种情形:(1)明确的法律,即法律规定与案件相吻合,不存在大的歧义,此时是法律人就可以运用法律推理的方法,直接根据法律规定得出判决理由。大量的案件属于此类案件。但由于此类案件研究价值不大,所以学者们都不太重视对此类案件的研究。(2)模糊的法律以及相互矛盾的法律。事实的复杂性向制定法提出的挑战,使制定法出现含义

---

① 参见吴春雷、任树明:《略论中国古代司法推理》,载《中州学刊》2008 年第 5 期。

② 张掌然:《问题的哲学研究》,人民出版社 2001 年版,第 336 页。

不清或相互之间矛盾的问题。对此类问题,法律发现方法就显得力不从心,直接的法律推理方法又无法实行。那么这时,法律人就可以运用法律解释的方法。法律解释方法的最主要功能就是把不清楚的法律解释清楚,如果不是特别复杂的案件,法律解释方法就能够加以解决,但这里的问题可能在于:当法律人面对个案时,会出现多种理解。这种不同的理解,既可能是一个人有不同的理解,也可能是不同的人有不同的理解。对不同的理解难以取舍的时候,尽管法官可以决断,但是其说服力可能显得不足。(3) 为增大判决的说服力,就需引进法律论证与价值衡量等方法。这两种方法还可以解决,第三种情形——制定法空缺。当制定法出现空缺的时候,法律发现理论引领着法律人可以到非正式法律形式中去探寻,由于非正式法律本身就不是像制定法那样明确,再加上探寻者本身的价值倾向等干扰,就会出现更大的分歧。因而引进价值衡量(利益衡量)以及必需的法律论证就成为必要。

但我们必须清楚的是,法律发现、法律解释、价值衡量(利益衡量)、法律论证等都是建构法律推理大前提的活动,或者说都是为判决寻找正当、合法和合理的判决或裁判理由的活动。法律推理方法在理论上有两个作用:一是在解释、论证针对个案法律的时候,法律人可以将其作为解释与论证的理由;二是作为一种法治的原则要求,在最终得出判决理由的时候,必须运用法律推理。也就是说不管法律方法运用的过程多么复杂,但法律人必须根据"法律"得出的结论。当然这里的法律是指那种由法律人共同参与解释与论证、甚至衡量以后针对个案的法律,而不是指现成的立法者所制定的法律。针对个案的法律包含着法律规定、法律精神、法律价值以及法律方法等法律人的智慧。

根据上述,笔者认为法律方法体系是逻辑自洽的,能够相互分工配合、构成逻辑一致的关系。但这里面临的必须解决的理论问题是:(1) 这个由法律发现、法律解释、法律论证、价值衡量(利益衡量)和法律推理所构成的体系,与实际的司法过程并不一致,它只是一个逻辑的理论过程。但这并不意味着司法方法论体系对实践没有作用。只不过这种作用是间接发生的——即通过把方法论变为法律人的思维前见,由此支配法律人的判断。从这个角度看,司法方法论最大的功能不在于指导实践,而在于揭示司法的理论过程,为法律人的培养、培训进行知识储备与思维训练。法律的运用除了掌握法律方法外,更主要的是能力与智慧的运用。这里的问题在于:司法方法论体系如果不能解决司法实践的问题,不能由法律人操作从而使法律得以实现,那么法学的实用性何以体现?这种问题还原成古老的问题就是司法方法论如何与司法实践结合?如果我们找不到这个切合点,司法方法论的研究就可能是一种纯理论的说教。我们得明白司法方法论是理论,其与实践的结合实际上是在思维过程的结合,是通过思考法律及其运用法律方法,才使理论的所谓作用发挥出来。(2)把各种司法方法串联成体系,只是建构系统理论的愿望,但要证成这一体系,我们还必须搞清楚解释与发现、解释与论证、推理与论证、衡量与论证等方法的各自特征及其他们之间的区别与联系;还应该证成这几种方法都是相对独立的方法;它们应有各自的问题阈。如果这些概念之间是含混不清的(或者交叉重叠得太厉害)也会影响法律方法本身的可接受性。虽然这是一个纯粹理论的问题,但也绝不是不重要的问题。我们知道事物之间存在着这样那样的联系,孤立的事物是不存在的。但我们为了在理论上研究深入,就必须撇开一些联系,就事物的本体部分进行"片面"而深刻的研究。

1. *法律发现为什么是独立的司法方法*

在很多法学家看来,法律发现不是一种独立的方法,而是对司法过程的描述。但在笔者看来,法律发现是一种相对"独立"的方法。问题是:我们应该把法律发现和法律渊源理论联系起来观察。法律渊源说是一种理论,但令法学家难过的是,这一理论实际上是一种对法律实践的描述。尽管罗马法学家早就适用"法律渊源"一词,将其视为法律的源泉。但理论家并没有对此进行理论上的证成与反思,只是对司法实践的实际做法进行一些总结。法律渊源是一个地道的司法视角的概念,如果不是从司法视角观察,我们很难理解它的含义。法律渊源简称法源,指的法官判案或其他法律人探寻针对个案的法律,从哪里获得依据,哪里就成了有效法律的"源泉"。这里的法律不是指一般的法律从何而来,而是指具体的法律来自何处。为了发现法律的方便,法学理论根据法律人的实际的做法,总结出了两套法源系统:正式法律渊源与非正式法律渊源。正式法律渊源形式包括制定法(制定法中又分为为多个层次)、判例法、习惯法、契约等;非正式法源包括公平正义观念、善良风俗、法理学说、事物的本质等。[①] 这样就形成了一个复杂的法律渊源形式,使法律人的发现法律过程呈现出复杂性,有了许多的技术要求,发现的原则与运用技巧也就相应而生。如,大陆法系的制定法优先原则,即发现法律首先要到制定法中去寻找;在制定法中发现顺序的特别法优于一般法原则;新法优于旧法的原则;还有公平正义在什么情况下,可以修改制定法的条件等。法律发现需要经过一段时间的训练才能掌握。

法律发现的方法与其他方法,如法律解释不一样,有自己的特点。从总体上看,法律发现是在已经存在的现成法律形式中去探寻,找到适合于具体案件

---

① 我国法理学界接受这种法律渊源的理论,与邓正来翻译博登海默的《法理学——法哲学及其方法》有很大关系,该书1987年由华夏出版社出版后,影响很大,竞相引用。

的规范。法律是在"那里"的原有之"物",等待着法律人去探寻,解释是对发现后出现的模糊不清的问题做进一步的说明,两者有不同的问题域。发现与解释对法律人来说是两种不同的任务。法律解释有自己的原则与技术,像文义解释优先,其中有包括法义解释优先于专业含义,专业含义由于日常含义,日常含义优于生僻含义等技术。对文义解释还有正义、公平、事物的本质等附条件的修改原则等。法律解释有一套成熟的原则与技巧;法律发现有它的原则与技术。发现可以到达终点,而解释则不会有终点,解释是一个循环的过程;解释在一定意义上是重构,而发现则是对已经存在的认识。① 二者遵循的是不同的逻辑。但到这里问题又出来了,发现的逻辑与解释的逻辑究竟有什么不同?我们究竟该怎样在理论上予以证成?这是法律方法论体系的研究者不能回避的问题。

2. 法律论证是独立的司法方法吗

关于法律论证有两种进路的研究。一种是演绎推理的论证方式,强调"一般性优于特殊性"总的思维原则,即用一个一般的命题推论出两个命题的正确性。传统法治理念的建构,在整体思路上基本上依靠的是这种逻辑,但这种逻辑到了法治真正实施的时候,却受到了人们的质疑。其主要问题是:法律规范作为三段论推理的大前提出现了诸多的问题。(1) 法律规范不能涵盖生活事实,或者说生活事实的复杂多样性经常使法律规定显得捉襟见肘。(2) 语言本身的概括性使得法律经常出现模糊性,生活的发展也使得法律具有不确定性。② (3) 一般规范所含有的正义经常与个案中的正义冲突,合法不合理的情形不断出现。这就使得建立在一般性优于特殊性基础的判断,缺乏普适性而备受质疑。经过一百多年对作为推理的大前提批判,人们对法律作为标准的判决的合理性提出了质疑,法律究竟能不能作为判决的标准?假如是作为标准的话,它是什么意义上起作用的标准?

另一种思路是20世纪六、七十年代提出来的法律论证理论。这种理论奉行的是归纳原则,即一个判断的正确性是由一些其他的判断来证成的。法官判

---

① 法学上讲的发现与科学发明之发现不完全一样。科学上的发现不能给它任何积极的规则,而只能是一些限制的条款,我们不能给创造发明一个方法论,那会限制创造性。但法学就不一样了,法律方法论并不是鼓励像科学那样的创造,而是如何把已有的法律贯彻下去,创造反而是被限制的。参见金惠敏:《后现代性与辨证解释学》,中国科学出版社2002年版,第63—64页。

② 法律的模糊还在于法律解释是一个复杂的问题。多种法律解释方法可能支持一种结论,但也可能支持多种结论。"这样的情况在实践中是常见的,譬如语法解释导致多种可能的含义,其中一种解释为历史解释所支持,另一种解释为目的解释和判例所支持,等等。更为重要的是各种解释方法在案件中的权重是不一样的。"参见舒国滢等:《法学方法论问题研究》,中国政法大学出版社2007年版,第379页。

案不是依据一般性的法律,而是临事而议制的。法官不仅仅是司法者,实际上还是“立法”者。不过他所立的“法”不是对一般人的,而仅仅是对个案的。这种立法是要考虑一般的法律规定,但那仅仅是进行的一种合法性论证。即传统法治中的依法在这里被变成了一种论证的理由。作为判决的理由不再是直接从一般性法律中推出,而是变成了多种理由的归纳。这种变化打破了一般性优于特殊性的传统法治的思维解释原则,而是强调说服、强调案件的个性对法律判断的影响。西方法学中有的把此称为实质推理、有的称为法律论证、有的称为价值衡量,等等,但更多的是把此称为新修辞学、非形式逻辑的推理等。

对法律论证有多种多样的看法,其观点纷呈五花八门。有的说法律论证是法律解释的最新进展;有的说是对传统法律方法的重大突破;有的说是对价值衡量方法的进一步完善。总之,它开启了法学研究的一个新增长点。法律论证理论确实是法学近几年的热点问题。但不论理论上如何众说纷纭,法律论证是要为司法服务的一种工具。我们需要把其简化,而不能是越来越复杂。[①] 对建构法律方法论体系来说,我们首先要搞清楚,解释、推理与论证是不是遵循的同样的逻辑?法律推理、法律解释和法律论证是不是一种相对独立的方法?

关于法律论证是不是法律方法,实际上还是存在着一些争论。刘志斌发现,对法律论证存在是一般理论还是法律方法的疑问。[②] 因为,对法律论证,我们接触到的多是法哲学、逻辑学、修辞学等方面的论述,而这方面的论述基本都是一般理论的研究。深入到司法层面的似乎只有台湾张钰光的博士论文,涉及了法律论证方法与司法实践的关联。即使在谈到论辩的时候,我们也只是把对话的哲学放到论文里面进行搪塞。但从这些一般理论的描述中,大家还是愿意承认法律论证是一种方法。并且其内部还涉及证立、论辩、商谈等多种更为细致的方法。如果我们要把法律论证纳入到司法范围来看,它是要用多种判断证明针对个案的法律判断的正确性,包括论辩、商谈、融贯、证明等手段的运用,这种方法与三段论式的演绎推理不同,从大的理路走向来看,明显属于运用归纳进行证明的范畴。但这种看法,与当今的法律论证理论也是不一样的,因为大家都声称法律论证是属于非形式逻辑的推理。看来还有论证的必要。笔者只是想说明,法律论证与传统的法律推理不同。论证与解释方法的不同,可能就更难以证成。但论证能作为解释的最新进展,肯定也应该与传统的法律解释有

---

① 这是理论研究者的任务,而不是实践者的任务。理论研究者要理顺、论证简明扼要的判断。但真在运用理论的时候,我们并不能完全用一般剪裁个别,而是把一般与个别融为一体。正是在这一活动中,理论智慧与实践智慧的结合才显现出法律人的能力。

② 刘治斌:《法律方法论》,山东人民出版社 2007 年版,第 337—341 页。

很大差异。只是笔者还没有研究出来而已。另外,法律论证还存在无穷递归的循环论证问题。即论证是用其他的判断作为标准来证成,但作为证成标准的标准是该如何证成的,则又成了问题。我们认为,法律论证作为一种方法,视为法治服务的,法治的目的在于限制任意,只要我们的论证达到了可接受的程度,专权被说理讲法所替换,那么法律论证就是一种有意义的方法。渴求逻辑上的彻底贯通是很难做到的。

3.“法律推理”是独立的司法方法吗

一般认为司法方法是一种技术性含量较高的理论与实践知识。但如果我们仔细想一下,司法方法中的技术,除了法律的程序、原则、规则外,最主要的成分就是逻辑与语法。在很多人看来,法律推理要用复杂严密的逻辑,但在笔者看来却不一定是这样的。逻辑学是一门精深的学问,但它的运用其实应该很简单,人们不可能都来掌握系统的逻辑理论才能加以运用,正如人们说话不必完全按语法来表述一样。笔者觉得,在司法中所运用的逻辑应是一些简单规则,不能是太复杂的规则。毕竟法律是调整日常行为的规范,法治要求:法律调整本身就是要用简单应对复杂,而不是使社会变得更加复杂。所以,法律推理越简单越能够发挥重要的作用。

“一些学者在宽泛的意义上使用‘法律推理’这个术语,涵盖了在法律过程中把法律适用到事实上的人(法官以及由此而派生的想对司法判决产生影响的辩护人、评价司法判决的法律学者)所运用的各种形式的分析。另外一些学者只是在狭义上使用这个术语,仅仅指从法律原材料中引导出法律后果。假如法官能够或者应该参考法律外规范,那么这些学者就会把‘法律是什么’或者‘法律要求的是什么’与‘法官应该/将要怎样作出判决’区分开来。在这种解释之下,法律推理仅仅只从法律材料中得出结论的那种分析,‘法律材料’在这里应作狭义理解,而‘司法推理’的指称不同,涵盖了更广的范围。”①把法律推理的概念泛化也是一种研究司法方法体系的立场,持这一立场的学者,用形式推理与实质推理描述整个司法过程,取得了很多有影响力的成果。但他们对问题的表述方式,我们不一定能够接受;西方人对法律认识的广度也与我们不一样。根据笔者对中国文化的解读,笔者觉得我们更需要借用西方的形式逻辑来弥补我们在分析问题上过度灵活,而不是陷入他们目前提倡的繁琐逻辑。所以,笔者更愿意接受狭义的法律推理概念。在笔者看来法律推理就是指以法律为大

---

① 〔美〕布赖恩·H.比克斯:《牛津法律大辞典》,邱昭继等译,法律出版社2007年版,第134—135页。

前提的三段论。如果这样的话我们就必须论证,法律推理与法律论证(实质推理的一部分)是不是同样的方法?

法律推理就是三段论的推理,这是早期法治论者的观点。这一观点目前受到了许多批评①,最根本的原因是三段论的推理解决不了复杂疑难案件。在疑难案件中,法律呈现出模糊性、不确定性、意义的流变性等问题,这时的三段论的推理无法进行。所以波斯纳说,法律并不是百宝箱,法律人并不能想用什么就能从中取到什么。这些揭示无疑是有道理的,法律规范虽然和其他的社会规范比较起来具有明确性、客观性等特性,但面对复杂事实的时候,这些优点就会荡然无存,规则怀疑论就是从这个角度来作出结论的。但法律人并不能否认,我们的很多判断是依据法律作出的。在典型案件中,直接运用三段论就能得出判断,但许多法学家不愿意研究这种事实,因为没有多大研究的价值。他们更愿意研究疑难案件,典型案件只是教科书中的案例。但实际上就疑难案件来说,法律人不能直接从法律规范中推出结论,并不是放弃三段论的理由。法治要求我们还必须是运用法律推理来完成法治事业。只不过我们必须意识到,对法律推理的大前提,不完全是直接发现的,很多是经过解释、论证、衡量出来的。对法律推理大前提的确定,把不确定的、模糊的法律确定、明晰是法律人的任务。我们不能因为发现制定法或判例法规范存在着这样那样的问题,就否认法律推理的积极意义。法治要求法官等法律人的判断不能是任意的,必须根据法律作出。但这个法律不一定就是立法者所创立的那个法律;是一种综合了法律规定、法律价值、法律精神、法律文化和法律方法的整体性法律或者说具体法律。依据这种法律作出判断仍不失为法治。法治意味着所有的判断都是根据法律作出的。三段论式的法律推理最后还是发挥着作用。法律推理是法治必须运用的“独立”方法。这种方法到最后运用的时候虽然简单,不能涵盖复杂的思维过程,但它是一种原初法治要求,现代法治并不能完全放弃。

4. 利益衡量(价值衡量)是司法方法吗

价值衡量是司法过程中经常运用的方法。其要义是运用社会公认的一些价值对法律的刚性规定进行修改。这种思想从理论上看,源于西方的自然法理论。这种理论认为,自然法是真正的法律,恶法非法,与自然法不一致就应该被修改。自然法的概念比法律价值可能更为宽泛一些,但很多自然法是与法律价值相重合的。正义、公平、善良风俗、自由等都做过修改法律的高级标准。但由

① 参见张其山:《司法三段论之重构》,载陈金钊、谢晖主编:《法律方法》(总第6卷),山东人民出版社2007年版,第484—502页。

于,各种价值在逻辑上属于不同的“质”,所以就出现了逻辑难题——这些不同质的价值没有办法比较出高低优劣,因而对法律的修正只能是同质的价值或基于程序不公引起的问题。所以,日本的有些法学家就提出了利益衡量来代替价值衡量,它的逻辑在于各种价值都可以还原成利益,而利益可以进行比较,因而主张用利益衡量代替价值衡量。但实际上,在很多案件中如果是同质的价值,还是可以进行比较或衡量的。另外一些程序问题,可能并不涉及利益的比较,更多的是价值倾向问题。但这里的逻辑问题在于,无论是价值衡量,还是利益衡量,它本身是不是法律方法?如果是法律方法,那么正式的法律又被放到了何处?利益衡量作为一种方法与实质推理是什么关系?

法律方法是与法律规则密切相连的方法,是指法律人在遵循规则的前提下,灵活智慧地运用规则的艺术。法律方法肯定得与法律有一定关联性,那么,如果说价值衡量是法律方法的话,是属于灵活运用的那一部分,而不属于根据法律思考的那一部分。价值衡量虽然不是根据法律的思考,但它是对根据法律思考的补充,是在根据法律思考后的再思考,相当于对法律思考的反思。所以,说其是法律方法,主要是解决法律纠纷的补充方法,是对法律难题的解决方法。这也就意味着,价值衡量的运用是有条件的。如果无条件地把所有的案件都用价值和利益进行衡量,思考的依据都是根据价值或者利益,法律规范的刚性就失去了,法治原则就是空中楼阁,社会就是无需法律规则的秩序。价值衡量是一种辅助性的解决法律纠纷的方法,不属于“纯正”的法律方法,但又是法律方法论体系不可缺少的一种解决问题的艺术。

至于价值衡量与实质推理,在笔者看来只是在不同法律方法论体系中的表述方式的不同,二者没有截然的界限。这一点也包括法律论证,虽然其所运用的逻辑不完全一样,但整体思路似乎没有太多的区别。在价值衡量方法中,还有一个逻辑问题是:既然法律规范中本身就包含着价值,那么为什么在司法中还需要价值衡量呢?这是由于法律规范中所肯定的是一般的价值或正义,当一般正义与个案结合的时候,个别正义的多数与一般正义是一致的,但偶尔也会出现矛盾。另外,不同的权利以及不同的正义观念之间本身就存在着冲突。这反映到对案件的看法中就会出现见解的分歧。所以在司法过程中就会经常运用价值或者利益衡量来解决认识上的冲突。

二、和谐社会建设对司法方法的需求

(一) 法律视野中的和谐社会及其特征

“和谐社会”的提出,具有十分重大的理论和实践意义。在与和谐社会相关的研究中,我们可以从不同的学科视角来出发进行解读,这种解读对丰富和完善和谐社会的理论,进而对建构和谐社会的实践都是具有十分重要的意义的。从这些学科的不同视角出发也可以对和谐社会的特征进行不同的解读。例如,从哲学的角度来说,所谓“和谐社会”就是指整个社会系统的全面和谐,这里既要达到人与自然的和谐,又要达到人与人、人自身的和谐;既要达到宏观上社会整个系统内经济、政治、文化等系统之间的和谐,又要达到中观上经济、政治、文化各子系统内部的和谐,还要达到微观上各子系统内部的和谐;既要达到社会内部各阶层、各利益团体之间的和谐,又要争取外部世界格局的和谐发展。而和谐社会的特征就在于:(1) 社会主义和谐社会是一种社会理想,是一个价值目标。作为社会理想的“和谐社会”是广义的“和谐社会”,它是指整个社会的经济、政治、文化、社会和人的自身发展以及人与自然的关系最终进入和谐状态。(2) 社会主义和谐社会应该是一个经济持续稳定增长、人们生活相对富裕、经济政治文化社会全面协调发展的社会。(3) 社会主义和谐社会是民主法治的社会。民主法治,就是社会主义民主得到充分发扬,依法治国基本方略得到切实落实,各方面积极因素得到广泛调动。(4) 社会主义和谐社会是公平正义的社会。公平正义,就是社会各方面的利益关系得到妥善协调,人民内部矛盾和其他社会矛盾得到正确处理,社会公平和正义得到切实维护和实现。(5) 社会主义和谐社会应该是一个社会结构合理、社会流动畅通的社会。(6) 社会主义和谐社会是诚信友爱的社会。诚信友爱,就是全社会互帮互助、诚实守信,全体人民平等友爱、融洽相处。(7) 社会主义和谐社会是充满活力的社会。充满活力,就是能够使一切有利于社会进步的创造愿望得到尊重,创造活动得到支持,创造才能得到发挥,创造成果得到肯定。(8) 社会主义和谐社会是安定有序的社会。安定有序,就是社会组织机制健全,社会管理完善,社会秩序良好,人民群众安居乐业,社会保持安定团结。(9) 社会主义和谐社会是人与自然和谐相处的可持续发展社会。[①] 虽然可以从多个学科视角来分析和谐社会,但这里需要强调的是从法律视角进行的分析。从众多关于和谐社会特征的论述中可以看到,法治已经成为建构和谐社会的基本特征和必要条件。[②] 可以说,完善的法治环境是创造社会和谐的必要社会制度前提,法治建设的成果是和谐社会基本特征的体现,法治国家建设是和谐社会建设的手段和形式,而和谐社会建设则是法治国家建设的目的和内容。[③] 而法治对和谐的基本价值就在于:法律秩序是和谐社会的标志;法律正义是和谐社会的基础;法律效益是和谐社会的目的。[④]

在充分认识到法治在和谐社会建构中的重要性之后,我们需要从司法这一角度进行更加细致的分析。作为法治的一个重要环节,司法承担着整个社会正义最后一道防线的特殊责任,如何更加充分地满足建构和谐社会的需要,应当从司法立场对和谐社会的特征进行分析来入手。这一分析大致可以包括以下几个方面:

(1) 和谐社会继承了传统社会中的积极成分,承认并尊重多元价值的存在。"和而不同"是传统儒家思想中的经典理论,正所谓:"君子和而不同,小人同而不和。"春秋战国时期的史伯提出"和实生物,同则不继"是和而不同的最早雏形,其含义就是社会是存在利益冲突的,无论是理想的治世还是圣贤治理的王道乐土,不同阶层的利益差异、政治权利分配过程中造成的社会资源占有的差异,使得社会矛盾、冲突、争执不可避免,这一假定是"和"思想存在的前提。认可社会矛盾的普遍性就不能回避它,治者对必须对此作出有效的回应,是消极地回避、一味压制还是积极地求得和解、协调利益冲突,当然地成为治国的首要课题,于是儒家顺此思路,提出了民本思想。[⑤] "和而不同"是中华法系"和谐"理念的本质,"无讼"的目的是为了追求和谐的社会秩序,以解决矛盾纠纷的方式来促进和改善国家治理,进而推动社会的进步与和谐。它包含着深刻的思想内涵:将诉讼置于社会大系统的背景中来看待,而不是孤立地看待;应寻找纷争的根源,提前解决和处理发生纠纷的矛盾,以杜绝诉讼;并不是主张畏讼,

---

① 参见秦宣:《论社会主义和谐社会的科学内涵和基本特征》,载《北京社会科学》2006 年增刊。

② 相关论述参见郭非凡:《全面深刻把握基本特征构建社会主义和谐社会》,载《湖北行政学院学报》2007 年第 5 期;王木森:《社会主义和谐社会的基本特征及其构建方略》,载《中国劳动关系学院学报》2005 年第 4 期;王炳权:《社会主义和谐社会基本特征概述》,载《求索》2005 年第 8 期等。

③ 参见吴雷:《法治对和谐社会的基础性作用研究》,载《湖北省社会主义学院学报》2006 年第 6 期。

④ 参见胡晓娅:《试析法治对构建和谐社会的基本价值》,载《政治与法律》2004 年第 6 期。

⑤ 曹英:《和谐社会的思想资源与制度资源》,中国人民公安大学出版社 2007 年版,第 6 页。

而是不主张烂讼或者恶意诉讼；正确对待诉讼，不为诉讼而诉讼，做到心怀诚信，持守中正之道，而不偏不倚。① 应当说，急剧发展的现代社会已经与“和而不同”所产生的时代有着巨大差异，利益的多元化和复杂化已经不是一种主张所能限制和左右的，其纠纷的产生不但在数量上更在质量上迥异于传统社会。而在长期大一统思想的权威之下，仍然能够保持着对多元价值和多元利益的承认和尊重，是相当难能可贵的。当然，这种“和而不同”的出发点仍然是为了息讼，最终实现无讼的效果。虽然无讼是一种相当理想的境界，但是，这种理想化状态始终在现实社会中无法实现。而以理想化标准来要求和衡量社会以及个人的行为，这是儒家法律思想中充分渗透道德因素的表现，也就是“明知不可而为之”。和而不同本来是为了实现无讼这一目标的手段，但是，在当代的理论和实践中，却直接反映了多元价值和利益的存在，这也是现代司法在社会中的背景性因素，也是司法的制度建构和实践活动中所必须考量的因素。

（2）基于多元价值和利益的存在，和谐社会中也相应地承认多种纠纷解决的方式。虽然司法是解决社会纠纷的重要手段，但是，这并不意味着所有的社会纠纷都需要或者合适运用司法的手段，司法手段只有与其他方式相结合才能发挥各自的优势而应对社会纠纷的挑战。如果把所有的社会资源都用于司法程序，则无异于试图在一瞬间开采完地球上所有的煤矿——最终必然导致资源的枯竭与发展的失衡。20世纪民事司法危机的出现就是诉讼制度不堪重负的结果。在目前的制度下，为两毛钱打官司并不停地缠讼，实际上就是把法制绝对化，严重地浪费司法资源。一个理想的状态应当是将有限的社会资源合理地分配给各种纠纷解决方式，按照不同纠纷种类的特殊要求及当事人意思自治，将数量庞大的纠纷分配给不同的纠纷解决程序。当然，在这一过程中，必须保证司法程序作为最终救济的地位。但必须注意的是，法院不能凭借自己的强势地位打压其他的纠纷解决程序，而应当与其他非司法程序保持一种必要的联系和牵制。只有这样，才能建构一个完备的多元化纠纷解决机制，从而实现法治的“可持续发展”。② 以上对各种纠纷解决机制之间关系的论述，概括起来仍然是“和谐”。在解决纠纷这一宏观目的指导之下，各种机制各司其职、各尽所能，在“保持一种必要的联系和牵制”过程中共同处理社会矛盾纠纷而发挥法治对社会的推进作用。虽然当前的法学研究中已经出现了一些“司法中心主义”的倾向，但这是从法治理论和实践的中心与典型的状态出发的，“司法中心主义”不应也不能演变为“司法霸权主义”。各种纠纷解决机制之间的和谐关系可以

---

① 潘丽萍：《中华法系的和谐理念》，法律出版社2006年版，第110页。

② 何兵主编：《和谐社会与纠纷解决机制》，北京大学出版社2007年版，第36页。

概括为“司法权威下的纠纷解决机制的多元化”①。多元化纠纷解决机制是指在一个社会中,多种多样的纠纷解决方式以其特定的功能和特点,相互协调地共同存在、所结成的一种互补的、满足社会主体的多样需求的程序体系和动态的运作调整系统。多元化纠纷解决机制的合理性归因于社会主体对纠纷解决方式需求的多样性。人类社会的纠纷解决机制自古以来就是多元化的,但是近现代以来则经历了从司法权对纠纷解决的垄断,到通过替代性纠纷解决机制(ADR)重构多元化纠纷解决机制的否定之否定的过程。多元化纠纷解决机制的确立,意味着现代法治社会纠纷解决进一步合理化,对于我国而言,还意味着一种保证社会和法制的可持续发展的需要。在司法实践中,司法机关和非诉讼机制的衔接对于疏解司法压力和诉讼程序的局限,减少社会纠纷解决成本和对抗,追求合乎情理和实质公正的解决结果具有重要价值。

(3)以和谐为理念的社会,可以更好地处理其纠纷,特别是通过司法的手段。虽然中国自古以来就具有和谐的理念,但是,与这种理念所伴生的是息讼、无讼和厌讼思想的广泛传播。也就是说,传统的和谐理念是以预防甚至打压纠纷的产生为主要方式的,这种理念在农业社会,各种纠纷并不纷繁复杂的时候的确可以发挥重要的作用。但是,自从工业化以来,社会纠纷的复杂和多样程度已经远远高于以往任何时代,而单纯地意图采用压制矛盾的方式,其结果只能是造成更多更大的矛盾。从这个意义上说,当代的和谐社会理念是对传统和谐理念的扬弃。现代的和谐社会理念应当更注重如何通过恰当地处理社会中的矛盾纠纷来达到一种和谐的结果和状态,而不是仅仅尽可能地压制纠纷的出现。传统和谐理念的局限还表现在一些其他方面,例如“礼法合一”的总体观念使得道德发挥了比法律更重要和更普遍的作用,从而使得法律在一定程度上丧失了自身的权威和适用领域。但是,以圣人为标准的道德是很难适用于每个具体社会成员的,而且道德本身的多元化使其在当代社会中在解决纠纷方面显示了其巨大的局限性。特别是对于当下转轨时期的中国社会来说,社会的急剧发展使得各种矛盾丛生,在经济上取得巨大成功的同时,各种长期被掩盖和压制的矛盾在这一特殊的断裂和转型时期逐渐重新激化。在这一时期提倡和谐的理念就有其独特的意义,而和谐的理念也应当贯彻到司法及其方法的运用之中。如果说中国社会整体都处于转型时期,那么,在中国法治的理论和实践中,各种理论、观念和主张也逐渐粉墨登场,中国法治处于一个高度敏感而又多变的时期,这一时期所确立的方向对以后的法治进程有着重大影响。对于司法领

① 参见范愉:《从司法实践的视角看经济全球化与我国法制建设——论法与社会的互动》,载《法律科学》2005年第1期。

域来说，在经历了并经历着各种改革方案的冲刷和洗礼之后，我们的确需要一种宏观的理念来指导司法的发展。从目前各种各样的提法来看，"和谐"是能够承担起这一任务的，它促使我们重新思索司法本身的目的合理性，司法的原初目标就是裁判案件、解决纠纷。在进行了各种五花八门(甚至光怪陆离)的司法改革之后，我们似乎忘记了司法的原初目的。当然，"和谐"这一理念相对于单纯地解决纠纷，更注重纠纷解决结果的长期性、稳定性和可持续性，更注重其社会效果的扩散和传播，因此，比"裁判案件、解决纠纷"更具有优越性和超越性。以此为司法的总体指导观念，可以尽可能地实现法律效果和社会效果的统一，从而使得司法在中国发挥其积极作用，进而树立其权威，反过来又可以促进社会矛盾更好地解决，而作为所有这些良性循环的开始，和谐理念是一个相当有意义的选择。

(4) 和谐社会尊崇"以人为本"的理念，在法治领域中可以转换为对权利的尊重和保障。"社会主义和谐社会基本特征所要求的民主与法治的统一、公平与效率的统一、活力与秩序的统一、科学与人文的统一、人与自然的统一，实际上都统一于以人为本。"①从一般民主法治意义来说，以人为本，就是以实现人的全面发展为目标，从人民群众的根本利益出发，不断满足人民群众日益增长的物质文化需要，切实保障人民群众的政治、经济和文化权利。这就要求党和政府始终把实现好、维护好、发展好广大人民群众的根本利益作为自己的孜孜追求。健全民主机制、加强法治建设，让人民群众更多地参与民主管理、民主决策、民主监督。而从司法发挥作用的立场出发可以看到，"从宏观的角度来观察，和谐社会强调以人为本，以人为本的理念体现在法律上，就是以个人权利为本位，尊重人的权利，有效保障人权，建立权利保护的法律机制，重点突出对于弱者人权的立法保护。……立法者所确立的法律价值只有借助于法律职业者的转化工作，才可能把抽象的社会正义转化为个案正义。法律方法追求法律的形式正义与实质正义的双重实现。由于法律职业者并不可能是一个机械的法律操作者，而是一个有着目的与价值偏好的社会价值承载者，所以，从司法判决来看，法律推理的运用必然一方面是三段论逻辑的外在形式运作，另一方面是社会价值的内在运行，法律推理是一个形式与实质同时运行与兼顾的思维过程。法律方法的运用有助于法律职业人员对于社会价值的吸纳。作为在裁判中起主导作用的法官，其吸纳社会价值的方法主要是司法过程中的目的解释、

---

① 参见张爱军:《以人为本:社会主义和谐社会根本出发点和归宿》，载《渤海大学学报》2007年第4期。

利益衡量、价值评价等"①。也就是说,和谐社会所推崇的"以人为本"的理念具体到司法过程中,就是准确地认定事实、适用法律来实现和保障各种具体的权利。权利问题是法学中的基本问题之一,在理论界经历了"权利本位"和"义务本位"的争论之后,权利成为了法治的当然主题和主要目标之一,"权利本位说"为开启法治进行确立了研究和精神层面上的出发点,它从逻辑结构中确定了法治的应然状态,也为理论研究和具体实践提供了目标和标准。在中国法治理论和实践进程中,基于权利理论已经成为主流的意识形态,在基本完成了对权利的呼唤之后,权利的具体运作就成为迫切的需要。可以说,从权利理论的视角出发,权利的运作是对权利呼唤的延伸和发展。正是在对权利呼唤的基础上,近三十年的时间内出现了大规模的立法活动,民法、刑法和行政法等主要的部门法陆续出台并不断完善,这就意味着各种权利至少已经在具体条文中明确了,对权利的研究已经开始从逻辑结构中落实到社会实践之中,其研究重点也向部门法中的具体权利转移。这些部门法中权利规定的完善为其运作过程提供了必要的前提,也就是有法可依。如何在特定场景中(特别是在司法过程的具体案件中)实现、保障法律条文中所规定的权利,或者如何具体地解决各种权利之间的冲突,无疑是更具实践意义的问题。而要更好地发挥司法在和谐社会建构中的作用,司法方法的研究和运用就显得相当重要了。

(二)和谐社会对司法方法的需求

以上是从法律的视角对和谐社会的特征进行的分析,正是基于以上的特征,我们才能更加准确地把握司法方法在和谐社会中的发展方向,才能确定司法方法在当代中国应当具备的特征。从总体上来说,和谐社会也要求将"和谐"的理念贯彻到法治(以及司法)的各个层面。具体到当代中国,构建和谐的法律体系,应当致力于实现以下五大"和谐":(1) 努力实现人与制度的和谐,提高法律的公信力。(2) 努力实现社会主体间的和谐。第一,积极构建富裕群体和困难群体之间的和谐。第二,积极构建强势群体与弱势群体之间的和谐。第三,积极构建劳资双方的和谐。第四,积极构建城乡居民之间的和谐。第五,积极构建权利和权力之间的和谐。(3) 实现整体社会结构的和谐,逐步改变当前的"金字塔形"和"橄榄形"社会结构,建立一种"扁平"型社会结构。(4) 积极构建东部、中部和西部之间的和谐。(5) 必须通过法律制度实现利益的和谐。社会公平就是社会的政治利益、经济利益和其他利益在全体社会成员之间得以合

---

① 参见杨建军:《法律方法对构建和谐社会的意义》,载《山东社会科学》2007年第4期。

理而平等地分配，它意味着权利的平等、分配的合理、机会的均等和司法的公正。以上这五个方面主要是从法律与和谐社会互动的角度来分析的。而要具体到法律自身来说，应当强调的是法律制度之间的和谐关系。如果说“中国传统的选择、交换、说理、反思都非常缺乏制度性条件的保障，容易为一时一地事实上的力量对比关系左右，公共决定的过程带有太大的任意性，对事实上的偶然因素不能进行有效的非随机化处理，因此社会缺乏相对确定的行为预期”①。那么，法律制度的大规模出现已经对此进行了改观。应当说，制度是法律提供给社会的最主要的公共服务，几乎所有的法律运行和实践都是在特定的制度中操作的。离开了制度建构，任何法律的理论和实践只能是空中楼阁。“和谐社会同时是法治社会，法律和谐既是和谐社会的制度根基，也是和谐社会的重要内容和根本保障。”②特别是对司法领域来说，不仅应当遵循实体法的规定，更要严格地适用程序法，而“正当程序主义”也成为目前司法研究中的主流观念。只有通过正当程序的运行，才能准确地保证实体法所规定的权利义务的实现。也就是说，和谐的理念也应当贯彻到司法方法的研究和运用之中，我们应当倡导各种司法方法之间的“和谐”关系。由于司法方法的种类较多，限于篇幅，这里无法对各种具体方法之间的关系进行完整论述，仅以法律解释的各种具体解释方法为例来说明。

1．混沌：法律解释方法的多元样态

随着方法论思潮的风云际会，作为一种基础性的司法方法，法律解释也受到了甚于以往任何时候的重视。从理论学说到权力运作，法律解释可以在多个层面上展开探讨和研究。相比于整体性的法律解释，其具体的方法似乎还没有受到那么大的重视。法律解释权回归法官，这种呼唤已经成为目前法律解释理论的基本共识之一。但是，如果没有对法律解释的各种具体方法及其相互关系进行深入研究，那么我们在法律方法论的领域中就依然延续这样一条老路：热切呼唤过后却总是缺乏实际的具体运作。在探索法治道路、特别是适合中国社会特殊性的法治道路的过程中，这种呼唤与运作之间的虎头蛇尾经常挫伤我们对法治的热情。这种情况是我们在法律解释的研究中并不期望的。简而言之，与倡导法律解释的现实权力定位同样重要的是，将各种法律解释的具体方法引向研究的深入。

从目前的研究现状来看，虽然同属于法律解释这一宏观框架之内，但是，在

① 季卫东：《宪政新论》，北京大学出版社2002年版，第83页。

② 参见何士青：《和谐社会的制度根基——法律和谐论》，载《当代世界与社会主义》2006年第4期。

其具体方法的研究中却出现了相当混沌的状态。在各个学者的观点中,有一些共性的成分,但是,更多的却是“各自为战”:相同或者相似的解释方法却经常出现在不同体系编制的不同位置上,某些解释方法是否独立以及何种从属关系都有着迥异的观点。具体而言,法律解释的具体方法及其体系在研究中的混沌状态可以从动静两个视角来分析:

一方面,从静态的角度来看,法律解释方法的分类是多种多样的。无可否认分类学和类型学在研究中的贡献,但是,任何的分类或者类型总是特定角度的产物,总是带有以偏概全的危险。具体在法律解释的具体方法分类上,以上的危险就显得较为突出。从具体名称上来看,有文意(文义、法意、字面、文学)解释、历史解释、逻辑解释、论理解释、文理解释、体系解释、社会学解释、目的解释、比较解释、语法解释、平意(平义)解释、扩张(扩充)解释、限缩(限制)解释、合宪性解释、相反解释、当然解释、类推解释,等等。从萨维尼提出法律解释的四个基本方法之后,在法律解释的具体方法的划分上就不断涌现出各种观点,似乎建构自身独特的法律解释方法体系成为法律方法研究中的一种“现象”:或者从以上列举中挑选几种论述,或者将其中几种列为基本方法,其他方法成为这些基本方法的补充(至于具体将何种解释方法归于何种方法之“类”,其间的排列组合是相当可观的)。例如,从全面的角度分析,梁慧星教授在其《民法解释学》中排出了十种具体解释方法,并分为四类[①],杨仁寿则分为文义、论理和社会学三类[②];黄茂荣将文义、历史、体系、目的和合宪性并称法律解释的因素[③],而王泽鉴虽然同样列举五项解释方法,但是却排除了合宪性因素而替换成比较法方法[④];孔祥俊则将诸多方法分为两个序列:一个序列包括文意解释、法意解释和论理解释,另一个序列则包括字面解释、扩充解释与限制解释[⑤]。另外,至于是否以及多大程度上将利益衡量和漏洞补充列为法律解释的具体方法,学者们也有着不同的态度,赞成者如梁慧星和杨仁寿,反对者如黄茂荣。加剧法律解释的具体方法在静态视角的混沌程度的是,在对各自具体方法界定上的不同。例如法意解释,有人认为应当将其界定为文义(文意)解释,也即法律通常之意义和含义;而另外有学者将其界定为历史解释(如杨仁寿),是探寻历史上立法者在制定法律的时候所要追求的目的。就后一种观点来说,追求立法者制定法律的时候所追求的目的,实质上将历史解释和目的解释混合在同一过

---

① 梁慧星:《民法解释学》,中国政法大学出版社1995年版,第214页。

② 杨仁寿:《法学方法论》,中国政法大学出版社2001年版,第128—131页。

③ 黄茂荣:《法学方法与现代民法》,中国政法大学出版社2001年版,第274—289页。

④ 王泽鉴:《法律思维与民法实例》,中国政法大学出版社2001年版,第220页。

⑤ 孔祥俊:《法律解释方法与判解研究》,人民法院出版社2004年版,第255—256页。

程中。更为明显的例证是所谓“目的性扩张解释”和“目的性限缩解释”，这种术语的出现本身就模糊了目的解释和扩张解释以及限缩解释之间的界线。从更为细致的角度而言，文意和文义之间、文理和论理之间、比较和类推之间，对这种高度相似的概念进行的界定就更加能够展现各位学者在范畴界定上的迥异，只是希望这种细致的区分不要成为法律解释方法研究中的“屠龙之技”。

另一方面，法律解释的具体方法在动态适用过程中，同样存在着多种样态。这种多样性首先建立在以上关于静态分类的基础上，而由于司法实践活动的极端复杂，如何在其中适用具体的解释方法，这一过程在观点上的多样性较之于静态视角是有过之而无不及的。这种复杂性突出表现在具体法律解释方法的适用顺序上。就目前的研究现状而言，学者们对文义解释的优先性已经形成了较为一致的观点，毕竟，直接从法律规范的文义出发是在事实与规范之间建构关联（或者涵摄）最为稳妥的路径，也是实现法治的必然要求。[①] 但是，这一观点几乎成为了法律解释具体方法在适用上的唯一共识，因为，在承认应当首先适用文义解释方法之后，其他解释方法的适用顺序又重新回归到混沌的状态。例如，黄茂荣的观点是文义→历史→体系和目的→合宪性：“文义因素首先确定法律解释活动的范围，接着历史因素对此范围进一步加以确定，同时并对法律的内容，即其规定作一提示。紧接着体系因素与目的因素开始在这个范围内进行规范意旨的发现或确定工作。这时候，‘合宪性’因素也做了一些参与。最后，终于获得了解释结果。”[②]王泽鉴的观点则有所变化：文义→体系→历史（即法律发生史和立法资料）→比较→目的→合宪。梁慧星教授归纳的“解释规则”更为复杂[③]：

文义解释
↓（如无复数解释结果则无以下步骤）
论理解释→探求法律规范意旨（体系解释和法意解释）→扩张/限缩/当然解释→目的解释→合宪性解释
↓（仍然无法确定解释结果）
比较法解释和社会学解释（综合进行利益衡量或价值判断）

几乎同样复杂的是麦考密克和萨默斯的观点：语义论→系统论→目的—评价论→意图论。[④] 与之相类似，拉伦茨也提出了各种法律解释方法之间关系的

① 陈金钊：《文义解释：法律方法的优位选择》，载《文史哲》2005 年第 6 期。

② 黄茂荣：《法学方法与现代民法》，中国政法大学出版社 2001 年版，第 288 页。

③ 梁慧星：《民法解释学》，中国政法大学出版社 1995 年版，第 245—246 页。

④ MacCormick, and R S Summers (ed), *Interpreting Statutes: A Comparative Study*, Aldershot, Hants, England; Brookfield, Vt., USA: Dartmouth, 1991, pp. 243—256.

六点说明,贯穿其中的是字义及其脉络的作用,虽然他并不认为各种法律解释方法之间有必然的、固定不变的位阶关系。①

以上的动态视角针对的是一般司法实践中法律解释的过程,如果将各个部门法的特征考虑在内,那么其解释方法的适用则更为复杂,甚至在同一部门法内部也有不同意见。例如,在刑事法领域中,有学者主张刑法适用解释的顺序为文义→体系→历史→目的→合宪性②,还有学者有不同主张:文理→体系和法意→目的③,同样有学者归纳了复杂的适用规则,包括文理解释优先、单一规则、综合规则和论理解释优先规则等等④。与强调刑法解释的特殊性相似,由民法原则所代表的"民法性"也在民法解释过程中受到了更多的关注。⑤

从前述略显冗长的概述中不难发现,无论是静态的视角还是动态的考察,法律解释的具体方法的确存在着多种(也许是太多种)意见和观点。虽然学术研究本身就具有多元化的特征,就同一问题有着不同观点本不足为奇,但是,由于法律方法本身就具有高度的实践性特征,其自身定位就是直面司法实践的现实,因而,如果体系建构过于模糊和多样,那么这种情况并不利于其发挥对司法实践的指导和借鉴作用,反而会导致二者之间的断裂不断扩大。面对这种混沌的状态,采取何种姿态是我们需要认真对待的问题。

2. 姿态:肯定和否定之间的对立与紧张

虽然不同学者对法律解释的具体方法在如何分类以及如何适用的问题上存在着多种观点,但是,各自观点的提出本身就意味着他们认为应当存在针对法律解释的各种方法的"解释适用规则"。也就是说,无论从静态还是动态的视角,在具体观点上有何种差异,法律解释方法存在一定的位阶以及适用上的先后关系,这种总体性观点已经得到了肯定。这是对待前述混沌状态的一种姿态。具体而言,对职业共同体认可的法律解释方法构成了法律解释规则:(1) 法律解释规则不仅与解释的便利性密切相关,而且与解释本身密切相关,法律解释必然包含着历史性和目的性;(2) 法律解释规则的效用并不以也不可能以不可推翻的绝对效力为前提;(3) 法律解释规则完全有可能构成一个关于各种形态法律解释论点在运用中的优先性的模式或"等级体系",而且构建这种

① 〔德〕拉伦茨:《法学方法论》,陈爱娥译,商务印书馆 2003 年版,第 219—221 页。

② 参见梁根林:《罪刑法定视阈中的刑法适用解释》,载《中国法学》2004 年第 3 期。

③ 参见蒋超、艾军:《刑法解释方法的运用规则探析》,载《齐齐哈尔大学学报》(哲学社会科学版)2006 年第 2 期。

④ 李希慧:《刑法解释论》,中国人民公安大学出版社 1995 年版,第 132—133 页。

⑤ 参见屈茂辉、于邦志:《民法解释的民法性探析》,载《中国矿业大学学报》(社会科学版)2006 年第 1 期。

模式,正是基于操作层面经济、便宜的考虑。[①] 从法律解释理论的发展来看,已经出现了从法官进行独白式解释到诉讼参与者(特别是律师)共同商谈的趋势,这就意味着各方都可以利用法律解释的具体方法来提出各自观点,进而在司法过程中进行博弈,而较为确定的解释规则是有利于形成透明、公开和有序的博弈状态的。

但是,针对以上的混沌状态,也出现了怀疑和否定形成"解释适用规则"的观点。"解释原则*数量巨大,相应于当人们在阅读时起作用(经常是无意识的)的数量巨大的考虑因素。这些原则都是告诫性的而不是定向的,和类似于这些解释原则的普通生活格言一样,它们的指向经常对立,这些原则集合了成文法解释的大众智慧,它们回答解释疑难问题的能力并不比日常生活格言解决日常生活问题的能力更大。"[②]的确,适用上的大量争议没有为如波斯纳这样的实用主义者带来清晰的解释规则,由此引发其不满和埋怨是很正常的,甚至波斯纳对平意解释(plain-meaning)都产生怀疑,这样的立场对整个法律解释的方法体系予以否认是不足为奇的。"尽管有各种法律文本的解释的方法都有些不错的道理,但人们也无法据之获得一种众口称是的关于法律文本或条文的'解释',也无法构建成一种'客观的'、统一有效的、程序化的并因此大致可以重复的、可以传授的作为方法的解释学。"[③]这些观点也从侧面反映了缺少较为明确统一的解释适用规则对整个法律解释研究发展的不利状态。有学者将其概括为法律解释在元规则上的缺失影响着法律解释学在方法论上的意义。[④]

对解释适用规则的两种对立态度都是从研究中的混沌状态出发的。面对一种并不清晰的现状,至少有两种主要的态度,一种是继续致力于将混沌的状态厘清,另一种则是倾向于将混沌的现状视为本然和应然,否认厘清的可能而继续放任混沌的状态。很明显,前述肯定的态度属于前者,否定的态度大致可归于后者。应当承认,解释元规则的缺位的确有着消极的影响,但往往受到忽视的是,造成这种缺失的原因以及在承认这种缺失之后又应当采取何种态度。在笔者看来,法律解释元规则的缺位很大程度上与法律方法论整体的实践性有关。从这个意义上说,由于法律解释在司法实践上的定位而造成具体解释方法在体系上的混沌状态是可以理解的,否认可以建立完美、统一的解释适用规则

---

① 张志铭:《法律解释操作分析》,中国政法大学出版社 1999 年版,第 172—173 页。

* 相当于此处的法律解释方法。——引注

② 〔美〕波斯纳:《法理学问题》,苏力译,中国政法大学出版社 1994 年版,第 353 页。

③ 参见苏力:《解释的难题:对几种法律文本解释方法的追问》,载梁治平编:《法律解释问题》,法律出版社 1998 年版,第 32 页。

④ 参见桑本谦:《法律解释的困境》,载《法学研究》2004 年第 5 期。

也是有其道理的。但是，这种“道理”也很容易对法律解释及其具体方法的研究产生挫伤，毕竟法律解释在理论上和现实中具有重要的研究价值。进而言之，是否存在独立于以上两种姿态的第三条道路，基于以上姿态又可以从哪些方面继续深入法律解释方法的研究，又成为我们需要面对的问题。

3. 和谐：次优方案的现实选择

虽然面对法律解释元规则的缺位，出现了一些怀疑甚至否定的声音，但是，这种缺失还可以从其他较为积极的方面来分析。正如前文所说，法律解释方法定位于司法领域，而司法过程由于与包罗万象的社会现实生活直接接触，这就决定了司法过程带有极端的复杂性。进而言之，司法过程的极端复杂性使得构建一种普适的解释规则成为不可能，即使提出特定的位阶关系，也很容易受到其他相似观点的辩驳，除非由立法机构以明确的法律规范的方式来加以确定，即使如此，这种规范在司法实践中的操作性和适用性是很值得怀疑的。从司法权自身的性质而言，它应当定位于社会中的一般状态，不可能过于偏激或保守，从这种“中庸”的立场出发来考量和决定其自身的行动方向，而一旦其行动方向确定，就可以运用各种综合手段和方法来向既定方向不断迈进，即使这些方法和手段并没有一种完备和统一的体系。以上的态度带有较为强烈的实用主义色彩，虽然它因元规则的缺位而无法提供最优路径，但是毕竟基于司法与社会关系的现实考量，因而是一种次优方案。其中为实现既定目标而综合运用各种方法和手段的特征，实质上体现了“和谐”的精神。

“和谐社会理念既融汇了中国传统中以和谐为特质的文化资源，又融汇了现代社会以民主法治为特征的文明理念，更凸显了现代人类以公平为最终尺度的正义价值观。将和谐社会的理念导入法哲学研究势必会引发法本质、法价值、法功能和法作用理论的变迁，进而势必会导致整个法律观的解构与重建。”①相对于这种宏观视角而言，司法领域以及法律解释则是更为微观的考察，但是，由于司法领域与社会一般民众息息相关，在司法领域中贯彻和谐的理念就能够使得司法活动在社会生活中更好地发挥其积极作用。从历史的角度来看，司法领域（包括法律解释）已经成为中国传统司法的特征之一。“仁道精神”构成了中国古代哲学的基础，“仁道精神”的核心在于寻求自然秩序中的和谐，在古代中国，法律也不是至高无上的“真理”，人们并不通过法律达到某种“真知”，法律主要执行着实现“仁道精神”的功能，法律经常被变通，甚至被替代。当情与法或善与真发生冲突时，法便要让位于情，真要让位于善。中国古

① 参见徐显明、齐延平：《法理学的中国性、问题性与实践性》，载《中国法学》2007年第1期。

代法律解释中的趋善抑真恰恰就是对实践之善的趋向和对法定之善(真)的抑制。正是这样一种法律解释的价值追求,才使得法律即使自身不能很好地实现德礼教化的功能,也能通过一定的法律解释而通达教化的境地。① 长期的农耕社会、深入的儒家伦理等因素,都成为中国人传统和谐的社会心理基础。②

在充分肯定了和谐理念在整体上的地位和作用之后,我们需要将其贯彻于具体的司法实践之中来对待法律解释方法的体系问题,这里需要强调的是"制度和谐"的观念。整个法律体系之所以能够对民众的生活产生重要的影响,很大程度上可以归结为一系列相关制度的建立及其运行,这也是制度法学的出发点。③ "和谐社会"虽蕴涵着深刻的道德关怀,但从根本上讲,它是在制度所建立和保障的人们可以预期的秩序中达成的动态式理性的平衡与和谐。换言之,和谐社会是一个承认和尊重每个人的健全理智的社会,是一个尊重个人权利和自由选择的社会,它的建立主要不是依赖于道德说教和政治意识形态,而是诉诸一种社会语言也即"制度语言"而得以实现。④ 各种不同的制度之间不应相互矛盾和掣肘,而应当相互配合和支撑,从而形成一种整体性的制度和谐的状态。具体制度形成的该状态也应当具有自身特定的标准或者目标,来对各种制度之间进行统筹安排,也可以在具体制度之间发生紧张关系的时候予以取舍和调和。

司法领域中的制度和谐也需要具有一定的标准和目标,从自身定位出发,这种标准和目标大致可以定位于解决纠纷和维护秩序。"作为法律学家主要研究对象之一的审判制度,其首要任务就是纠纷的解决。"⑤正是出于解决社会纠纷、维护社会秩序的考虑,司法领域中才有了各种具体制度及其相互的和谐关系,突出地表现在诉讼程序中的审级关系中。"法律秩序应当是:人们在对各种行为博弈形成的自生自发的正式化内在规则自觉遵守认可的基础上,形成了的一定的认知模式和行为模式并由其支配而实现有序和谐的生活方式和生活状态,且在自觉反思理性指导下对正式化内在规则和生活方式进行与环境相一致

---

① 谢晖:《古典中国法律解释的哲学智慧》,载《法律科学》2004 年第 6 期。

② 参见翟学伟:《中国传统和谐的社会心理基础及其嬗变》,载黄家海、王开玉主编:《社会学视角下的和谐社会》,社会科学文献出版社 2006 年版。

③ W. P. Ruiter, *Institutional Legal Facts*, Kluwer Academic Publisher, 1993.

④ 参见赵明:《反思与超越——也说当代中国的社会转型、制度创新与和谐社会的建立》,载《法制与社会发展》2005 年第 4 期。

⑤ 〔日〕棚濑孝雄:《纠纷的解决与审判制度》,王亚新译,中国政法大学出版社 1994 年版,第 1 页。

的适应性调适。”[①]从和谐社会的角度来看,和谐社会并不是没有矛盾和冲突的社会,而是社会矛盾能够得到有效的预防和及时化解的社会。法治开辟和建立了社会不同的利益阶层表达其各种利益诉求的平台,同时构建了共鸣的纠纷解决机制。法治的意义不仅在于可以减少矛盾,而且还在于可以有效地解决矛盾,使已经产生的纠纷能够及时、公平、合理地解决,使不和谐的状态归于和谐。[②] 从这里也可以看到司法在建构和谐社会中所发挥的重要作用。如果将视角放在整个社会纠纷救济体系之上,那么,不难发现,民间法、民间调节,特别是ADR的兴起,其背后都可以发现社会和谐秩序的因素,在这种背景之下,传统的对抗诉讼也更多地趋向于协同。

鉴于解决纠纷的整体性目标,我们可以获得一些法律解释方法在司法实践中具体运作的启发。在既定的宏观目标基础上,只要能够为纠纷的解决提供方案,即使是各不相同的视角,都可以在纠纷解决的过程中被参考和审视。就法律解释的具体方法而言,无需为各种方法事先确定明确的位阶和适用上的先后关系,只要能够从特定的解释方法中获得在法律范围之内的结论,都可以在司法过程中争辩与反驳。也就是说,具体的解释方法并不只有法官可以适用,纠纷的当事人(特别是诉讼过程中的律师)同样可以根据特定的解释方法来获得争取自身利益的理由。这里带有一些哈贝马斯意义上的理想商谈的色彩,但是,正是由于作为运行规则的各种解释方法,才使得司法过程去除了“理想”的色彩而更加具有可操作性和实践性,这与司法过程本身对程序的强调是内在一致的。“程序公正的标准是相对的,一般需要借助于程序导出的最后结果,反过来验证程序是否公正,很难简单从程序本身说明其是否公正。”[③]在这种程序与实体的复杂交错关系中,一方面要求我们在司法过程中引入实体性的解释方法和因素,另一方面,应当尽可能地在各方充分表达自身意见的基础上形成合意,也就是应当推崇商谈的观念。“合意理论真正希望培养的是人们基于公共理性的合作和妥协精神,是对程序的尊重和关于程序的合意,是一种对社会中最低限度共识的自觉尊重和自觉奉行。”[④]就法律解释的方法体系而言,不同的解释方法实质上代表了法律所要实现的不同价值,这些价值之间必然有不一致之

---

① 参见李晓安、杨宏舟:《寻找法律秩序正当性基础——和谐社会的法律供给》,载《政治与法律》2006 年第 3 期。

② 参见杨思斌:《构建和谐社会与法律调整方法》,载中国博士后科学基金会、中国社会科学院、中国社会科学院法学研究所主编:《法治与和谐社会建设》,社会科学文献出版社 2006 年版,第 39 页。

③ 陈桂明:《诉讼公正与程序保障》,中国法制出版社 1996 年版,第 11 页。

④ 参见叶传星:《和谐社会建构中的法理念转换》,载《法制与社会发展》2006 年第 1 期。

处,这就需要在商谈过程(司法过程)中以解决纠纷为意旨通过不同解释方法的竞争来确定解决的结果。虽然这种结果未必是最优的,但是,商谈的过程一般地总是能够比未经商谈的过程产生更容易被各方所接受的结果。当然,最终的结果也更经常的是各方以及各种解释方法相互妥协的结果,这与前文所论述的法律的中庸性质有着内在的一致,也适应于强调和谐传统的中国语境,可以概括为制度的"柔性运作"。"各种社会关系的和谐也应当是不断变动中的和谐,这要求在制度调整和规范方面具有相当大的柔性空间,以便根据现实状况进行处置和调谐。制度的柔性运作也许不像典型法治社会所要求的运作样态,但却能适应中国非典型人治和法治状态的社会发展现实。"①

这种制度和谐的理念对研究法律解释的具体方法也有着建设性意义。它排除了在排列位阶和适用顺序问题上的"执迷不悟",还可以缓解由于解释元规则的缺位而引起的挫伤。更重要的是,由于各种解释方法需要以解决纠纷为目标而在商谈过程(司法过程)中相互竞争,这就需要将各种解释方法的研究引向深入,才能够在竞争中获得优势地位。当然,这种深入和竞争从根本上说仍然服从于更好地解决纠纷这一主旨。将具体解释方法研究引向深入的路径有很多,大致可以包括具体解释方法自身以及其在不同部门法的结合两条:就前者而言,无论是每种解释方法的含义、论域、主体、与其他解释方法的关系,特别是在司法实践中的操作步骤,都是有待深入探索的问题②;就后者而言,与部门法的结合不但是具体解释方法获得发展的原动力,也是其必然的归宿。以民法解释和刑法解释学的兴起和发展为代表③,各种法律解释方法在部门法中获得了更加深入和具体的探讨,无论是从部门法自身的特点还是与具体案件的结合,都是研究深入的表现。与此同时,对行政法律解释的探讨也逐渐受到了学界的重视。④

"当代和谐法律理念实际上可被视为一种'理想图景'与'价值追求',是对东亚在近百年的现代化运动中被动学习西方、逐渐迷失在西方文化中以致丧失自身主体地位的事实的反思,是针对如何实现东亚人所认为的有德性生活的

---

① 参见张卫平:《制度的柔性与刚性》,载徐昕主编:《纠纷解决与社会和谐》,法律出版社 2006 年版,第 51 页。

② 参见陈金钊、孙光宁:《"历史"的危机与"意义"的重生——法律解释中的历史方法(因素)》,载《河南省政法管理干部学院学报》2006 年第 2 期。

③ 这方面的一些著作有任成印:《民法方法论》,中国检察出版社 2005 年版;曾兴粤:《刑法学方法的一般理论》,人民出版社 2005 年版;陈兴良主编:《刑法方法论研究》,清华大学出版社 2006 年版。

④ 张弘、张刚:《行政解释论:作为行政法之适用方法意义探究》,中国法制出版社 2007 年版。

一种巨大努力，具有不容忽视的理论价值。"[1]在充分肯定和谐理念的价值之后，从法治运行的角度来看，对制度以及制度之间的和谐关系予以强调是相当必要的。但需要警惕的是，在我国，由于长期以来一直批判法家的严苛，主张判决中天理、人情与法律的和谐相处，结果使得法律文本被置于不重要的地位。严格执法实际上没有成为我们的执法理念，法律被任意解释、曲解的现象大量发生。[2] 的确，由于多种解释方法的并进，有可能造成误解以及曲解的现象产生，这是解释方法作为语言性分析工具所产生的必然，无论是正解还是误解都会由解释产生。从对以上具体的法律解释方法进行论述可以发现，任何单一的制度都无法完成该领域内的任何重大问题，甚至没有其他制度的协助，该制度自身的运行都存在发生异化的可能。如果缺失了诸如法官保障制度、司法监督制度等等，那么任何具体解释方法根本无法发挥自身的作用。虽然很多制度之间表面上看并没有多少联系，但是属于相同的法律体系这一事实就足以使得它们相互之间发生影响，无论是直接的还是间接的，这种现象与"适用了某一法律规范就是适用了整个法律体系"这一论断是相似的。例如各种解释方法和司法考试制度，表面上二者并没有直接的关联，但正是严格的司法职业准入机制形成了法律职业群体的较高的法治素质，从而能够在历史解释中发挥主体的作用。简而言之，和谐社会的建构需要各种制度的相互结合和配合，"制度和谐"才能使得各种制度在社会中发挥最大的积极效用。

总之，由法律发现、法律解释、法律论证、法律推理和利益衡量等构成的整个司法方法体系，能够为社会中出现的各种纠纷提供相应的解决和处理办法，使得与纠纷有关的各方能够以较小的代价获得对纠纷的正当解决，从而使得社会重新恢复到和谐的状态。当然，社会的这种和谐状态是一种动态的和谐，面对层出不穷的各种社会纠纷，只有掌握了一定的司法方法体系，才能够做到"以不变应万变"，从而巩固和维护社会的和谐状态。

三、司法方法在和谐社会建构中的意义

从以上的论述中可以得出这样的结论：和谐社会对司法方法的需求首先应当表现为司法方法内部的和谐关系，而对此种和谐关系进行宏观指导的理念就

---

① 参见汪习根、占洪沣：《论和谐法律理念对东亚法治的价值》，载《中南民族大学学报》（人文社会科学版）2006 年第 6 期。

② 参见陈金钊：《法治反对解释的原则》，载《法律科学》2007 年第 3 期。

是司法的目的:解决社会中的矛盾纠纷,并且维持其处理结果的稳定性和持续性。这应当是司法方法在和谐社会的建构中所发挥的首要作用。而司法方法在和谐社会中还有一些其他的重大意义,包括树立法律权威、培养法治理念、完善自身制度以及对学术研究本土化等多个方面。

第一,司法方法的运用可以更妥当地处理社会中的矛盾纠纷,维护社会的和谐状态。由于现代社会中利益的复杂性,各种利益之间的冲突是不可避免的。虽然社会中有着多种纠纷解决机制,但是,司法无疑具有其先天的优越性,其主要样态是诉讼机制。概括地说,诉讼机制的作用表现为:依据社会冲突的不同状况,运用诉讼手段对冲突事实不同的排解和抑制,维护和整合现实统治关系,从而实现社会控制。总体上,诉讼程序的变化趋势是:由仪式化、教条化和武断性向实用、有效、民主方向发展;程序本身的目的也逐步由象征、惩罚转向有效查明事实,恰当运用法律。在这种趋势下,诉讼程序越来越符合或者贴近自己的本质使命:有效且恰当地解决社会冲突。解决社会冲突的需求对现实诉讼分类提出的更深刻的挑战在于,由于社会关系的日益复杂化,社会冲突越来越趋于综合性。同一冲突兼具民事、经济、行政以及刑事诸方面的不同性质,或者包容着多个不同性质的冲突。要将这些冲突按照人们主观划定的框架逐一进行分解,然后依据不同程序加以解决,成本甚高。① 针对以上的现实状态,一方面,诉讼机制在正式制度上的改革是相当必要的,另一方面,在现有的总体制度框架没有重大变动的前提下,我们应当更加注重司法方法的运用。通过包括法律解释、法律推理和法律论证等方法,法官可以更加准确地在事实与规范之间建立准确的关系,从而确定法律及其精神对特定案件事实的态度,并据此来作出裁判。对于一般案件而言,司法方法的运用可以更加便捷地发现以上事实与规范之间的关系;而对于特殊案件(包括疑难案件)而言,司法方法就更可以显示其突出的作用。由于法律规范的发展总是落后于社会现实的发展,所以,在将法律与事实相比照的时候,发现法律的空白、不足甚至矛盾冲突是很有可能的。对中国而言,虽然近三十年大规模的立法工作已经取得了巨大成就,但是,由于社会在转型期的急剧发展,法律规定和社会事实之间的冲突还是经常可以遇到。而司法方法在诉讼过程中的运用则可以以更加符合社会发展和法律精神的方式来处理二者之间的冲突。这种方法的掌握可以类比为下棋:虽然下棋的基本规则是众人皆知的,但并不是所有的人都可以成为下棋高手,只有那些能够恰当运用规则(棋路)的人才能够成为高水平的棋手。司法方法也是如此:尽管各种法条的字面意思对于一般公众而言理解起来并不困难,但是,

① 参见顾培东:《社会冲突与诉讼机制》,法律出版社 2004 年版,第 45—47 页。

如何将这些法律规范与具体案件事实结合则是需要运用专门的方法和技巧。虽然目前很多法官在实践中已经运用了一些司法方法来处理纠纷，但是，这种运用更多的是一种自发的经验性总结，主要是一种个人经历和素养发挥作用，还没有发展到自觉的高度。而司法方法则是对长期司法实践进行的概括和总结，这种对间接经验的学习和吸取对指导法官如何在当下的司法实践中对案件进行裁判具有重要的指导意义。就同一案件而言，在基本定性确定的情况下，仍然在法律范围内有出现不同结果的可能。除去那些超越和违背法律规范的情形之外，在自由裁量的范围内进行不同的选择就体现了法官不同的水平。而以上不同的选择很可能对审判结果是否被接受以及对双方当事人以后的关系处理产生重大影响。特别是在中国这样一个在很大程度上仍然是熟人社会的国度，在很多民事案件中，双方当事人在裁判之后关系的维持和处理才是更重要的内容。要真正做到“心服口服”、“心悦诚服”和胜败皆服，在纠纷处理之后仍然保持社会关系的稳定和和谐，运用司法方法进行讲法说理还是必需的。

第二，司法方法在和谐社会中的运用，可以增强法律的权威性。由于法治已经成为当代世界主要国家普遍推崇的治国策略，因此，法律的权威性也成为一个重要的问题。没有权威的法律无法发挥在社会中的作用。但是，法律权威的树立所需要的因素是多方面的。在传统法治的时期，法律的权威主要依靠国家机器的强制力量来树立，此时的法律更多地表现为是一种统治的工具。这种单纯建立在暴力基础上的权威具有很大程度上的不稳定性，很容易走向暴力专政或者“人亡政息”的人治，是无法满足当代社会中多元的价值需求的。而司法方法的运用则可以逐渐树立其司法的权威，进而推动法律权威的树立。因为从司法方法的运用及其发展趋势来看，“开放性”已经成为其重要特征。例如，法律论证中的对话方法。从理论来源来说，对话论证方法是哈贝马斯著名的“商谈理论”在法律领域（特别是司法领域）的具体体现。由于包括哈贝马斯和阿列克西等学者对商谈理论在法律领域中进行了广泛而深刻地论述，可以说，在法律论证领域内，对话和商谈基本上具有相同的内涵和外延。在更为宏观的领域中，商谈理论在实质上强调了交往理性和程序主义的观点，这一观点不同于传统的形式主义和实质主义（或者基础主义、本质主义），而是强调各方通过程序的运作而获得某种特定结果，对话论证方法的主旨也在于此。“在当代社会中，法治提供了正当性的来源，但是法治需要新的论证，即规范意义上的民主程序。法治的正当性，在于以道德论辩，以制度构建，以程序反思。弘扬生活世界的交往理性是实现社会合理化的可能出路。”①对话方法强调在司法过程中充分调动包括法官和当事人在内的各种力量进行对话和交流,从而产生一种“兼听则明”的效果,从而有利于纠纷的妥当解决,从深层意义上是司法权威树立的过程。虽然对话方法无法从根本上消除双方当事人之间的矛盾纠纷,但是,却有利于双方的信息交流,避免了由于信息不畅所导致的不必要的隔阂,进而在一种更加和谐的平台上解决纠纷。这种方式比单纯地依靠法官进行裁判更具有说服力,也更有利于当事人积极参与司法过程,而司法的权威在这一过程中也逐渐得到树立和加强。司法方法应当为整个法律职业群体所掌握,而不应仅仅限于法官群体。只有这样,才能够形成以司法为中心的整体性思维。特别是对于律师群体来说,掌握司法方法可以更加清晰地了解和分析裁判的依据及其结果,也可以通过司法方法来争取对委托人有利的判决。正如上文中有所涉及的,在英美等国家推行的“律师—法官”一体制就能够成为现实,就是因为在从事律师行业的时候掌握了重要的司法方法,从而在将来从事法官工作的时候能够得心应手。整个法律职业群体都可以通过司法方法的研习而提高自身的素质,这是为法律在社会中发挥更大的积极作用所进行的人才储备,而这种积极作用的发挥才是树立法律权威的根本途径。法律权威的树立反过来也有利于司法活动的进一步展开,从而在这种良性循环中达到一种和谐共融的状态。

第三,司法方法有利于在和谐社会中保障具体权利的实现。在上文中曾经论及,和谐社会的基本特征之一就是尊重权利,而要将各种具体权利真正落到实处,不仅需要立法方面的努力,更需要司法实践中运用各种方法。社会利益的多元化在法律领域内表现为各种具体权利的存在,而司法方法的相关作用可以分为两个部分,一方面,司法方法的运用可以满足权利落实的需要。进入新世纪以来,以法学(律)方法论为代表的研究思潮就是权利从呼唤到运作趋势的代表。从法学流派的角度来看,对权利的呼唤更多的属于自然法学研究的范畴,而法律方法论则主要承继着分析实证法学的传统,二者似乎有着天然的对立,特别是分析法学对价值的无涉姿态,更加剧了以上的对立和紧张。但是,这只是问题的表面现象,究其实质而言,二者更多的是一种相辅相成的关系:没有自然法学强调权利,分析法学(包括法律方法论)就无法获得充足的动力和宏观上的精神指向;没有分析法学,自然法学对权利的强调也至多只能停留在口号的层面上。在中国法治理论和实践进程中,基于权利理论已经成为主流的意识形态,在基本完成了对权利的呼唤之后,权利的具体运作就成为迫切的需要。

---

① 参见郑召利:《程序主义的民主模式与商谈伦理的基本原则》,载《天津社会科学》2006 年第 6 期。

从长远的角度来看,社会公众通过立法方式来确定具体权利的情形还是少数,更频繁出现的应当是,一般民众通过司法程序的运行来恢复或者享有权利。而在这一过程中,司法方法的运用就可以更加准确地分析涉及当事人的权利义务关系,从而在个案中通过司法判决而将立法中抽象规定的权利具体化。相对于纸面上的"应然权利",通过司法方法的运用所实现的这种"实际权利"显然更具有现实意义,对民众的影响也更为直接。另一方面,现代社会的发展已经出现了明显的权利扩张的趋势。而各种权利无论是在主体上还是在内容上进行扩张的结果就是权利冲突的广泛存在。权利的冲突不仅使得微观层面上的具体权利的实现困难重重,更在宏观上导致了社会秩序一定程度的混乱,导致了社会运行的成本提高(特别是司法成本)。就权利的理论和实践而言,冲突使得社会的不满情绪由于权利难以得到实现和满足而不断增加,"虽然宪法制度补充了反对政府的道德权利,但它远远不足以保障这些权利,甚至不能确定这些权利是什么。这意味着,在某些情况之下,立法机关之外的一个部门将对这些问题具有最后的发言权,这使得认为这样的部门是极端错误的人们很难得到满足"①。无论这句话中的"这样的部门"指的是司法部门还是执法部门,它们都难以将立法或者理论上设计的权利法案确切地完整地付诸实施,尽管从宏观上这种不完美的情况是必然的和允许的,但是一旦这种不完善在具体个案中没有使得当事人期望(甚至是奢望)的权利得以实现,那么借由扩散效应将很快使得这种不满传播到更为广阔的社会领域,这将对司法和法治的权威形成极大的威胁,而这些影响和危害在上文所论述的疑难案件中都将更为突出和强烈。从更激进的观点来看,这种盲目的扩张和冲突的结果将使得民众由于过多的空想和幻象而变得更加盲从和愚昧,甚至将使得法律的职业群体因为编造和混淆而引发集体"腐败"。尽管这种说法似乎是危言耸听,但是理论的品格正在于其反思性和批判性,而权利冲突的问题是应当足以引起我们重视的。针对以上的权利冲突,司法方法的运用是具有明显的优势的:在权利的初始和渊源问题上,司法者可以进行法律发现;在此基础上处理冲突权利的时候可以进行价值衡量;而要使得衡量结果为法律职业群体和一般民众所接受还需要有关的法律论证的实现;而贯穿这一切过程的是司法者具有创造性的法律解释。而从发现、论证到衡量和解释的众多行为都是法律方法的主体内容,因而坚持司法立场的法律方法在权利问题上能够排除典章上的表面完善和理论上的夸夸其谈而使得权利能够得到切实的实现,同时能够借助个案(尤其是疑难案件)而限制权利的扩

---

① 〔美〕德沃金:《认真对待权利》,信春鹰、吴玉章译,中国政法大学出版社 1998 年版,第 245 页。

张和泛滥。这些无疑是对权利理论的重大贡献。

第四,司法方法的运用有利于相关制度的完善。这一结论来源于和谐社会对司法方法的"制度和谐"的要求。在我国当前的司法制度中,在各种具体制度之间存在着一些冲突或者空白之处。其原因就在于法律规范之间的冲突,虽然立法法对此已经有所规定,但是,相对于静态的法律规范的冲突,司法实践活动在具体运行这些制度的时候所面对的冲突要更为复杂和多样。仅仅依靠立法法的抽象规定是难以准确确定各种制度之间的相互关系的,而且,即使大致可以确定制度之间的关系,又很可能涉及合法性与合理性之间的矛盾。这些制度内和制度外的因素都会阻碍司法制度发挥其作用。而司法方法的运用则会对此进行一定的消解,因为司法方法是直接围绕纠纷解决所运用的,其合目的性和开放性都使得裁判者可以获得一种宏观上的指导思想,进而在具体执行过程中灵活处理各种制度之间的关系。简而言之,解决纠纷这一总体目的是处理各种制度之间关系的基本准则。当然,如何具体处理制度之间的关系达到一种制度和谐的状态,司法方法所发挥的作用也是有限的,因为方法的本性使其带有较强的主观色彩而缺少硬性的强制。而且,方法本身并不会"自动适用",它不会具体告诉人们何时要适用该方法,这也是司法方法本身无法避免的缺陷。虽然司法方法在建构和谐社会中具有重要意义,但它也并不是万能的,从思想领域中进行指导和提升无法代替现实中明文的立法性规定。就处理制度之间的关系来说,虽然制度和谐是一种总体目标,但是,如果其中某些制度对其他制度的存在和运行构成了重大威胁,而且这种威胁已经在司法实践中反复出现,那么,从立法中进行改革仍然是有效途径。

第五,司法方法在和谐社会中有利于促进法学研究的中国化。"法学中国化"是一个相当宏大的命题,而其落实仍然需要具体的操作,司法方法(尤其是贯穿着和谐精神的司法方法)可以成为这一过程中非常重要的一个方面。其根本原因就在于司法方法主要是在司法领域中适用,处理具体案件中事实与规范之间的关系。虽然法学理论可以充斥着"舶来品",但是,各种司法案件的发生却并不会按照理论(特别是舶来的理论)发生和处理。也就是说,发生在中国特殊环境中的个案是司法方法本土化的根本动力,进而也会对法学的中国化产生影响。在中国发生的案件是真正的"本土资源",是具有中国法治特征的"地方化知识"。"即使是侧重社会科学理论的分支,也并不如同一些学者假定的那样是由于一些外来理论的推动,真正推动这一研究的是当代中国的社会问题和法律实践。例如,消费者权益保护中王海问题引出的消费者定义的问题,……社会实践促动这一发展。"①由于司法方法注重具体权利的实现，而且几乎所有案件（主要是民事案件）中都涉及权利问题，所以，一些热点案件就成为在中国语境下推动理论和实践前进的契机。在社会热点案件的探讨中，我们不难发现，很多案件的具体运作又内含着对新权利的呼唤，这种新权利不仅表现在内容上（例如祭奠权），也表现在主体上（例如智障人士和死刑犯的生育权）。社会的发展使其自身结构不断复杂，进而使得原有的权利体系日益丰富，这种趋势在司法领域中通过个案可以得到直接的体现。如果特定权利在司法个案中反复出现，那么，这将会对立法产生重要影响，新的权利类型就有可能被增加到法典之中，从而完成呼唤和运作之间的一次完整循环。在这些体现权利运作的热点案件中，其类型也经历了一个由简单到多元的转变。在 20 世纪 80 年代与 90 年代的热点案件中，大多涉及的是一些基本权利，尤其是平等权更成为其中的焦点，"乙肝病毒携带者就业歧视"、"身高歧视"、"地域歧视"，甚至"票价歧视"，等等，这些案件都使得作为基本权利的平等权在新的时代条件下获得了新的内容，也使得理论界反思在歧视与区别之间的标准和界线。随着法治进程的推进，社会的热点案件不仅包括基本权利（例如齐玉苓案件中的受教育权问题），而且包括了很多与具体权利有关的内容，其样态更加复杂。更重要的是，这些热点案件对理论和实践有着重要的推动作用。例如著名的"孙志刚案件"，不仅引发了理论界对具体权利的探讨，更推动了《城市流浪乞讨人员收容遣送办法》这一多年法规的废止，在热点案件中通过权利运作来提升权利呼唤的作用在这一案件中显得尤其明显。再例如邱兴华杀人案，同时涉及了犯罪人在死刑程序中的正当权利、司法精神病鉴定以及刑事被害人的国家救助制度等多方面的理论思考和制度建构。至于同性卖淫案、彭宇案和许霆 ATM 机案等则更加引起了权利理论多个方面和视角的分析，其复杂程度和影响力在新的时代条件下得到了加深和提升。简而言之，通过在司法个案中的运用（特别是关于权利的探讨），司法方法可以在中国的社会条件下获得本土化的发展成果，这也构成了整个法学中国化进程中一个重要部分。

---

① 苏力：《也许正在发生：转型中国的法学》，法律出版社 2004 年版，第 15 页。

第五章

文义与目的的协调:和谐理念下的法律解释方法

【案例1】 2006年5月23日,付小姐租赁了一套上海绿城小区某号701室三室两厅房子,装修之后,将原有的房间分割成十个小隔间,其中客厅被分为三间,主卧、书房和餐厅各分为两间。在付小姐与产权人杨先生签订的合同补充条款中,双方约定,"甲方(杨先生)同意乙方(付小姐)分割出租(转租)"。6月28日,付小姐拉来了10张床,准备放进701室,但在绿城大门口,她被物业管理人员拦了下来。由于争执无果,付小姐的10张床一直被扔在小区门口。一周后,付小姐将上海绿宇公司告上法庭。付小姐认为,上海绿宇公司限制自己及房客进出,侵犯了他们的人身权。因此,付小姐要求上海绿宇公司立即停止侵权,不得无理阻拦自己及房客正常进入小区,并赔偿2400元的房屋租金。2007年6月25日,浦东新区法院经庭审认为,付小姐因存在擅自改变住宅实际功能和布局的情况以及未按照设计功能使用物业的分割转租行为,故上海绿宇公司作为物业管理企业有权采取措施予以制止法院判决:付小姐败诉。付小姐随即提起上诉。二审法院审理后认为,民事活动必须遵守法律、法规和国家有关政策,尊重社会公共利益,付小姐将承租的房屋分割转租,违反了相应的法律法规,也违反上海绿城住宅临时公约的约定,损害了绿城小区其他业主的权益,上海绿宇公司作为物业管理企业,有责任采取措施予以制止,不构成侵权,遂作出维持原判的裁决。①

一、文义解释的缺陷与局限

由于所谓的"群租"在以上海为代表的大型城市中成为一种越来越普遍的现象,由此引发的问题也随之引起了日益增多的关注,本案甚至被称为"上海群租第一案"。基于以上特殊性,本案对于以后针对群租现象的整体态度和具体措施都会有着重要影响。应当说,"群租"本身并不是一个严格的法律概念,在法院的审理中也从未出现"群租"的字样,而是用了更为准确的法律用语——分割转租。从描述的角度来说,群租一般是指将房屋出租给不特定的人群,而这些人群之间并没有直接的关系(区别于学校等单位提供的集体宿舍)。在现实中,群租大多发生在小区之中,而且多数情况存在着"转租"(即所谓"二房东"),本案的情形就是典型代表。由于群租引发了多方面的问题(例如安全隐患等),这些问题不仅引起了小区内其他业主的不满,更引起了相关政府部门的

① 详见刘健:《上海首例"群租"案终审落槌 物业公司阻止"群租"胜诉》,载《法制日报》2007年11月3日第1版。

重视。从这些方面可以看出,目前对待群租的整体态度是否定的,上海市准备采取专门的措施来整治和消除群租就是这种否定态度的表现,这种否定的态度对本案有着深远的影响。

根据本案法院的定性,群租主要涉及法律上的转租问题。我国的《合同法》第224条等条款在转租问题上的规定比较笼统,在学理上转租问题也没有受到较大的重视,而且转租问题的研究更多地集中在擅自转租和违法转租等问题,在更广阔的领域中涉及更多方面(包括物业和政府规制)的理论探索还不多,群租现象的出现从这个角度来说提供了一种提升转租问题研究的契机。即使相关法律和理论并不充分,仍然有学者从没有专门的法律规定、不受家庭旅馆方面法规调整以及物权法规定等方面认为,群租本身并不是一种违法行为。[①] 而且,从积极的方面来看,群租现象使得城市房屋的利用更加充分,也部分解决了低收入人群的住房问题,有利于城市接纳更广泛的人群(这些积极方面是在分析群租问题时不可忽视、但却被经常忽视的)。基于以上原因,群租是一种合法(至少不违法)和合理的现象。即使如此,司法领域仍然通过本案表达了对群租的否定态度,这就需要我们认真分析。由于法律解释及其具体方法在司法领域中的广泛适用,从这一角度所作出的分析是相当必要的。

虽然法律解释有着众多具体的解释方法,但是,文义解释的优先性已经成为普遍共识,这种优先性也是分析本案首要适用的方法。"法律解释必须首先从文义解释入手,且所作解释原则上不得超出可能的文义。这是维护法律稳定及权威的必要手段。应当承认,现代立法绝大多数为书面形式,以文字作为载体。这就在很大程度上保证了法律的统一性和稳定性,法律一旦制定出来,就成为独立于立法者意志之外的相对独立的社会存在,具有一定的客观性。"[②]这里需要说明的是"法律解释"的范围:虽然对制定法的解释是法律解释的典型状态,但是,就民法解释的特殊性而言,在考察法律解释问题的时候应当将当事人之间的"法律"——合同文本考虑在内,并且,在不违背法律法规的情况下,民法学承认意思自治优先的原则。只有这样,"法律解释"才能获得较为完整和充分的分析。文义解释最基本的含义就是按照字面所展示的通常含义进行理解和诠释,这样可以保证文本意义的典型性和一般性,这与法律规范所一再强调的普遍性是内在高度一致的。从哈特的角度来说,文义解释就是提供对"意义中心"的一般阐释。虽然为所谓的"通常含义"确定一个完全统一的标准较为困难,但是,还是有一些错误是需要注意避免的,主要包括妄说义理、过度强调文

---

① 参见王雪琴:《对"群租"问题的民法思考》,载《政治与法律》2007年第3期。

② 任成印:《民法方法论》,中国检察出版社2005年版,第309页。

以载道、拆骈为单和任意扩大范围等。①

从文义解释的角度出发来审视“绿城群租案”可以发现,出租人和转租人之间在形式上符合一般民事行为的要件。特别是双方专门就是否可以转租的事项达成了意思上的一致,我国《合同法》第224条规定:“承租人经出租人同意,可以将租赁物转租给第三人。承租人转租的,承租人与出租人之间的租赁合同继续有效,第三人对租赁物造成损失的,承租人应当赔偿损失。”可见,相对于其他一些国家的自由主义模式,我国法律对转租行为采取的是限制主义的模式,即合法的转租必须得到出租人的同意。从《合同法》的这一规定同样可以得出在文义上,本案中的付小姐和杨先生之间的租赁合同(包括对转租行为的补充约定)是合法的。需要特别指出的是,在庭审过程中,物业公司向法庭提供了杨先生出具的证明函。证明函显示,杨先生和付小姐签订的租赁合同中虽然约定付小姐可以分割,但前提是不得违反国家和上海市的相关规定。从文义解释的角度来看,这一约定是对《合同法》第52条的强调,虽然在合同中重复《合同法》的条款对合同本身并没有多少实质性的意义,但是,专门在关于转租的约定中强调对国家和上海市相关法律法规的遵守更多地表现了当事人对这些补充条款合法性的强调。从消极的角度来说,文义解释的含义可以表述为对于清楚明晰的内容无需解释,这一含义同样无法得出付小姐的转租行为在形式上的违法性。简而言之,虽然在适用上具有优先性,但是文义解释方法无法得出本案中分割转租行为的违法性,这与本案中司法裁判的结果明显矛盾。由于任何司法裁判都会考虑到文义解释的因素,因此,本案中裁判结果的形成必然参考了优于文义解释的其他法律解释方法,而作出以上选择的原因可以从至少两个方面来解读:文义解释自身的缺陷以及其他被参考的解释方法所具备的优越性。

文义解释的优先性不仅可以适用于司法裁判领域,即使在当事人之间产生纠纷的时候,当事人也会直接选择合同的文本进行分析来确定自己的权利和义务。如果仅仅依靠文义解释就可以明确双方的法律关系,那么案件进入司法领域进而依靠法官采取文义解释的办法来解决纠纷的可能性就少得多。也就是说,虽然进入司法程序中有部分原因是为了借助强制力,但是能够进入司法程序来解决合同纠纷的情况很大一部分是对文本在直接的文义解释上有着不同理解。文义解释在此时的优先性并不妨碍对其有限性的讨论,“一般而言,单以文义解释,尚难确定法文的真正意义,盖仅为文义解释易拘泥于法文字句,而误解或曲解法文的意义也。通常情形,尚须就法律与法律之间的关系、立法精神、

① 谢晖、陈金钊:《法律:诠释与运用》,上海译文出版社2002年版,第133—134页。

社会变动情事等加以考虑,借以确定法文的意义,此则论理解释的问题"[1]。也有学者指出,文义解释的结果大致可以包括四种情况:可以直接适用于案件、产生矛盾结果、产生多种结论和无法得到结论。在后三种情况下都需要文义解释之外的其他解释方法来确定规范与案件事实之间的关系[2],这同样说明了文义解释在结果上的多样性部分地导致了其局限性。

文义解释有限性的深刻原因与其自身的定位有关。文义解释中总是强调字面的通常含义,或者说以所谓理性的第三人的标准来理解文本。尽管可以通过语法规则、通常含义规则(平义规则)、次要含义选择规则、通常含义与技术术语含义选择规则以及概括用语解释规则等具体适用规则来确定文义[3],但不可否认的是,这些方法并不能保证文本的文义必然得到一致的理解,甚至有时候适得其反,更加剧了文义解释上的混乱。也就是说,虽然文义解释名义上是为了获得一种较为客观的解释结果,但是,这一过程归根到底仍然是一个主观决断的过程,其中的主体在进入司法程序之前是合同的当事人,而进入了诉讼领域之后主要就是一个法官行使实质意义上的法律解释权的过程,也是一个自由裁量的过程,虽然这一过程并不是完全自由的。在进入司法程序之前,基于经济利益上的冲突等原因,合同的当事人面对相同的文本从各自角度出发很难形成一致的意见;而进入司法程序之后,这种关于文本的理解又增加了法官这一主体,这样就形成了诉讼程序中所谓"商谈"的状态。虽然哈贝马斯所设定的理想状态在现实中不可能实现,但是,却描述了一种关于文义探讨的宏观架构。简而言之,具有优先性的文义解释的适用是由不同的主体各自进行的,其中多数情况包含着不同的理解,这与文义解释自身所追求的统一性和客观性是相违背的。

文义解释的另一个重要定位是为文本的意义划定范围,这一范围被学者们形象地称为"射程",其目的在于保证法律解释不太可能出现荒谬的结果。笔者认为,这是一种更为宏大意义上的文义解释,它几乎可以将其他解释方法(如历史解释、体系解释等)包容在内。但是,当一种理论或者方法包容性越强的时候,其应用性、操作性甚至确定性就随之减退;从极端的视角来说,当某种理论"无所不能"的时候,也是其"一无所能"的时候。文义解释方法也是如此,当将其定位是为其他解释方法限定范围的时候,所表现出的就不再是一种优先性,而是一种包容性甚至是压迫性;当然,在这一过程中,文义解释自身的含义和范

---

① 杨仁寿:《法学方法论》,中国政法大学出版社 1999 年版,第 102 页。

② 参见孔祥俊:《法律解释方法与判解研究》,人民法院出版社 2004 年版,第 536 页。

③ 参见致远:《文义解释法的具体应用规则》,载《法律适用》2001 年第 9 期。

围也随之变得模糊。具体到本案的情况来说,原告付小姐和被告物业公司都对主要合同关系——租赁合同的存在有着相同的认识,但是,这并不是文义解释而是一种对事实的认定。同样,双方对付小姐和杨先生之间的租赁关系也可以从合同文本中得出,这是双方通过文义解释得出的共同结论,文义解释的优先性得到很好的展现。但是,问题的关键就在于对于杨先生和付小姐在关于转租问题的合同补充条款存在着不同理解,造成了整个案件发生了一些重大变化。

从诉讼策略的角度来看,关于转租的补充条款是赋予付小姐的行为以合法性的重要依据,但是值得玩味的是,这一事实的证明是由物业公司一方来操作的。正如前文已经分析的,"前提是不得违反国家和上海市的相关规定",虽然这是对《合同法》原文的重复进而强调对转租行为的合法性,但是,却将本案中文义解释的范围更加明确地引向了对国家法律和上海市有关法规的考察和援引。也就是说,物业公司实质上是突破了出租人和承租人的租赁合同(及其补充条款)的单纯文本,将相关法律法规容纳于案件中,从而在扩大的文本范围内进行文义解释,这实质上是上文所涉及的宏大意义上的文义解释。由于相关的法律规范(特别是上海市的地方性法规和条例等依据)包含着多样的内容,相应地,这种宏大的文本解释也必然包含着多种解释因素(如目的、历史等)的共同作用,虽然这种多样性的包含已经偏离了文本解释的原初设计,这些多样因素也明显地使得文义解释的边界变得不再如租赁合同那般清楚。

正是对国家法律和上海市相关规定的强调,使得物业公司一方引入了《上海绿城业主临时公约》及《上海绿城室内装饰装修管理服务协议》作为裁判的依据,而付小姐的行为也的确违反了以上的规定。虽然《上海绿城业主临时公约》及《上海绿城室内装饰装修管理服务协议》能否最终为法院所认可在当时的诉讼阶段还有待裁定,但是这种格式条款已经能够使得物业公司一方占据一定的优势地位。而更重要的是,在庭审过程中,物业公司一方以前述《临时公约》和《管理服务协议》为出发点,强调"付小姐承租后将房屋分割成10个小房间,分别出租给不同人,这给小区带来很多治安隐患","一旦不制止'群租',我们将成为被告,而起诉的将是受'群租'困扰侵害的业主们"。这样,在证明了租赁合同的补充条款的合法性及其对相关法规的强调之后,被告物业公司又成功地将"小区的治安隐患"和"受群租困扰的业主们"等因素引入案件的审判过程,这些字眼的背后实质上就是《合同法》第52条所规定的"损害社会公共利益"。至此,所有这些因素的提出都提示或者提醒法官在裁判结果的形成过程中必须对合同进行文义之外的其他因素(特别是公共利益)予以关注。在任何案件的审理中,双方提出的各种要求和依据都会对结果产生直接或者间接的影响,特别是在社会关注度较高的案件中,文义解释之外的因素有时对案件结果有着相当大的影响,这同样会模糊文义解释的范围和界限。由于本案的特殊性,考虑群租对社会公共利益的影响几乎成为本案审理的必然选择,也正是这种考虑最终决定了案件的结果。

二、目的解释在司法过程中的运行方式

在法律解释方法的体系中,文义解释之外还存在着多种解释方法,这些方法各有侧重又相互影响。这种分类不仅得到了以德国法律解释学研究为代表的大陆法系的认同,在英美法系中也几乎同样存在,其分类大致包括三种:(1)文义解释(The Literal Rule):法律的解释严格遵守法条文字的含义。(2)论理解释(The Golden Rule):除文义解释外,考虑条文展现的法律系统及其整体性、法律的立法意旨、立法背景、立法目的等因素,做一个完整的解释。这种解释方法不拘泥文字表面的意思,同时参考相关的法规作为解释的标准,给予法官极大的解释空间。(3)社会目的法律解释(The Social Purpose Approach):法条规定的目的是什么,规范的对象为何,欲解决的问题及避免的危险是什么,都是法律社会目的的内涵。① 笔者认为,其中最重要的应当是目的解释方法,其基本含义是以目的为根据来阐释法律问题。从一般意义上来说,"法律解释适用这样一点:规范文本应当表达规范目的。法律规范的语言文本是一种运载工具,立法者借此公开他们所追求的规范目的。……解释的三种辅助工具首先必须遵循最初的历史的规范目的,这一论断非常重要"②。英美法系关于法律解释方法的分类中,后两种实质上都可以归于目的解释的范畴之中。可以说,目的解释是文义解释之外的论理解释的典型代表。虽然本案是原告付小姐提出的侵权之诉,但是,案件的关键问题却在于对转租合同性质的判断上,其本质是对以公共利益为代表的规范目的和社会目的的考量,这种考量在法律解释的研究范围内也与合同解释的倾向和趋势是内在一致的。

与传统法律解释学追求的原意相一致,传统民法中的合同解释也主要是以探求当事人的所谓"真实意思"或者"真实意志"为目标。"文义解释时,首先应当尽可能地尊重当事人的意思,只有在当事人对合同文句存在不同理解时,才运用客观标准去确定其含义。在当事人双方存在不同理解,又不能将一方理解作为双方理解的情况。此时,只能运用客观、合理的标准来解释合同,即假定合

---

① 潘维大、刘文琦:《英美法导读》,法律出版社2000年版,第179页。
② 〔德〕魏德士:《法理学》,丁晓春、吴越译,法律出版社2003年版,第322页。

同当事人运用合同语言的方式是理性第三人通常采取的方式。"①但是,这种对当事人原意的追求在当前的理论和实践中都受到了大的冲击,特别是以格式条款为代表的消费合同大规模兴起之后,如何准确地确定当事人的真实意思,在司法裁判过程中已经越来越成为一个困难而又难以找到令人满意答案的问题。而且,过于对合同的文本形式追求往往忽视了合同当事人在事实上的不平等地位,很容易造成实质不公(在此又一次显示了单纯文义解释方法的局限)。正是在这种背景之下,从合同解释的整体趋势来看,客观主义已经逐步取代了主观主义成为占据主流意见的观点,合同解释"所欲探求之当事人真意,并非表意人事实上所具有之意思,也非相对人就该表示行为事实上所了解之意思,而是由该表示行为,依其表示到达时附随情况,所能以及应该被了解之意义"②。当然,这里所说的客观主义并非科学意义上的严格客观,而是一种在事实与法律规范之间的一种相对客观,"理性第三人"的标准就是这种相对客观的代表。这种客观性从法律商谈的角度来说,更接近"主体间性"的特征:合同双方充分表达其诉求和依据,法官在考虑以上因素的基础上对事实和规范的关系进行定性并进而作出裁判。不可否认,目的解释的这种定位蕴含着很大的自由裁量的成分,由此造成的多样性和不确定性历来是目的解释方法受到诟病的主要原因。

面对这些对目的解释方法的质疑,首先应当明确的是多样性和不确定性本身就是法律的应有之义。虽然法律的基本特征是稳定性、统一性和确定性,但是,单一的法律规范在终极意义上无法彻底排除不确定和多样性因素的存在,"法律必须稳定又不能一成不变"(庞德语)几乎成为法治领域中的公理。具体就目的解释方法来说,鉴于其重要的价值和意义,我们应当采取措施尽可能限制其主观臆断的因素而使提升其正面效用。有学者认为可以采取以下一些限制措施:(1) 只有在字面含义不能反映立法意图的时候才能使用目的解释法;(2) 目的解释方法并没有解除法官遵守法律文本的义务;(3) 目的解释方法更多地适用于福利给付、人权保护等内容;(4)尽量避免作出使立法目的失效的解释。③ 在笔者看来,这些限制大致属于主观方面的措施,难以真正发挥作用,而从正式制度的视角来探讨更具有针对性和现实意义。具体而言,制度中的限制措施从宏观到微观大致可以包括国家权力的整体结构、司法的正当程序运行以及配套司法制度的制约等方面。

即使可以采取以上的限制措施,法官在目的解释问题上仍然有很大的裁量

---

① 苏号朋:《合同的订立与效力》,中国法制出版社 1999 年版,第 321—322 页。

② 黄茂荣:《法学方法与现代民法》,中国政法大学出版社 2001 年版,第 232 页。

③ 参见蒋惠岭:《目的解释法的理论及适用》(下),载《法律适用》2002 年第 8 期。

权,毕竟,任何解释都或多或少包含了目的解释;当不同的解释方法得出多种结论或不能得出妥当结论时,终由目的解释决定取舍。因为目的是全部法律的创造者。[①] 在绿城群租案中,物业公司一方成功地将对公共利益的考察引入法官的视野,社会公共利益作为社会目的和法律规范目的的重要方面必然会引起法官的重视。而我国的民事法律也一再将社会公共利益明确为其目的之一,无论是《民法通则》第7条中的"尊重社会公德,不得损害社会公共利益",还是《合同法》第7条中的"不得扰乱社会经济秩序,损害社会公共利益",都是如此。在合同解释问题上存在着从主观主义到客观主义的转向,其背景上的原因就在于一种由传统民法的个人本位向现代民法的社会本位的转变,其结果就是在社会利益与个人利益的紧张关系中,前者占据上风;而我国历来倡导和推崇集体利益和社会公共利益的优先性。这些原因都决定了在绿城群租案中社会公共利益具有相当的优势地位:虽然付小姐和杨先生之间的租赁合同及其补充条款具有形式意义的合法性,但是,这种个人的经济利益是无法与作为背景的社会利益相对抗的。特别是付小姐的分割转租行为对小区内的其他业主在治安和卫生等方面造成了一些非经济利益的隐患,就更使得付小姐一方处于不利处境。

这里需要对作为社会目的的"公共利益"进行一些分析。虽然公共利益本身是一个相当复杂甚至有些自相矛盾的概念,但是,在法律解释的论域内,其复杂性却可以大大降低,因为法律解释基本上以司法领域为主要研究对象,具有很大的实践性。也就是说,在个案中可以大致确定其所涉及的"公共利益"的具体内涵和指向。在物业公司看来,在绿城群租案中所涉及的公共利益主要就是同一小区内其他业主的利益,这种利益虽然也包含很多内容,但是相对于一般的公共利益也已经是相当明确了;而且,从物业公司自身的角度出发,一方面是个别业主群租行为造成的管理成本的提升,另一方面则是其他业主的不满、管理成本的节约以及企业良好形象的维护,在两种冲突利益中应该如何选择是显而易见的。从法官的角度来看,其考虑的范围肯定要包括以上两种利益,但是,也许更重要的是要通过这一"上海群租第一案"来表达司法领域对目前群租现象的一种态度。毕竟,公共利益条款本身就具有很大程度上的不确定性,其适用必然伴随着一定风险;而且,通过第一部分的分析也可以看到,通过文义解释得出的租赁合同及其关于转租的补充条款具有相当的合法性,对这一形式上的合同条款的否定更加剧了以上的风险。

但是,在本案中,法官在文义解释与目的解释的冲突中选择了后者。虽然在较为典型的状态下,文义解释可以比较直接地对案件处理,表面上不仅没有

---

① 张明楷:《刑法分则的解释原理》,中国人民大学出版社2004年版,第34页。

目的解释的适用,更没有二者之间的冲突,但笔者认为,二者在大部分案件中的一致性实质上是目的解释"隐性适用"的一种方式,因为目的作为整个法律的创造者是普遍存在于法律规范的各个角落的,只是在多数情况下文义解释在适用上的优先性所产生的结果可以满足法律规范的目的而没有使得目的解释直接得以表现。在一些特殊案件中,特别是面对由于社会形势的发展产生的新现象(例如"群租"现象)的时候,文义解释的各种局限和缺陷就逐渐凸显出来,在解释结果上与目的解释冲突就会被以显性的方式予以表现。"目的解释贯穿于法律解释的始终,只不过有时法律的文义与目的一样,至少是不冲突的;所以,人们就认为目的解释只有在文义出现僵化或恶的解释结论时才加以运用。同时也只有在上述情况出现时才能彰显出目的解释的功能,使法律文本显示出灵活性。"①

进而言之,目的解释方法进入裁判结果的方式多是以原则性规定为主,例如诚信原则、公序良俗以及公共利益等,这些原则性规范由于其模糊性、多样性和不确定性而为目的解释进入裁判的论证过程及其结果提供了形式上的理由和依据。具体就《合同法》的规定而言,合同目的在其中也扮演着重要角色,第60条关于合同履行的原则规定:"当事人应当遵循诚实信用原则,根据合同的性质、目的和交易习惯履行通知、协助、保密等义务。"第94条关于解除合同的四种主要情况中,有两种以合同目的为依据,其他条款还包括第148条、第166条、第231条等。这些条款都说明了合同目的在整个《合同法》中的重要性。虽然有学者认为无论是《合同法》还是最高人民法院的各种相关司法解释都没有对如何确定合同目的予以规定容易产生消极影响,但是,笔者认为,这种缺失更大程度上归于目的解释的隐性适用特征造成不确定性。基于此,目的解释形式上多借助于法律原则条款,在实质上则交由法官的自由裁量。

至于文义解释和目的解释冲突的原因,有学者认为在于不同法学流派各自的主张:目的解释方法更多地依据自然法思想,强调法律的根本目的以及体现在法律目的之中的人类道德规范比文字形式表现的法律条文有更重的分量;而本文主义解释方法与实证主义法学相互影响,强调法律文本本身就是立法者真实意图和立法目的之所在②,这是侧重于理论研究的视角考察。与上述隐性适用相对应,笔者认为文义解释和目的解释的冲突更多地与公法和私法的关系有着本质上的联系。权力本位的公法和代表权利的私法的区分的过程,从历史来看就是一个私法范围不断扩张和公法领域不断减缩的过程;但是,不断缩减的

① 陈金钊:《目的解释方法及其意义》,载《法律科学》2004年第5期。

② 参见蒋惠岭:《目的解释法的理论及适用》(下),载《法律适用》2002年第8期。

公法仍然以各种方式保障私法的正当运行，这种保障大多数是以默许私法自治的方式进行的，一旦私法中出现了权利受损或者滥用等情况，公法就会从幕后走向台前，直接以强制力的方式来保证私法的正常运作。从隐性适用的视角来看，公法之于私法相当于目的解释之于文义解释。这一点在主体上也可以得到说明：目的解释只能由代表公权力的法官来行使，文义解释的主体则可以扩展到当事人。特别是在司法领域的个案中，相对于权利（私法），权力（公法）具有相当大的优势。当然，在具体的案件中，如何运用强大的权力来准确地操作目的解释，是对运用自由裁量权的法官提出的较高要求。在本案中，法官着重参考的是上海市对于房屋租赁所作的规定（包括《上海市房屋租赁条例》等）以及《上海绿城业主临时公约》与《上海绿城室内装饰装修管理服务协议》等文件。根据《立法法》的规定，除了《上海市房屋租赁条例》以外，其他规定都没有严格的法律效力，不能作为裁判的依据，但是，却可以为如何确定"公共利益"提供一定的借鉴和参考。这些都可以使得本案的法官可以在形式上做到完善，本案也正是以"违反了相应的法律法规，也违反上海绿城住宅临时公约的约定，损害了绿城小区其他业主的权益"为主要的判决理由。

值得注意的一点是，《上海绿城业主临时公约》在本案中的地位。由于本案的核心问题是转租合同性质的认定，而《上海绿城业主临时公约》中明确规定出租房屋不得分割、不得转租，这样，杨先生作为绿城的业主之一在与付小姐的合同中同意分割转租，这种行为实质上是对《上海绿城业主临时公约》的违反。虽然《上海绿城业主临时公约》本身并不是法律，但可以作为杨先生事先签署的合同而对后续与付小姐合同的效力产生影响。也许还有观点以《上海绿城业主临时公约》是格式条款为由要求作出对物业公司不利的解释，但《合同法》第41条规定："对格式条款的理解发生争议的，应当按照通常理解予以解释。对格式条款有两种以上解释的，应当作出不利于提供格式条款一方的解释。"这里作出对物业公司不利解释的前提是按照文义解释之后仍然"有两种以上解释"，对明确规定房屋不得分割、不得转租的条款来说，很难形成两种以上的理解。由于《上海绿城业主临时公约》是本案定性的重要依据之一，如果裁判文书可以将其地位明确表述，那么可以使得裁判结果的论证更加充分、更具说服力，这在不断强调裁判文书说理性的今天显得尤为重要。

总之，相对于文义解释而言，目的解释方法在适用上以隐性为主要特征。在与文义解释的冲突中，目的解释更多地显示出其强制性、独断性和精英性的一面，最终的结果也更多地偏向于目的解释。在绿城群租案中，法官没有选择由文义解释所确定的合法性而是确认了目的解释所强调的社会公共利益，这种结果在文义解释和目的解释的冲突中并不意外。而在目的解释和文义解释发生冲突的时候,我们首先需要确定二者发生冲突的原因何在,同时需要尽可能地发现二者适用于同一案件时的共性,以此为基础才能形成最合理的裁判结果。二者的冲突并非简单地一方必然战胜另一方,而需要一种综合的考虑。其中需要特别指出的是,司法理念的立场发挥着基础性的作用,强调目的解释的法官更多地倾向于采取司法能动主义的方式,在一定程度上突破文义解释的范围,而持有司法克制主义的法官,其做法相反,强调文义范围的不可动摇。

三、基于和谐考量的司法决策

如果说文义解释代表了传统法治所一贯追求的稳定性,那么以目的解释为代表的论理解释则是变动性在现代法治中的表现。“判决机制中的大多数法律分析在解释成文法和先前判决时,都应该是而且必须是以具体语境为依据的类比推理实践。这种类比推理必须由解释目的加以引导。如果用法是固定的,那么这个目的常常隐而不现,而意义和目标一旦发生冲突,就必须加以公开化。”[①]在本案的具体语境中,通过文义解释所得出的固定意义已经和目的解释所确定的目标发生了冲突,这样,公共利益作为目的就得到了“公开化”,这种公开化集中体现在判决书之内。

从司法决策的倾向来看,这种在稳定性(文义解释)和变动性(目的解释)之间的冲突关系是司法克制主义和司法能动主义在法律解释领域中的具体表现。虽然克制主义和能动主义更多的区分是在量上而不是质上,但是具体案件的判决中在程度上的差异经常可以导致结果上的巨大不同。就绿城群租案来说,如果是倾向于克制主义的裁判,法官就会更多地考虑从维护当事人的意志自由和交易的安全这些角度出发来尽量维持转租合同的有效性,即使这种做法可能会影响其他文件的效力(例如《上海绿城业主临时公约》);相反,在本案中,目的解释的操作使得法官能够以更为能动的方式来作出判断,利用公共利益的原则条款在更广阔的视野内对具体的转租合同进行审查,从而得出了迥异的结论。虽然本节无法对司法克制主义和能动主义的关系进行完整而详细的论述,但是司法裁判的不同结果总会体现出二者的差异。进而言之,任何裁判者大都是在克制与能动之间进行立场的选择。值得强调的是,以上选择应当以现行的制度框架为边界。也就是说,克制主义与保守主义都是现行制度提供给

---

① 〔美〕昂格尔:《法律分析应当为何?》,李诚予译,中国政法大学出版社2007年版,第166—167页。

法官的选择,超出这一界限作出的裁判就是对司法权力的滥用。例如,在我国并没有严格意义上的司法审查制度的前提下,本案中的法官就不应当对相关的法规(例如《上海市房屋租赁条例》等)进行法律意义及其效力上的评价。

当然,由于在任何国家中,各个具体制度及其相互之间的复杂性使得制度的整体框架在边界上也存在着一定的模糊性,这种模糊性也使得裁判结果带有一定的不确定性。当然,不确定性本身就是司法诉讼必备的特征之一,结果已经确定的诉讼过程已经失去了现代法治所推崇的形式正义的意义。具体而言,本案在结果上的不确定性受到了以下多种因素的影响:当前的社会形势、法官的个人特质、当事人的社会位置以及媒体的关注,等等。例如就社会形势来说,本案直接涉及对新出现的群租现象的评价,根据《法制日报》的报道,2006 年 12 月,上海出台了专门约束群租行为的地方规定《关于加强居住房屋租赁管理的若干规定(试行)》,上海市房地资源局公布的《关于抓紧完善业主公约,增补规范租赁行为相关条款的通知》为住宅小区群租整治提供了依据。2007 年 6 月,上海市政府发言人焦扬在介绍政府整治举措的同时,也表明了上海整治群租的决心:"今年 6 月发布的《上海加强住宅小区综合管理三年行动计划》明确提到,将力争用三年时间基本消除群租隐患。"近代以来,世界各国实行民治的地方,政府所采取的基本统治策略就是这种根据民众需要而为的政策,或者说得俗气一点,就是政府"巴结"民众的政策。[①] 虽然以上这些行动只是政府的表态,但是,反映的却是当前的群租现象对社会形势的影响已经相当巨大,这也同样造成了媒体对本案的高度关注;至于法官的个人特质则涉及在陌生人社会中的裁判趋向等因素;当事人的社会地位则是表现了个人与集体(物业公司)的对抗。以上这些因素虽然没有直接进入审判因素,但是却构成了案件的具体语境,在昂格尔看来,都是使得目的公开化的要素。

案件的具体语境固然重要,但是,司法过程毕竟是一个相对独立的过程,我们更需要从内部视角来对整个案件的过程进行缜密的分析。法律解释是贯穿于整个司法过程的重要法律方法,虽然其具体方法的适用顺序没有形成完全一致的意见,但是,这并不妨碍法律解释在司法程序中发挥巨大的作用。在笔者看来,各种不同的解释方法的背后都有不同的价值背景,也就是说,不同的解释方法代表着法律(特别是司法过程)所追求的不同价值,而价值之间是很难形成一个固定不变的完备体系,只能在具体案件中予以具体对待;这一深层原因也决定了法律解释的各种方法之间难以准确地进行排序。"解释者首先要形成对有疑问的条文段落的可能的意义,提出各种不同的假设;然后根据这里所概述

---

① 谢晖:《法哲学讲演录》,广西师范大学出版社 2007 年版,第 333 页。

过的、不同的观点,对条文进行研究,并且据此进行权衡,看看哪一种假设证明最能够站得住脚。"[①]从法学流派的角度来看,法律解释主要可以归于规范分析法学的论域,而规范分析的最典型状态就是对规范的语言和逻辑结构进行分析,这实质上就是文义解释方法,这种典型的地位也决定了文义解释的优先性。与之相对,以目的解释为代表的论理解释方法则是分析规范的语言和逻辑结构的"非典型性状态",只是其中不同的解释方法有着不同的侧重点:体系解释强调的是从作为整体法律制度的角度对案件进行评价,历史解释则是探索历史上相关的资料(包括以往立法和立法资料等)来确定当前案件的性质,社会学解释更多的是通过对社会效果的考察来确定规范的解释定位;目的解释中包含有以上几种论理解释的因素,从而最终确定一种规范中的平义所没有揭示的内容,也许这种内容更符合法律的精神。正如丹宁勋爵所说:"即使在解释我们的立法时,我们应当将传统的解释方法放在一边,而采取更加自由的态度。我们应当更能促进法律条文背后的立法目的实现的解释方法。"[②]

正如在现实世界中,不同的价值可以共存一样,代表不同价值的法律解释方法也可以在司法过程中共同发挥作用,从而呈现出一种"和谐"的状态,当然,这里的和谐状态并不是那种没有或者压制冲突的传统意义,而是强调面对冲突的时候能够以更为宏观、更为综合的解释立场来处理这种冲突。法治开辟和建立了社会不同的利益阶层表达其各种利益诉求的平台,同时构建了共鸣的纠纷解决机制。法治的意义不仅在于可以减少矛盾,而且还在于可以有效地解决矛盾,使已经产生的纠纷能够及时、公平、合理地解决,使不和谐的状态归于和谐。[③]

正是由于以上这些解释方法有着各自不同的侧重点和优势,所以,在司法决策的过程中都可以为法官提供某种视角的参考。在诉讼过程这个拟制化的剧场中,各种解释方法都可以同场竞技,虽然文义解释具有某种先天的优势,但是这种优势并不必然转化为胜势,绿城群租案对目的解释的挖掘就表现了其他解释方法在具体个案中很有可能对文义解释形成威胁。从共同博弈的角度来看,各种法律解释方法之间本来就不需要(也不应该)设定完全不变的适用顺序(文义解释的优先性除外)。这样能够保证诉讼各方可以利用各种解释方法充分表达自身的诉求及其依据,而裁判者也可以借此来对案件形成充分认识,从

---

① 〔德〕科殷:《法哲学》,林荣远译,华夏出版社 2002 年版,第 215 页。

② 〔英〕丹宁勋爵:《法律的训诫》,杨百揆等译,法律出版社 1999 年版,第 24 页。

③ 参见杨思斌:《构建和谐社会与法律调整方法》,载中国博士后科学基金会等编:《法治与和谐社会建设》,社会科学文献出版社 2006 年版,第 39 页。

而在“兼听则明”的综合考量基础上形成最终的司法决策。在这个过程中，法律解释方法充分显示出其工具理性的一面：不仅法官可以运用解释方法来认定案件的事实或者规范，当事人（及其代理人）也可以依据不同的解释方法来维护自身的利益，本案中绿城物业公司一方就成功地借助“社会公共利益”将目的解释方法引入了诉讼过程，并最终取得了良好的效果。

虽然绿城群租案还可以从其他很多角度来分析，但是规范分析仍然应当是我们首选的方法，毕竟这是法律和法学最核心和最正统的分析进路，法律解释就是规范分析的一种重要方法。在法律解释日益受到研究者关注的时候，基础理论的介绍和引入是相当重要的；在此基础上，更重要的是将这些理论与当前的司法实践相结合，这种结合不仅是理论本土化的需要，也是中国法治实践的需要。而结合的重要途径就是通过具体案件来审视既有的相关理论，因为案件的发生不是以某些所谓舶来的理论为基础的，而是有特定的法治环境和社会环境等“具体语境”来决定的，这种形而下的微观视角才能够真正淬炼出适合本土法治路径的理论和实践。

四、法律解释结果的多样性及其选择标准

【案例2】 许霆盗窃案（具体案情参见第三章【案例3】）

（一）法律解释结果多样性的成因

在普遍性和特殊性的永恒对抗之中，法律规范从总体上是倾向于前者的，所谓“相似情况相似处理，不同情况不同对待”是法律规范构建和运行的出发点。但是，个案的特殊性又是具有绝对意义的，所以同案不同判的现象也并不罕见。在以上规范的普遍性与个案的特殊性之间，法律解释的任务就在于尽可能地弥合二者之间的裂痕，通过对个案的审视和裁判来体现和表达法律规范所追求的普遍性。然而，法律解释的这种定位只是一种“应然”，即使基于相同的法律规范，现实中大量的案件仍然在结果上呈现出极大的多样性，这与法治的追求是背道而驰的。就中国当下的法治情况而言，同案不同判的现象也对法律的形象和权威有着消极影响，许霆案就是如此。以上所有情况都决定了法律解释在个案中的运用绝不是一个简单的过程。在明确了其理论上的应然地位之后，我们需要更加细致地对待解释结果的多样性问题。

关于法律解释结果多样性的论述中，德沃金的“唯一正解”理论是相当独特

的。德沃金在其《法律帝国》和《认真对待权利》等著作中,都反复强调了在案件,尤其是疑难案件中,都只能有一个"唯一正确的答案"(判决)。这与法律解释结果多样性的现实状态完全相左,也是该理论观点备受质疑的原因之一。"倘若裁判者拟在冲突的价值判断或可能的选择之间进行取舍,那么他必须实现找出一个能够通约于不同对象之间的取舍标准,或者建立一套绝对的价值等级序列,而这在理论上是不可行或不可能的。因此,从方法角度观之,德沃金所谓的'唯一正解',的确存在盲目乐观的一面。"①这一点连德沃金自己也承认:"英美法律工作者大多对任何一个真正疑难案件的'正确答案'的可能性持有怀疑态度。……诚然,依照通常的意见,这个法律问题只存在不同的答案,而不存在正确的答案或最佳的答案。"②"他也不太可能通过逐个找遍法律报告以图发现没有正确答案案件的实际案例来获得成功。每一个个案报告都包括一个意见,它证明了某一方面具有法律论证的较大优势。有的案件也有不同意见,但是这样的案件也是较好意见占据上风的案件。……在某个特殊案件中,将使所有法律工作者都信服的这样一个论证是极其不可能的。被一个学者作为判例来引用的任何一个案件在其他人看来都可以是有争议的。"③德沃金在《原则问题》和《至上的美德》等著作中也对很多美国宪法案例在解释结果上的多样性进行了深入探讨,这里需要认真探讨的问题是:既然德沃金非常明确在现实中(特别是在疑难案件中)不可能达到"唯一正解"的效果,那么,坚持"唯一正解"观点的意义和目的何在?

首先应当明确的是,德沃金是在其完整的理论体系中使用"唯一正解"这一观点的。无论是整体性法律、原则裁判、建构性解释,还是 Hercules 的法官形象,都表明了德沃金所推崇的一种理想状态。"就德沃金这方而言,其所描述的'唯一正解'实际上也可理解为是法律上的一种应然状态,即法官在法律判断中应该尽力追求的、并且在完满的法规范内容实际上也可获得的结果。德沃金正是为了'唯一正解'这个命题得以成立,而坚信法律是个完整体系。在德沃金的学说中,作为所有论证和表述的基点——法律完满,可以说是以一种规范性命题出现的,本身就是一种价值的预设,甚至就如罗尔斯的'无知之幕'、洛克的'社会契约'一般,只是一种有关逻辑起点的拟制,它在现实中可能不存在,或难以实现,但是这点在规范意义上并不重要,只是通过这种预设,能使我们得到一

---

① 参见陈林林:《基于法律原则的裁判》,载《法学研究》2006 年第 3 期。

② 〔美〕德沃金:《原则问题》,张国清译,江苏人民出版社 2004 年版,第 4 页。

③ 同上书,第 186—187 页。

种类似罗尔斯所言的'可望的结果'。"①从这个意义上来理解,当面对疑难案件的时候,具备完美司法素质的 Hercules 在了解"整体性法律"的背景之下,利用原则和政策等进行"建构性阐释",最终实现"唯一正解"。用德沃金自己的话来说就是:"法律解释的本质是找到完美无缺的结果,特别是在宪法解释中更是如此。除非你想到达一种悲剧性结局,否则就没有其他选择。"②这里需要明确"悲剧性结局"的所指。"如果一遇到疑难案件就没有唯一正解,就会把法律的不确定性过于夸大,从而会违背法治的理想,也会给公民权利的保障带来困难。德沃金正是从他的法律概念包括原则和政策出发,指出作为整体的法律要求体现基本的法律原则包括道德原则,这些原则和政策在法律规则缺失的时候可以作为解决疑难案件的钥匙。"③也就是说,即使是面对疑难案件,法官在司法过程的运行中也必须形成其所认定和坚持的"唯一正解"作为整个案件的结论,从而(至少是在形式上)维护法律在普遍性、确定性和预测性上的追求,避免了"悲剧性结局"。

当然,由于德沃金的"唯一正解"更多的是针对疑难案件,而疑难案件本身就术语法律规范和个案事实之间的灰色地带,其重要特点之一就是可以从多个合法和合理的角度进行解析,所以,"唯一正解"所表达的主要是法官的一种预设性的姿态,即使其中带有隐性的个人色彩。"这种复杂化、个人化的理论的存在,绝不意味着'真理'的多元化,它仅仅表明人们对同一问题的认识的角度、深度不同,其中只有最接近客观事实真相的那一种观点才是'唯一正解'或者说相对的'真理'。严格地说,社会科学应当避免使用'真理'字样,而应采用'妥当结论'或者'唯一正解'之类的术语,任何人都无权宣布或者认为自己的学术见解就是'真理'。"④

简而言之,从"唯一正解"观点中获得的重要启示在于:在面对多样性的法律解释及其结果(特别是在疑难案件中)之时,法官仍然应当在进行总体比较和权衡之后形成并坚持唯一结论,这种形成和坚持并不应当因为各种不确定性因素的增加而退让和放弃。法院的审理被置于一种意识形态之下,那就是确信"事实就是事实"、"法律问题存在唯一正确的答案"、"存在唯一正确的判决"。

---

① 参见林来梵、王晖:《法律上的"唯一正解"——从德沃金的学说谈起》,载《学术月刊》2004年第10期。

② 〔美〕德沃金:《自由的法:对美国宪法的道德解读》,刘丽君译,上海人民出版社2001年版,第49页。

③ 参见张杰:《论德沃金"作为整体的法律"理论》,载《内蒙古大学学报》(人文社会科学版)2005年第3期。

④ 曾粤兴:《刑法学方法的一般理论》,人民出版社2005年版,第172—173页。

这种观念不仅体现在法院撰写裁判文书的方式上,而且体现在法官的思维方式和对待判决的工作情感态度上。例如,在刑事审判中,《刑事诉讼法》第189条规定了二审维持原判的条件是"原判决认定事实和适用法律正确、量刑适当",隐含了"存在唯一正确答案"的思想。由于工作压力和人们趋利避害的天性,它倾向于选择所提供的最初找到的表面上可行的途径,而这使整个过程不仅较为明智而且令人较为熟悉。由于法院意见的单一性,造成了裁判结论的"非此即彼",该种结论的唯一性,容易使裁判趋于稳定。[①] 这里需要简要说明一下法律解释结果的多样性与裁判结果多样性之间的关系:采用不同的法律解释立场和方法,可以形成不同的解释结果,从而对最终裁判结果产生重要影响。也就是说,法律解释结果的多样性是导致裁判结果多样性的主要原因。所以,虽然两种多样性有着细微的差别,但是,在理论分析的过程中,其差别基本上可以忽略不计而在同一含义上使用。

在明确了"唯一正解"的努力方向和目标之后,我们应当细致分析法律解释结果多样性的原因,作为正确对待这种多样性的起点和基础。由于哲学解释学和法律解释学在理论研究上的紧密关系,我们可以借用哲学解释学的一些基本观点和原理来对形成法律解释结果多样性的原因进行深入分析。

首先,司法过程中,各方参与者的不同"前见"(前理解)是形成法律解释结果多样性的前提。从古典解释学到启蒙运动都坚信正确理解的形成必须排除一切的独断论的成见,但是当代的哲学解释学将这个"神话"进行了解构。理解者(解释者)无需也不可能丢弃内心既存的前见,而只需对其内心中的前见进行考察,包括这种前见的正当性、根源、有效性以及区分合理的和不合理的前见,等等。具体在司法过程中进行法律解释,各个参与者都有其既定的(或者说预设的)身份、地位和状态,这也决定了他们必然从自身角度出发来对法律规范和具体案件之间的关系进行观察和决断。在民事案件中,当事人之间主要存在着利益冲突,绝大多数行为的出发点都是围绕着如何实现自身利益的最大化;在刑事案件中,犯罪嫌疑人则是要尽可能地降低或者免除其受到刑罚处罚的可能性;在各类案件中,律师的目标则是维护其当事人的利益,而法官的任务则是在尽可能保持中立的前提下确定法律规范和案件事实之间的关系,进而作出有效裁判。对以上所有参与者来说,其角色定位在具体的司法过程开始之间(也就是开始进行法律解释之前)就已经确定了,并不会因为某个具体司法过程而有所改变。这就相当于在既定的"前见"之下对法律及其与事实的关系进行理解

① 陈增宝、李安:《裁判的形成——法官断案的心理机制》,法律出版社2007年版,第177—178页。

和解释。身份和地位上的差异必然对司法过程参与者解释法律的视角和结论有着根本性的影响。以此为基础,法律解释在结果上形成多元化的状态也是不足为奇,甚至在一定程度上是无可避免的。

其次,从案件的产生到司法裁判的形成,还存在着“时间距离”(*Zeitenabstand*),“时间距离并不是某种必须被克服的东西。……事实上,重要的问题在于把时间距离看成是理解的一种积极的创造性的可能性”[①]。这同样是产生法律解释结果多样性的重要原因。就司法的整个过程来说,从纠纷事实的产生,到司法程序的开始,再到最终裁判结果的形成,这些过程在时间上的推进都在不同阶段形成了不同的具体结论,而这些差异的具体结论不断累积,最终形成了法律解释在最终结果上的不同。从这个意义上说,司法过程主要是一个设证(abduction)的过程:设证的基本含义是从一系列既定的事实和条件中获得了一种假设命题(hypothesis),一旦这种作为结论的假设能够成立,那么它就能够对那些事实进行解释。从本质上说,设证理论是一种溯因推理,是在已经具备结论的前提下来寻找对其最佳的解释。皮尔斯在论及设证法与演绎和归纳之间的区别时曾说:“设证是一个形成具有解释力的假设的过程,……演绎证明某事是必然的(*must be*);归纳说明某事是实际存在的(*actually*);设证仅仅展示某事是很有可能的(*may be*)。”[②]从总体运行过程上看,设证总是要经历假设阶段和检验阶段。随着相关事实(或数据)逐渐被检验过程吸收或者参考,原有的假设及其组成部分便会进行相应的变动。后来出现的结论也会反过来重新审视和确定原假设每个具体部分的地位和作用。这种循环的过程与解释学上的循环具有内在一致性:通过部分——整体——部分的循环过程,最终尽可能地保证结论的真实性。具体就司法案件来说,当事人(特别是原告)带着基于自认事实的信息所形成的预设性结论(前见)进入司法程序,这种结论表现为具体的诉讼请求,实质上是设证的出发点。在司法程序中,通过法庭辩论等具体环节,原来的诉讼请求在绝大多数情况下都会或多或少地得到修正(甚至被推翻)。所以,司法过程中的时间距离也是形成法律解释结果多样性的重要原因,其表现也可以通过司法过程中的“事实问题”得到说明:生活事实被陈述为原初事实——原初事实被重述为基本事实——基本事实被重构为裁判事实[③],这个过程是“事实”在不同阶段(也就是在不同的时间距离上)的不同状态,很明显,基于不同

---

① 〔德〕伽达默尔:《真理与方法》(上),洪汉鼎译,上海译文出版社1999年版,第38页。

② Charles Sanders Peirce, *Collected Papers of C. S. Peirce*, Harvard University Press, 1932—1963 §5: p. 171.

③ 舒国滢等:《法学方法论问题研究》,中国政法大学出版社2007年版,第313—320页。

的事实内容,司法过程的参与者会形成不同的法律解释结果。

再次,对话沟通也是哲学解释学的重要观点,对法律解释结果多样性也有借鉴作用。无论是哈贝马斯还是伽达默尔,都试图通过对话沟通的方法来尽可能地消除误解、分歧,甚至前见。同上文中德沃金所设定的理想状态一样,这种通过对话来消除分歧的观点也带有明显的理想色彩。通过对司法过程的考察不难发现,以法庭辩论程序为典型代表的对话方法在更多的情况下不仅没有消除分歧,反而增加了各方当事人之间的差异,形成了更多的法律解释结果。各方当事人通过对话方法充分表达其观点,有可能由于观点之间的复杂关系引发某种混乱,从而对司法过程造成不利影响。虽然开放性是对话方法的突出特征,但是,如果当事人在司法过程中滥用诉讼权利,例如对对方的所有观点逐一进行质疑和反驳,就会导致诉讼过程过于冗长,很有可能使得整个案件的主体性内容受到冲击,这是与对话方法的初衷相违背的。阿列克西在法律领域中评论商谈理论的时候就说:"只有当法律商谈中所必需的道德的、伦理的和范式的辩论失去它们被使用时的一般特征而拥有某种特别的法律特质时,任何其他事情才是正确的。"[①]也就是说,如果将道德、伦理等多种因素都在司法过程中充分讨论,虽然名义上展示了对话的充分性,但是实质上却对法律问题的讨论产生了消极的影响。不过,这并不意味着对话沟通是毫无意义的。对话沟通有利于缓解信息的不对称状态,从而为最终裁判结果的形成奠定基础。在司法过程中,对话论证方法可以实现拟制的平等。为了能够保证商谈的顺利进行,参与者应当在进入商谈程序之前就具有平等的地位,唯此才能保证各种意见得到平等的对待和交流。司法程序正是为了这一目的而进行的制度设计,"冲突主体在从不平等的社会实存状态进入诉讼领域后,抹去了一切不平等,以同一身份,即诉讼当事人,步入一个法律拟制的空间。诉讼当事人实质上是诉讼空间拟制的概念,过滤了包括不平等因素在内的实质内容"[②]。正是在诉讼过程(主要是民事诉讼)中享有几乎相同的诉讼权利和义务,才使得当事人在表达和交流意见上实现了平等。虽然这种平等只是拟制的,但是较之于现实中严重的不平等,拟制的平等已经是一种比较理想的状态了。这种拟制的平等状态可以激发当事人的积极性来"为权利而斗争"。对于法官来说,以上状况不仅可以减轻负担,更可以将更多的精力放在对事实和规范之间关系以及判决书制作等环节中,从烦琐负担中的解脱将有利于法官提高对案件裁判的精致程度。正是从这

---

① 参见〔德〕阿列克西:《法律的论证、重构与实践——于尔根·哈贝马斯的法律商谈理论》,万平译,载《中南财经政法大学研究生学报》2006年第4期。

② 参见张世全:《当事人诉讼地位平等的程序原理》,载《山东社会科学》2004年第2期。

个意义上来说,“程序是一个合理性商谈过程。形式合理性司法中的程序是一个司法竞技和对抗的过程,实质合理性司法程序基本上由家长式的法官主导。程序合理性司法并不完全否定当事人双方的对抗和竞技,但是,这种对抗和竞技必须以当事人双方的举证能力的相应性为条件,避免雄辩等于真理、金钱决定胜诉的诉讼富人游戏现象,并通过一系列制度保障这种平等交往权的切实实现”①。也就是说,前见的存在决定了法律解释的结果必然是多样的,而此种多样性就集中体现在对话沟通之中。虽然通过对话沟通无法从根本上消除分歧,但是,对话沟通仍然有着巨大的理论和实践价值;较之于隔阂和武断,对话沟通有利于更好裁判结果的形成,虽然法律解释结果的多样性是其必然的副产品。

最后,前见在时间距离中通过对话沟通,最终目标指向“视阈融合”。哲学解释学主要是从理论层面试图通过对话商谈来实现理解上的一致性,而司法过程则是通过其程序的运行来得到最终的审判结果,这一过程由于现实因素的增加而更具实践的意义,其所贯穿的视阈融合精神就在于从多样性的解释结果中经过各个参与者(尤其是法官)的整合来形成“唯一正解”。可以看到,司法裁判的结论与司法程序开始时的诉求在绝大多数情况下是不同的(甚至相反的),这种状态形成的基础就是法律解释的多样性。也就是说,没有多样的法律解释结果,就无法形成最终视阈融合的“唯一正解”;即使出现了最终判断,也只是基于裁判者的独断,而缺乏必需的民主色彩和公开因素,其质量和效果也都是难以保障的。

总之,从哲学解释学的角度可以对法律解释结果的多样性进行较为细致的分析,而多样性本身就是哲学解释学中“效果历史”的重要组成部分。当然,对法律解释结果多样性的原因还可以从其他方面进行分析,有学者将其概括为“裁判形成过程中的变动性因素”,主要包括对案件材料的不同加工、对法律制度的不同理解和解释、法官不同的知识结构和职业技能以及对法律公正的不同感知和信仰等方面。② 就法律解释自身来说,在各种不同的解释方法还没有形成完整的位阶关系的前提下,具有不同指向的具体解释方法也是产生法律解释结果多样性的原因。“解释原则*数量巨大,相应于当人们在阅读时起作用(经常是无意识的)的数量巨大的考虑因素。这些原则都是告诫性的而不是定向的,和类似于这些解释原则的普通生活格言一样,它们的指向经常对立,这些原

---

① 参见夏锦文:《现代性语境中的司法合理性谱系》,载《法学》2005 年第 11 期。

② 陈增宝、李安:《裁判的形成——法官断案的心理机制》,法律出版社 2007 年版,第 186—197 页。

* 相当于此处的法律解释方法。——引注

则集合了成文法解释的大众智慧，它们回答解释疑难问题的能力并不比日常生活格言解决日常生活问题的能力更大。”①从法律解释学的发展来看，各种具体的解释方法基本上都是由私法实践中的个案总结而来的，特别是一些争议较大的疑难案件和影响较大的宪法性案件。争论者都从各自的立场出发，寻求能够证立理由的解释方法。从这些案件在理论上的后续影响中，就比较容易总结出一些法律解释的具体方法。而由于这些案件并不是（也不可能）按照既定的法律解释方法体系而发生的，这样持续而又分散的案件分析及其理论归纳就逐渐积淀了多种法律解释的具体方法，虽然这种积淀略显凌乱和臃肿。② 在分析了法律解释结果多样性的成因之后，我们需要明确应当对这种多样性的态度。

面对法律解释结果的多样性，主要有两种态度：一种是消极的或者说放任的态度：多样性的存在是不可避免的，所以，只能对其听之任之，无论是司法的理论或实践都无能为力；另一种态度则较为积极：虽然法律解释结果的多样性导致了司法裁判的多样性，但是，这种多样性从某种意义上来说对法治的统一性和普遍性是一种直接或者间接的威胁，所以，应当尽可能地减少多样性存在的基础和因素，从而实现一致性的目标。“统一的解释是必要而且适当的，因为把本不相容的不同解释都作为同等的权威进行接受，必然会极大地影响人们对宪法*之可理解性和完善性所具有的信心。”③

在笔者看来，以上两种主要的观点都有其合理的成分。前一种观点强调了法律解释结果多样性的现状和其中包含的价值：一方面，由于特定时空条件的不可逆转性和唯一性，任何个案都具有自身独特的事实情况，这是法律解释结果多样性的根本条件。例如在刑事审判过程中，犯罪构成的四个主要要件在事实层面上必须针对每个个案的具体事实进行分析，是不可能完全相同的。另一方面，法律规范以及运用法律规范的法官也具有唯一性，这也决定了法律解释结果的多样性。从以上两个方面来看，法律解释结果的多样性的确是不可避免的，其存在有着相当充分而合理的基础。与之相比，后一种观点则强调了面对既定的现实状态，法律以及法律人所应努力的方向，现状有其合理的一面，同时又有其不合理的因素，解释结果多样性也同样是对法治的威胁，所以，对其进行消除和克服也同样无可厚非。例如，有学者认为，“同案不同判”现象的主要危

---

① 〔美〕波斯纳：《法理学问题》，苏力译，中国政法大学出版社 1994 年版，第 353 页。

② 孙光宁：《法律解释方法的体系整合》，载陈金钊、谢晖主编：《法律方法》（总第七卷），山东人民出版社 2008 年版，第 320 页。

* 当然也可扩展到其他部门法。——引注

③ 〔美〕克里斯托弗·沃尔夫：《司法能动主义——自由的保障还是安全的威胁》，黄金荣译，中国政法大学出版社 2004 年版，第 97 页。

害并非直接针对某个个案或者某个当事人,这一现象引发的消极影响突出反映在两个方面:一是公众对法院作为纠纷裁判和正义分配机构所拥有的实际能力的怀疑,是社会对司法公信力的深层焦虑;二是社会对国家通过司法维系和强化法律适用机制的统一性的政治能力的怀疑。即使不排除个别案件中的灵活处理具有某种实质上的正当性,但这种处理仍然可能给法律适用的统一性机制带来某种潜在和长久的硬伤。①

简而言之,积极和消极两种态度实质上各自强调了法律解释结果多样性的局限与价值,每种态度只强调了一个方面而忽略了另一方面。从这个意义上说,我们对待法律解释结果多样性需要同时面对其价值和局限。此时,如何在价值与局限之间准确地把握一个"度",是接下来我们需要深入探讨的问题。这一问题可以转化为如何衡量和选择对多样性进行评价的标准问题。

(二)既有标准的审察

要发挥法律解释结果多样性的价值,同时又限制其消极影响,通过评价标准的确立和努力是一种较为便捷的途径。如果能够明确某种标准,既可以对解释结果多样性的状态进行评价,也可以厘清在消极影响较大时的努力方向。所以,评价标准的选择不仅非常重要,而且十分必要。从目前法律解释的研究现状来看,在已有的理论成果中,合法性和合理性是两种主要的标准。

(1)合法性标准。司法的整个过程和最终结果都应当满足合法性标准的要求,这是合法性标准的地位和作用。法律解释也是如此,无论是对法律规范还是对案件事实的解释,无论是解释的程序还是解释的结论,都应当符合合法性的要求,合法性是法律解释及其结果的必然要素。缺少了合法性标准,法律解释就失去了最主要的依据,其结果(无论是单一性结果还是多样性结果)都不可能被当事人、法律职业群体或者社会所接受。因此,从其地位和作用来看,合法性完全有资格成为衡量法律解释结果多样性的评价标准。但是,以上的必要性论述并不能够取代可能性和操作性的论证。虽然合法性标准是法律解释及其结果的当然条件,但作为评价法律解释及其结果多样性的标准,合法性还存在着一些缺陷。

首先,合法性在含义上存在着一些矛盾和混乱之处。虽然在理论研究中,合法性是一个使用频率较高的术语,但学者们在使用"合法性"时,很少有人清楚地分析其具体含义,这也就导致了合法性自身含义的不明。例如,马克

---

① 蒋剑鸣等:《转型社会的司法:方法、制度与技术》,中国人民公安大学出版社 2008 年版,第 396 页。

斯·韦伯对三种合法性统治的区分,其合法性适用首先具有以下性质:合理的性质、传统的性质和魅力的性质,一种统治的"合法性",也只能被看做是在相当程度上为此保持和得到实际对待的机会。① 基于马克斯·韦伯在学术研究上的重要影响,其后的很多学者都在宽泛的意义上使用"合法性"这一术语,从而造成了一定程度的混淆。"韦伯所说的合法性的含义非常宽泛,所以,用'正当性'(justification)这一概念也许能够更准确地表达它的含义。虽然,正当性概念仅仅表达了合法性概念中的价值合理性这一部分的意义,但是,这种用法在谈到法律的合法性问题时,却是非常精当的。"②哈贝马斯也受到了韦伯的深刻影响,他自己也承认,"在今天,社会科学家对合法化问题的处理,大多进入了韦伯的'影响领域'。一种统治规则的合法性乃是那些隶属于该统治的人对其合法性的相信来衡量的"③。但是,哈贝马斯在韦伯较为宽泛的合法性含义上进行了更为细致的区分,就法律而言,他提出了两种合法性,即"合法律性"(1egality)(或称"形式合法性")和"合法性"(1egitimacy)(或称"实质合法性")。前者意指法律的合法性来自规则自身或源于被接受的事实,无需任何根基,其含义与韦伯的"形式理性法律"基本相同。后者是指法律的合法性不仅仅决定于其存在的形式,还取决于规则产生的方式是否公正。这里特别值得注意的是,在韦伯那里,规则的合法性只以人们的认受为前提,而不问这种认受是出于真实的自愿,还是由于外在的强制,抑或由于意识形态的长期灌输。哈贝马斯所说的合法性,不是着眼于决定论意义上的实体价值原则,而是着眼于产生法律的民主程序。④ 应当说,哈贝马斯对合法性的分析更为细致和准确,也更有利于从法律解释的角度来探讨合法性标准。这一点也受到了国内学者的注意。例如,在谈及司法公正的特殊品质时,有学者认为,在英文中,有两个词都可以被译作合法性,但是它们所表达的概念却有着实质差别。一个是 legality,它指的是呵护实质法的规定,是一个描述性的术语,不涉及对实在法本身是否正当的价值判断。另一个是 legitimacy,它既有合法的意思,也有正当的意思。自马克斯·韦伯以来,后一种合法性成为社会学和政治学中的重要概念。⑤ 法与法律的区别已经成为理论法学研究中得到公认的一个问题,从法律解释的视角来

---

① 参见〔德〕马克斯·韦伯:《经济与社会》(上卷),林荣远译,商务印书馆 2004 年版,第 240—241 页。

② 锁正杰:《刑事程序的法哲学原理》,中国人民公安大学出版社 2002 年版,第 197 页。

③ 〔德〕哈贝马斯:《交往与社会进化》,张博树译,重庆出版社 1989 年版,第 206 页。

④ 参见高鸿钧:《法范式与合法性:哈贝马斯法现代性理论评析》,载高鸿钧、马剑银主编:《社会理论之法:解读与评析》,清华大学出版社 2006 年版,第 321 页。

⑤ 郑成良:《法律之内的正义:一个关于司法公正的法律实证主义解读》,法律出版社 2002 年版,第 88 页。

看,合法性更准确的表述应当为“合法律性”,或者更狭义的“合制定法性”。以韦伯为代表的法社会学学者可以从较为宽泛的角度来论述合“法”性,但是,在司法过程中运用的法律解释等法律方法,更应当将“合法性”界定为对法律规范的认可和服从。诚如所言,“合法性”是什么是我们不得不解决的一个基础理论问题,解决了这个问题,我们才能真正区分合理性、合法律性、合逻辑性与合法性的界限,我们才能较好地判定法律解释在什么情况下是“合理的”进而是“合法的”,我们才能明确合理性、合法性及其与“客观性”、“真理性”的关系问题。而要解决上述问题,西方的“合法性”原初理论就必须成为我们的一个基本出发点;西方法律解释学的历史轨迹和当代发展也必须得到清晰的梳理。只有在这样的基础上,我们才有资格为我们的法律解释和司法判决结论贴上“合法”的标签,“合法性”的前见才会真正养成,“诠释法律”的法治理想才不会走向虚无化。[1] 但是,即使作出了以上的区分,合法性的使用在含义上仍然有着矛盾和混淆之处,以此为标准来衡量法律解释及其多样结果,很难形成较为统一的意见,甚至反而将导致更为多样的结果,这与寻求评价标准的初衷是相背离的。

其次,法律体系自身的不完备,也是导致多样法律解释结果的原因之一。从上文的论述中可以明确,法律解释中的“合法性”应当定位于满足当下法律体系的要求。但是,完美无缺的法律体系是不可能存在的,“现存的法律规范对许多新发生的问题甚至根本没有也不可能涉及。而在当事人权利的确定通常必须依据法规来确定的场合,法律内容的确定性在实际存在的不确定的事实面前,就显得毫无力量。实际上,‘完整、清晰、逻辑严密’并具有预见性的法典规定并没有使法官摆脱对必要的法律条文进行解释和适用的负担。……所以,法典在适用上并不是明确的,对于善于思考的法官来说尤为如此”[2]。“漏洞补充”作为一种重要的法律方法,其出现本身就意味着法律体系的不完备。“现实中往往面临的是多变的现实与不完备的法律(转型国家尤其如此),即存在空白法律条款(也有可能是制度设计者有意留下),这时不完备法律所引致的问题是,当法律不完备时,法庭的被动执法将导致执法不足或执法过于严厉,其激励效应为阻吓不足与阻吓过度。……对于现实中的制度来说,在合同不完备或法律不完备情况下,国家治理往往需要一个政府主动管制和法庭被动执法的制度互补结构。这两种国家治理倚重的规则资源是由国家公共治理机构(政府监管

① 参见魏治勋、解永照:《法律解释的合法性》,载《东方论坛》2006 年第 5 期。

② 〔美〕梅利曼:《大陆法系》,顾培东等译,法律出版社 2004 年版,第 43 页。

机构和法院)来实施的。"[1]在转型时期的中国当下社会中,无论是政府主动还是法庭被动,面对着不完备法律所采取的措施同样具有相当的不确定和不完善因素,这些因素本身就是形成法律解释结果多样性的重要原因。我们如果将这种并不完备的法律体系作为衡量标准,那么无异于倒果为因或者同义反复,对消除法律解释结果多样性的消极影响是没有多少意义的。

最后,也是最重要的是,合法性标准从定位上来看只是一种基础性标准,无法真正缓解法律解释的多样性问题。从司法实践中的所谓"同案不同判"的现象来说,大部分案件都可以说做到了"有法必依",无论是对案件事实的认定,还是最终裁判结果的得出,都是在既定的司法制度所规定的权力框架内运行的,也都符合了合法性标准。但这只是所有司法案件都应当具有的共性内容,无论在法律解释的结果上是否存在多样性的问题,合法性标准都应当存在。也就是说,只有合法性的基础是无法消除解释结果的多样性的。因此,合法性标准虽然具有十分重要的地位和作用,但只是一种基础性标准,甚至可以说是最低标准。法律解释结果的多样性则是建立在此基础之上的现象,合法性标准在这个意义上因其局限性而难以成为法律解释结果多样性的评价标准。例如,在许霆案中,无论是一审判决还是经过最高人民法院核准的判决结果,从制定法的角度来说都是符合合法性标准的,在形式上都没有违反刑法以及刑事诉讼法的规定。但是,前一种结果就很难得到社会一般公众以及当事人自己的接受和认可,后一种结果则情况截然不同。在这两种都符合合法性标准的解释结果之间,如何选择还是有着相当大的差别的。

(2)合理性标准。在法律解释的研究中,能够与合法性相提并论的主要论题之一就是合理性。合理性同样是法律解释应当遵循的原则。如果说合法性更多的是代表着精英化的法律职业群体,那么合理性更多的则是表达着大众化的社会需求。正是在法律规定的稳定性、固定性和确定性与社会需求的流变性之间的多样关系之中,法律解释的结果才呈现出多样的形态。合法性与合理性是任何司法过程中都应当考量的两个基本方面。忽视了法律解释的合理性标准,单纯依据现行的法律规范对案件进行解释,不仅会造就一个"静止的社会",而且其结论也无法获得社会的认同和接受,从根本上失去了司法权威和信任的根基。在某种意义上,合理性标准甚至可以潜在地超越合法性标准,在形式合法的框架内满足特殊的社会需求。这也同样说明,合理性标准在法律解释及其多样结果中的重要地位。但是,同合法性标准一样,鉴于其内在缺陷,合理性标

① 张建伟:《转型、变法与比较法律经济学——本土化语境中法律经济学理论思维空间的拓展》,北京大学出版社2004年版,第140—141页。

准是否以及如何评价法律解释的多样结果也是十分值得怀疑的。

一方面,与合法性标准比较,合理性标准在具体内容和操作性上更加模糊和含混。20世纪最棘手的问题之一是合理性问题。有些哲学家指出,合理性就是使个人效用达到最大的行为;另一些哲学家则指出,合理性就是那些我们有充足理由相信为真的(或至少可能为真)的命题并按这些命题行为;还有些哲学家暗示合理性随成本—效益分析而变;也有些哲学家声称合理性只不过是提出能予以反驳的陈述。[①]“合理性——无论是合理行为还是合理信念——的核心是做(信仰)我们有充分理由去做(信仰)的事情。……所谓科学上合理,主要在于尽我们所能做的一切,使科学的研究传统获得最大的进步,同样,这一思路表明,合理性即在于接受研究传统中最好的研究传统。”[②]如果说以上自然科学中的合理性还具有较为客观的具体标准和操作性,那么社会科学中的合理性则更加难以准确把握。在多数情况下经过比较,我们可以大致判断一些不合理的因素,但是,如何在各种合理性之间进行比较则显得非常困难。此种情形类似于不同价值之间的不可比较性或者不可通约性。同样是从韦伯的工具合理性和目的合理性区分开始,关于合理性的研究也日趋复杂和多样,虽然“合理性”这一术语在使用上并未因此减少。哈贝马斯、普特南、马尔库塞、海德格尔、雅斯贝尔斯等学者都在为合理性的“巴别塔”(圣经中的通天塔)前仆后继地添砖加瓦,交往合理性、无标准合理性、事实—价值相统一的合理性、科学合理性、价值评价合理性以及实践合理性等关于合理性的各种表述、论证和分类都被不断地堆砌其中。从学术进路上来看,西方哲学理论的探讨将合理性界定为“合乎理性”或者“合之于理性”,即把理性作为一种基本的衡量标准;而合理性的含义在国内讨论中有着些许变化,合理性的含义在很多场合中演变成了“合理之性”,即本身内在地含有某些符合既定标准的性质。这两种含义的形成和使用进一步加剧了在合理性含义问题上的模糊程度,就法律解释而言,以此种含义模糊的标准来评价其多样的解释结论,其后果是不言而喻的。

另一方面,即使在特定的场景中能够大致确定合理性的含义,将其用于评价法律解释的多样结果也未必适合。由于合理性的评价很大程度上是一个主观判断的结果,所以,如何选择恰当的群体作为判断合理性的主体是相当关键的。在法律领域(尤其是司法领域)中,法律职业群体成为当然的选择。麦考密克在分析合理性的限度时也曾论及:“一项合理的法律程序要求旨在支配一群人的行为的规范,从给这种行为提供严格的评价标准的意义上是规范。……这

① 费多益:《科学的合理性》,科学出版社2004年版,第76页。
② 〔美〕劳丹:《进步及其问题》,刘新民译,华夏出版社1998年版,第124—125页。

些规范的主旨应当是无处不在的（但可能只是或多或少地普遍适用）而且它们应该是一致的，即没有相互的矛盾或冲突。为了保证把这些规范经常和持久地适用于个别的情况，就必须在有关的社会内任命一些人担任司法职务。对有争论的进行裁决的过程必须包括一个合理的进行实地调查的过程。修改或修正整套规范的持续过程，要求存在一个立法者或立法机构，有一个由训练有素的法律工作者组成的专家团体供他们咨询。"[①]也就是说，在法律领域中，法律职业群体成为判断合理性的主体；在有关法律解释的探讨中，也可以转化为"法律解释共同体"这一表述，"法律共同体成员之间的普遍共识点成为法律惯例，这些惯例的当事人最主要的是法官和律师，在正常情况下还有立法者、执法或管理人员，有时还有其他一些人。惯例便是由他们的习惯和偏好所组成的，习惯就是一些人们过去形成的解决法律问题的方法。偏好则是在未来可能案件中他们所具有的同意该法律结论的倾向"[②]。

的确，如果能够出现同质性较高的法律职业群体，特别是法官群体，那么，法律解释的多样性则会大大降低。但是，正如民族和国家都是一种想象的共同体一样[③]，法律职业共同体也同样只存在于理论设想之中，特别是在当下的中国语境下，利益上的分裂从根本上决定了统一的法律职业共同体是难以成型的。马克斯·韦伯在其《经济与社会》中总结了两种不同风格的法学教育和法律组织形式：在英美法系的行会式垄断组织中，法律职业者形成了一个有严密内部组织和行规的利益集团，所有的法律职业都在这一团体的控制之下，法官从律师中产生，而律师也曾经做过法律学徒；而在大陆法系较为松散和开放的职业组织中，主要采取的是学理取向而非实践取向，法学家（法学教授）的意见得到所有法律职业者的尊重。因此，法律职业只有在知识的意义上可以称得上是一个共同体。[④] 应当说，韦伯的这种总结是相当精确的。在国内对法律职业共同体的论证之中，学者们大多以英美法系较为严密的共同体组织来作为论据和标准，而我国的法治建设从总体构架上看是主要是借鉴了大陆法系，这种借鉴本来就存在着背景上的"错位"。更重要的是，当下中国法律职业者们即使是大陆法系中"知识意义"上的共同体标准也难以达到：部门法在体系上和内容上的不

---

① 〔英〕麦考密克、〔奥〕魏因贝格尔：《制度法论》，周叶谦译，中国政法大学出版社2002年版，第242—243页。

② 〔美〕伯顿：《法律和法律推理导论》，张志铭、解兴权译，中国政法大学出版社1998年版，第113页。

③ 〔美〕本尼迪克特·安德森：《想象的共同体：民族主义的起源与散步》，吴叡人译，上海人民出版社2005年版。

④ 郑戈：《法律与现代人的命运：马克斯·韦伯法律思想研究导论》，法律出版社2006年版，第112页。

断分化使得任何法学家都难以在其他部门法领域中展开全面深入的研究，这种知识上的隔阂在司法领域中由于职业角色的原因而更为固定。面对着分离的法律职业群体，我们需要追问的是背后的深层原因何在。韦伯给出了一个简单而又容易接受的答案——利益，特别是经济利益。在《经济与社会》中，韦伯认为，包括家庭共同体、氏族共同体、政治共同体以及宗教共同体在内的各种形式的共同体，它们的行为总是与经济有着密切关系，这些共同体由于一种相同的、通过教育、培训和训练可以获得的特殊品质而见称；倘若共同体行为自身推动一种社会化的产生，那么它往往赋予社会化以“行会”的形式。①

以上韦伯对大陆法系中法律共同体的分析几乎完全可以适用于中国当下法治的理论和实践。从理论方面来说，虽然法学研究在一定意义上说走出了“幼稚”的阶段，但还远称不上成熟。虽然法治的总体目标已经确立，但是，在英美法系、大陆法系、传统和现代的法律意识的冲击之中，中国的法学研究似乎难以形成一种明确的方向感，“中国法学向何处去”的疑问就是在这种背景之下产生的。由于缺乏理论上的原创性探索，实务部门（特别是司法部门）大多采取“摸着石头过河”的方式，依靠经验和试错来推进改革。更重要的是，理论界和实务界都需要面对转型社会中急剧变化的现实情势，在法律共同体没有充分孕育和养成的前提下，二者的应战必然是仓促的。在应接不暇中各自为战就成了没有选择的选择，也正是这种选择分割了共同利益，进而推进了共同体的分裂，许霆案就是这种分裂的典型。因此，将合理性的判断交给一种想象的甚至虚幻的法律职业群体来处理，是具有相当风险的，其自身就是“不合理的”。

既然代表法律的法律职业群体难以承担判断合理性的责任，那么，将此种判断交给另一端的社会又将出现何种结果？有学者将这种倾向概括为司法中的“民众中心主义”：民众中心主义研究范式实际上反映了20世纪中期以来逐渐形成的一个新传统，那就是“群众路线”或“群众观点”。然而吊诡的是，尽管多年来我们反复强调群众路线，但在主流法学领域，民众中心主义研究范式一直没有得到应有的尊重与关注。因此，在当代中国的法学理论界，这种研究范式的积极意义尤其值得强调与提倡。这样的研究范式不仅可以反映普通民众关于法律的想象与期待，也许还是法学理论中国化、本土化的必由之路。② 的确，在法律与社会的关系中，社会始终是发挥根本决定作用的，如果能够得到社

---

① 〔德〕马克斯·韦伯：《经济与社会》（上卷），林荣远译，商务印书馆2004年版，第375—382页。

② 参见喻中：《从立法中心主义转向司法中心主义？——关于几种“中心主义”研究范式的反思、延伸与比较》，载《法商研究》2008年第1期。

会中广泛民众的认可和接受（合理性的判断是其中表现之一），那么，此时的合理性就成为了整个法律（包括法律解释结果）的最高评价标准。法律的作用在此时也达到了最优效果。但是，以上的描述同样只是一种理想状态：在知识水平、思维结构和职业经验上都较为突出的法律共同体，他们以合法性为基础通过严格的程序运作，尚且难以真正成为判断合理性的主体，那么，我们就更无法奢望民众对合理性的判断可以达到此种要求。法国学者勒庞曾经将大众的特点归结为四个方面：冲动、易变和急躁；易受暗示和轻信；情绪的夸张与单纯；偏执、专横和保守。[①] 虽然这种概括有夸大之嫌，但是，对民众缺陷的概括还是具有相当的启发意义的。合理性的判断以社会民众为主体同样是难以操作运行的。

简而言之，合理性标准代表了一种较为理想化的倾向，可以说是一种较高的评价标准。如果包括法律职业群体在内的广泛社会都能够判断特定法律解释结果的合理性，那么多样性的解释结果将得到充分缓解。而这种情形在具体案件的运行中是很难实现的，毕竟，就与案件关系最为密切的当事人来说，其判断合理性的标准总是从自身出发，而利益上的根本对立则使得对合理性的判断经常大相径庭。特别是对于那些法律规范中的原则性规定（例如诚实信用原则），如何判断其合理性在很大程度上是一个自由裁量的问题。

在许霆案中，立法者通过刑法条文界定的合理性与民众通过个人感受界定的合理性产生了较大的冲突，二者如何取舍并不是一个可以“简而言之”的问题。从法律的最终定位来看，所有的法律都应当为民众的利益服务，也必须符合民众的要求。但是，民众的利益与要求在不同的时期中内容有着很大的不同，即使针对同样问题，也会有迥异的回应。即使在法律内部，变动性与稳定性也是永恒的矛盾。在许霆案中，其取出的金额在 1997 年修订的《刑法》中明显属于较大金额，而经过十多年的发展，特别是在广东这一经济比较发达的地区，是否仍然属于较大金额，对其“社会危害性”的判断有着重大影响。应当说，以上种种关于合理性的判断都有其道理和根据，这也进而造成了法律解释结果的极端多样性。但是，司法过程与结果的时限性要求对这些合理性必须要形成一个明确的抉择。许霆案就暴露了合理性作为法律解释多样性结果衡量标准的不足。

（3）其他标准。在如何衡量法律解释及其结果的问题上，除了合法性和合理性之外，还存在一些其他的标准可供参考，例如客观性和正当性，虽然这些标

---

① 〔法〕勒庞：《乌合之众——大众心理研究》，冯克利译，中央编译出版社 2004 年版，第 20—38 页。

准具有较大的影响,也被很多学者论及,但是,它们同样存在着不同方面的缺陷。就客观性而言,多数学者都承认,法律的客观性是法治命题成立的主要前提之一,但是,这并不意味着客观性标准就是完美无缺的,特别是对于带有强烈主观色彩的法律解释或者法律诠释来说,尤其如此:一方面,纯粹的客观性从来就无法实现,即使是客观性较强的科学解释也是如此。"'解释学转向'反对传统客观主义的方法论,主张在公共性的交往中进行理解和解释并对其作出评价。它认为,仅仅依靠解释者和解释对象之间的对话是不够的,而必须将理解向度定位于社会性的交往实践。……解释学转向强调了包括自然科学在内的一切领域的交往特性,它认为,在给定的境遇内,时空、因果、逻辑、真理等概念,都不具有绝对的地位,它们的功能和价值取决于社会因素的交往和约定。"①能够在特定场景中界定"客观性",其背后必然是某种权力的运用,而非真正客观的体现。另一方面,在法律解释领域中,法官与当事人(及其律师)之间就某一特定案件事实的分析和论证,很大程度上是一个商谈对话的过程,实质上是一个体现"主体间性"的过程。具有决定作用的法官所进行的所有解释行为必然包含着(或者隐含着)主观的因素。所谓的客观性更多地只是一种较高的努力方向,是法官的中立性要求在法律解释领域中的具体体现。"为唤起人们对法治的信心,我们必须在理论上为拯救法律诠释的客观性而努力。当然,客观性并不是法律诠释的唯一属性。我们为诠释的客观性而进行的努力,并不排除诠释的创造性。"②从法律解释的本质特性来说,客观性并不是理想的选择而只是一种目标指向,这一点同样类似于"唯一正解"。

同样的情形发生在所谓"正当性"标准之中。正当性、正当化、证立、证成都可以对应于英语中的 justification,可以说,它们基本上具有相同的含义。在法律方法兴起的背景之下,"正当化"已经成为各种法律方法中的核心和关键。各国的学者针对不同的法律方法的问题提出了不同的观点,这一现象集中体现在战后出版的 Law and Philosophy Library 的一系列图书中,例如阿尔尼奥、佩策尼克、佩雷尔曼、麦考密克等都在其中表达了自己的学术观点。而在众多的学术观点之中,无论是细致的逻辑表达还是精确的图示论证,其目的不仅是在于为理论和实践提供一定的方法和模型,更是为司法过程提供"正当化"的方法。这种正当化本身有着多种层次,包括微观(如具体关于事实和证据的正当化)、中观(如个别判决的正当化)和宏观(如整个司法过程的正当化),等等。如果缺

① 郭贵春:《隐喻、修辞与科学解释:一种语境论的科学哲学研究视角》,科学出版社 2007 年版,第 104—105 页。

② 参见陈金钊:《拯救客观性》,载《法律科学》2001 年第 6 期。

失了“正当化”这一核心环节，任何的模型和图示都会失去其本身的意义所在而变成理论学者们孤芳自赏的工具而已，这也与法律方法自身的现实指向相背离。也就是说，虽然在具体的方法和步骤上有所差异，但是将正当化作为整个法律方法的核心是有关法律方法的探讨中能够达成共识的观点。

虽然在法律解释（包括法律方法）的研究中，“正当性”也是使用频率相当高的一个术语，但是，正如合法性与合理性一样，正当性的含义大多都是在各个学者自己使用时的界定。正当性的多重来源包括合法性、合理性、客观性、应然性、伦理性等方面。例如，有学者指出，正当性是指人的行为方式、人的利益、愿望等符合社会生活中现行规范和政策的要求，或者符合社会发展的客观需要和人民的利益。它有两种方式：一是道德的正当性，是正当化的产物，即合理性；一是合法性。[①] 还有学者提出了应当将法律领域中的合法性更加准确地表达为正当性的观点：在西方的政治、法律传统中，合法性与法律的有效性密切关联。“合法性”与“正当性”的含义基本相同，但是，在中国主流的政治、法律传统中，“法”的含义通常较为狭窄，主要限于实在法层面，通常不包括西方自然法层面“法”的含义。因此，在中文表述中，用“合法性”一词有时会引起误解，例如称法的合法性或法治的合法性，便会有同义反复之虞。所以，在中文表达中，使用“正当性”不仅比使用“合法性”更符合中文表达习惯，而且比较易于理解。[②] 如果按照此种观点，正当性与合法性基本上具有同样的含义，那么，上文中所探讨的合法性作为法律解释结果的评价标准所含有的缺陷同样会出现在正当性之中。另有学者认为，诉讼活动通过代表不同利益的诉讼主体的相互辩论、互相辩驳，从而赋予裁判者选择某一种事实认定和法律解释的正当性，也就是所谓的“通过程序获得正当”。如果我们不把法律看成是追求应当、应然的东西，而是在获得一种正当的东西，那么理性的程序活动是可以赋予程序结果一种正当性的。

即使在法律解释的研究领域内，在正当性问题上“各自为战”式的表达也屡见不鲜，例如，将正当性概括为合法性与合理性的结合：“法律解释是带有个人主观性的理解活动，虽然受制于一定的程序和规则，这也正是法官在判决中阐明判决理由的最直接的原因。只要有理解，理解就会不同。那么法官对自己的理解过程进行说明，以证实得出的最终结论的正当性（合法性和合理性），并说服当事人接受裁判结果，以及对公众进行法制宣传和法律意识的熏陶就显得非

① 吕世伦、文正邦主编：《法哲学论》，中国人民大学出版社 1999 年版，第 295 页。
② 高鸿钧：《现代法治的出路》，清华大学出版社 2003 年版，第 129—130 页。

常必要了。”①再如,将正当性界定为民众的认可:“司法决定正当性的一个极其重要的方面就是要求司法人员将自己作出决定的理由予以公开,通过公开理由使当事人和民众知其然,并知其所以然,最终使民众不是被压服而是被说服,让他们从内心认可司法人员对事实的认定和法律的解释,心悦诚服地接受司法决定。”②从以上的意义上来说,正当性已经成为高于合法性、合理性、程序性甚至客观性等的上位概念,相应地,其实践性和操作性也随之降低。极具号召力和感染力的“正当”一词,已经取代了正义在法律方法研究中的地位,或者说正当成为正义在法律方法所注重的司法领域中的具体表达。诚如斯言,“现在,可以大致断言,在法律解释‘正当性’的问题上,并未显出精英话语式的阅读解释是个‘智’,而大众话语式的阅读解释是个‘愚’。用褒词儿的话,可说它们都不错。用贬词儿的话,可说它们都差劲。……人们更是没有理由认为,法学精英的套路一准就是体现法律正当性的当家权威。”③

(三)次优标准的现实选择

从上文的论述中可以看到,目前一些主流的标准都存在着各种缺陷。其中,合法性和合理性仍然是其中的主要部分。就这两种标准之间的关系来说,合法性标准只是一种基础性标准,法律解释的多样结果大多具备合法性标准;而合理性则是一种较为理想化的标准,它致力于完满地满足以双方当事人为代表的社会需要。从这种意义上说,这两种标准一种是“最低标准”,另一种是“最高标准”,虽然都有其存在的相应理由,但是,都有些失之偏颇。因此,对法律解释的多样结果进行评价的现实标准就应当在这两种标准之间进行寻求。从这一立场出发,笔者认为,可接受性能够成为这一现实标准。

可接受性是人们的内心世界对外在世界的某种因素或者成分的认同、认可、吸纳甚至尊崇而形成的心理状态或者倾向,无论这种因素或者成分是经验的、先验的抑或是超验的,也无论这里的“人们”指向部分人群抑或是整个人类,更无论这种心理状态或者倾向形成的原因为何。合法性和合理性实质上各自代表了法律规范和社会事实两个方面的内容,这种源于休谟的事实与规范的二分仍然是当前法律解释研究的主流范式,而可接受性则拓展了处理二者之间关系的视野和方法。虽然以上二分在当代受到了一定的批判,“寻找事实和寻找

---

① 参见王晓、董必秀:《判决理由:哲学解释学在法律解释中的最终落脚点》,载《浙江学刊》2003年第5期。

② 参见周和玉、王凯石:《合理刑法适用解释结论形成的制度性思考》,载《云南大学学报·法学版》2008年第1期。

③ 刘星:《法律的隐喻》,中山大学出版社1999年版,第218页。

前提往往交织在一起：法官审理证据并决定事实，而且任何关于制定法条文的范围和可适用性的疑问，都很有可能由来自于事实的看法来解决"[①]，但是，事实与规范的二分仍然有其相当积极的作用，特别是对于以规范为基础和出发点的法律解释理论来说，这种区分的强调还是有值得肯定的意义的。阿列克西的"内部证成"与"外部证成"的区分也实质上内含着对事实与规范二分的肯定。[②]从可接受性的视角而言，在事实与规范的二分之中，应当受到更大的重视的应当是规范，其原因首先在于事实本身的缺陷。从心理学的角度而言，对本我超越的不可能导致客观性之不可能，这也实质上否认了纯粹事实达致的不可能；而在现实中，特别是在司法实践中，本身纷繁复杂的事实总是要经过裁剪，无论是法律职业群体还是一般社会公众，这种裁剪在刑事领域中表现得尤为明显[③]，从语言哲学（特别是后期维特根斯坦）的角度而言，事实本身是无法解释的，正如不同的语种对相同的事物用不同的语音和符号来表示一样，如果非要进行解释，那么形成这种状态的原因也只能从特定时空范围内的生活共同体较为一致的接受性中来探寻。从可接受性原则自身而言，在内容上对规范的体现不仅源于法律方法理论本身对规范的推崇，更重要的是可接受性能够超越或者缓和事实与规范的紧张关系。从宏观上讲，它避免了抽象谈论事实与规范关系的空洞，而将二者出现紧张关系所要求的解决简化为"面向谁"和"谁接受"的问题，从微观的角度而言，可以从规范内部以及规范与事实的联系两个层面探讨。

一方面，从在规范（特别是法律规范）的内部，任何具体的规范都是整个规范体系的组成部分，因而在通常情况下个别规范是被规范整体所接受的。在司法实践中形成的裁判如果适用了具体规范，在更深的层次上相当于适用了整个规范体系。"根据法律，应当被排除的不是其他所有理由，而仅仅是那些在法律上得不到承认的理由。我们不能认为法律是由一套孤立规范组成的体系——每一规范都拥有各自独立的功能，法律是一套共同决定其规定内容的（潜在冲突的或强化的）理由体系。"[④]刑法分则的具体罪状和罪名的确定与总则的关系就是这种情形的典型代表，而一般的典型案件（或者简单案件）都是符合了规范内部可接受性的标准。相反，疑难案件，从可接受性的角度而言，就是个别规范没有被整体性规范所接受（在这个意义上类似于德沃金意义上进行的法律规范

① 张志铭：《法律解释操作分析》，中国政法大学出版社 1999 年版，第 33 页。

② 参见〔德〕阿列克西：《法律论证理论》，舒国滢译，中国法制出版社 2002 年版，第 274 页。

③ 参见钟新文、杨波：《在客观真实与法律真实之间——对刑事判决证明标准的再思考》，载《吉林大学社会科学学报》2004 年第 6 期；李浩：《论法律中的真实》，载《法制与社会发展》2004 年第 3 期。

④ 〔英〕拉兹：《法律的权威》，朱峰译，法律出版社 2005 年版，第 28 页。

冲突的解释,也类似于处理规则与原则的关系),典型的埃尔默案件(谋杀继承案)产生争议的原因就在于具体的规则是否以及在多大程度上被规范整体所接受。这种规范内部的分歧主要在法律职业群体内部进行,立法者、司法者等不同的亚群体当然也会对这种可接受性问题有着不同甚至相反的观点,其观点的产生和接受在更广阔的论域中是对事实的法律意义(规范意义)有着不同的理解,这又涉及在事实和规范的关系层面上讨论可接受性的问题。

另一方面,从规范与事实的关系而言,由于法律和法学的转向[①],在司法实践中和法律方法内探讨事实与规范的关系问题日益获得了人们的重视,同时,在出现了从司法三段论到法律论证的法律方法的转型的背景性趋势之下[②],综合性和对话式的论证、解释的方法得到了更多的强调。在司法过程中,法官仍然起着中心和决定的作用,但是又不是整个司法过程中判决形成的唯一因素,当事人的参与使得整个过程在当代出现了"商谈化"的面貌,进而影响着最终裁判结果的形成。同时,在以传统三段论为微观组成要件的整个程序中,每个前提(无论是事实或者规范)及其结论都将受到法官的接受性的检验,以决定是否以及在多大程度上构成或者影响裁判的形成,这就构成了对传统三段论的超越,也是可接受性的超越性的表现之一。当然,法官解释法律的可接受性标准又受到多种因素的限制、影响和决定,而在特定的司法程序中,当事人通常只能够通过自身的解释、论证等方法来对法官的决定产生影响,这也是一种超越适用对象局限于法官的、更广意义上的"扩大的法律方法"。这样,在事实和规范的连接状态之中同样能够展现出可接受性的广泛的适用性和对受众的重视,也许可以说,问题的关键及其解决不在于自身的关系和范围,而在于谁是听众。

对听众的强调是以佩雷尔曼为代表的新修辞学的重要观点之一,而对待听众的不同态度也是其区别与以亚里士多德为代表的旧的修辞学的标志。虽然在笔者看来,佩雷尔曼区分普泛听众(universal audience)和特殊听众(particular audience)[③]在实现其防止激进分子煽动民众的目的上只是具有较弱的意义,但是这种区分方法对可接受性的研究却有着重要的借鉴意义。

普泛听众一般指向论证、解释等方法所面向的普通人群,狭义的普泛听众通常只是特定社会中的一般大众,而广义的普泛听众还可以包括其他社会甚至是不同时代的民众。在此意义上的普泛听众相当于图尔敏所论述的"场域永

① 参见陈金钊:《法学的特点与研究的转向》,载《求是学刊》2003 年第 2 期。

② 参见焦宝乾:《当代法律方法论的转型——从司法三段论到法律论证》,载《法制与社会发展》2004 年第 1 期。

③ 参见廖义铭:《佩雷尔曼之新修辞学》,台湾唐山出版社 1997 年版,第 49 页。

恒”(field-invariant)的概念。[1] 能够实现普泛听众的接受是任何法律方法所欲的最佳状态,此时的论证更类似于自然科学对真理和规律的探寻和揭示,在法律论证理论中也类似于佩策尼克意义上的“深度证立”[2]。在一个由具体个人和庞杂社群组成的社会中,这种普泛听众的可接受性的达致是极其困难的,甚至在人类文明史上还未出现过这种普泛听众的可接受性,科学哲学的证伪主义已经对这种情形进行了批判,而“可普遍化”原则的局限性与这种可接受性的缺失也是具有内在一致性的。

既然普泛听众的可接受性难以在现实中达到,那么对特殊听众的可接受性的追求和满足就应当是可欲的。特殊听众指的是具体的论证和解释所面向的受众,一般意义上任何的论述、论证甚至陈述都要面向一定的具体的社会成员。“听众理念明显根据讨论的主题事实确定。这由此促使言说者了解听众的知识和见解。在某些情形下,听众可能是无知者,而在其他情形下,他可能是非常专业的,并受过良好教育的。”[3]而对具体的司法过程而言,从社会分工的角度来看特殊听众主要是法律职业群体和当事人,正是这些法律职业群体和民众的共同接受才维系了整个法律制度的存在,“在某种意义上官员的接受与普通公民的接受是分离的。他们各以不同方式有助于普遍接受,从而有助于一个法律制度的存在”[4]。如果说听众的细致分析成为实现可接受性的前提,那么共识(agreement)就是贯彻可接受性的出发点。在共识缺位的情形下,任何的理论或者言辞都不会得到听众的接受(例如对牛弹琴);而共识越多,则达成听众的接受的可能性就大得多,毕竟,相同或者相似的背景结构将导致听说双方的思维结构和知识体系有着很多的共性,在面对相同或者相似问题的时候,得出相同或者相似结论的可能性大大增加,这里“共识”的概念类似于解释哲学中的视阈融合。例如,“法官群体越是同质,他们在某个困难案件中达成一致的可能性就越大——这仅仅是因为他们诉诸共同的价值观和经验”[5]。

就法律解释的可接受性标准而言,阿尔尼奥将维特根斯坦的“生活方式”概念与佩雷尔曼的“听众”概念连接了起来,在两个维度上扩展了听众概念的外延:(A) 具体听众与理想听众;(B) 普通听众与特殊听众。就司法过程的实际

---

① See Stephen Edelston Toulmin, *The Use of Argument*, Cambridge University Press, 1958.

② See Aleksander Peczenik, *On Law and Reason*, Dordrecht; Boston: Kluwer Academic Publishers, 1989.

③ 参见〔比利时〕佩雷尔曼:《旧修辞学与新修辞学》,杨贝译,载郑永流主编:《法哲学与法社会性论丛(总第八期)》,北京大学出版社 2005 年版,第 21 页。

④ 〔英〕哈特:《法律的概念》,张文显等译,中国大百科全书出版社 1995 年版,第 63 页。

⑤ 〔美〕波斯纳:《联邦法院:挑战与改革》,苏力译,中国政法大学出版社 2002 年版,第 17 页。

来看,法律解释的多种结果所要面对的只是“特殊的具体听众”,依据阿尔尼奥的观点,对其所持的法律解释立场的可接受性,不必建立在理性考虑的基础上,而可以寻求非理性因素的参与,例如,解释者的权威等。因此,特殊的具体听众并不提供理性的可接受性概念获得进一步阐述的基础。[①] 也就是说,只有将理性因素和非理性因素结合起来,法律解释的多样结果才能够最大限度地获得职业群体和民众的接受。可以概括地说,合法性更多地表现着法律人的理性因素,而合理性则更多地代表着社会民众的非理性因素,从这个意义上说,包含合法性与合理性的“正当性”有其理论和实践中的价值。而从更深层的背景来看,正当性(证立)仍然是为接受服务的,这一结论是从二者之间的对比关系中得出的。

首先,从时间上看,证立主要发生在司法过程的运行之中,而接受总是发生在证立进行之后,除非整个诉讼过程延续较长时间或者非常引人注目。这种时间上的先后造成证立的结论只是对自身能够被接受的一个大致的预期而并不能够完全预测。其次,从标准上而言,证立理论主要以法官的自由裁量或者内心确认为主要标准,从这个意义上不难理解在美国产生的法律现实主义所揭示的司法过程中的问题[②],当然从学术的角度而言存在着多种观点和学说。而可接受性的标准则更加复杂多变,取决于特定的时空背景条件,相当于维特根斯坦的“生活方式”。最后,证立理论和可接受性理论的主体有着较大的差异。证立理论从原初的设计上主要面向以法官为主的法律职业群体,而可接受性理论则强调一般民众的内心认同。而笔者认为这种在主体上的不同是造成证立理论和可接受性理论之间矛盾和分歧的最根本的原因。从更深层次而言,这种对立源于一般民众同社会精英阶层的矛盾,类似于民主与科学之间的矛盾。就法治领域而言,虽然法治的精英阶层通过法律方法尽可能地将判决结果的合法性、合理性最大化,但是从社会的角度而言,判决优劣的标准却是能否得到执行,能否得到社会的认可。而这种标准的确定虽然相对明确,但其实现的复杂性要远远超过这种标准。这种复杂性根源于大众的复杂性和多样性。

即使存在着以上各种复杂性,在精英与民众之间、理性与非理性之间这种带有宿命色彩的天然对立中,应当受到更多重视的仍然应当是民众。这不仅是法律方法自身的现实性指向,更是整个司法制度设计的终极目标。“法律秩序应当是:人们在对各种行为博弈形成的自生自发的正式化内在规则自觉遵守认

---

① 参见〔荷〕菲特丽丝:《法律论证原理》,张其山等译,商务印书馆 2005 年版,第 134—137 页。

② 洪镰德:《法律社会学》,台湾扬智文化事业股份有限公司 2001 年版,第 500—535 页。

可的基础上,形成了的一定的认知模式和行为模式并由其支配而实现有序和谐的生活方式和生活状态,且在自觉反思理性指导下对正式化内在规则和生活方式进行与环境相一致的适应性调适。"①从和谐社会的角度来看,和谐社会并不是没有矛盾和冲突的社会,而是社会矛盾能够得到有效的预防和及时化解的社会。法治开辟和建立了社会不同的利益阶层表达其各种利益诉求的平台,同时构建了共鸣的纠纷解决机制。法治的意义不仅在于可以减少矛盾,而且还在于可以有效地解决矛盾,使已经产生的纠纷能够及时、公平、合理地解决,使不和谐的状态归于和谐。② 在众多复杂而又矛盾的民众及其利益之间的判断和衡量中,司法制度居于中立的地位才能进行裁判;而裁判的目的仍然是为整体的民众利益服务。在当今时代出现的大众精英化和精英大众化的趋势,这些因素都决定了法律方法(尤其是证立理论)在原初的对象设计的基础上,更应当扩大自身的开放性。在原本的法律职业群体正当化的基础之上,社会成员对正当化的接受都应当受到前所未有的重视。从职业群体单独的正当性到社会民众广泛的接受性,是法律方法发展的一个重要趋势。

这一趋势也可以在对司法程序的强调中获得佐证。传统法治中所特别强调的"强制性",法律的权威主要依靠国家机器的强制力量来树立,此时的法律更多地表现为一种统治的工具。这种单纯建立在暴力基础上的权威具有很大程度上的不稳定性。与之相对应,传统法律解释推崇的是法官独白式的"说服",而当下对司法程序的重视则强调的是当事人(民众,或者特殊听众)在对白或者对话中接受。在笔者看来,对话商谈理论根源于民众主体意识的觉醒,又成为用来追求摆脱奴役状态、寻求权利与权力以及权利之间的对抗与平衡的途径和方法,从社会心理的角度而言,开放的程序使得每个参与其中的人能够发表自身的意见从而获得自我表达意愿的满足,而且程序的一致性和严格性又使得任何一个参与其中的个人都必须将个体的特性服从于公认的程序,从而达到某种戏剧化的接受效果,"在法律和宗教里面需要有这种戏剧化,不仅是为了反映那些价值,也不仅是为了彰显那种认为它们是有益于社会的价值的知识信念,而且是为了唤起把它们视为生活终极意义之一部分的充满激情的信仰"③。更重要的是,从操作性的角度而言,无论是法律解释和法律论证,都很难真正达

① 参见李晓安、杨宏舟:《寻找法律秩序正当性基础——和谐社会的法律供给》,载《政治与法律》2006 年第 3 期。

② 参见杨思斌:《构建和谐社会与法律调整方法》,载中国博士后科学基金会、中国社会科学院、中国社会科学院法学研究所主编:《法治与和谐社会建设》,社会科学文献出版社 2006 年版,第 39 页。

③ 〔美〕伯尔曼:《法律与宗教》,梁治平译,中国政法大学出版社 2003 年版,第 22 页。

到充分的正当化[①],而是否接受则更具外在的客观表现。例如,针对具体的个案判决,我们很难判定其对事实和规范之间的关系解释的是否正当,但是,通过司法程序的外在运行(比如,由于“不服本判决”而提起上诉或申诉),我们却可以准确地判断当事人对解释结果是否接受。

从这种可接受性标准的角度出发,我们可以对法律解释的多样性结果进行更为深入的分析。正如上文中有所涉及的,法律解释的多样性结果既有其必然的、积极的一面,也有其对司法(以及法治)的消极影响。虽然多种法律解释的具体方法是形成法律解释结果多样性的原因之一,但是,这些具体的解释方法实质上是诉诸不同的权威来促进对最终判决结果的接受,毕竟,人类文明的经验性事实已经证明,权威对实现接受的结果有着十分重要的作用:从初民时代的诅咒发誓等“审判”,到传统法治中的制定法,再到后现代的不确定性,都在特定的时代成为权威。如果权威足够强大,那么几乎无需任何证立的步骤就可以直接达到接受的结果。例如,文义解释推崇的是规范文本的权威,历史解释强调的是传统的权威,体系解释则诉诸整个法律解释规范整体形成的权威,社会性解释则是主张社会中多数人共同行为所形成的权威。

具体到法律解释结果,如果其多样性能够维持在当事人以及社会所能够接受的范围之内,那么,法律解释结果的多样性仍然处于“利大于弊”的阶段,无需对其进行不必要的干涉和限制。但是,如果基于法律解释过度的多样性而导致了解释结果被大面积地拒绝(不接受),那么,我们就需要采取特别的措施来进行干预。例如目前受到广泛关注的案例指导制度,就是为了减少特定类型案件中过于多样的解释结果。当然,如何具体分析社会的接受程度,是一个无法穷尽列举和终极回答的问题,我们也无法奢望单纯依靠可接受性标准来一劳永逸地解决法律解释多样性的消极影响,正如我们不可能改变某个具体制度就可以完成司法改革一样。

从上文的论述中可以发现,法律解释多样性结果的评价标准实质上是法律解释(及其结果)评价标准的一个具体体现。在法律方法的整体视野内,从接受性角度进行的分析大致可以归于“后果主义论辩”的范畴:通过作为外显结果的接受程度来判定和评价法律解释的功能和效果。很明显,这一标准带有很大程度上的功利主义和实用主义色彩,可以说,可接受性标准成为连接规范主义和实用主义的桥梁:通过是否接受来衡量法律解释结果仍然应当坚持规范主义本位,而通过法律规范的运用和运行所实现的利益才是最大限度的利益。“法官

---

① 参见刘星:《司法中的法律论证资源辨析:在“充分”上追问——基于一份终审裁定书》,载《法制与社会发展》2005年第1期。

在作决定时,极少顺着一条单一的推理模式作出判断。在规则的选择、理解及应用上,法官很可能要反复思考、衡量各种利弊、依靠各种权威根据,最终得出一个他认为合理合法的结论来。"[①]在运用了各种解释方法(因素)之后,就应当将形成的判断与当下的社会实际进行比较,这种比较中最重要的是后果因素,"在那些无法根据明确的强制性规则得出判决结论的场合,或者规则本身语焉不详的场合,依靠对后果的考量作出判决实乃必要之举"[②]。"结果考量的目标是,填补对用法者开放的裁量空间,以尽可能广地实现立法者追求的目标,它可以被看做(主观)目的论解释的下位情形。"[③]这种后果主义的考虑即使不是整个判决中唯一的因素,起码也是最重要的因素。面对着法律解释结果的多样和复杂,"如果法律崇奉了一种简单的功能主义或后果主义,这种状况是可以改善的。让我们假定,每个法律学理和制度的唯一目标都很实际。比方说,某个新破产法的目标也许就是要减少破产的数量和降低利率;就将按照这些目标来评价这个制定法的运作,如果目标没有实现,该法就将被撤销。如果是这样,法律就确实会成为社会公正的一种方法,对其结构和设计都会很容易进行客观评价,很像那些民用工程的设计项目,这就会是实用主义的一个胜利"[④]。

就当下司法的整体情况而言,社会转型与经济转轨使得人与人之间、不同群体之间的利益关系纠缠交错,利益的结构性冲突也日渐频繁。为此,当下中国的法官在处理纠纷时,就必须在理顺关系、权衡利益、评估得失、摆平事件上下工夫,进而及时地为社会提供一种既缓和并协调好了利益的紧张关系、又衡平了价值冲突的法律产品。然而,这一法律产品的生产,实质上是中国法官充分利用了"东西方"两种文化之中的法律资源,又超越两种司法模式而采取的一种更为实用的司法策略。一旦法官与民众在司法生活中共同分享的是一种后果主义和实用主义倾向的生活态度与人生哲学,那么"社会综合治理运动"中的办事理念和方式方法自然也就被引入纠纷解决的过程之中来。因而,在纠纷解决的过程中,当然也是为了更好地处理纠纷,法院就必须争取到更多的审判资源,以保证其司法权的运作有足够的空间。同时,也同样是为了落实好纠纷处理的法律效果和社会效果,法院还必须争取到一定量的、审判活动之外但又是保障案件处理结果的执行所不得不需要的社会资源,以便保障或配合判决的顺

---

① 参见於兴中:《人工智能、话语理论与可辩驳推理》,载葛洪义主编:《法律方法与法律思维(第3辑)》,中国政法大学出版社2005年版,第125页。

② 〔英〕尼尔·麦考密克:《法律推理与法律理论》,姜峰译,法律出版社2005年版,第147页。

③ 参见〔德〕维腾贝格尔:《法律方法论之晚近发展》,张青波译,载郑永流主编:《法哲学与法社会性论丛(总第八期)》,北京大学出版社2005年版,第21页。

④ 〔德〕波斯纳:《法理学问题》,苏力译,中国政法大学出版社2001年版,第155页。

利执行,以便于"善后"①。从妥善解决社会纠纷、获得当事人接受的后果主义角度出发,我们可以明晰"后果"在其中所发挥的作用;同理,我们也可以理解司法实践中出现的、并不那么符合理论研究中"金科玉律"的事实。

在许霆案中,民众的声音(特别是通过网络传达的声音)对一审判决结果表达了严重的不接受态度,相关的一些法律职业群体也表达了一些不同的观点。这些不接受判决结果的观点很大程度上是围绕着量刑进行的。通过改判后的社会舆论可以看到,多数观点(特别是法律职业群体的观点)还是对许霆的定罪持肯定态度。这里我们无法深入、细致而完整地探讨许霆案在刑法中的评判标准及其过程,正如合理性标准中的多样状态一样,放开判决自身的对错及其程度不谈,从结果上来看,包括许霆在内的多数社会民众对改判的结果都表示了认同和接受,从司法裁判过程的角度看,这也许是在既有范围内能够形成的最优结果,毕竟,终极意义上和纸面上的合法与合理更多的只是具有一种修辞功能,这种对于客观事实的评价总是不可避免地带有主观色彩,很难真正确定正确与否,只能确定彼此之间的不同。但是,从最终接受判决结果的外观中,我们可以看到案件得到了妥当的解决。

从合法性标准来看,《刑法》第63条明文规定:"犯罪分子具有本法规定的减轻处罚情节的,应当在法定刑以下判处刑罚。犯罪分子虽然不具有本法规定的减轻处罚情节,但是根据案件的特殊情况,经最高人民法院核准,也可以在法定刑以下判处刑罚。"依据这一规定,最高人民法院核准了广东省高级人民法院在法定刑以下的判决,可以说,合法性标准得到了满足。而这一实体判决也在原判与社会舆论之间形成了一定的妥协,甚至社会舆论在一定程度上对此表示了相当的认可与接受。这也从另一方面满足了合理性标准。而综合以上两个方面,在许霆案的两种法律解释结果之间,既能满足合法性标准,也可以满足合理性标准,促成以上二者综合效益最大化的标准就是可接受性标准。

从可接受性的角度出发,我们不仅可以看到规范主义和实用主义的结合,而且可以看到案件免受那些单纯强调合法或合理的激进观点所产生的消极影响。从这个意义上说,"妥协"是可接受性理论的典型特征。阿尔尼奥也说:如果对如何理解生活形式进行了充分论述,那么,在不同解释之间就可以形成"共识"。基于此,代表对共同含义不同解释的两种观点,就可以接受一种妥协。②

---

① 参见方乐:《超越"东西方"法律文化的司法——法制现代性中的中国司法》,载《政法论坛》2007年第3期。

② Aarnio, Aulis, *The Rational as Reasonable, A Treatise on Legal Justification*, D. reidel Publishing Company, 1987, p.213.

虽然并不像合法性、合理性和客观性等“最优标准”那样备受鼓吹，但是，勇于、富于、善于甚至精于妥协的可接受性也许才是真正基于现实的次优标准。

当然，这里需要强调的是，可接受性标准并非要完全取代合法性、合理性等标准，而是以可接受性为目标和主旨贯穿在整个司法过程中，用达致合法性、合理性与正当性的方式来最大限度地实现可接受性。以上各种司法方法和标准的动态综合运用可以化解法律的僵硬，缓解法律与社会发展之间的紧张关系，消解职业法律人的思维与大众的思维之间的矛盾与隔阂，从而使得社会恢复和谐的状态。

第六章

事实与规范的贯通：和谐理念下的法律论证方法

事实与规范的法哲学问题在司法方法论领域具有重要意义。事实与规范（价值）在法哲学上的观念演变，也促使了法律方法论的发展。如何运用司法方法，克服事实与规范之间的矛盾与紧张，从而把事实与规范有机地连接在一起，这可以说构成司法方法论所要研究的基本理论问题。司法方法论所要处理的就是事实与规范对立与紧张的难题，架通由此达彼的桥梁。从某种意义上，正是事实与规范的互动，形成了不同的司法方法。事实与规范之间的不同关系便生成不同的法律应用方法。具体说来，在多数情况下，事实与规范关系相适应，通过简单的演绎推理即可裁判案件。但是在很多情形下，事实与规范关系并不完全对称，如事实与规范关系相适应、事实与规范关系不相适应、事实缺乏规范标准、事实与规范关系形式相适应实质不适应。[1] 由此，便需要进行法律发现或者续造等司法方法。事实与规范之间的紧张是法学中的永恒话题，司法方法论的研究就是要在局部或个案中解决这一问题，实现法律与社会之间的和谐。和谐社会的建设能否成功，不仅取决于政治的力量，也有赖于学术问题的理顺。

本章拟首先检讨近代以来支持司法方法论的事实与规范二分的思想及其观念变迁。当代司法方法论的理论基础，已不再立基于事实与规范二分的传统观念，主流学说趋于接受事实与规范的互动观念。由此，三段论推理在新的法律适用观念下，亦即事实与规范相互对应的观念下继续在法律论证中发挥作用。超越事实与规范的二分观念的司法方法论，主张在开放的体系中进行论证。法律思维与方法中，复兴古希腊哲学思想传统的论题学思维与新修辞学方法，成为当今法律方法论中越来越重要的内容。本章对法律论证所做的学术考察与研究，对我国和谐司法将具有重要的理论启示意义。在传统形式主义法学者的笔下，法律的运用有机械之嫌，以至于人们经常抱怨法律的僵化、死板、不近人情、不顾社会情势、甚至不讲道理，认为法治实现本身就是目的，法律文本里面已经包含着各种法律价值。至于实现法治过程中所付出的牺牲，也只能计入法治的成本之中。这种想法无一不符合和谐社会的建设目标。为减少法治实现的成本，我们需要对严格的法治进行松动，以适应社会的复杂与进步，适应人们对正义与理性的需求。但是要求法律适应社会的变化、个别正义的需求以及和谐社会建设的需要，并不能以破坏法律的稳定性为代价，这就需要对松动严格法治进行论证，以保证司法的正当性和权威性。

---

① 参见郑永流：《法律判断形成的模式》，载《法学研究》2004 年第 1 期。

一、事实与规范二分的法学传统

在西方的知识谱系中,“今世”与“来世”、先验与经验、理念与现实这种形而上学的、宗教的二元论思想根深蒂固。相应地,在西方法学史上,自然法观念有着最为悠久的历史。在近代摆脱形而上学的科学的努力中,自然科学使得自己从神学中解放出来,法律与政治科学则使自己从自然法学说中解放出来。在此过程中,哲学上休谟关于是(is)与应当(ought)、事实与价值的区分对于建构以法律实证主义为主要代表的现代法律知识论颇为重要。[①]“一如实然与应然的关系一般,事实与法律间的关系以及由此生发的所有小问题,业已成为至少自休谟和康德以降的西方哲学所关注的主题。”[②]而且,“法律秩序中的规范与事实这两个方面,互为条件并且相互作用。这两者要素缺一不可,否则就不会有什么真正意义上的法律制度”[③]。在近代西方自然法学和法律实证主义等法学的共同努力下,法律的普遍性、确定性、独立性、客观性和合理性等知识品格逐渐在理论上得以确立。与此伴随的是西方现代法律的理性化。在韦伯看来,法律的理性化是两股同时起作用的力量的产物。“一方面是资本主义的力量,它关心严格的形式法与司法程序,倾向于使法律在一种可计算的方式下运作……另一方面是专制主义国家权力的官吏理性主义的力量,它所关心的是系统地制订法典和使法律趋于一致……”[④]

具体说来,近代西方法学是通过“规范与事实相分离”的理论策略实现的。这种分离在康德的道德哲学及其实证法理论中得到完整的表述,并由此奠定了西方法学关于事实与价值、应然与实然、现象与本质的两元对立。这样就“将法律限定为一种经过专门认可的正式规范体系,从而将人类社会生活的所有其他方面及其后果统统清除出法律世界而归入到事实之中。这样做的一个隐含意义就是:事实世界构筑的法律与法律之间的联系,或对法律的干预……都被切

---

① 关于休谟哲学对法律实证主义的理论意义,参见〔英〕Dennis Lloyd:《法律的理念》,张茂柏译,台湾联经出版事业公司 1985 年版,第 85—88 页。

② 参见〔美〕克利福德·吉尔兹:《地方性知识:事实与法律的比较透视》,邓正来译,载梁治平编:《法律的文化解释》,生活·读书·新知三联书店 1994 年版,第 77 页。

③ 〔美〕E. 博登海默:《法理学——法律哲学与法律方法》,邓正来译,中国政法大学出版社 1999 年版,第 239 页。

④ 〔德〕马克斯·韦伯:《儒教与道教》,洪天富译,江苏人民出版社 1995 年版,第 174 页。

断了、排斥了或归于无效”①。于是，法律从与宗教、道德、习俗杂然不分的状态脱离出来，并在频繁的社会变动中，法律能够继续其独立的存在。“规范与事实相分离”的逻辑结论便是“法律与伦理和宗教相分离”。这就是德国概念法学追求的理想的法治境界，一种依照牛顿力学原理建立起来的法律空间，其中法官的活动就成了一系列把事实构成与规范相对应即涵摄（subsumtion）的过程。

可以说，是与应当、事实与价值（规范）的区分构成近代法学知识论的重要基础。大陆法学强调“以事实为根据，以法律为准绳”的原则构建了法制的理想模式；而在英美法学中，首先进入人们眼帘的就是事实问题与法律问题的区分，有了这种区分才有法律的推理模式的展开。因此，西方法学致力于把法律与事实区分开来，并且设置程序以防止二者之间互相混淆。实际上，近代思想家早已注意到事实与法律在裁判中的区分问题。如黑格尔以为：“审判行为作为对个别案件的适用，得分为两个方面：（一）根据案件的直接单一性来认识事件的性状……（二）使事件归属于法律之下……”②罗伯斯庇尔为限制法官的裁判权，主张“把关于事实的判定和法律的判定分开”③。司法只能在严格限定的条件下进行判断。司法过程呈现为三段论的逻辑推理，法律解释亦尽量排除法官主观上的价值判断。总之，司法自由裁量的空间被规则严格地予以限定或者从根本上被否定。如《法国民法典》第 5 条：审判员对于其审理的案件不得用确立一般规则的方式进行判决。另如庞德所言：“在所有 19 世纪的法制史解释中都没有听到关于诸如法学家、法官等人的创造性活动这一因素。”④这就是韦伯所谓“形式合理”的近代西方（主要是大陆法系）的司法图景。不过也应看到，当代不少西方法学家认为：“法律与事实的界限在很大程度上是人为的。”⑤“将事实的认定和法律发现过程加以隔离，这种见解在当今西德的法学界几乎再也找不到支持者。”⑥我们应当将这种见解置于当今西方法治理念整体处于转变的宏观背景中去考察和说明。20 世纪以来，西方社会法律从整体上发生了明显的

---

① 〔日〕千叶正士：《法律多元——从日本法律文化迈向一般理论》，强世功等译，中国政法大学出版社 1997 年版，第 52 页。相反，在非西方法的观念中，事实与规范的界限常常是不确定的。毋宁说法律世界时刻准备接受事实世界的介入。

② 〔德〕黑格尔：《法哲学原理》，范扬、张企泰译，商务印书馆 1982 年版，第 233 页。

③ 〔法〕罗伯斯庇尔：《革命法制与审判》，赵涵舆译，商务印书馆 1986 年版，第 24 页。

④ 〔美〕罗斯科·庞德：《法律史解释》，曹玉堂等译，华夏出版社 1989 年版，第 114 页。

⑤ 〔法〕勒内·达维德：《当代主要法律体系》，漆竹生译，上海译文出版社 1986 年版，第 91 页。

⑥ 黄茂荣：《法学方法与现代民法》，中国政法大学出版社 2001 年版，第 251 页。

变化,如塞尔兹尼克等总结的从"自治型法"迈向"回应型法"。[①] 或者如图依布纳用一种更具综合性的社会与法律共变的模型,标示出一个正日益涌现的法律结构,称之为反身型法(Reflexive Law)。[②] 科特威尔则注意到自由裁量规章在当今西方法律中的普遍出现。昂格尔则以为,随着福利一合作国家的发展,传统的法律形式主义正在让位于对法律推理和正义的观念中公共政策的强调。而在伯尔曼看来,当代西方法正是因为割裂了传统的法律与宗教之间的深刻的内在关联,而正处于一场危机当中,因而主张重新统一法律与宗教。[③] 总之,现代西方法律和法治观念正在发生一场深刻的变动,法学家们正是在这样的时代背景下重新反思和省察事实与法律的法哲学问题。

二、对事实与规范二分观念的批判

自近代以来,三段论的推理系统即主要立足于哲学上是与应当、事实与价值、事实与规范的知识传统。在科学哲学上,事实与价值分立的意义在于:事实是客观的,它以是否为"真"作为判断标准,而价值则是主观的,它依循"善"或"恶"的评价体系;客观真理只存在于事实领域,价值领域则因其不具有客观性而无真理要求;为了发现客观真理,事实描述必须去除价值的影响。可见,所谓科学意义上的客观性,无非是本体论之客观性在认识论层面上的延伸而已,或者说,科学意义上的客观性以本体论上的客观性(形而上学意义上的客观性)为前提——"科学上的共识主张一种科学上的实在论"。[④] 当法学家为实现法学科学化而将事实与价值二分引入法律领域、并要求法官根据客观的案件事实作出裁判时,在某种程度上说,法官已被设定成类似于自然科学家的角色。[⑤]

由此,在法律适用中,法官只需严格以法律要件涵摄案件事实。直观地看,司法裁判中对制定法条文的解释似乎遵循的是一种三段论的推理模式。不过,这一看法却是给人误导的。因为法规用语中常见的含糊、歧义等需要法官进行阐明大前提的工作。更重要的是,在实际裁判中,"寻找事实和寻找前提往往交

---

① 参见〔美〕诺内特、塞尔兹尼克:《转变中的法律与社会》,张志铭译,中国政法大学出版社1994年版,第91页。

② 参见〔法〕图依布纳:《现代法中的实质要素和反思要素》,矫波译,载《北大法律评论》第2卷第2辑,法律出版社2000年版。

③ 〔美〕伯尔曼:《法律与宗教》,梁治平译,中国政法大学出版社2003年版。

④ 〔美〕波斯纳:《法理学问题》,苏力译,中国政法大学出版社1994年版,第153页。

⑤ 参见朱庆育:《私法推理的典型模型——从司法三段论到意思表示解释理论》,载郑永流主编:《法哲学与法社会学论丛》(总第5期),中国政法大学出版社2002年版,第99页。

织在一起:法官审理证据并决定事实,而且任何关于制定法条文的范围和可适用性的疑问,都很有可能由来自于事实的看法来解决”。[①] 事实问题及法律问题以不可分解的方式纠结缠绕在一起:法官最后如何判断个别事件,在很大程度上取决于判断时他考虑了哪些情境,乃至于他曾经尝试澄清哪些情况;选择应予考量的情事,则又取决于判断时其赋予各该情事的重要性。[②]

其实,即使在自然科学领域,事实与价值截然二分之合理性亦已受到强烈质疑。如普特南认为:“事实与价值的二分法至少是极为模糊的,因为事实陈述本身,以及我们赖以决定什么是、什么不是一个事实的科学探究惯例,就已经预设了种种价值。”[③]限于篇幅,这里不再展开。从运用司法方法建构和谐社会的角度来说,其中主要涉及的是法律领域中事实与规范(价值)可否区分的问题。

在西方法学上,事实与规范(价值)相分离是一种典型的法律实证主义观点。近年来,有学者对法律领域内的事实判断和价值判断的二分法,从其认识论前设(知识的描述主义图像)以及其对法律知识的方法论含义(价值自由原则与价值中立命题)进行了质疑,并对那种完全接受价值自由原则与价值中立命题的传统实证主义立场进行了批判。[④] 由此,在法律推理过程中,认定案件事实与寻找法律规范之间具有一种相互依存的关系:认定法律事实必须趋向于法律规范,法律规范的获得及其具体化亦须趋向于具体的法律事实。

法律中事实与规范(价值)相分离的观点还可以从语言学的立场予以批判,拉伦茨认为:“如果精确的审视就会发现不是事实本身被涵摄(又如何能够呢?),被涵摄的毋宁是关于案件事实的陈述。”[⑤]审判活动在制度上也把事实认定和法律解释区分开来进行考虑,但是这种认为法律和事实是各自单独得到确定的想法,已经遭到法律现实主义者的批判。他们以法律和事实的不确定性,以及在得出结论的过程中没有分化的正义感所发挥的作用作为根据,认为这种理解背离了审判的实况。而棚濑孝雄所谈的“叙事论”则从世界构成的观点出发,来否定这种严格的区分。[⑥] 首先,在法律中,如果把事实认定理解为叙事论,那么在此过程中不可避免地要掺杂人为的因素。如当把某事件理解为 A 殴打

---

① 张志铭:《法律解释操作分析》,中国政法大学出版社 1999 年版,第 33 页。

② 〔德〕卡尔·拉伦茨:《法学方法论》,陈爱娥译,商务印书馆 2003 年版,第 189 页。

③ 〔美〕希拉里·普特南:《理性、真理与历史》,童世骏、李光程译,上海译文出版社 1997 年版,第 139 页。关于普特南的事实与价值不可分离,科学并非价值无涉的观点,参见陈亚军:《从分析哲学走向实用主义——普特南哲学研究》,东方出版社 2002 年版,第六章:事实与价值。

④ Vittorio Villa, Legal Theory and Value Judgments, in *Law and Philosophy* 16: 447—477, 1997.

⑤ 〔德〕卡尔·拉伦茨:《法学方法论》,陈爱娥译,商务印书馆 2003 年版,第 152 页。

⑥ 〔日〕棚濑孝雄:《现代日本的法和秩序》,易平译,中国政法大学出版社 2002 年版,第 149 页。

了B的脸的时候,要把A和B前前后后的一系列行为作为在整体上存在关联的集合体来把握,才能赋予这种特定的A的手腕运动以殴打的意义。尤其是当证人在从过去无数散乱的事实中,把殴打的事实作为现在值得说出的东西,从记忆中抽取出来的时候,这种意义赋予的作用就更加明显了。

在实际生活中,人们对事件的描述往往跟其规范性评价不可分割地同时存在。因而,法庭诉讼中的"事实"往往是被构造出来的。它绝不仅仅是法官个人认定的工作,更重要的是法官跟诉讼关系人,尤其是当事人的协同作业,"毋宁说,审判程序是要由当事人和法官一起来对'事实是什么'作出事后确认,这才是审判的本质"①。关于法律解释与叙事,棚濑孝雄以为法律解释之结论无法通过解释方法来被正当化,一种解释最终是否能被接受,必须直接依据这种解释本身所具有的说服力。而这种说服相关的正是叙事。"法律在抽象命题背后,言说着贯串这些具体事件的范式,在这一基础部分中,同样可以看到事实性和规范性的融合。""于是,在正式的对法的理解中,虽然严格区分了与要件相对应的事实主张,和把要件与效果联系起来的规范性评价,但在现实中,两者都作为通过整体化来获得意义的叙事而运作,其间的界线极为流动。"②可见,人们很难在事实陈述跟法律陈述之间划出一条清楚的界限。我们必须清楚,如果非要设置一个清晰的界限,就会出现法律规范与社会现实之间的不和谐。但如果不设置区分,法治的命题就会在理论上被颠覆。所以在和谐理念的指导下,我们该如何协调规范学与社会法学的这个关系就成了重要的理论问题。

从程序法上,事实与规范相区分的观点也站不住脚。一个将事实参数的确定留给当事人,而将法律参数的界定留给法院的程序系统是否可能存在?这一点是值得怀疑的。即使在一个事实问题和法律问题从理论上讲已经得到细致区分的法律文化语境中,这两类问题在实践中也仍然是紧密交织在一起,以至于人们有理由怀疑一种以极其不同的方式来处理对两类问题的控制的程序能否行得通。③ 因此,有学者基于证据理论的语言学转向,将关注的问题"从案件事实是什么"切入到"法官应当接受哪一方当事人说的话——即事实主张",即将案件的事实问题转变为当事人事实主张的真假问题,再将真假问题转变为当事人事实主张的可接受问题,也就是我们在什么情况下应当接受某个事实主张

① 〔日〕棚濑孝雄:《现代日本的法和秩序》,易平译,中国政法大学出版社2002年版,第151页。

② 同上书,第156—157页。

③ 参见〔美〕米尔伊安·R.达玛什卡:《司法和国家权力的多种面孔——比较视野中的法律程序》,郑戈译,中国政法大学出版社2004年版,第170页。

的问题。[1] 在诉讼法上,无论是传统的"客观真实论"还是"法律真实论"都将法律事实的取得建立在证据的基础上。因此,无论是前者认为的证据是对客观事实的真实反映的观点,还是后者认为的证据的认定中必须具有法律的因素,因此无法绝对真实地反映客观事实的观点,都没有摆脱"证据能够证明事实"这个基本的论证格局。但是,由于必须在法律事实的获得过程中加上法律规范这一要素,法律事实因此具有规范性事实的特征。所谓规范性事实(normative facts)不但是指在过去某一时刻发生了怎样的事情,而且指对过去事件的判断中必须应用特定的标准(criteria)。一旦在法律事实的获得中加入特定的判断标准,"证据能够证明法律事实"的断言必然会被打上一个问号,这就意味着法律事实的"获得"过程将不同于客观事实的"发现"过程,进而与"发现"过程相适应的"法律与事实二分"的基本信条将面对责难。[2]

从总体上,可以说传统的基于事实与规范截然二分的科学方法论正日益失去其对法律推理方面的解释力和说服力。针对事实与规范二分的理论模式,不少法学家提出了关于事实与规范的新的理论模式:事实与规范不是单纯的截然二分,在法律实践中,二者毋宁是能动的相互对应。法律适用者的目光将在事实与法律秩序的相关部分之间来回穿梭。这构成了法律适用的基本特征。

三、当代司法方法论的理论基础:事实与规范的互动观念

经典的司法推理(即涵摄)是在法律规范所确定的事实要件的大前提下,寻找具体的事实要件这个小前提,最后依三段论得出判决结论的过程。考夫曼将这一思维方式概括为"推论模式"(Subsumtionsmodell)。从学理上,一个法律规范通常被分为"要件事实"和"后果"两部分。只要一个具体事实满足这个规范所规定的所有事实要件,运用逻辑推理即可推导出相应的结论。应注意的是,在此过程中,作为推理的大、小前提的规范和事实之间并非对等,而是呈现为具体事实深受抽象规范所宰制这种格局。当今国内学界流行的即是这种把"三个

---

① 参见喻敏:《证据学问题的语言哲学初步思考》,载《北大法律评论》第4卷第2辑,法律出版社2002年版,第430—445页。

② 参见陈景辉:《事实的法律意义》,载《中外法学》2003年第6期。

词项、两个前提"当作三段论定义。[①] 长期以来,事实与规范二分与对立的观念在法学上的地位可谓根深蒂固。依此观念为基础的涵摄法律推理模式已然成为法律方法论上的常识之见。常被国内学界援引为经典的法律方法论著作当中,在描述司法三段论的逻辑操作步骤的时候,往往将事实的认定与法律的发现过程予以分离,进而把法律解释与适用加以分离。[②] 这些构成传统法律适用理论的基本特征。

但在当今哲学解释学关于理解、解释与应用"三位一体"观念之下,事实与规范二元对立的态势得以消解。在此情形下,法学家关于法律发现的观点亦摆脱了传统上直线式的理解,法律发现的过程毋宁是同时兼融规范解释与事实解释,二者不再是传统上理解的各自独立的行为。考夫曼指出:"我们绝非能够分别独立地探求所谓法律推论的'大前提'或'小前提'。"[③]因为从法的发现过程来看,完全分离事实问题与法律问题十分困难。"无论是法律理念与可能的生活事实相对应,形成法律规范,或是法律规范与现实的生活事实相对应,产生法律判决(此即所谓的'法律现实化'过程),传统法释义学所宣称的三段论式涵摄方法,在此不过只是前述评价活动之结论,无法显示其评价过程。盖于三段论法中决定小前提:生活事实是否落在大前提之构成要件范围之时,即已经历前揭复杂的评价活动。"[④]

从推理的过程看,许多法律规范的大前提的确不能直接适用于具体的生活事实,因此应当将法律要件具体化。同样,如果具体的法律适用过程不从大量事实链条中选出重要的事实与法律要件相联系,那么这样的法律适用过程并无太大意义。"只有这两点都做到了,才能进行三段论推理,即用生活事实这个小前提去比较法律要件这个大前提,然后得出逻辑结论。"[⑤]于是,法律适用和法律发现的观念由此发生某种深刻的转变。法律发现不再是那种将案件事实涵摄于规范要件的机械活动,而毋宁是,"法律发现是一种使生活事实与规范相互

---

① 这种定义源于亚里士多德,在《论题篇》与《前分析篇》中,亚里士多德对 syllogismos 的定义都是指一种广泛的演绎推理,但是当他详细讨论三段论的时候,所指的是一种狭义上的演绎推理,即"每个证明,每个三段论都只是通过三个词项而得到的","每个三段论都是从两个前提并且只是从两个前提中推出的"。

② 无论是德国的拉伦茨、还是我国台湾地区的王泽鉴、黄茂荣、杨仁寿等,均无法根本上摆脱此种思维格局。参见朱庆育:《意思表示解释理论》,中国政法大学出版社 2004 年版,第 156 页以下。

③ 〔德〕亚图·考夫曼:《类推与"事物本质"——兼论类型理论》,吴从周译,台湾学林文化事业有限公司 1999 年版,第 95 页。

④ 参见王立达:《法释义学研究取向初探:一个方法论的反省》,载《法令月刊》2000 年第 9 卷第 51 期。

⑤ 〔德〕汉斯·普维庭:《现代证明责任问题》,吴越译,法律出版社 2000 年版,第 172 页。

对应,一种调适,一种同化的过程"①。在考夫曼看来,这个过程从两方面进行:一方面,生活事实必须具有规范的资格,必须与规范产生关联,必须符合规范。并且在此,"涵摄"的类推性格完全表露无遗。"涵摄"在此不能被理解为逻辑的三段论方法,而应理解为规范观点下对特定生活事实的筛选。另一方面,规范必须与生活事实进入一种关系,它必须符合事物。这就是我们所称的"解释":探求规范的法律意义。恩吉施形象地将此过程描述为"(法官)在法律要件和生活事实之间不停地左顾右盼"或"一种目光往返来回于大前提与事实之间的过程"。② 从解释学上,上述"眼光之往返流转"实际上是一种诠释学循环。"它们都指称我们所熟悉的相互解明的过程,一种'诠释学意义上的循环'现象。我们不能把案件事实与法条间的'眼光之往返流转'想象为:只是判断者眼光方向的改变,其毋宁是一种思想过程,于此,'未经加工的案件事实'逐渐转化为最终的(作为陈述的)案件事实,而(未经加工的)规范条文也转化为足够具体而适宜判断案件事实的规范形式。这个程序以提出法律问题始,而以对此问题作终局的(肯定或否定的)答复终。"③

总之,法官作出判决的过程并非如三段论所显示的那样直接。实际上,无论是大前提还是小前提,都远非固定的前在命题,而可能是法官从具体案件事实情形的分析,以及从当事人各方为支持其各自主张所提出的论据当中逐步得出。④ 可以说,三段论的大前提和小前提往往不表现为既定的因素,而是需要人们去认真探索、发现的。法律适用者必须检验他所面临的"问题"是否并且怎样在法律秩序的某一个领域中得到规定。他的目光将在事实与法律秩序的相关部分之间来回穿梭。"目光在事实与法律规范间'来回穿梭'是法律适用的普遍特征。"⑤在探索的过程中,法学家们从事实出发来寻找恰当的规则,然后又回到案件的具体情况中来检验是否一致。"在这有时费时颇久的往返运动中,法学家逐步深化着对大前提和小前提的分析,但不能迷失他最终应证明的一致性。"⑥

在此背景下,人们关于"涵摄"(subsumtion)的观念亦发生了某种深刻的变

---

① 〔德〕亚图·考夫曼:《类推与"事物本质"——兼论类型理论》,吴从周译,台湾学林文化事业有限公司1999年版,第87页。

② 〔德〕亚图·考夫曼:《法律哲学》,刘幸义等译,台湾五南图书出版公司2000年版,第91页。恩吉施是在《法律适用的逻辑研究》(1943)一书中提出如上观点。

③ 〔德〕卡尔·拉伦茨:《法学方法论》,陈爱娥译,商务印书馆2003年版,第162—163页。

④ Steiner, Eva, *French Legal Method*, Oxford; New York: Oxford University Press, 2002, p. 141.

⑤ 〔德〕伯恩·魏德士:《法理学》,丁小春、吴越译,法律出版社2003年版,第296页。

⑥ 〔法〕雅克·盖斯旦、吉勒·古博:《法国民法总论》,陈鹏等译,法律出版社2004年版,第40页。

化。恩吉施认为,涵摄首先关心的是把一个具体的案件置于制定法的事实构成之下,但不同时对一个案件群或案件种类这么做。其次是把涵摄思考成一个新的、第一次的,因此不是作为纯例行采用的涵摄,这种涵摄经常被用于同类案件。[①] 所以,恩吉施在涵摄的通常含义上增加了等置的内容,且重在等置。恩吉施将涵摄界定为,把手头特定个案事实归属于成文法所涵盖的一组事实当中。将某一个案事实涵摄于某规范的法律要素中,从原则上只是意味着我们将这个新事实跟该规范无疑所针对并进行处理的那些事实相比较,因而法律适用的核心要素是从相似性方面予以对比。[②] 考夫曼在恩吉施上述看法基础上提出了他所主张的与“推论模式”相对应的“等置模式”(Gleichsetzungsmodell)。[③] 在事实与规范相互对应的观念下,考夫曼以为[④],“涵摄”在此即不能被理解为逻辑的三段论法,而应理解为在规范观点下对特定生活事实的筛选。拉伦茨亦认为,作为法律适用基础的涵摄推论,其实并不是将外延较窄的概念涵摄于外延较宽的概念之下,“毋宁是将事实涵摄于法律描述的构成要件之下,至少看来如此”。“如果精确的审视就会发现不是事实本身被涵摄(又如何能够呢?),被涵摄的毋宁是关于案件事实的陈述。”[⑤]相应地,法律人的才能主要不在于认识制定法,而在于能够在法律规范的观点下分析生活事实。于是,涵摄是指法律适用者在具体化的法律规范与具体的事实状况之间建立一种联系。

总之,涵摄论所建构的司法推理方法是一种机械、僵硬的方法。依此方法难以建构法律规范与社会生活、正义观念、人类的目的等相适应的和谐社会。和谐社会需要事实与规范之间的互动,目光在事实与规范之间的“来回穿梭”及其在此基础上的论证理论,对确定规范与事实之间的和谐关系有重要意义。由此也带来了涵摄观念的根本变化,这构成了现今法学家关于司法的基本的也是主流的观点。事实与规范的关系亦不再表现为事实备受规范宰制的局面,而是呈现为彼此互动、交融的格局。事实与规范相互对应(来回穿梭)之观念的确立对法律论证具有重要的理论意义,这主要表现为它在内部证成中的意义。阿列

---

① 〔德〕卡尔·恩吉施:《法律思维导论》,郑永流译,法律出版社 2004 年版,第 60—61 页。

② Hilgendorf, Eric, On Some Problems of the Theory of Legal Argumentation, in Zenon Bankowski et al(eds.), *Informatics and the Foundations of Legal Reasoning*, Kluwer Academic Publishers, 1995, p. 162.

③ 〔德〕卡尔·恩吉施:《法律思维导论》,郑永流译,法律出版社 2004 年版,第 60 页。

④ 〔德〕亚图·考夫曼:《类推与“事物本质”——兼论类型理论》,吴从周译,台湾学林文化事业有限公司 1999 年版,第 87 页。

⑤ 〔德〕卡尔·拉伦茨:《法学方法论》,陈爱娥译,商务印书馆 2003 年版,第 152 页。

克西在谈内部证立时提到[①]：一种误解似乎是认为上面所陈述的模型没有足够地考虑到事体与规范之间的互动（关系）。也就是说，它太片面地从有待展开的规范出发，因而不能胜任“目光循环往复的游动”（Hin-und Herwandern Blickes）之要求。其实，情况并非如此。为了证立每个具体推导展开步骤所需要的规则，就必须既深入思考事体的特征，也深入思考规范的特性。这是外部证成所进行的事情，在这个证成活动中，所有法律论辩所允许的论述都是可能的。阿列克西进而认为，如果我们愿意的话，内部证成有待论述的规则即在规范与事体描述的鸿沟之间架起桥梁，而这些有待论述的规则可以被看做是这个以目光循环往复的游动形象为特征的过程之结果。由此可见事实与规范相互对应之观念对于内部证立的作用。而内部证立的问题过去一般是在所谓法学三段论法的概念下予以讨论的。[②] 其实，内部证立的经典模型是亚里士多德的三段论（肯定式）：第一个前提包括了判决之“规范基础”，第二个前提则是“事实”。该推论之逻辑形式保证了结论从前提中得出。当且仅当从适用于该案的规范（P_1）以及待决案件的事实之描述（P_2）中推出，某法律判决（C）才更为简明地得以内部证立。根据传统的三段论逻辑，结论（C）可以从前提（P_1）以及（P_2）中推出：若前提为真，结论亦然。每个法律判决皆可事后以极为独立于其被发现的方式书写为三段论的形式。正是从此意义上，内部证立独立于法的发现过程。[③] 由此，三段论推理在新的法律适用观念下，亦即事实与规范相互对应的观念下继续在法律论证，或者更具体地说在内部证立当中发挥作用。

四、和谐理念下三段论推理的重构

上述事实与规范的互动观念在当今法律方法论研究中具有十分重要的理论意义。传统的法律方法论研究中，是与应当、事实与价值（规范）的区分构成其法学知识论的重要基础，而今，占支配地位的则是事实与规范的互动，“应然”与“实然”的同一性观念，这种观念说到底是一种和谐理念在起作用。在实践

---

① 〔德〕罗伯特·阿列克西：《法律论证理论》，舒国滢译，中国法制出版社 2002 年版，第 283 页。

② 阿列克西即曾谈到，与内部证成相关联的问题业已在“法律三段论”这个关键词下被多层面地加以讨论。参见同上书，第 274 页。内部证立（成）与外部证立（成）作为法的“证立的过程”，区别于作为心理学或社会学层面上的法的“发现的过程”。

③ Aulis Aarnio, *Reason and Authority: A Treatise on the Dynamic Paradigm of Legal Dogmatics*, Aldershot, Hants; Brookfield, Vt.: Ashgate/Dartmouth, 1997, p. 197.

中,传统的方法论致力于把法律与事实区分开来,并且设置程序以防止二者之间互相混淆;相应地,在司法中这主要表现为一种过于简单的三段论推理观念。而在当代法律方法研究中,秉持事实与规范互动观念的法律论证理论意图解决传统三段论推理模式的缺陷。可以说,这是在一种新的和谐观念背景下,对司法三段论进行理论重构。而且,这也确实展现为一种截然不同于传统事实与规范截然二分观念背景下运作的司法三段论图景。

论证理论主要源于分析哲学传统,逻辑学方法构成法律论证的重要方法之一。因此在法律论证中,三段论推理依然存在发挥作用的空间。图尔敏虽然批判了传统形式逻辑学,但他其实所要批判的并不是作为其分析工具的三段论法本身,而是在于意图将此种单纯的论证图式作为于各个场域所实际进行的论证之典范、理念型这件事。[①] 波兰法学家卢勃列夫斯基(Wróblewski, Jerzy)指出,作为一种推理图式,法律三段论是一种充分的工具,来将司法判决正当化为一种理性判决。[②] 美国法官亚狄瑟(Ruggero J. Aldisert)也认为,作为一种演绎论证的定言三段论法是法律论证的核心。[③] 但是,三段论推理在裁判中的具体运用已经不同于传统理论。正如考夫曼所论,法律发现过程的科学性不在于把这个过程化约成为包摄的逻辑推论,相反地,它的科学性只在于:澄清这个过程的复杂性,而且合理地反思所有在该过程中不是以形式逻辑得出的一切事物。[④] 当代法律方法论视阈中,三段论推理的重心已然从对确定性结论的寻求,转向对作出决定或判断的过程与结构的探索。因此,当今法律论证理论家,如阿列克西、麦考密克、阿尔尼奥等均关注法律论证过程的理性重构。这一过程或结构的合理性与可接受性很大程度上有赖于这种理性重构。

应当指出,在具体的裁判中,法官固然可能作出比较详尽的论证,不过限于各种现实条件,这种论证往往未必能够充分展开。而法学家在学理研究上所进行的法律论证则有所不同,“法学家运用其所受到的严格规训的智识想象力,来将判决制作者零乱的资料信息,重构为理性的、融贯的、系统的整体”[⑤]。本章所谈的理性重构包括了上述法律家在裁判或研究中进行的各种活动。

这种重构的目标是:能够对论证过程的各阶段、明确论据和隐含论据以及

---

① 参见张钰光:《法律论证与法律解释方法》,载 http://www.law-thinker.com/show.asp?id=1601,最后访问于2008年6月6日。

② Bengoetxea, Joxerramon, *The Legal Reasoning of the European Court of Justice: Towards a European Jurisprudence*, Oxford: Clarendon Press; New York: Oxford University Press, 1993, p.209.

③ 〔美〕鲁格罗·亚狄瑟:《法律的逻辑》,唐欣伟译,商周出版社2005年版,第75页。

④ 〔德〕亚图·考夫曼:《法律哲学》,刘幸义等译,法律出版社2004年版,第133页。

⑤ MacCormick, D. Neil and Summers, Robert S. (eds.), Aldershot, Hants, *Interpreting Statutes: A Comparative Study*, England; Brookfield, Vt., USA: Dartmouth, 1991, p.19.

论证结构,获得一个清晰的印象。通过法律论证解决法律推理的大前提问题,而不是在已有的法律规范中直接获取推理的大前提。司法三段论的理性重构实际上是对法律判断的论证,同时也构成了评价各种论证的基础。当然这种论证不是仅仅依据合法性原则进行,还包括与事实的对接,与正义观念的联系,与社会事物本质的结合,等等。司法三段论只是司法理论的总体架构,这其中的逻辑仅仅是重构合理论证的重要工具。在这种重构中,论证是通过一组逻辑有效的论据进行分析的。[①] 而且,为了表明整个论证是一个有效的演绎论证,有必要精心安排每一步推理过程。[②] 通过涵摄进行法律适用时,法官需要在法律规范与事实之间建立起一种联系。准确地说,这种联系是在特定的事实构成要件与事件的特定部分之间逐步建立起来。[③] 裁判中的三段论推理以此展现出与传统方法论不同的运作特征。

法律论证中的三段论推理一般是在内部证立的环节进行的。关于三段论推理在法律论证中的运用,芬兰法学家阿尔尼奥在探讨法律解释之证立(正当化)时,以一个例子说明[④]:成文法 L_i 表达了如下规范"如果 F_1,那么应当 G_1"。某法学者 A 就该成文法 L_i 以下述方式提出观点:在 f 案件中,应当 G_1,我们且称此观点为解释 I_1,在此案件中一个自然的问题是:为什么事实 f 刚好跟结论 G_1 相关联? 学者 A 可能回答说,法律文本中的 F_1 意指 f 并且仅仅如此。因此 A 给出了他的论证中的第一级论证(first-level argument)。这部分推理可以事后写为三段论的形式:

三段论 I

PR_1:法律文本 L_i 规定:如果 F_1,那么应当 G_1

PR_2:$f \in F_1$

C:在 f 之情形,应 G_1

前提 PR_2 把法律文本 L_i 与其解释 I_1 联系起来。因此,在这个三段论中,第二个前提 PR_2 具有第一级论证的作用。然而,谈话对象 B 可以追问,为什么正好是 $f \in F_1$,为什么不是(比如)$f' \in F_1$ 呢?。为回答这个问题,A 必须引出支持这个陈述"$f \in F_1$"(PR_2)的论证。这部分论证也可以重构为三段论形式:

---

① Feteris, Eveline T, *Fundamentals of Legal Argumentation, A Survey of Theories on The Justification of Legal Decisions*, Kluwer Academic Publishers, 1999, p. 22.

② 〔英〕尼尔·麦考密克:《法律推理与法律理论》,姜峰译,法律出版社 2005 年版,第 25 页。

③ 〔德〕伯恩·魏德士:《法理学》,丁小春、吴越译,法律出版社 2003 年版,第 305 页。

④ Aarnio, Aulis, *The Rational as Reasonable, A Treatise on Legal Justification*, D. reidel Publishing Company, 1987, pp. 120—121.

三段论Ⅱ

PR_1:如果关于 L_i 的立法准备资料规定说“$f \in F_1$”,那么对 L_i 适当的解释是 I_1,即“如果 f,那么应当 G_1”

PR_2:立法准备资料规定说“$f \in F_1$”

C:根据立法准备资料,对 L_i 的解释就是:“如果 f,那么应 G_1”

可见,该论证的基础是上面提到的三段论。换言之,论证链条的每一步总有一种内部证立。而三段论Ⅱ本身可被描述为一个次级论证(a second-level argument)。支持某个论证的各个论据同样可以三段论的形式来书写。从此意义上,内部证立和外部证立就彼此联系在一起了。[①] 在阿尔尼奥看来,外部证立中,必须重构使三段论完整(在此,内部证立之前提已经得到支持)所需要的那种要素。一个完整三段论的论证链条的每一步都应当予以重构,一个完整三段论的所有隐含要素都应予以明晰。[②] 这样,在此论证链条中的每一步通常都可重构为一个完整的、逻辑有效的论据。通过将某些隐含前提明晰化,这种复杂的论证结构可重构为逻辑有效的论证链条。它把原本被过分简化的三段论论证过程,通过这种理性重构的方式,在单纯的法律规范与案件事实的描述之外,加入了补充的前提,由此把原本被隐含的诸多推理步骤凸显出来,从而将推理过程精致化。

在阿列克西的论证理论中,内部证立的最简单形式则被形式化为:

(J.1.1) .(1) $(x)(Tx \rightarrow ORx)$

.(2) Ta

(3) ORa (1),(2)

这也就是法学三段论的基本逻辑结构,可口语表达为:

(1) 对于所有的 x 而言,若 x 满足构成要件 T,则法律效果 R 适用于 x。

(2) a 满足构成要件 T。

(3) 法律效果 R 适用于 a。 (1),(2)

但在阿列克西看来,(J.1.1) 仅能适用于一些简单的法律问题,而不足以来解决所有更复杂的情形,如(1) 一个规范包含多个可选择的构成要件特征;(2) 规范的应用要求通过某些说明性的、限制性的或参照性的法律规范作为补充;(3) 可能存在多个法律后果;(4) 用来表达规范的陈述允许有多个解释。

---

① Aulis Aarnio, *On Rational Acceptability*, *Some Remarks on Legal Justification*, in Patrick Nerhot (ed.), *Law*, *Interpretation*, *and Reality*: *Essays in Epistemology*, *Hermeneutics*, *and Jurisprudence*, Dordrecht; Boston: Kluwer Academic Publishers, 1990, p.77.

② Feteris, Eveline T, *Fundamentals of Legal Argumentation*, *A Survey of Theories on the Justification of Legal Decisions*, Kluwer Academic Publishers, 1999, p.194.

由此，阿列克西进而提出了适用范围更广的复杂的内部证立形式：

(J.1.2).(1) $(x)(Tx \rightarrow ORx)$

.(2) $(x)(M^1x \rightarrow Tx)$

.(3) $(x)(M^2x \rightarrow M^1x)$

⋮

.(4) $(x)(Sx \rightarrow M^nx)$

.(5) Sa

(6) ORa　　(1)—(5)①

上述证立形式虽尚未考虑到含有多个构成要素或法律效果内部的复杂形式，但其已将涵摄的逻辑结构清楚地表达出来。② 如果说(J.1.1)至少满足了阿列克西提出的可普遍化这一实践理性原则所规定的证立要求，那么阿列克西同时也为内部证立的复杂模式(J.1.2)规定了两条规则：

(J.2.4)需要尽可能多地展开逻辑推导步骤，以使某些表达达到无人再争论的程度，即：它们完全切合有争议的案件。

(J.2.5)应尽最大可能陈述逻辑的展开步骤。

阿列克西讨论了一个例子：在没有正当免责理由的情况下，a在妻子熟睡时将其杀死。而这就涉及《德国刑法典》第211条关于谋杀的规定：

(1) 谋杀者处终身自由刑。

(2) 谋杀者是指出于杀人嗜好、性欲的满足、贪财或其他卑劣动机，以残忍、残暴或危害公共安全的方法，意图实现或掩盖其他犯罪行为而杀人的人。

上述内部证立的复杂模式可以论证如下③：

(1) 任何人犯谋杀罪(T)，将被处以终身自由刑(OR)。

(2) 任何人恶意杀人(M^1)，即为谋杀(T)。

(3) 任何人故意在受害方未觉察或毫无防备情况下，将其杀死(M^2)，即为恶意杀人(M^1)。

(4) 任何人在受害方未采取任何具体防备措施，杀死熟睡的人(S)，即为故意在受害方未觉察或毫无防备情况下，将其杀死(M^2)。

(5) a杀死了未采取任何具体防备措施的熟睡的人(S)。

(6) a将被处以终身自由刑(OR)。

---

① 〔德〕罗伯特·阿列克西：《法律论证理论》，舒国滢译，中国法制出版社2002年版，第275—281页。

② 参见王鹏翔：《论涵摄的逻辑结构》，载台湾《成大法学》第9期(2005年)。

③ Robert Alexy, On Balancing and Subsumption, A Structural Comparison, in *Ratio Juris*. Vol. 16 No. 4 December 2003(433—449).

这一个案充分展示出进行三段论推理的具体论证结构。内部证立的复杂模式显示出,涵摄的过程往往不是简单的三段论形式,而是含有多个前提的推论。因此,跟上述精确地表达了涵摄的逻辑结构的复杂模式相一致,需要如上尽可能充分地展开逻辑推导步骤这样的证立要求。基于有待适用的规范(第211条),由此具体展开的每个步骤的任何一个前提,均可推出另一个更为具体的规范。这一系列具体规范即可构成一个连贯的链条,由此在具体个案事实和所适用规范之间,建立起严谨的法律论证过程。为此,一般需要通过法律解释等方式将法律论证的具体步骤详细予以展开。[①] 总体上,可以说,阿列克西是在承认三段论的基本论证结构的同时,在法律论证理论中进一步引入了实践论辩与实践理性原则;相比之下,传统形式逻辑三段论则过分简化了实际论证的复杂性。可以说,阿列克西的法律论证模式更接近于论证实践,更具说服力。法律论证的优势即在于,具有比较清晰的规则和形式,来使法律决定或判断正当化。这跟传统的涵摄推论模式有着根本的不同。

五、超越事实与规范的二分:在开放的体系中进行论证

如果说传统的体系思维以哲学上的事实与规范的二分观念为基础预设了一种封闭的体系的话,那么法律论证理论则是要尽力打破这一封闭模式,从而在"开放的体系中论证"。作为对公理体系思维的取代,法律论证理论需打破封闭体系的设想。法律论证理论打开体系的要害在于,它既将自然法,又把法律实证主义抛在身后。[②] 因此,法律论证理论成为超越自然法与法律实证论的"第三途径"。在考夫曼看来,尽管那个与论证理论相连的"敞开的体系"的观念本身,论证理论家们还没有达成一致,但有种具有代表性的观点认为:"'敞开的'体系根本不是'体系',因此,体系思维必须让位于难题思维(疑难思维)。至少,没有一个论证理论家支持自然法和实证主义的封闭体系。"[③]之所以需要在开放的体系中进行论证,理由在于,在封闭的体系中,根本就没有论证或论辩

---

① 比如通过语意解释,"三段论法仅是涵摄的最简单形式,如果小前提之事实描述与大前提之构成要件中所使用的概念并不相同时,则必须透过语意解释增进新的前提,直到两者之间能够逻辑的联结起来,才能使涵摄过程成为一个有效推论"。参见王鹏翔:《目的性限缩之论证结构》,载《月旦民商法研究·法学方法论》,清华大学出版社2004年版,第23页。

② 〔德〕阿图尔·考夫曼、温弗里德·哈斯默尔主编:《当代法哲学和法律理论导论》,郑永流译,法律出版社2002年版,第128页。

③ 同上书,第148页。

的用武之地。哈贝马斯指出，法律商谈不能在一个现行规范的密封领域中自足地进行，而必须始终有可能吸纳来自其他来源的论据，尤其是在立法过程中所使用的、在法律规范之合法性主张中捆绑在一起的那些实用的、伦理的和道德的理由。[①] 因此，基于哈贝马斯商谈理论的法律论证只有在开放的状态下才能开展。

所谓“开放”是指，如果原来并非系统之一部分的一个新要素能加入其中，那么这个系统就是开放的。法律能在证明过程中得以改变。[②] 20 世纪后半期以来法理学的发展大大拓展了开放体系的空间。比如，原本主张法律是个规则体系的法律实证主义与法律形式主义，到这一时期也开始承认法律的未完成性(Unfertigkeit des gesetzes)或如哈特所言规则的“空缺结构”。在此情形下，法律实证主义认为法官应当行使自由裁量权。开放体系的设想也体现在人们对法律原则的研究中。法律原则受到当今法学的强烈关注。原则带有较大的弹性与不确定性，具有规则所没有的分量和重要性，因而带有“权衡”的性质。这实际上也使得法律体系具有某种开放性结构。另外，原来的概念性的思维方式也发生了变化，考夫曼认为，“法的概念不应通过概念性的是—否思维(Ja-Nein-Denken)，而应通过类型学的多—少思维(Mehr-Minder-Denken)来理解”[③]。实证法的开放结构源于下列原因：(1) 法律语言的模糊性；(2) 规范矛盾的可能性；(3) 欠缺判决所需的规范；(4) 在特殊情况下必须违反规范文义而判决的可能性。此开放结构亦可称为实证法的开放领域(Offenheitsbereich)，此领域在每个法律体系皆存在，凡是落于此领域的案件皆可称为疑难案件(zweifelhafter Fall)。[④] 而且，当代各国法律中的确普遍出现了值得注意的新形式和新结构，如自由裁量规章、机械的规章以及特定规章。这表明国家要在维护和规制现行的社会、经济和政治秩序时，采取在作用上更具针对性和在运用中更具灵活性的规则。

由于立法者本身常常有意无意地使用一些不精确的词句，因此法官在完全遵守法律条文的范围内，行使比较宽泛的裁判权。法律条文中经常出现诸如过失、故意、善良风俗、赔偿损失、无法执行等概念。“这就要求法官对每个案件判定：有关情节是否可以说明适用有关上述概念的法律规范是正当的。他可对案

---

① 〔德〕哈贝马斯：《在事实与规范之间》，童世骏译，三联书店 2003 年版，第 282 页。

② 参见武宏志：《法律逻辑和论证逻辑的互动》，载《法商研究》2006 年第 5 期。

③ 〔德〕阿图尔·考夫曼、温弗里德·哈斯默尔主编：《当代法哲学和法律理论导论》，郑永流译，法律出版社 2002 年版，第 197、303 页。

④ 参见张嘉尹：《法律原则、法律体系与法概念论——Robert Alexy 法律原则理论初探》，载《辅仁法学》第 24 期。

件事实判断得宽一些或严一些,实际上他能大大地变更适用法律的条件。"[①]对于法学而言,"只有'开放'的,以及在某种程度上'可变'的体系,永远不会圆满完成而必须一再被质疑的体系,它们才能清楚指出法秩序'内在的理性'、其主导性的价值及原则"[②]。可见,这种开放体系为各种价值原则与价值判断引入法律秩序提供了契机,使得人们的法律生活更为灵动。在此过程中,某种新要素能被前所未有地加入到法律体系中,因而可以说这个体系就是开放性的。这可谓"在开放体系中论证"的第一层内涵。

"在开放体系中论证"的另一层内涵跟商谈理论相关。一方面,实践性的法律论证或论辩只有在开放性的体系中才能得以开展。另一方面,论辩本身其实就是个开放的过程。"从根本上来说,辩论是一个思想开放的过程。所有可以想到的和与该问题相关的观点都可以被引入辩论。"[③]荷兰法学家 Lodder 亦认为,对话游戏的参与者并非受限于一组固定的论据、陈述和前提。在对话游戏中,新的事实、规则、理由等可被随意引入其中。提出用以支持陈述的理由不必基于既有规则的适用。每个理由,若被接受,即可允许作为对陈述的证立。[④] 从此意义上,对话性权衡是一种开放的程序。而"权衡的开放性导致法律体系的开放性"。[⑤] 伽达默尔在研究解释学时也提到问答的开放性:"提问就是进行开放(ins Offense stellen)。被提问的东西的开放性在于回答的不固定性(Nicht-festgelegtsein)。被提问的东西必须是悬而未决的,才能有一种确定的和决定性的答复。"[⑥]伽达默尔的诠释学对话以此展现出向古代辩证法的复归,并提出了"问答逻辑"。

具有开放性的论辩在司法中的地位如此重要,以致哈贝马斯将其拔高到确定判决正确与否的标准的高度。哈贝马斯认为,法律判决的正确性的衡量标准,说到底是判决过程对那些使公平判断成为可能的交往性论辩条件的满足程

---

① 〔法〕勒内·达维德:《当代主要法律体系》,漆竹生译,上海译文出版社 1984 年版,第 110 页。

② 〔德〕卡尔·拉伦茨:《法学方法论》,陈爱娥译,商务印书馆 2003 年版,第 50 页。

③ 〔德〕N. 霍恩:《法律科学与法哲学导论》,罗莉译,法律出版社 2005 年版,第 146 页。

④ Arno R. Lodder, *DiaLaw: on Legal Justification and Dialogical Models of Argumentation*, Dordrecht; Boston: Kluwer Academic Publishers, 1999, pp. 17,26.

⑤ Karl-Heinz Ladeur, From the Deductive to the Argumentative Rationality of Law, in Patrick Nerhot(ed.), *Law, Interpretation, and Reality: Essays in Epistemology, Hermeneutics, and Jurisprudence*, Dordrecht; Boston: Kluwer Academic Publishers, 1990, p. 187.

⑥ 〔德〕汉斯·格奥尔格·伽达默尔:《真理与方法》(上卷),洪汉鼎译,上海译文出版社 1999 年版,第 466 页。

度。[①] 反对论者可能提出,交往性论辩的开放性难道不会使判决的正确性流于空谈,使所承诺的正确性沦为某种形式的相对主义吗?这一问题恐怕还会争论下去。不过就本文主旨而言,开放性论辩的正面价值依然不容低估,这代表着当今法学发展的一种重要取向。这是因为,包括法学在内的规范科学的"对象决非实体,而是关系(verhaltnisse)、关联(relationen)"[②]。因此,"一切法具有关系特征,法是某种联系的事物,它存在于人的相互关系之中,并面对物而存在。之于这种法思维,只能存在一种'敞开的体系',在敞开的体系中,只能存在'主体间性'(Intersubjektivität),此乃不言而喻的"[③]。

在开放体系中进行论证,表征了法律方法与法律思维的一种新的思维趋向,论题学思维与新修辞学成为其中的重要内容。以下对此分别予以研究。

六、论题学思维方法

(一)论题学溯源

最早将"topo"(拓扑)这个术语应用于逻辑学的是古典逻辑之父亚里士多德。亚里士多德在《论题篇》开始就谈到"推理是一种论证,它陈述某些事情后,其他事情就必然地由此产生"。亚里士多德进而区分了几种类型的推理[④]:

(a) 当推理借以出发的前提为真实而原始,或者当我们对它们的知识来自原始而真实的前提时,它是一种"证明"。

(b) 如果推理从被普遍地接受的意见出发,它是论辩的。

(c) 如果推理从似乎是被普遍接受而实在并非如此的意见出发,或者,它仅仅似乎是从普遍被接受或似乎普遍被接受的意见出发,进行推理,它就是"可能引起争论的"。因为并非一切似乎被普遍接受的意见都真正被普遍地接受。

(d) 还有一种是从属于特殊科学的前提出发的错误推理。

在亚里士多德看来,上述(b)和(c)两种可能引起争论的推理当中,(b)才是真正值得称为"推理",而(c)只能称为"可能引起争论的推理",而不能称为

① 〔德〕哈贝马斯:《在事实与规范之间》,童世骏译,生活·读书·新知三联书店2003年版,第282页。

② 〔德〕阿图尔·考夫曼、温弗里德·哈斯默尔主编:《当代法哲学和法律理论导论》,郑永流译,法律出版社2002年版,第197、303页。

③ 同上书,第146页。

④ 〔古希腊〕亚里士多德:《工具论》,李匡武译,广东人民出版社1984年版,第265—266页。

"推理"。因为其谬误性很明显,甚至理解力很差的人也能看出来。在上述四种推理中,除去(d),以及代表着说理的辩论已经堕落成为言辞上的争执甚至是充满敌意的吵架的(c),真正有价值的只剩下证明的推理(a)和论辩推理(b)。[①]论辩推理(b)的推理方法与形式即成为论题学所要研究的对象。论辩推理的前提并非绝对真,而是一些能使多数人接受为真的意见,由此推出的也不是必然性的结论。"在此种推论过程中发展出的各式'类观点'(Topoi),是能在对话讨论中(Disputieren, 即 Argumentieren)用以提出支持或反对意见的一些普遍性观点,经过整理分类的各种类观点,能有效地协助我们在讨论对话过程中发现真理,而法学正是此种推论思考方式应用的一个重要领域。"[②]

围绕 Topoi 所形成的特定研究,就是跟修辞学甚为相近的论题学。Topoi 是 topos 的复数形式,topos 即 commonplaces in rhetorical arguments(修辞论证的普通主题), points of view(观点),它对于正确行为的问题,对于物理的和政治的问题以及其他许多在种类方面不同的问题是共同的。[③] Topos 一般就是在任何论证中都可以出现的条条,而不管论题是什么。topoi 原意为"所在地、处所、位置",引申为"同类事物之所",即"部目"。罗念生译亚里士多德《修辞学》时将 topos 译作"部目",指同类事物的所在地。每一个部门包括一系列同类的事例,例如凡有程度之差的事例都归入"更多、更少部目"(即比较部目)。[④] 台湾地区学者习惯于将 Topoi 与 topos 译作"类观点",大陆学者有译为"词序"或"论据",本书将其译作"论题"。

魏德士认为,Topoi 是指一切适合推动对现实的调整问题与裁判问题的论辩的,换言之,适合引导对具体问题的正反论证的实质观点或者修辞学论辩。[⑤]依陈林林之见,论题的字源是希腊文 tópoi (见诸亚里士多德)和拉丁文 loci(见诸西塞罗),其字面意思是"场合",意指一种并非严格因循规则、但仍值得信赖的论辩的出发点,其内容包括命题、概念或概念群。论题并不具有法律规则那样的普遍适用性,但它们契合当时的社会价值观念和法律目的,因而在一定范围中得到了承认,或者得到了那些最睿智、最杰出人士的支持(亚里士多德语)。所以在论辩中,它们可以用来支持或反对特定的意见,指示通往真实的途径,或

---

① 晋荣东:《逻辑何为——中国逻辑的现代性反思》,上海古籍出版社 2005 年版,第 304 页。
② 颜厥安:《法与实践理性》,中国政法大学出版社 2003 年版,第 203 页。
③ 何新:《泛演化逻辑引论》,时事出版社 2005 年版,第 8 页。
④ 〔古希腊〕亚里士多德:《修辞学》,罗念生译,生活·读书·新知三联书店 1991 年版,第 29 页。
⑤ 〔德〕伯恩·魏德士:《法理学》,丁小春、吴越译,法律出版社 2003 年版,第 277 页。

者说像船锚一样起到“定位”的作用。[①] 总之，论题学是指围绕 Topoi 所形成的一种学问。如中世纪的维科认为，论题法是雄辩演说的艺术，论题法是发现连接词*的艺术。[②] Die topik 是由说服术所发展出来的问题思维（das problemdenken）技术学。[③] 阿列克西认为，论题学这个词大致可以从三个方面来解释：（1）前提寻求之技术；（2）有关前提属性的理论；（3）将这种前提用于法律证立的理论。[④]

按照论题学的主张，具体的法律问题，不应通过概念体系的演绎来解决；而应该就该问题找出有利于解决问题的各种视点，这些视点被称为 topos，法学上的 Topoi 就是有利于裁判法律问题的论据。如果并且只要它们在法学中得到普遍赞同，那么它们就是有说服力的。论题学的方法很有助于用于解决实际的法律问题，此即法律论题学或法律词序学（Rechtstopik）。[⑤]

（二）论题学研究的回归

论题学虽然有着悠久的古希腊研究传统，不过到后来很快就衰落了，以至于中世纪思想家维科只能悲叹：“论题法虽未被人抛弃，却根本被忽略。人们现在放弃了这项技能，认为它毫无用处。”[⑥]近代以来，随着理性主义哲学成为主流，论题学研究也就中断了。论题学研究的复兴，是在第二次世界大战后。在研究问题在诠释学里的优先性时，伽达默尔首先探讨了柏拉图辩证法的范例。由此认为，“应当揭示某种事情的谈话需要通过问题来开启该事情。由于这种理由，辩证法的进行乃是问和答，或者更确切地说，乃是一切通过提问的认识的过道（Durchgang）”[⑦]。在法学领域，论题学的复兴如考夫曼所论：“最近，一种词序学及修辞学法学，试图触及活生生的生活，这种法学在老传统（亚里士多德，

---

① 参见陈林林：《裁判的进路与方法》，中国政法大学出版社 2007 年版，第 39—40 页。

* 拉丁文 argumentum，论据。——引注

② 〔英〕利昂·庞帕编译：《维柯著作选》，陆晓禾译，周昌忠校，商务印书馆 1997 年版，第 71 页。

③ 黄茂荣：《法学方法与现代民法》，中国政法大学出版社 2001 年版，第 192 页。

④ 〔德〕罗伯特·阿列克西：《法律论证理论》，舒国滢译，中国法制出版社 2002 年版，第 25 页。

⑤ 有学者以为，论题学和修辞学一样，主要关注于实用的这一方面，关注于法律推理的效果或“结论”。参见 Massimo La Torre, Theories of Legal Argumentation and Concepts of Law. An Approximation, in *Ratio Juris*, Vol. 15 No. 4 December 2002（377—402）。

⑥ 〔英〕利昂·庞帕编译：《维柯著作选》，陆晓禾译，周昌忠校，商务印书馆 1997 年版，第 70—71 页。

⑦ 〔德〕汉斯·格奥尔格·伽达默尔：《真理与方法》（上卷），洪汉鼎译，上海译文出版社 1999 年版，第 466 页。

西塞罗)复苏的情况下,建立了一个‘诘难案’的(aporetisches)程序,以使人们能在‘敞开的体系’中找到方向。”①论题学的研究路数是从一个个具体个案出发,或可称之为“个案问题之关联性”(Problembezogenheit)。这种个案意识的重新提起,在战后首先可追溯到奥地利学者 Wilburg 的动态系统论。在德国则以菲韦格(Theodor viehweg, 1907—1988)对论题(topik)研究法的提倡影响最为深远。自菲韦格以来,个案问题意识已经成为法律方法论中的重要组成部分。

Wilburg 的问题意识是,克服概念法学的机能缺陷的同时,探索克服自由法论的问题性。概念法学在注重体系的周全完满的同时,缺乏对个案正义的探讨;而自由法学在克服概念法学之缺陷的时候,则出现了另一方面的问题。Wilburg 动态系统论的特色即在于,它是围绕具体例子展开的。Wilburg 认为,所谓法律学,是追求在解决具体问题时什么符合此时此刻的正义这个问题的学问。在这个意义上,法律学的思考不是别的,正是问题思考。② 为了克服传统体系的技能缺陷,Wilburg 认为有必要通过更加“动态地”构成法律,展开比以往更具备柔韧性的规范,来把民法体系的许多部分从僵硬状态下解放出来。③

菲韦格在亚里士多德修辞学与西塞罗有关论辩思想的基础上,提出了一种法学思维的论辩理论。在《论题学与法学》一书中,菲韦格令人信服地证明了,通过在法学中建立一个公理化的体系,对任何案件,都可以仅仅通过逻辑演绎,获得一个具有逻辑必然性的答案,是不可能的。他认为,法学思维的主要特征是,对一个围绕所需解决的法律问题的对话性的思考方式中的赞成和反对意见的权衡。第二个核心命题是,被使用的论点本身不能从一个封闭的论据体系(法律体系)里的假设中逻辑严密地推导(演绎)出其最后的论据。④ 菲韦格的理论还明显受到自由法运动疏远制定法的推动。他认为法学的目的在于研究某时某地什么是公正的,因而他将裁判视为问题的解答。

菲韦格的论题学强烈影响了当今的法律方法论。如埃塞尔在他的《原则与规范》(1956)一书中,尝试将这种观点运用到法官法律适用的技艺理论中。考夫曼也认为:“精确的法律认识,法律的可计算性,根本不曾有过而且将来也不会有。它永远只是一种乌托邦。因此,也没有任何封闭的‘公理式的’法律体

---

① 〔德〕阿图尔·考夫曼、温弗里德·哈斯默尔主编:《当代法哲学和法律理论导论》,郑永流译,法律出版社 2002 年版,第 127—128 页。

② 参见〔日〕山本敬三:《民法中的动态系统论》,解亘译,载《民商法论丛》(总第 23 卷),金桥文化出版(香港)有限公司 2002 年版,第 194 页。

③ 同上书,第 180 页。

④ 〔德〕N. 霍恩:《法律科学与法哲学导论》,罗莉译,法律出版社 2005 年版,第 257 页。

系，而只有一种开放的‘集合论点式的’体系。”①论题学对当今法律方法论的影响，尤其体现在法律论证理论当中。虽然考夫曼提到：“能否将‘词序学’（Topik）和‘修辞学’视作论证理论的特殊类型，还有疑问。”②实际上，论题学的研究已经构成法律论证理论的一种重要进路，并且是跟修辞学比较相近的一种进路。③ 可以说，古希腊思想家关于论题学、修辞论辩的研究传统既为当代法律论证理论提供了重要的思想基础，同时本身即构成法律论证的重要研究进路之一。更重要的是，这种法律论证进路对法律思维具有重要启示意义，因为法律思维借助于修辞学与论题学之类型化模式而得以塑型。④

（三）论题学思维的表现

1. 论题学思维实质上是一种问题思维

论题学最重要的特点是，它是取向于问题的思考技术。这也可被称为“决疑论”或“疑难论”。德国法学家科殷认为，“疑难论的思维方式在一切问题上都反其道而行之。对它来说，首先是一切疑难问题都是神圣的……除了追踪各种困难问题外，它不知道研究的目的……”⑤论题学的思考技术最明显体现了法律思维的特点。因为法律思维不是完全以系统为中心，它更多的是以问题为中心。⑥ 以问题为中心的法律思维也有助于更好地理解法学。菲韦格认为，所谓法律学，是追求在解决具体问题时什么符合此时此刻的正义这个问题的学问。在这个意义上，法律学的思考不是别的，正是问题思考。因此法学的三个结构特征无一不是跟问题密切相关⑦：第一，法学的总体结构只能由问题来确定；第二，法学的组成成分，它的概念和命题，必须通过特定方式和问题相联系，因此，也就只能从问题出发来理解；第三，法学的概念和命题，因此也只能纳入

① 〔德〕亚图·考夫曼：《类推与“事物本质”——兼论类型理论》，吴从周译，台湾学林文化事业有限公司1999年版，第117页。

② 〔德〕阿图尔·考夫曼、温弗里德·哈斯默尔主编：《当代法哲学和法律理论导论》，郑永流译，法律出版社2002年版，第148页。

③ 如诺伊曼在他区分的法律论证理论种类当中，即包括了论题—修辞学立场，参见〔德〕乌尔弗里德·诺伊曼：《法律论证理论大要》，郑永流、念春译，载郑永流主编：《法哲学与法社会学论丛》（总第八期），北京大学出版社2005年版。荷兰法学家Feteris区分的法律论证三种进路中也包括了修辞学与论题学进路，参见Feteris，Eveline T，*Fundamentals of Legal Argumentation*，*A Survey of Theories on the Justification of Legal Decisions*，Kluwer Academic Publishers，1999，p.16。

④ 朱庆育：《意思表示解释理论》，中国政法大学出版社2004年版，第223页。

⑤ 〔德〕H.科殷：《法哲学》，林荣远译，华夏出版社2002年版，第228页。

⑥ 〔德〕N.霍恩：《法律科学与法哲学导论》，罗莉译，法律出版社2005年版，第145页。

⑦ 参见张青波：《〈论题学与法学〉要义》，载 http://www.law-thinker.com/show.asp?id=3560，最后访问于2008年3月1日。

一种跟问题相联系的含义中。

2. 论题学是个寻找前提的运作过程

虽然不易把寻找思维质料的过程区别于逻辑的过程,但是发现前提是第一位的,推论是第二位的,逻辑仅仅是接受和处理前提。[①] 依佩雷尔曼的新修辞学,法律推理中所使用的前提,乃是"论题取向"(topoi-oriented)的而非"公理取向"(axiom-oriented)。这种修辞学所提供的前提,乃是论证开始点中可为听众所同意接受者,亦即各种说话者和听众之间所共同认识的事实、真理、推定、价值或层级。[②] 这种论题学方法构成某种探索工具,由此,特定的法律听众能找到可以接受的论据。基于相关的观点,即论题(topoi),就能确定何种论据可被用于防守某种观点。[③] 但这样一种为寻找前提而准备论据的思考方式,在近代却被低估了。

3. 论题学思维程序

在实践运用中,论题学思维(德国刑法学家罗克辛使用的是"问题性思考"这一用语)是这样表现出来的:人们对一个确定的问题,就像它在学术讨论和法官的咨询性讨论中经常充分表现的那样,先一次性把全部可以设想的解决办法和争论理由提出来,然后在赞成和反对的探讨中,作出一个能够达成一致的决定。[④] 运用论题学方法解决问题的过程,一般需要分两个阶段进行。在第一个阶段,就某一问题,任意地选出或多或少带有偶然性的各种观点,尝试性地把它们拿出来。当然,这具有很大的不确定性。于是,在第二个阶段,就一定的问题,预先形成各种观点的目录,即 topoi 目录,按照这个目录探求问题的解决。[⑤] 在此过程中,重要的是,论题学要给疑难问题给出提示,而对疑难问题的处理方式,正是权衡论题学所给出的有关处理方式的支持和反对理由。[⑥] 这是因为,不论某个论点如何有力,都可能有一个可以成立的反论点,律师事实上可以希望用这个反论点来颠倒黑白。这种能提出相反论点的能力在修辞学上被称作"发

---

① 参见张青波:《〈论题学与法学〉要义》,载 http://www.law-thinker.com/show.asp? id = 3560,最后访问于 2008 年 3 月 1 日。

② 廖义铭:《佩雷尔曼之新修辞学》,唐山出版社 1998 年版,第 326—327 页。

③ 参见 Feteris, Eveline T, *Fundamentals of Legal Argumentation*, *A Survey of Theories on the Justification of Legal Decisions*, Kluwer Academic Publishers, 1999, p. 192。

④ 〔德〕克劳斯·罗克辛:《德国刑法学总论》,王世洲译,法律出版社 2005 年版,第 132 页。

⑤ 参见〔日〕山本敬三:《民法中的动态系统论》,解亘译,载《民商法论丛》(总第 23 卷),金桥文化出版(香港)有限公司 2002 年版,第 190 页。

⑥ 参见张青波:《〈论题学与法学〉要义》,载 http://www.law-thinker.com/show.asp? id = 3560,最后访问于 2008 年 3 月 1 日。

现论点”(invention),而人们之所以对修辞不放心就在这一点。[1] 不少人知道,卢埃林曾经整理过几十条彼此对立的成文法解释准则。他发现,每个解释性准则,都有一个与之意旨相反的准则存在。几乎在每一点上都有两个对立的解释准则。如[2]:

与普通法相抵触的制定法不得通过解释予以适用;

这类法律如果本质上是救济性的则得自由解释之。

学界通论一般认为,卢埃林的这个观点,往往被用于表明依据这种准则进行推理是不确定和无用的。但是,卢埃林的观点其实可以根据上述论题学的思考方式予以更妥帖的解释[3]:成文法解释准则就是论题,用来对成文法及其他成文法相协调的含义进行讨论。

依日本法学家山本敬三之见,论题学所主张的内容大体可总结如下[4]:

(1) 在法律学中,必须从是什么才符合眼下具体的正义这个问题出发;(2) 这个具体的问题,不能通过从体系的演绎来解决;(3) 在思考这个具体问题时,就该问题考虑各种各样的视点;(4) 就某一问题,应当考虑什么样的 topos,无法预先确定;(5) 就某一问题而言,以什么样的 topos 为前提,取决于在讨论过程中能否征得相对人的同意。

总之,论题学的思考方式型塑了法学思维的一般模式:法学思维不是简单地运用演绎方法,将法律作为毋庸置疑的前提条件,通过简单的推理即可得出结论的过程。它毋宁更多的是从问题出发,确定得出结论的前提条件是否可靠、能否被人接受。因而,法学思维总是针对法律问题而进行的思维。法律家的实践性任务是认识和解答特定的法律问题。

(四) 对论题学思维的评价

第二次世界大战后的西方法学中,论题学个案意识的兴起,打破了传统的封闭体系观念,并对传统法律方法论中的三段论法以及逻辑演绎法给予质疑。在当代法学语境中,个案意识也有利于解释法律的主体在个案应用中发挥创造

---

① 〔美〕理查德·波斯纳:《超越法律》,苏力译,中国政法大学出版社 2001 年版,第 586 页。Invention 是修辞学上常见的一个用语,意思是“发现论点(或论据)”。该书译作“捏造”并不准确,带有明显的贬义。

② 〔美〕卡尔·N. 卢埃林:《普通法传统》,陈绪刚、史大晓、仝宗锦译,中国政法大学出版社 2002 年版,第 617 页以下。

③ Peter Brooks and Paul Gewirtz(eds.), *Law's Stories, Narrative and Rhetoric in the Law*, Yale University Press, 1996, pp. 218—219.

④ 参见〔日〕山本敬三:《民法中的动态系统论》,解亘译,载《民商法论丛》(总第 23 卷),金桥文化出版(香港)有限公司 2002 年版,第 213 页。

性作用，从而有助于个案正义的实现。因而，它具有很重要的法学意义。维亚克尔认为："此种司法类观点学（Topik）的贡献在于指出，在法律家负实践性责任的公共行为之类的历史性问题的讨论中，求得超越时代之法律真理的可能性，也在于，其厘清法律概念与体系建构的实践性与伦理性贡献及其限度。"[①]可见论题学对建构实践性法学知识的重要意义。在我国，这有助于反思我们的法学知识。长期以来，国内盛行的观点是将法学知识视为某种"科学知识"，法学本具有的实践品格往往被人忽略；学界长期流行的往往是所谓"法学外的法学"，真正意义上的法学或者"内在观点之法学"迟迟难以完全进入国内法律学人的视野。其实，"内在观点之法学"运用一套法律家创制的法律语言来完成法律实务之问题解答，以追求实践—技术的知识之旨趣。[②] 论题学式的问题解答彰显出"内在观点之法学"的实践性这一知识品格。

当然，论题学方法同时也存在一定的不足。这种方法的缺点在于，它们无法明确，在解决某一具体法律问题中，在各种论题之间怎样作出理性的选择。它们仅具探索的功能，而不具有批判的功能，因为它们并不提供一种工具，用于评价由这些论题所支持的论据。[③] 在阿列克西看来，关注于个案问题解决的论题学，轻视法律、教义学和判例的重要意义，不足以深入分析论证的深层结构，不足以使讨论的概念精确化。不过，下面这个论题学主张还是应当坚持的：在不可能存在有说服力的证立的地方，并不必然要把地盘留给非理性的决断；理性证立的概念和理性讨论的概念是密切地交织在一起的。[④] 刑法学家罗克辛对于在正当化紧急状态中，如何权衡相冲突的法益，就列出了 12 个要点。[⑤] 但到底哪个论据是决定性的，不能笼统回答，而只能根据个案掌握。这就是论题学作用的限度：生活永远需要人来决定，法律裁判永远也离不开法官作出决定。而在恩吉施看来，"论点学（论题学）的过程虽然有助于突出和采集权威的观点和论证，但无助于评价这些观点和论证的影响，无助于在权衡中获得一个优先

---

① 〔德〕弗朗茨·维亚克尔：《近代私法史——以德意志的发展为观察重点》，陈爱娥、黄建辉译，上海三联书店 2006 年版，第 567—568 页。

② 参见舒国滢：《寻访法学的问题立场——兼谈"论题学法学"的思考方式》，载《法学研究》2005 年第 3 期；刘星：《法学"科学主义"的困境——法学知识如何成为法律实践的组成部分》，载《法学研究》2004 年第 3 期。

③ 参见 Feteris, Eveline T, *Fundamentals of Legal Argumentation*, *A Survey of Theories on the Justification of Legal Decisions*, Kluwer Academic Publishers, 1999, p. 192。

④ 〔德〕罗伯特·阿列克西：《法律论证理论》，舒国滢译，中国法制出版社 2002 年版，第 29 页。

⑤ 〔德〕克劳斯·罗克辛：《德国刑法学总论》，王世洲译，法律出版社 2005 年版，第 474 页以下。

规则……论点学在此显得需要从价值学说方面进行补充”。因而，这就到了“法律的思维必须寻求联通法哲学的地步”。[①] 可见，论题学方法跟抽象的法哲学是彼此联通的。

一般说来，论题学思维是跟体系性思维相对立的。二者的关系究竟如何协调？二者是否就是彼此水火不容呢？问题似乎不好简单地回答。

论题学并不能代替体系性思维。比如在刑法中，“主题（即论题）不仅重新牺牲了自己在实践上的优点，例如简化案件审查工作，一目了然地安排材料和减轻寻找法律的困难，而且反对自己根据法官决定的可预见性和平等性的角度。由于法安全性的缘故，刑法比其他法律领域更看重法学与法律的这种联系性”[②]。尽管论题学思维在民法学中得到了相对广泛的运用，但在奉行罪刑法定原则的刑法学领域，体系性的思考同样也有一定的价值，不易简单被论题学的思考所取代。因此，在公理化、体系化理念备受批评的情况下，依然有人对公理化的可能性保持乐观的立场。“法律规定（广义上，不仅是法律规则，还包括教义学的原则）的公理化，至少在原则上是可能的。因此，流行的异议很少针对——科学理论的——法律规定的公理化之可能性，它只是怀疑法学的过程是适合的，特别是担心法律的教义学化和退回到概念法学中。”[③]但尽管如此，传统的公理体系思维至少已经是不完全可能了。

不过，人们并没有放弃寻求在论题学思维与体系思维之间给予综合的努力，“在体系性思考和问题性思考之间进行综合是富有成果的，并且在一定程度上是可能的”[④]。如果法学家放弃建立纯而又纯的法律公理体系之梦，而将法律体系看做是一个“开放的体系”，那么将论题学的“片段性的省察”与公理学的演绎推理方法结合起来完成法律的体系建构和体系解释，也不是完全不可能的。[⑤] 两种看似截然相反的思维方式，居然有可能结合起来，这是因为，公理学跟论题学之间也并非绝对排斥，水火不容。论题学其实“并不怀疑系统的存在，仅仅怀疑系统是在它自己固有的思维里潜藏着的决定性的东西”。[⑥] 在法律的分支领域公理化情况下，哪些命题表达了这些领域的有效陈述，这根据那些与公理化毫无干系的标准来决定。因此，词序学（Topik）和公理学（Axiomatik）并

---

① 〔德〕恩吉施：《法律思维导论》，郑永流译，法律出版社 2004 年版，第 244 页。

② 〔德〕克劳斯·罗克辛：《德国刑法学总论》，王世洲译，法律出版社 2005 年版，第 132 页。

③ 〔德〕阿图尔·考夫曼、温弗里德·哈斯默尔主编：《当代法哲学和法律理论导论》，郑永流译，法律出版社 2002 年版，第 328 页。

④ 〔德〕克劳斯·罗克辛：《德国刑法学总论》，王世洲译，法律出版社 2005 年版，第 132 页。

⑤ 参见舒国滢：《寻访法学的问题立场——兼谈“论题学法学”的思考方式》，载《法学研究》2005 年第 3 期。

⑥ 〔德〕H. 科殷：《法哲学》，林荣远译，华夏出版社 2002 年版，第 228 页。

不相互排斥,词序学关注挑选命题,公理化研究的是命题的安排。[1] 可见,论题学思维跟公理体系思维并不是一种简单对立的关系,而是比较复杂的。在新的理论语境中,对体系思维并不能一概予以否定。

(五) 中国法语境下论题学思维的意义初探

在前文对论题学思维介绍及评析基础上,我们将在此对其在我国的启示与意义予以探讨。基于近代以来哲学上是与应当、事实与价值的知识传统的法律适用模式中,法官只需严格以法律要件涵摄案件事实。在司法实践中,往往由此隐含了如下一些假设[2]:(1) 在一个案件中,有两个各自独立的领域:事实和法律。(2) 事实是绝对客观的,而人类理性把握客观实在的能力也是足够的。执法者通过遵循特定的程序,采用特定的技术,可以完全地揭示事实真相。(3) 法律是一个内部逻辑一致的、指称和意义显明的、天衣无缝的实体,它与事实之间有一种一一对应关系。(4) 法官所要做的只是确定案件事实,并从法律条文体系中找出与该事实相对应的条文,然后分别以这两者为大、小前提,从中推出法律结论。

这显然是一种严格法律决定论的构想。这种构想在我国司法实务中有着很强的影响。它将推理与论证建立于简单形式逻辑的基础之上。然而,当代法律论证理论发展已超越这种简单的想法。图尔敏为挑战几何学论证模式的普遍性而提出的论证法学模式,已成为普遍化的论证模式。新兴的非形式逻辑或论证逻辑不仅可尝试作为法律逻辑的一个新的基本框架,而且它和法律逻辑一起,对培养学生的批判性思维的最终目标完全契合。[3] 有人主张应以非单调逻辑作为逻辑基础,重新修订传统法律论证理论,探讨刑事法律三段论的逻辑基础问题。[4] 可见,法律论证的逻辑基础在当代法学背景下已经发生根本变化。而且在实际司法中,三段论的大前提和小前提往往并不表现为既定的因素,而是需要人们去认真探索、发现的。法官的目光将在事实与法律秩序的相关部分之间来回穿梭。这构成了法律适用的普遍特征,也对法律论证具有重要的理论意义。它凸显出法律决定过程是一种双向而非单向运行的特征。

---

① 〔德〕阿图尔·考夫曼、温弗里德·哈斯默尔主编:《当代法哲学和法律理论导论》,郑永流译,法律出版社 2002 年版,第 330 页。

② 参见郑戈:《法律解释的社会构造》,载梁治平编:《法律解释问题》,法律出版社 1998 年版,第 66—67 页。

③ 参见武宏志:《法律逻辑和论证逻辑的互动》,载《法商研究》2006 年第 5 期。

④ 参见熊明辉:《刑事法律论证的逻辑基础探析》,载《山东大学学报》2006 年第 3 期。

随着国内学界相关研究的深入,2008 年我国司法考试大纲新增了内部证成与外部证成的内容。在内部证成中,受到国外法律论证理论的影响,人们也认识到越是多地展开逻辑推导步骤,越是能够逼近问题的核心。[①] 在法律论证理论视阈中,为保证裁判的合理性与可接受性,须重构使三段论完整所需要的那种要素。[②] 与此相关但更为重要的是外部证成。如在近年来受到热议的"泸州遗赠案"中,小前提是大体确定的,但大前提有争议,不能进行常规推理。然而,人们以为大前提是可以选择的,可先对大前提进行价值权衡,即权衡善良风俗或社会公德与遗嘱自由谁具有优先性,权衡的结果可能是 A,也可能是 B,接下来再推出结论,这就是所谓"实质推理"。其推理过程为[③]:

A. 大前提:遗嘱违反"法律规定和公序良俗,损害了社会公德,破坏了公共秩序"而无效,因为遗嘱基于婚外同居关系,而婚外同居关系在根本上是不道德的

小前提:黄永彬立下遗嘱

结论:遗赠的法律行为无效

B. 大前提:遗嘱并不违反善良风俗或社会公德,因为遗赠人与受赠人的婚外同居关系与遗嘱是两个独立的活动

小前提:黄永彬立下遗嘱

结论:遗赠的法律行为有效

众所周知,法院采取了做法 A,而不少批评者认可的是做法 B。人们在推理依据的大前提问题上形成重大争议。这里的结论也许并不重要,重要的是这里所研讨的论题学思维方法,在这种截然相反的大前提选择过程中的意义。法律论证主要是通过以三段论为代表的形式逻辑来完成的,但由于法官在对法律推理大前提的选择过程中会融入价值评价的因素,这需要法官通过对话等方法使论证结果获得更高的可接受性。[④] 对话或论辩是法律论证研究的一个比

---

① 参见阿列克西为内部证立的复杂模式(J.1.2)规定了两条规则:

(J.2.4)需要尽可能多地展开逻辑推导步骤,以使某些表达达到无人再争论的程度,即:它们完全切合有争议的案件。

(J.2.5)应尽最大可能陈述逻辑的展开步骤。

② 参见焦宝乾:《三段论推理在法律论证中的运用》,载《求是学刊》2008 年第 1 期。

③ 参见郑永流:《道德立场与法律技术——中德情妇遗嘱案的比较和评析》,载《中国法学》2008 年第 4 期。

④ 参见武飞:《逻辑与对话》,载《东岳论丛》2006 年第 1 期。

较实际的方面。近年来,国外一些论辩作品被引介进来。[①] 法庭论辩具有很强的对抗性,是在法律和事实的基础上关涉应变能力、修辞技巧、心理素质、逻辑思辨的较量。[②] 论题学思维方法,实际上在我国古代也有相关思想及其运用。

近年来的司法中,论题学方法也有很大的用武之地,如安乐死、基因技术等对生命伦理的冲击,即需要从法律乃至道德上予以论证。[③] 作为一种具体的法律论证方式,专家论证(意见书)也引起人们的关注与研究。关于听证制度,现行体制虽然强调公众参与、专家论证,但由于在体制结构上并没有落实公众参与的"实质性权利",所以导致了公众角色的虚幻和参与的乏力。一个公共决策过程必须考虑对各种知识的合理运用;这意味着,需要在公共决策过程中强化参与者之间的协商和讨论,寻求共识的不是专断的权力行使。[④] 还有,近年来国内学者所研究的图解方法,有助于诉讼双方理清各自的论证路线,也有助于裁决者整体把握诉讼双方的论证结构并进而评价其论证力量,更有助于裁决者在裁决书中向当事人和公众有力地证明判决的正当合理性。[⑤] 总之,相关研究在国内已经初步展开,但还有很多问题还有待深入研究。接受论题学对法律研究的启示,对和谐社会建设来说是有积极意义的。和谐强调了实现路径的多元化,而论题学以及所支持的法律论证理论对协调法律与其他社会之间的关系有重要的思维方式的指导。所以,论题学这一异域的思维方法,在我国特定的思想传统及现实背景下,其理论及应用前景,都值得进一步关注研究。

---

① 〔荷〕弗兰斯·凡·爱默伦、弗兰斯卡·斯·汉克曼斯:《论辩巧智——有理说得清的技术》,熊明辉、赵艺译,新世界出版社2006年版;〔英〕安迪·布恩:《法律论辩之道》,姜翼凤、于丽英译,法律出版社2006年版;〔美〕赫伯特·布曼:《中国庭审控辩技巧培训教程》丁相顺、金云峰译,中国方正出版社2005年版;〔美〕史蒂文·鲁贝特:《现代诉辩策略与技巧》,王进喜等译,中国人民公安大学出版社2005年版。

② 参见张文录:《论法庭论辩的理论基础与素质》,载《河北法学》2006年第7期;万小丽:《律师 论辩 逻辑——律师逻辑论辩的四要素》,载《东北农业大学学报》2006年第1期。

③ 参见颜厥安:《生命伦理与规范论证》,载颜厥安:《鼠肝与虫臂的管制——法理学与生命伦理探究》,北京大学出版社2006年版。

④ 参见王锡锌:《公共决策中的大众、专家与政府——中国价格决策听证制度为个案的研究视角》,载《中外法学》2006年第4期。

⑤ 参见武宏志:《法律逻辑的两个基本问题:论证结构和论证型式》,载《重庆工学院学报》2007年第7期。

七、新修辞学的方法论意义

(一)修辞的概念与特征

单纯从字面上讲,在汉语中,修辞有广义、狭义之分。狭义的是指,修当作修饰解,辞当作文辞解,修辞就是修饰文辞;广义是指,修当作调整或适用解,辞当作语辞解,修辞就是调整或适用语辞。[①] 汉语所理解的"修辞"很大程度上是一种对语言的加工活动。"修辞"对应的英语词是"rhetoric",但有学者认为[②],"rhetoric"一词与在当代中国话语中流通的"修辞"一词所代表的是大不相同的两个概念和两种实践,将两者等同起来是一种误解和误译。而消除这一误解的最简单的办法,也许是将"rhetoric"翻译成有别于"修辞"而又以中文话语所理解的"修辞"为参照或标准意义的"西方修辞"。这种用语上的差异源于"rhetoric"在西方学术传统中的特定内涵。"西方话语传统赋予'rhetoric'的任务不仅仅是研究如何更好地表达先已存在的思想,而首先是研究如何根据面临的'修辞形势'产生、发掘、构筑和确定适当的话题、念头、论点,也就是说,产生和确定按语境要求'该说的话'或该表达的思想。在西方修辞学家看来,产生并游离于具体语境之外,修辞完全没有染指,因而浑然无雕饰的'纯思想'从来就不曾存在。"[③]因而就其本质而言,西方修辞是在具体、复杂而不断变化着的社会、政治、文化语境中对象征力量的技巧性追求,而绝不仅仅是使表达或交流更准确、精练、有效的一个手段。[④] 因而在研究这个问题时,必须顾及到这种文化背景所造成的差异以及由此可能给人的理解带来的偏差。

其实,无论是中西方,在日常用语中,"修辞"一语最常见的含义往往被当作空洞的辞藻,因而具有一定的贬义。但在西方学术语境中,"修辞"经常被作为一种理性说服的艺术。亚里士多德即把修辞术定义为"一种能在任何一个问题上找出可能的说服方式的功能"。"修辞术是论辩术的对应物,因为二者都论证那种在一定程度上是人人都能认识的事理,而且都不属于任何一种

---

① 陈望道:《修辞学发凡》,上海世纪出版集团2001年版,第1页。

② 刘亚猛:《追求象征的力量——关于西方修辞思想的思考》,生活·读书·新知三联书店2004年版,前言,第3页。

③ 同上。

④ 同上书,第263页。

科学。”[①]这种修辞术之功能主要在于以适当的方式使人信服。亚里士多德用这个词来指无法进行逻辑或科学证明的辩论领域中所使用的所有说服性手段。尽管修辞事实上毕竟要面临无法改变且无法消除的不确定领域,亚里士多德还是认为,它是一种接近真理的方式。在亚里士多德及其追随者看来,修辞是一种推理的方法。这跟道德推理与法律推理中的决疑术或案例法十分相似。

到了古罗马的雄辩理论家西塞罗和昆体良那里,对修辞术或雄辩术的理解已经发生了很大的变化。古罗马的雄辩家基本上把修辞艺术看成是一个关于使我们有能力用文雅的、有说服力的风格来说话和写作的问题。他们对修辞的演绎推理几乎什么也没有说过,而是集中于解释可以如何使用各种比喻和借喻,把它们作为增强说服力的各种手段,而这个题材亚里士多德几乎完全没有涉及过。[②] 古罗马雄辩家最有力的武器是操纵听众情感,谋取他们站到自己方面来的能力。因此,他们将主要的注意力放在如何使理智(logos)带上激情的问题,即如何使我们的听众诉诸激情或情感,激励他们反对我们的对手,支持我们的事业。[③] 因而,激发情感的能力成了雄辩家装备中一个必不可少的部分。

西塞罗和昆体良的雄辩理论后来在文艺复兴时期获得过一些人的支持。不过,12 世纪的修辞学依然保持着亚里士多德式的内涵,亦即诉诸理性的说服艺术,而尚未成为靠诉诸情感以及言词上的修饰的说服艺术。[④] 可以说,西方修辞学传统呈现出一种明显的分野:一个是诉诸理性的说服,一个则是诉诸激情或情感的艺术。这显示出修辞论辩内涵及方法的复杂性。

当代一些理论家似乎没有能够充分顾及修辞内涵的这种复杂性。比如在波斯纳看来,修辞是指针对不可能以逻辑、数学、控制实验或其他精确推理的方式予以解决的问题,说服人们认可问题一方或另一方的一整套策略。波斯纳将修辞做一种中性的界定,即“运用语言说服的艺术”。[⑤] 他认为存在两种基本的说服方法:一种是逻辑,它不能用于决定困难和重要的案子;而在另一方面是修

---

① 〔古希腊〕亚里士多德:《修辞学》,罗念生译,生活·读书·新知三联书店 1991 年版,第 24、21 页。亚里士多德在此把修辞术与论辩术并列在一起,用意是批判柏拉图否定修辞术是一种艺术。其实,修辞术和论辩术之间也存在一定的不同之处:修辞术采用叙述的方式,论辩术采用问答的方式。当然,这种区分也是相对的。

② 〔英〕昆廷·斯金纳:《霍布斯哲学思想中的理性和修辞》,王加丰、郑崧译,华东师范大学出版社 2005 年版,第 39 页。

③ 同上书,第 124 页。

④ 〔美〕哈罗德·J. 伯尔曼:《法律与革命》,贺卫方等译,中国大百科全书出版社 1993 年版,第 187 页。

⑤ 〔美〕理查德·A. 波斯纳:《公共知识分子——衰落之研究》,徐昕译,中国政法大学出版社 2002 年版,第 57 页。

辞的伎俩。“在逻辑说服和修辞说服这两个极端之间还有很多种方法可以取得合理真实的信念，这些信念仍然是理性的，尽管并不是严格的或者精确的。这就是实践理性的领地。”①波斯纳所说的实践理性相当于宽泛的亚里士多德意义上的“修辞”。波斯纳这里对修辞的界定显得有些含混，他在把逻辑说服和修辞说服作为两个极端来看待时，修辞即成了一种单纯诉诸情感说服的东西，也就无法兼顾修辞作为理性说服这一方面。英国学者吉尔比也谈到：“观念只有变得合乎口味时才能被吸收，而这是修辞学的工作。修辞学探讨的是就任何题目说服人的可能方式。在这里，逻辑与影响想象和感情活动的艺术不同，而通过使用比喻或压头韵的方式来应用这样的艺术甚至可能会使人们接受逻辑。但是修辞学可能会有一种作用，即它激发一种强烈的情感。同样，逻辑也可能会有一种作用，即以平凡的语词使热情变得冰冷。”②类似的将修辞作为跟逻辑截然相对的诉诸情感的说服技术观点也可见于美国的法律与文学研究中，致力于此的学者对“修辞”的用法比较宽泛，并把它用做一个极具褒义的词，认为它无法同道德分离，并代表着同社会科学分析的冷酷理性相对立的人文主义价值观。③ 但是，在把修辞作为跟逻辑相反的说服技术时，即不能充分把握修辞一语的丰富内涵。总之，作为一种语言现象的“修辞”，有着比较复杂的理论与文化内涵。

跟修辞概念相关，修辞活动一般具有以下特征：

第一，修辞活动具有普遍性。

库瓦尔在《律法与叙事》一文中谈到：“没有哪套法律制度或命令居于其所置身其中且赋予其含义的叙事之外……一旦理解了赋予叙事以含义的语言背景，法律就不只是一套应当遵守的规范体系，而是一个我们生活于其间的世界。”④美国法律与文学运动代表人物怀特更是认为，法律应被视为是文学和修辞的程序，是有关言论和想象的活动。这一新的视角使得我们重新审视法律和人们之间的关系，从而将法律视为关于权威文本含义的争论和劝说的过程。正

---

① 〔美〕理查德·波斯纳：《法律与文学》，李国庆译，中国政法大学出版社 2002 年版，第 361 页。波斯纳针对学界对修辞概念的滥用，以至于修辞学本身成了统率其他学科的学科，涵盖了从数学到伦理学的广泛学科。波斯纳认为，这就会使这个术语失去了效用；最好还是把它限定于非逻辑的、非科学的、非经验的说服方法。这样，至少修辞还是一个问题，而不只是一个可以泛指任何东西的空名。参见〔美〕理查德·波斯纳：《超越法律》，苏力译，中国政法大学出版社 2001 年版，第 603—604 页。

② 参见〔英〕吉尔比：《经院辩证法》，王路译，上海三联书店 2000 年版，第 7 页。

③ 〔美〕理查德·波斯纳：《法律与文学》，李国庆译，中国政法大学出版社 2002 年版，第 338 页。

④ 〔美〕戴维·鲁本：《法律现代主义》，苏亦工译，中国政法大学出版社 2004 年版，第 18 页。

是法律的争辩性,使我们立即想到法律论证的修辞学特征。只要有公共论辩的地方,就有修辞学。[①] 由此可见修辞活动及其运用的普遍性。

第二,修辞运用具有目的性。

作为一种社会实践,修辞说到底只有并且只能有一个目的,那就是改变构成目标受众的常识、常态的那些见解、态度和行为。它因而具有一种偏离常规、改变事态、修正现状的内在倾向,以促成(相对于受众的)新见解、新态度、新行为、新情况的形成为己任,本质上致力于求新而不是守旧。[②] 可见,一般修辞活动具有很强的目的性。在新修辞学看来,人们应当综合运用一般原则、公平正义与共识,在不违反现行法律的情况下,来达到合理正当的目标。修辞法哲学的任务之一是,在解释和适用法律的价值选择过程中,去有意识地诉诸哲学与道德。[③] 因而,法律所借以表达的语言结构及其所宣称的探寻实质正义之间,存在密切的关系。以法庭论辩为例,法庭论辩的重点应当是晓之以理,动之以情,言之有据,而并不在乎攻击对方,这是非常重要的。有的律师只是沾沾自喜于把对方打败了,把对方驳得无话可讲了。要知道这一点是远远不够的,重要的是结果怎么样,法官是不是理解了,采纳了。因为你的目的是让人家接受你的观点。[④] 反之,有的人只顾一个人在讲,不考虑听众的感受,没有给人家留下反应的余地,这样的发言就会失去意义。[⑤] 可见,修辞具有很强的目的性。

第三,修辞论证具有必要性。

作为一种修辞活动,修辞论证具有极其广泛的使用空间。尤其是,在法律中,修辞论证有很重要的作用,因为有很多法律问题无法用逻辑或实证证明的方式来解决。佩雷尔曼的研究表明,价值判断不可能得到证成,从逻辑上看,一切价值都是武断的。在他看来,主导非形式论证的理性来自于修辞力量的原则,特别是听众的价值与考虑。[⑥] 法律问题或难题大多必然涉及价值判断,因而

---

① Neil MacCormick, *Rhetoric and the Rule of Law: A Theory of Legal Reasoning*, Oxford; New York: Oxford University Press, 2005, p.17.

② 刘亚猛:《追求象征的力量》,生活·读书·新知三联书店 2004 年版,第 252—253 页。

③ Maneli, Mieczysław, *Perelman's New Rhetoric as Philosophy and Methodology for the Next Century*, Kluwer Academic Publishers, 1994, p.104.

④ 《中国名律师辩护词代理词精选·田文昌专辑》,法律出版社 1998 年版,第 14—15 页。

⑤ 张军、姜伟、田文昌:《刑事诉讼:控辩审三人谈》,法律出版社 2001 年版,第 284 页。

⑥ 〔比利时〕海姆·佩雷尔曼:《旧修辞学与新修辞学》,杨贝译,载郑永流主编:《法哲学与法社会学论丛》(总第 8 期),北京大学出版社 2005 年版,第 35 页。佩雷尔曼认识到,逻辑的价值判断并不存在。现实中存在的是对人们提出的各种设计好的论据或好的理由的研究,人们试图据此说服他人这个或那个(命题)是可欲的或合理的。因此,亚里士多德的《修辞学》将论据的类别或合理性作为它的主要重点。

修辞论证方法在法律中大有用武之地。但在法律领域,受形式逻辑学主导的传统论证理论往往注重静态的作为结果的(as product)论证,而忽视了法律论证的动态性、交互性、多主体性、目的性、开放性与可辩驳性。依哈贝马斯之见,论辩不仅要满足"理想言谈情形"的形式要求,也要满足特定、实质性的道义要求。他区分了三个层次的交往理性:作为结果(product)的逻辑论证层次、作为程序(procedure)的对话论证层次和作为过程(process)的修辞论证层次。① 因此,作为过程的修辞论证已然成为一种必要的论证层次,在这一层次上,论证被视为一种交往的过程。

(二) 法律中的修辞论证方法

修辞活动中,修辞者与听众之间的权力关系是西方修辞最为核心也是最受到误解的关系。修辞关系中的听众,佩雷尔曼将其定义为,说者有意通过自己的论辩加以影响的所有那些人构成的一个组合。对于修辞关系,多数理论似乎一面倒地将听众当成弱势方,而将修辞者作为强势方。似乎听众必然或当然地要成为修辞者话语的接受者。其实不然,"真正的听众总是修辞者有所求的对象,因而绝非是修辞体制强加的一个不平等权力关系的当然牺牲品。"。② 恰恰相反,处于强势地位的只能是听众而绝不是修辞者,因为只有听众真正拥有可以满足修辞者的愿望和需要以及使这一愿望和需要落空的权力。"修辞者占下风的这种不平等权力关系事实上贯穿于听众作出最后决定那一刻之前的整个修辞修辞过程。"③在这一权力关系中,修辞者致词的技巧与策略得当与否,也影响到听众的接受。西方修辞讲究所谓"自我韬晦",即修辞作为"象征力量"的体现只有在不被"认出来"的时候,才有可能发挥效力或者发挥最大效力。因而,"演说或其他修辞体裁是否能做到听起来'天然无雕饰',一点都不像是精心策划和构思的产物,也就是说,一点都不像是修辞,关系到以说服为目标的修辞活动的成败"④。任何成功的修辞都致力于掩盖自己的修辞性。修辞的"自我韬晦"是修辞方法的至高境界,修辞本身在此成了一种高超的艺术。

1. 法律修辞活动的广泛性

在法律领域,修辞者有求于听众这种权力关系表现得更为明显。因为法律

---

① Eveline T. Feteris, *Fundamentals of Legal Argumentation*, Kluwer academic publishers, 1999, p. 64.

② 刘亚猛:《追求象征的力量》,生活·读书·新知三联书店2004年版,第263页。

③ 同上书,第136页。

④ 同上书,第24页。

跟人们的利益密切相关,各种法律活动都旨在追逐不同的权利和利益。检察官和辩护律师之所以不厌其烦地分别对法官和陪审团组成的听众致辞,是因为他们分别服务的公众利益和当事人利益以及他们共同服务的法律利益的实现,取决于这一听众对涉及的法律争议的裁决。其他各种法律主体为了各自的利益也需要跟其当面的或潜在的听众进行交涉。因而,修辞论辩(论证)方法在法律中的运用可谓比比皆是。修辞论证方法的具体运用,既可以体现在以口头的方式,还可以表现在书面的形式中。修辞论辩(论证)的口头方式,比如检察官和辩护律师分别对法官和陪审团组成的听众进行致辞。口头的论辩当然是一种灵活机动,实践性很强活动,尤其是在法庭论辩中,需要运用到多样化的语言技巧,比如要善于利用沉默、以动情的语言服人、让语言栩栩如生、通过重复强调重点、善用比喻手段、善于把握节奏、要控制好情感、使用有力的语言风格、善于使用修辞问话、做到条理清晰。[1] 修辞论辩(论证)的书面形式比较典型地体现在裁判书中,也就是法官就个案出具的裁判意见。

修辞论辩(论证)方法在法律中的广泛运用还体现在,裁判中,无论是事实问题还是法律问题,均涉及修辞论证方法的运用。

仅就事实问题而言,西方修辞思想传统认为,事实依赖雄辩、雄辩可以在事实造就的过程中起关键作用。特别是,事实本身即具有很强的修辞功能。比如,策略性地抛出对自己不利的事实,往往有助于提高修辞者的人格权威,从而增加他真正想说的话的分量和可信度。同样的效果也可以通过有选择地推出某些与修辞者及其修辞目的有密切联系的正面事实等,而得到实现。另一方面,有意识地提及、凸显、强调某些精心挑选的事实,还使得修辞者能够按照自己的修辞意图调节听众的情感,从而在听众中产生对自己的论辩最具接受性的心理状态。[2] 在法律发展的早期,法庭中的事实证明就是与修辞学研究的新发展密切相关的。[3] 现今社会中的法律运用中,事实问题跟修辞之间的密切关联自不待言。美国法学家鲁本谈到:“如何描述一个法律上意义重大的事件呢?我敢说,从无绝对中立的事实描述——‘零度写作’——并且任何注意力焦点的选择、开始和结尾的选择以及语调的选择可能已经包含了对关键问题的回

---

① 廖美珍:《法庭语言技巧》(第2版),法律出版社2005年版,第55页以下:“法庭演说技巧”。

② 参见刘亚猛:《追求象征的力量》,生活·读书·新知三联书店2004年版,第61、84页。

③ 参见〔美〕哈罗德·J.伯尔曼:《法律与革命》,贺卫方等译,中国大百科全书出版社1993年版,第187页。

答。”[①]对于已经发生的案件，在事后审理中，只能靠人们提出的各种证据及其描述来进行重构。在此过程中，不可避免地要掺杂进人为的因素。比如当把某事件理解为A殴打了B的脸的时候，要把A和B前前后后的一系列行为作为在整体上存在关联的集合体来把握，才能赋予这种特定的A的手腕运动以殴打的意义。尤其是当证人在从过去无数散乱的事实中，把殴打的事实作为现在值得说出的东西，从记忆中抽取出来的时候，这种意义赋予的作用就更加明显了。在实际生活中，人们对事件的描述往往跟其对此的规范性评价不可分割地同时存在。因而，法庭诉讼中的“事实”往往是被构造出来的。[②] 可见，事实认定决不仅仅是法官个人认定的工作，更重要的是法官跟诉讼关系人，尤其是当事人的协同作业来把握。在这种主体间的言语沟通中，修辞技巧对于案件事实的认定会起重要作用。

修辞功能在法律适用中同样也有体现。在疑难案件中，法官“修辞性技巧”有助于解决判决的合法性问题。蒙哥马利曾举过这样一个判例：一个患精神病的少女，处于父母的监护之下。后来，她不小心怀孕了。对是否要对她实行堕胎手术，法院一直有争议。法院一开始就宣称，本案与优生学无关，即这一问题与纳粹时期实行的优秀人种政策毫无关联。于是案件的焦点转化成了该少女是否明白性交的意义，是否懂得怀孕。因此，判决书的焦点问题就从一个敏感的政治性问题转化成了一个心智问题，同时也是一个很简单的法律问题。蒙氏把这种转化技巧称为“修辞性技巧”。[③] 这里的“修辞性技巧”成为掩盖一些问题的一种技巧。

2. 法律修辞论辩（论证）的具体策略

亚里士多德区分了修辞论辩的三个要素：本质（ethos）、同情心（pathos）、理性（logos）。[④] （1）本质：律师必须使听众对其建立信赖，使听众感受到他的论辩值得信赖、真实、合理，简而言之，即，使他人觉得可信。达到这种本质的方式是：告知听众我们如何重要，我们的可信度有多高，或者我们对该领域的涉猎有多深。（2）同情心：律师必须能吸引住陪审员、法官等听众的情感，这样他们才能从心理上倾向于接受其观点。同情心取决于律师的论辩。（3）理性：律师的

---

① 〔美〕戴维·鲁本：《法律现代主义》，苏亦工译，中国政法大学出版社2004年版，第274页以下。

② 参见〔日〕棚濑孝雄：《现代日本的法和秩序》，易平译，中国政法大学出版社2002年版，第149页。

③ 参见〔美〕蒙哥马利：《“福利”案判决中的修辞性技巧》，郭伟译，载《法学译丛》1990年第3期。

④ 〔英〕安迪·布恩：《法律论辩之道》，姜翼凤、于丽英译，法律出版社2006年版，第1页。

主张必须有理有据，才能使其论辩具有说服力。律师的合理论证与法律规则和案件事实有关，而律师所提出的这些规则和事实将支持其主张，以使其当事人获得一份有利的判决。

一般说来，ethos 是演讲人直接或间接向听众展示的自己的某种品德，如智慧、美德、良好的愿望，等等。亚里士多德认为这是最有说服力的手段，因为假如听众相信演讲人，那么他们就会倾向于接受他的观点。pathos 则是指演讲人对听众情感的控制，因为听众在喜悦、悲痛、爱慕、憎恨时所作的判断是不同的。Logos 是指通过理性论辩，逻辑推理来说服听众。大体上，可以说 ethos 是以德/势服人，pathos 是以情服人，logos 是以理服人。亚里士多德关于论辩要素或策略的如上区分具有很重要的启示意义。本章将从以下几个方面探讨法律修辞论辩（论证）的具体策略问题。

（1）以理服人。这一修辞策略侧重于运用理性的逻辑推理的方式来使听众信服。这体现在亚里士多德所提出的 logos 这种修辞要素。当修辞者运用 logos 说服听众时，一般要使用演绎三段论或归纳三段论。亚里士多德将修辞的演绎三段论（修辞式推论）称作“省略三段论”（enthymemes），而将修辞的归纳三段论称作“例证法”（examples）。在亚里士多德的理论中，省略三段论指的是一种可以成立而且有说服力修辞推理。省略三段论中的前提之一虽然没有说出但可以理解到。这种前提一般属于人类行为中“通常”会发生，但往往很少“必然会发生”的事情。因此，亚里士多德所讲的省略三段论不像演绎推理那样确定。但不管怎么说，把省略三段论（而不是把言者的声音和姿态）放在修辞的中心阶段，亚里士多德肯定修辞是理性的。① 在修辞式推论中，论辩者往往需要前文论及的“论题”（Topoi）来获得论据，维护自己的立场。

（2）以辞服人。从广义上说，任何一种修辞都是通过一定的言语技巧来说服人，都是在“以辞服人”。不过，这里毋宁是从狭义上谈“以辞服人”，即突出直接运用的言词手法来说服人。具体说来，这包括了诸如比喻、重复、详略、妙语等，可以让人直接从字面上深切感受到身临其境效果的言词手法。② 以“卡伦·希克伍德诉科尔—麦克基公司索赔案”为例③，20 世纪 70 年代科尔—麦克

---

① 〔美〕理查德·波斯纳：《超越法律》，苏力译，中国政法大学出版社 2001 年版，第 583 页。

② 比如美国法学家加纳谈到了比较、巧妙用词、句法安排、重复四大类 24 种修辞手法。参见〔美〕布莱恩·A. 加纳：《加纳谈法律文书写作》，刘鹏飞、张玉荣译，知识产权出版社 2005 年版，第 172 页以下。我国法官唐文也根据制作和修改司法文书的实例，提出了司法文书修辞的基本方法：选择修辞法、结构修辞法、详略修辞法、辅助修辞法。参见唐文：《司法文书实用修辞》，人民法院出版社 1996 年版，第 38 页以下。

③ 参见侯惠勤等编著：《重大历史案例的法理研究》，湖南人民出版社 2003 年版，第 360 页以下。

基公司的生产原料——钚能够置人于死地，虽然并非公司的故意和过失，但公司依然要承担法律责任的依据何在？本案涉及对严格责任原则的确立和运用。在过去，行为人一般仅在主观上存在过错时，才对其行为所造成的后果承担民事责任。不过，随着现代高科技的发展，危险事故频繁发生，在诉讼中要证明侵权人存在主观过失十分困难。为保护社会弱者的利益，无过错责任与严格责任应运而生。法理上这样讲当然容易，不过，本案作为严格责任原则适用的一个早期案例，辩护律师对于该原则的确立及其适用，需要一定的辩护技巧。在法庭上，斯宾塞律师面对基本上是法律外行的陪审团，如果抽象地介绍什么是严格责任，那一定非常乏味。但斯宾塞有他独特的辩论方法：

"简单地说，就是指'如果狮子跑掉了。科尔—麦克基公司就不得不赔钱'""严格责任来自古代英国的习惯法，比如说一个人把一只老狮子带回家，然后，把这只狮子关在了笼子里——狮子是危险动物——然而，尽管不是由于他本身的疏忽——尽管不是由于他自己的错误，这只狮子跑掉了，没有谁知道它是怎么跑掉的……咬伤了一些人——于是，这些被咬伤的人，把狮子的主人告上了法庭。……可这个人却说：'但是，我尽了我的本分——我把它关在了一个好笼子里——门上安了一把好锁——我做了所有我该做的事——我也采取了安全措施——我派了专门的人去看守这只狮子——它跑掉了不是我的错'。那些人回答说：'我们不得不处罚它——我们不得不处罚你——你必须赔偿我们，因为那是你的狮子——除非是被咬伤的人自己把狮子放出来的。'"

这样，斯宾塞就通过一种生动的表述，把严格责任这个抽象法律概念转化为一个让人易于听懂的说法。在本案中，他把严格责任的运用具体生动表述为：如果狮子跑掉了，科尔—麦克基公司就应该赔钱。而且在后面的辩护中，他不时提到这句话进一步加深了陪审团的印象。因此，律师斯宾塞以生动形象的"狮子咬人"的比喻，以及强烈的意识形态攻势，终于打动了陪审团每一位成员的心，最后使受害人获得了高达七千多万美元的赔偿金。

但是，这并不意味着法庭论辩中采取的任何比喻性的言词都能取得很好的效果。例如，在一个行政诉讼案中，当原被告双方辩论一个走私事实的时候，一方提出来说，走私事实还没有形成，因为被认定走私的船还没开进我国海域，还在公海上，在分航点之前，你就把船给扣了，走私基本事实还没有发生，你仅凭动机怎么就能够认定是走私呢？对方律师就举了一个很浅显的、同时自又认为是很生动的例子，说这个问题太简单了，不值得一驳，虽然他没有进到这个海域，但他走私的动机是明显的，就比如贼已经进了屋，还非得等他拿了东西才是贼吗？贼既然进了屋就已经是贼了。这个说法就犯了一个严重的错误。对方当即予以反驳：第一，你这个不拿东西也是贼的说法，等于没有行为事实就认定他是贼。第二,还不仅如此,你说的是"贼"进了屋不拿东西也是贼,实际上是在还没有进屋之前你就把他定性为贼了。结果打这个比喻的律师显得非常被动。[①] 可见,在法庭辩论中固然需要一种比较通俗易懂的表达方式,但同时必须得有相关的理论根据和法律依据,要看它是否契合当时的社会语境,否则就难免会造成非常被动的局面。

(3) 以情感人。以情感人是指通过口头的或书面的言语表达技巧,触动听众内心的情感,使其接受修辞者所要传达的意图或观点。这种修辞方法尤其适用于口头方式的论辩中。比如有学者谈到,"音节的节拍也可能改变意义。……除了那些声音的强调以外,还有其他一些强调:通过姿态、重复或语词感情色彩,通过收音机中新闻发言人狡猾的停顿和一位研究学者对一篇论文的过分夸张,可以形成更复杂的心理强调。"[②]可见,修辞手法在口头中具有多种灵活的表达方式与技巧:音节、音调、姿态等细微的环节都会影响到修辞的效果。在古罗马,凡争讼中能击败对手的手段,在很长的时间内都被认为是合法的。诉讼的双方都佯装悲戚,叹息着、抽泣着,大声祈求着公众的福祉,纠合证人和委托人出庭以使审判更加感人。李特曼曾对阿比西尼亚的一次开庭审判作了如下的描述:"原告以仔细推敲和极富才智的措辞提出了控诉。幽默的俏皮话、讥笑、有力的暗示、格言、冷嘲热讽,都被调动起来,其间还伴有精心设计的最为动人的手势和最为可怕的怒斥,旨在加强控诉的力量并使被告惊惶失措。"[③]这种强烈的修辞手法显然容易从感情上触动听众,引起共鸣,令人接受其观点。

这种以情感人的论辩方法不仅在古代城邦社会,而且在现代社会中也有其使用。比如美国的"洛克纳诉纽约"(Lochner v. New York,198 U. S. 45, 74, 1905)一案中,霍姆斯法官的反对意见即具有强烈的以情感人的修辞效果。在该案中,最高法院判定,一部限制面包房工作时间的州法律无效,理由是它未经正当法律程序就剥夺了自由。霍姆斯则对此持反对意见,其中有一句非常著名的话是:"第十四修正案并没有让赫伯特·斯宾塞先生的《社会静态学》成为法律。"值得注意的是,霍姆斯在提出这一命题时并没有给出相应的证明。因而波斯纳认为,在同意这一命题的同时但却认为这个案件的判决是正确的,这也是可能的。尽管如此,这些好像并没有削减这篇反对意见的权威。在波斯纳看来,这句话的力量来自于它的具体性。如果霍姆斯把"赫伯特·斯宾塞先生的

---

① 张军、姜伟、田文昌:《刑事诉讼:控辩审三人谈》,法律出版社 2001 年版,第 285 页。

② 〔英〕吉尔比:《经院辩证法》,王路译,上海三联书店 2000 年版,第 297 页。

③ 〔荷〕胡伊青加(Johan Huizinga):《人:游戏者——对文化中游戏因素的研究》,成穷译,贵州人民出版社 1998 年版,第 110—111 页。

《社会静态学》"写成"自由放任的理论"或者把"成为法律"写成"通过",那么这句话的说服力便会削弱许多。宪法会让一部英国人写的名称诡异的书成为法律,这种荒谬的想法给这个句子以感情的力量并且代替了证明。[①] 霍姆斯的这篇反对意见篇幅并不长,但却取得了很好的效果,成为美国司法史上比较著名的司法意见。

(4) 以德/势服人。这种修辞策略注重修辞者本人的人格威望和道德修养这种"情"与"理"以外的因素在说服中的运用。亚里士多德在谈论如上三种说服手段时,首先提及的就是通过修辞者的"人格或道德"进行说服的 ethos,其次才是"道理" 说服的 Logos 或者"情感"说服的 pathos。亚里士多德的用意在于,修辞者的人格威信对说服几乎可以说是起支配作用的因素。相比之下,他对情感和道理作为修辞手段的评论则等而下之。以德服人的修辞论辩策略在古罗马的雄辩家那里也很受重视。比如昆体良和西塞罗都很注重论辩者本人的道德修养,认为这也是增强其论辩可接受性的一个重要因素。[②] 为什么修辞者的人格威信会成为一种非常重要的说服因素?刘亚猛对此做过深入的分析。他认为[③],由于修辞问题的或然本质,也由于修辞论辩中使用的前提大多只是可信意见,因而不享有坚固的认识论地位,更由于在修辞互动中如果仅仅诉诸道理则往往出现对立观点平分秋色,不分轩轾,使人无所适从的局面,修辞人格在各类修辞资源中的地位和重要性得到提升,成了说服的"支配"或"控制"的因素。因此,在"两个道理都讲得通"而陷于实际上的胶着状态情况下,能够打破两个势均力敌的论点的对抗必然产生的僵局的唯一因素就是修辞者相对于他的对手在个人信用、名望等方面上所占有的优势。

由此,西方修辞学展现出与中国修辞思想截然不同的一种特色。中国的修辞思想习惯于只从"情"和"理"这两个角度来理解说服,向将"动之以情"和"晓之以理"作为构成说服艺术的两大策略,其中,"讲道理"又被作为压倒一切的根本说服手段。而西方修辞学则从古希腊时期就意识到除了"情"与"理"之外

---

① 〔美〕理查德·波斯纳:《法律与文学》,李国庆译,中国政法大学出版社 2002 年版,第 354、358 页。

② 并且深究起来,昆体良和西塞罗跟亚里士多德在此问题上还存在一定的分歧。在亚里士多德看来,演说者在现实生活中是何许人对说服的成败得失并不要紧,重要的是他通过自己的言辞在修辞过程中构筑和投射出的人格形象。昆体良和西塞罗觉得亚里士多德如此轻视前者而强调后者未免有失偏颇。他们认为,修辞者在现实生活中的为人对于修辞人格的形成绝非无足轻重,而是具有决定意义的。昆体良所界定的"修辞者"是个"善于言辞的好人"。按照这一定义,修辞是道德修养和语言使用技巧的统一。修辞者在现实生活中的为人对于他所从事的说服工作也是至关重要的。参见刘亚猛:《追求象征的力量》,生活·读书·新知三联书店 2004 年版,第 172—173 页。

③ 同上书,第 171 页。

还有"势",尤其是修辞者通过确立自己在智力、道义、专业等方面相对于听众的"优势"而享有的信用和权威,对任何说服工作的成败都具有举足轻重的意义。[①] 这种在西方习以为常的"以理压人"与"以势服人"观念,在中国修辞语境下显得实在不可思议。简言之,我国的修辞观念习惯于通过"摆事实、讲道理",使人服膺正确立场,否则就是不够理性。西方修辞学则在"理"和"情"之外,要求修辞者还必须对听众具有感召力的人格,展示出一种能赢得他们的尊重和信赖,并利用这一人格所具有的威信来影响他们的决定。

西方以德/势服人的观念不仅在一般修辞学中,而且在法律领域中也有相应的运用。比如美国众多的法官裁判意见中,有一种被卡多佐称为"权威命令型"。[②] 这种类型的裁判意见其实比较典型地体现了以德/势服人的修辞论辩策略。这种类型的修辞策略,在美国大法官马歇尔的一些判决书中表现得尤为明显。例如,在"马伯里诉麦迪逊案"中,马歇尔在判决书中写道:

"说什么是法律,这断然是司法部门的权限和职责。那些把规则应用于具体个案的人必然要说明和解释该规则。如果两个法律互相冲突,那么法院必须决定每个法律该如何运作。因此,如果某一法律同宪法相违背,如果这一法律和宪法都适用于一个具体个案,而法院在判决该案时要么必须遵循该法律而不管宪法、要么必须遵循宪法而不管该法律,那么,法院就必须决定这些相互冲突的规则中,哪一个应支配此案。这是最基本的司法职责。如果法院想尊重宪法,而宪法高于立法机构的任何通常的法案,那么宪法而非通常的法案必须支配这个两者都适用的案件。这样,那些不同意宪法应为最高法律这一原则的人就必须这样做:法院必须不看宪法,只看法律。"

马歇尔所在的美国立国初期,最高法院并不拥有在解释宪法方面的最高权威。在美国宪法历史的早期,马歇尔似乎没有任何办法可以证明他决定的正确性。但如所周知,正是马歇尔通过这个著名的案件确立了美国最高法院在解释

---

① 参见刘亚猛:《追求象征的力量》,生活·读书·新知三联书店 2004 年版,第 164 页。

② 卡多佐区分了六种裁判意见类型:权威命令型、简明扼要型、家常健谈型、优雅矫饰型、劝服说明型和理发师黏合型。其中,权威命令型的特征是:最具尊严和权力。它摈弃了修饰,缺乏例证与类推。参见〔美〕本杰明·N.卡多佐:《演讲录 法律与文学》,董炯等译,中国法制出版社 2005 年版,第 115 页以下。波斯纳也指出司法意见之间的一个基本分野。"一种是,司法意见有一种高傲、正式、专横、非个人化、'精制'、表面上'正确'(包括'政治正确')、甚至神圣的语气;在另一端,司法意见倾向于直率、对话式、亲近、甚至辛辣、甚至通俗易懂。"相应地,波斯纳对美国历史上法官的司法意见区分为两种:一是纯粹风格,如卡多佐、勃兰戴斯、弗兰克福特、布伦南以及哈伦;不纯粹那一边的如霍姆斯、道格拉斯、布莱克、杰克逊、汉德等法官。跟这两种风格相关的是两种法理学立场:即形式主义和实用主义。参见〔美〕理查德·波斯纳:《法律与文学》李国庆译,中国政法大学出版社 2002 年版,第 387 页。

宪法,进行违宪审查的权力。是什么使马歇尔获得了成功?波斯纳认为,修辞性的断言是他箭囊中唯一的一支箭,它很好用。[1] 在成为联邦法官以前,马歇尔已经有了二十多年的律师生涯。长期的司法经历使他拥有丰富的经验,而美国开国初期的时代际遇为他提供了广阔的用武之地。在马伯里案中,马歇尔令人信服地解释了为什么宪法暗含地允许法院废除议会的行为。他给出了强有力的理由。但是,真正强劲有力的地方是如上引用的开篇那句话的斩钉截铁的语气。修辞性的断言对司法创新而言,就相当于转换范式的洞见对革命性科学洞见的重要性:即发现非连续性、并宣告一个新的开始。[2] 类似的判决意见在马歇尔的司法生涯中还有很多,比如在"麦克洛赫诉马里兰案"(McCulloch v. Maryland,1819)中,马歇尔还有一句非常著名的话是:"在考虑这个问题时(即作为一项'必要和适当的'措施,国会是否有权成立美国银行,以行使国会的明确立法权),我们永远不应当忘记,我们正在阐释的是一部宪法。"[3]这种纯粹断言式的言语因其极好的修辞而具有强烈的权威意味,以势服人的修辞效果得以彰显。

---

① 〔美〕理查德·波斯纳:《法律、实用主义与民主》,凌斌、李国庆译,中国政法大学出版社2005年版,第101页。

② 同上书,第111页。

③ 同上书,第112页。

第七章

价值和利益的换算:追求和谐的衡量方法

现代社会中,利益不断分化,价值日趋多元,充满了各种矛盾冲突。诸如自由、平等、安全、秩序间的矛盾冲突,正义与效率间的矛盾冲突,个人、社会及国家不同利益主体间的矛盾冲突,法律与道德伦理间的矛盾冲突,具有普遍性的法律同地方性的习惯之间的矛盾冲突等。只有有效地协调平衡,理顺这些相互冲突的价值目标间的关系,才能促成规范有序的社会合作,防止社会失序,达致社会和谐。尽管目标明确,但如何达成这一目标,却是法学理论与司法实务的一个永久性难题。在长期的历史发展中,理论家与法律职业者一直在努力尝试用各种不同的理论与司法方法来解决这一问题,不断地改进理论与实践技术,提高对这一难题的应对水平。传统的概念法学与规范法学的进路是努力为不同的价值目标进行排序,试图找出各个价值间的位阶秩序,下位价值不得违背上位价值,通过建立一个自上而下的价值体系来解决这一难题。这在大家能够形成共识的范围内是可行的,亦取得了一定的成就。然而现代哲学的发展表明,从根本上讲价值之间具有不可通约性,因此不可能建立起一个完美的价值位阶体系。人们实际上也不可能区分究竟哪一种价值优于另一种价值,因为这是一个人言人殊的问题,属于我认为的价值性命题。因而试图依据价值的位阶体系,进行自上而下的逻辑推演就可以化解社会矛盾冲突,这完全是不可能实现的空想。此种进路在实践中更是处处碰壁,甚至这种只注重概念与规范间的逻辑推演,忽略社会事实的倾向,导致了众多的“条文暴政”,产生了很多实证主义的灾难。这也是概念法学和规范法学后来逐步衰落,而自由法学、社会法学逐步兴起的重要原因。在此基础上,慢慢发展出融法律观与裁判方法为一身的利益衡量论。利益衡量注重于在确定权利义务时努力考察社会事实本身,综合衡平相互冲突的价值与利益间的关系,而且其通过把各种价值化约为利益,克服了价值不可通约的难题。如此其更能够发现一个有效衡平各种价值,对当事人、对社会均具有相当正当性与可接受性的裁决方案,进而实现社会的和谐。尽管其亦不是一个完美的解决方案,却是目前能够找得到的有助于和谐目标的最为有力的进路。如此研究到底什么是利益衡量,司法中的利益衡量有哪些必要性及利益衡量如何具体操作,就成为致力于和谐社会建设的法学理论尤其是法律方法论所必须认真对待的问题。

一、利益衡量纵论

我国学者中最早对利益衡量进行介绍和研究的是梁慧星先生,其对利益衡量的阐述大致包括以下几个层面:(1) 利益衡量在裁判中是必要的,原因有二:

一是因为"法律是为解决社会现实中发生的纷争而确定的基准,成为其对象的纷争无论何种意义上都是利益的对立和冲突。法律解释,正是基于解释者的价值判断为解决纷争确定妥当的基准,学者与法官进行法律解释时,对于案件当事人双方对立的利益作比较衡量,当然是必不可少的"。二是因为实际操作中由于法律意义的模糊必然会导致复数解释的出现,此时必须要通过实质的利益衡量作出选择。[①] (2) 利益衡量的操作规则可以概括为:"实质判断加上法律根据。"具体说来,就是指"法官审理案件,在案件事实查清后,不急于去翻法规大全和审判工作手册寻找本案应适用的法律规则,而是综合把握本案的实质,结合社会环境、经济状况、价值观念等,对双方当事人的利害关系作比较衡量,作出本案当事人哪一方应当受保护的判断。此项判断称为实质判断。在实质判断基础上,再寻找法律上的根据"。[②] "如果找到了法律根据,仍将该法律根据(法律规则)作为大前提,本案事实作为小前提,依逻辑三段论推理,得出本案判决。如果作出实质判断后,无论如何也找不到法律根据,亦即此实质判断难以做到合法化,这种情形,应当检讨实质判断是否正确? 重新进行实质判断。"[③] (3) 强调利益衡量在裁判中的决定性作用(实质决定论),特别指出:"作为民法解释学的一种方法论的利益衡量论,绝不仅是主张法律解释中应作利益衡量或者应重视利益衡量,而是强调民法解释取决于利益衡量的思考方法。即关于某问题认为有 A、B 两种解释,解释者究竟选择其中哪一种解释,只能依据利益衡量作出判断。"[④](4) 但同时又特别指出,"利益衡量得出实质判断后,一定要找到法律根据,不能直接从实质判断得出判决,仍然是从法律规则得出判决",即须遵循我们通常所讲的逻辑三段论的裁判公式。[⑤] 也就是,"作为法解释学方法论的利益衡量论,并不主张仅依利益衡量裁判案件,而是在进行利益衡量得出初步解释结论之后,还须进一步从法律上寻求根据,用现行法上的根据验证自己的初步解释结论,确定其适用范围,并增强其说服力。只有在解释结论获得法律上的根据时,才能说是妥当的解释,才能进行判决"[⑥]。(5) 非常强调法律解释方法的作用。在论及利益衡量之时,梁先生列举了大量实际的案例。在对这些案例的分析过程中,梁先生用他精湛的法解释技法为我们展示了法律解释方法在利益衡量论中的重要作用——实现实质的利益衡量与形式的法律

---

① 参见梁慧星:《电视节目预告表的法律保护与利益衡量》,载《法学研究》1995 年第 2 期。
② 梁慧星:《裁判的方法》,法律出版社 2003 年版,第 186 页。
③ 同上书,第 187 页。
④ 参见梁慧星:《电视节目预告表的法律保护与利益衡量》,载《法学研究》1995 年第 2 期。
⑤ 梁慧星:《裁判的方法》,法律出版社 2003 年版,第 196 页。
⑥ 参见梁慧星:《电视节目预告表的法律保护与利益衡量》,载《法学研究》1995 年第 2 期。

构成之间完美互洽的桥梁。在梁先生看来,由于利益衡量论的裁判过程由实质的判断与法律的理由附随两部分组成,也就是先对案件事实进行实质的利益衡量,然后带着由此而出的结果去寻找法律上的依据。那么,寻找的结果就会有三种情况:一是完全与法律上明确的规定相符;二是法律虽然有规定,但是法意模糊;三是法律没有规定,或者与法律规定不符。但不论哪种情况都需要法律解释的方法:对于第一种情况,为了确定这个法律条文的内容意义、适用范围、构成要件、法律效果等,要对其进行狭义的法律解释[①];对于第二种情况,在把该模糊法律适用于裁判本案之前,必须结合本案事实,对法律规定的构成要件和适用范围加以确定,是为不确定概念的价值补充[②];对于第三种情况,首先需要法官重新对实质的利益衡量做一检查[③],但在检查之后仍确信结论正确的时候,法官应该采用比较法方法或者直接创设规则的方法来填补法律漏洞。[④] 另外,梁先生对大量案件的分析也表明,之所以造成我国司法中很多要么是实质非正义,要么是法律非正义的重要原因就在于裁判者没能恰当地运用法律解释的方法,造成了实质正义与法律正义之间虚假的冲突。(6)认为利益衡量的哲学基础是价值相对主义,理由是利益衡量论者坚持以下观点:"法律解释的选择终究是价值判断问题,因此不能说某一解释是绝对正确,法律解释学所应追求的只是尽可能合理的、妥当的解释,认为法律解释只是妥当性的问题。"[⑤]

从梁先生对大量案件判决的分析中,可以看出他十分强调判决的社会效果。这在利益衡量上的表现就是主张利益衡量的范围不能仅限于冲突当事人之间的利益衡量,而且要扩展至社会相关利益之间的比较衡量。比如,在对"电视节目预告表案"的分析中,梁先生就对利益衡量做了两组比较:一是当事人是否利益之间的利益衡量;二是当事人利益与社会利益之间的利益衡量。[⑥] 在"从法律的性质看裁判的方法"一文中,梁先生更是明确地指出:基于法律的社会性与正义性,法官在裁判之时就不能仅依"文义"或"逻辑",而必须要考虑由此产生的社会效果。而所谓社会效果也就是指要"综合考虑人情事理、公平正义、分辨善恶、保护弱者、国家政策、市场秩序、社会稳定、法律(法院)权威"。[⑦] 另外,这种对裁判的社会效果的考虑,也体现了梁先生对裁判过程中一般国民

① 梁慧星:《裁判的方法》,法律出版社 2003 年版,第 76 页。
② 同上书,第 183 页。
③ 这就是法律构成对利益衡量结果的检验功能。
④ 梁慧星:《裁判的方法》,法律出版社 2003 年版,第 189—190 页。
⑤ 参见梁慧星:《电视节目预告表的法律保护与利益衡量》,载《法学研究》1995 年第 2 期。
⑥ 同上。
⑦ 参见梁慧星:《从法律的性质看裁判的方法》,载《金陵法律评论》(2005 年春季卷)。

立场的尊重,尤其认为在法官认定案件事实之时,常常直接依据“经验法则”,而不待当事人举证,是谓“经验法则”,即“社会生活经验”。[1] 梁先生对利益衡量论的研究介绍主要是建立在日本利益衡量理论基础上的。当下在利益衡量问题的研究中,无论是理论水平还是实践影响力,都首推日本的利益衡量论。实际上,日本能够在此方面形成理论且贯彻于司法实践取得重大成就,并不是偶然的,这与日本继受的东亚文化(主要就是儒家思想)密切相关。如此一来,这种理论与方法将更容易同我们中国的文化与实践相衔接。

日本学者水本浩把利益衡量做了一个广义和狭义的区分,认为前者是任何民法解释中都用到的作为方法的利益衡量,后者则是日本民法解释学所独有的一种法学方法论[2],其核心思想是认为民法解释的决定者只应该考虑利益衡量,也就是说,在对某个问题有 A、B 两种解释的场合,决定解释者作出选择的只有利益衡量,既存的法规或者法律构成并不能起到基准的作用。对这种思维方法作出整理、总结的倡导者是加藤一郎和星野英一。下面将两人的主张简要地予以介绍。介绍之前有一点需要说明,那就是虽然在事实上加藤和星野的观点就像星野自己所说的那样[3],有着很大的不同,但他们却通常被笼统地看做是利益衡量论的共同倡导者,原因就在于他们在如下问题上达成了最基本的一致,而这也正是利益衡量论的核心精神所在。

首先,他们两人都坚持裁判过程中的实质决定论,认为得出裁判结论的不是法律的构成,而是法律之外的其他实质性因素。其具体操作就是主张在形成法律解释抑或法的判断时,应该和法条法规、法的构成(理论构成)、法的原则相分离,基于具体的事实作出当下的利益衡量或者价值判断。加藤在这一方面表现得最为明显,他在文章中直言,“作为笔者,主张在最初的裁判过程中,应该有意识地排除既存的法规,在一个全然白纸状态下,考虑这个事件的应然解决”。[4] 既然如此,此时所进行的利益衡量所依据的标准就绝不是大村敦志所言法律内部的标准或者内在型的标准(亦即民法如此这般地进行判断,那么这里也应该如此这般地进行判断的观点),而是法律外在的标准或者超越型的标准(亦即不考虑民法,而是解释者从自己的立场出发来建议就该问题、该规定,进行一定处理的观点)。[5] 比如,星野就站在实体法之外所存在的正确的法(自然法)来评价实体法,而且和加藤一样都沿袭日本学者的传统,非常重视在衡量

---

① 参见梁慧星:《从法律的性质看裁判的方法》,载《金陵法律评论》(2005 年春季卷)。
② 〔日〕水本浩:《現代民法学の方法と体系》,日本創文社 1996 年版,第 136 页。
③ 〔日〕星野英一:《民法の焦点》,日本有斐閣 1996 年版,第 97 页以下。
④ 〔日〕加藤一郎:《民法における論理と利益衡量》,日本有斐閣 1974 年版,第 25 页。
⑤ 〔日〕大村敦志:《民法总论》,江溯、张立艳译,北京大学出版社 2004 年版,第 96 页。

过程中对国民意志以及社会进步潮流的考察。这些年来,日本学界所提出的把"事件平息的优良"甚至是"现实的合理性"当做价值判断的形式标准更是引人注目。[①] 至于在这种场合下的利益衡量或者价值判断的立场,他们都主张不是法律专家的立场,而是普通人的立场,而且不能违背常识。[②]

由这个利益衡量所得出的结论,在他们看来并非是最终的结论,而只是在随后的理由附随过程中必须要进行检验的一个假设结论,而且,这也并非是唯一正确的结论,而只是复数可能成立的结论中的一个而已。[③] 因此,他们都明确表示,对于法的判断,除了上面实质的理由以外,还应该附有基于法规的形式理由。但是对于这个理由附随的作用,加藤和星野的看法略有不同:加藤列举出了结论妥当性的检验、结论适用范围的明确,以及结论说服力的增加这样三个作用;而星野只考察最后一个作用,认为结论和法规的结合并不是法律解释中的一项不可缺少的工作,但由于裁判应该依据一定的法规来进行是现在我国的一项基本原则,而且法官在现实中也非常重视法规和法的构成,因此为了加强解释的说服力,结论和法规的结合就成了人们的期待。对于上面的结论和法规的结合,亦即法律解释或者理论构成的方法,加藤并没有展开详细的论述。但他承认同一个结论有可能会从复数的理论构成得出,应该从它们中间选择哪一个,是"由哪一个理论构成最适合实际情况,以及最具有说服力等因素来决定的"。[④] 这样先经过利益衡量得出结果,然后再用理论构成对其进行验证,通过两者之间不断的试错过程,最终达致最后的判断。

综上,以加藤一郎和星野英一为代表的日本学者所提出的利益衡量论,并不仅仅是一个关于如何通过对立法者的利益评价的探寻来补充法律漏洞的法律解释方法,而是一个指向整个裁判过程的法学方法论,其核心精神是,强调决定裁判的实质因素不是法律的构成,而是法律之外的,对案件事实中诸冲突利益的比较衡量后所得出的决断。具体操作是,先在一种与现行法规相隔离的状态下,以普通人的立场,依据超越法律的标准,对案件事实中诸冲突利益进行比较衡量,得出一个初步的决断,然后带着这个决断回到现行法律法规中,其目的一方面是为了寻找现行法律上的依据,以增加自己决断的说服力;另一方面也是为了用现行的法律法规来对自己先行得到的决断进行检测,在两者之间不断

---

① 参见〔日〕竹下贤:《比较法视野下的法律论证理论》,载日本法社会学学会编:《法社会学》(总第45号),日本有斐阁1993年版。

② 参见〔日〕星野英一:《民法のしかたとその背景》,载同著:《民法論集》(第8卷),日本有斐阁1996年版,第204页。

③ 〔日〕加藤一郎:《民法における論理と利益衡量》,日本有斐阁1974年版,第27页。

④ 同上书,第21页。

的试错过程中,最终得出尽可能合理、合法的判决。

简言之,日本的利益衡量论是日本学者为了解决过去因盲目继受他国的法律、法学和法学方法论而带来的一系列社会问题,而立志探索出一条真正适合日本的法学之路的产物,因此它的问题意识就不仅限于对法律漏洞进行补充的方法的探寻,而是扩展到对法以及法与日本社会之间如何认识、如何协调等一系列问题的全面思索。作为这些思索的成果,最终形成了一个完全迥异于他国、充满了东方智慧、具有日本特色的法学方法论。因此从知识属性看,它属于一个崭新的法(律)学方法论而非单纯的法(律)学方法,这也正是人们习惯地称它为利益衡(考)量论,而非利益衡量的原因所在。日本利益衡量论对我国的法制建设以及和谐社会建设有一定的借鉴意义。因为法律不是孤立存在的,它是社会中的法律。要想通过法律实现社会的和谐,就必须把法律置于社会之中,进行各角度、各方面的衡量,最后得出与社会总体和谐的结论。

二、利益衡量的必要性

利益衡量是否必要,是我们接下来需要讨论的问题。概念法学对此问题的回答是否定的,因为它们把法律解释的对象严格限定在实定法秩序之内,亦即只探求实定法秩序的客观意义①,而将风俗、习惯、道德这些非实定法的其他社会规范全部排除在外,更妄谈对案件事实中诸利益的比较衡量了。因此,在概念法学或者实证法学的法律解释论中,利益衡量不仅是无用的甚至是被禁止的。在最初的利益衡量的倡导者那里(不论是德国的利益法学者,还是日本的利益衡量论倡导者),对利益衡量必要性的证明通常就是通过对概念法学的批判而建立起来的。下面我们结合对概念法学的批判,从三个方面对裁判中利益衡量的必要性进行证明。

(一)法意模糊、残缺的需要

上文已言,由于概念法学的"法官不许造法"和"法律不许沉默"两个信条,必然会带来"法律体系完结性"的第三个信条。这里面含有两层含义:一是法律体系的逻辑完结性,亦即法无漏洞;二是国家法源的唯一性。前者把事实上也在决定裁判的事实与法官因素,全部排除在外,只考究法律的因素,其结果是造

① 参见〔日〕峰村光郎:《法解释学と法社会学——法解释学の思维形式》,载〔日〕加藤新平等编著:《法解释学》,日本有斐阁 1962 年版,第 4 页。

成了对利益衡量以及法官价值判断的排斥,认为裁判是法律推演的结果。后者,则进一步把法律的范围严格限定在了国家成文法之内,独尊国家法源,将习惯、风俗等一些活生生的作为“社会活法”的法源排除在外。然而,众所周知,由于社会的复杂性、流动性,以及人类理性的局限性,根本就不可能造出对人之生活无所不包的法秩序。[①] 来栖三郎更是一针见血地指出,概念法学的法律人犯了把法律混同于正义的错误,是一种缺乏对法律批判精神的表现。[②]

既然承认了法律存有漏洞,那么,接下来的问题就是在遇有法意模糊、法无规定的场合,如何裁判的问题。这显然已是概念法学无法想象,更无法回答的问题了。“非”概念法学者的回答则大多是依靠法官的续造。比如,拉伦茨就把法律漏洞补充的任务委托给了法官的续造,并且对这种补充还做了分类:法律内的法的续造和超越法律的法的续造。后者的续造方法是法益衡量,前者则又分为了两种情况:开放漏洞的填补是类推适用;隐藏漏洞的填补是目的论限缩。[③] 但不管哪种方法都承认法官的价值判断,重视对案件事实中诸利益的衡量。后者法益衡量的续造方法自不用说,即使是前者法律内的法的续造也是如此。比如填补开放漏洞的类推适用,“系指:将法律针对某构成要件(A)或多数彼此相类的构成要件而赋予之规则,转用于法律所未规定而与前述构成要件相类的构成要件(B)。转用的基础在于:二构成要件——在与法律评价有关的重要观点上——彼此相类”[④]。在这里,首先考察某个案件是否可类推适用某个或者某些法规的方法是对法规构成要件的分析,而构成法律构成要件的是一些情景事实的预设。所以,考察的实质是对案件事实的分析。其次,决定是否类推适用某个法条的行为本身是一个价值性判断,因为决定是否可转用,亦即两案件事实是否“相类似”的标准是看它们是否在“与评价有关”的重要观点上相一致。[⑤]

(二) 裁判主观性的需要

按考夫曼的说法,实证主义包括自然法在内,都致力于客观主义的认识概

---

① 参见〔日〕来栖三郎:《法の解释适用と法の遵守》,载长谷川正安编:《法学の方法》,日本安阳书房 1972 年版,第 149 页。

② 参见〔日〕来栖三郎:《法の解释と法律家》,载《私法》第 11 号,日本有斐阁 1954 年版,第 20 页。

③ 详细论述请参阅〔德〕拉伦茨:《法学方法论》,陈爱娥译,商务印书馆 2003 年版,第 246 页以下。

④ 同上书,第 258 页。

⑤ 同上。

念、实体本体论的法律概念和封闭体系的观念。[①] 概念法学更是把这种对法律与事实客观认识的确信发展到了极致。首先是法律,虽然他们也认为作为三段论法大前提的法规并非是法典中所书写的法条自身,而毋宁是经过解释的法律或者从法规中解释出来的裁判规范。但是,由于概念法学把法律解释仅仅理解为是对实定法规中内存意义的阐明。因此,这里的解释受到了法规语言的严格限制。作为解释的方法仅限于明晰法规文字意义的文言解释,和缘自法律体系逻辑整合性、一贯性要求的逻辑解释两种,除此以外,排斥一切实质的考量。[②] 受此影响,在进行法律解释的时候,他们的头脑中往往会有这样的意识,那就是经由自己的解释所得出的判断,是对客观法规认识的结果,里面不含任何自己的主观与意志[③],并且"当面对法的由于个人的不同而不同时,总是以存在客观、唯一、正确的法律解释为前提,并且认为自己的解释就是那个正确的答案,于是就把这个当做了对法规客观认识的结果"。[④] 来栖三郎对此也进行了猛烈的批评,认为"这种观念一方面是一种形而上学,另一方面是想把自己的主观以客观的名义加以主张,无非是借虎皮来拉大旗的权威主义"。[⑤]

的确,按诠释学的观点,解释是一种带着"前见"的"视阈融合"。所以,"理解一直都同时是客观与主观的,理解者带着客观与主观进入'理解视界'……它不是简单地按照法律对案件进行'推论',自己完全置身于这个进程之外,而是在那个所谓的'法律适用'中,发挥着积极的创建作用。一如在诠释性理解过程之外,去寻找法的'客观正确性'是徒劳的,每一种在理解科学中,将理性与理解的个人性分离的企图,注定要失败"。[⑥] 从理论上讲,对同一个法条有多少"前见",或者有多少"解释者",就有多少解释的结果,法律在这里只起了一个凯尔森所谓"框架"的作用。在这个"框架"之内,解释的结果常常是复数的,而非概念法学所宣称的唯一、客观、正确的。而且就连这个"框架"本身从法律解释的实际来看,也并非总是明确不动的。[⑦]这种解释的复数,在外观上常常表现为因

---

① 〔德〕考夫曼、〔德〕哈斯默尔主编:《当代法哲学和法律理论导论》,郑永流译,法律出版社2002年版,第143页。

② 〔日〕加藤一郎:《民法における论理と利益衡量》,日本有斐阁1974年版,第7—9页。

③ 参见〔日〕来栖三郎:《法の解释适用と法の遵守》,载长谷川正安编:《法学の方法》,安阳书房1972年版,第137—138页。

④ 参见〔日〕来栖三郎:《法の解释と法律家》,载《私法》第11号,有斐阁1954年版,第20页。

⑤ 同上。

⑥ 〔德〕考夫曼、〔德〕哈斯默尔主编:《当代法哲学和法律理论导论》,郑永流译,法律出版社2002年版,第145—146页。

⑦ 参见〔日〕来栖三郎:《法の解释适用と法の遵守》,载〔日〕长谷川正安编:《法学の方法》,日本安阳书房1972年版,第141页。

解释方法的不同而带来的解释结果的不同。

比如,梁慧星在《裁判的方法》中给我们举的例子①,对《民法通则》第 122 条运用不同的解释方法就会得出完全不同的结论。《民法通则》第 122 条是这样规定的:"因产品质量不合格造成他人财产、人身损害的,产品制造者、销售者应当依法承担民事责任。"关于产品制造者所应依法承担的责任,使用文义解释的方法得出的结论是过错责任,使用体系解释得出的结论则是完全相反的无过错责任。前者的理由是,第 122 条中说到"产品质量不合格",从它的文义解释来看,这表明存在一个衡量产品是否合格的标准存在,既然如此,制造者就有义务使自己的产品符合这个标准,否则自己的"产品质量不合格",就意味着制造者违反了这个义务,而按照关于过错判断的客观过错理论,违反义务就是有过错。因此,根据"产品质量不合格"这句话做文义解释,就会得出《民法通则》第 122 条乃采取过错责任的结论。但是如果采取体系解释方法,则会得出一个完全不同的结论——无过错责任。理由有两个:首先,根据侵权行为的分类,《民法通则》将侵权行为分为一般侵权行为和特殊侵权行为。前者采过错责任原则,后者则否。《民法通则》第六章第一节是关于民事责任的一般规定,其中第 106 条第 2 款规定"公民、法人由于过错侵害国家的、集体的财产,侵害他人的财产、人身的,应当承担民事责任"。条文中明文揭示了"过错"这个构成要件。显而易见,这是关于一般侵权行为的规定。所谓特殊侵权行为,属于民法一般侵权行为规则之例外,须由法律作出特别的规定,《民法通则》将其规定在第六章第三节的第 121 条以下。按照《民法通则》关于一般侵权行为和特殊侵权行为这个逻辑关系,如果说产品责任是一般侵权行为,属于过错责任的话,它就属于第 106 条第 2 款的适用范围,立法者就不需要再在第 106 条第 2 款之外再规定一个第 122 条了。换言之,按照《民法通则》关于一般侵权行为与特殊侵权行为的这个逻辑关系,既然《民法通则》第 122 条专门规定了产品责任,其合乎逻辑的结论就是第 122 条不是一般侵权行为,不属于过错责任,而是无过错责任。其次,从第 122 条与前后相关条文的关系来看,前面规定国家机关和国家机关工作人员的侵权责任的第 121 条,和后面规定高度危险作业侵权责任的第 123 条、规定环境污染侵权的第 124 条,以及规定公共场所、通道挖坑造成他人损害的侵权责任的第 125 条,都属于无过错责任。这绝非偶然,而只能是立法者对这些无过失责任的一种刻意的罗列,由此也能得出第 122 条也是无过错责任的结论。可见,使用不同的解释方法就会得出不同的解释结果,而这些结果都在《民法通则》第 122 条的"框架"之内。因此,都是"正确"的解释。而且,即使是

① 梁慧星:《裁判的方法》,法律出版社 2004 年版,第 89—91 页。

使用同一种解释方法,也常常也会因解释者的不同而得出不同的解释结果。比如还是梁慧星先生在其《裁判的方法》中所给我们展示的,他和江平教授、魏振瀛教授、王卫国教授四人同用文义解释的方法对《民法通则》第138条分别进行解释,就得出了三种不同的结果。[1]

至于作为三段论法小前提的事实,情形也大致如此,概念法学者也通常将其看做是一种客观认识的产物,可事实上对案件事实的理解也如同对法律的理解一样,都是一种解释者"前见"的"视阈融合"。因此,也绝非是客观、确定的。弗兰克由此把三段论法从R(rule,法律规则)×F(fact,事实)=D(decision,判决)这个被其称为"神话的公式",修正为现实中的R(规则)×SF(subjective fate,主观事实)=D(判决)。[2] 另外,概念法学对事实认识的一个更严重的错误在于坚守法律的主导地位,忽略案件事实的意义,从事实到法律事实,从来都是一个以法律为依据进行筛选、重述的过程。在这里面大量的真实被扭曲、忽略,或者被无限地放大,这也是造成个案非正义的一个重要原因。其实,对法律的偏爱以及对事实的忽视,是几乎所有法律人的共同"疾病"。就连霍姆斯在给波洛克的一封信中都直言不讳地写道:"我痛恨事实。"还有美国裁判所采用的对抗制,就将案件中的事实争议基本上排除在了法官和法学的思考之外。[3] 只不过,在概念法学那里这一问题表现得更为明显而已,它更多地表现为一种作为符号的、抽象的法律构成,对活生生现实的统治。最典型者莫过于德国物权法中备受争议的物权行为无因性理论。它完全置活生生的现实生活于不顾,凭空把"买卖"这样一个简单的活动,想象成了如下三个复杂的行为:一是买卖合同即债权行为;二是双方当事人达成物权合意;三是交付行为。并且这种完全不符合现实的纯粹的想象还被写入了法典,摇身一变成了统治现实的法规,成为了规范物权变动行为的标准,由此而带来了很多不公正的判决,基尔克直接将其怒斥为一种完全不顾国民生活感情的对实际生活的凌辱。[4] 我想说的是,这种法律决定事实的观念,仍然是一种法律权威主义的表现。正确的应是事实决定法律,而非法律决定事实。因为,法律究其根源形成于社会,而且法律只是调整社会关系的工具,而非目的。裁判的目的是依据每个纠纷的具体情景解决冲突,而非去追求法律逻辑上的完美。就像星野英一所说的,"法律解释毕竟是以使用现在的法律来规范社会关系、解决纠纷为前提。因此,应该考虑现在如何

① 梁慧星:《裁判的方法》,法律出版社2004年版,第84页以下。

② 沈宗灵:《现代西方法理学》,北京大学出版社2003年版,第303页。

③ 苏力:《送法下乡——中国基层司法制度研究》,中国政法大学出版社2002年版,第156页。

④ 关于物权变动无因性理论的内容以及学者对它的批判,可参见梁慧星主编:《中国物权法研究》,法律出版社2001年版,第148页以下。

解释才是恰当的问题。这时,只有经过利益考量的程序,最终通过价值判断来决定"。①

(三)实质决定论的需要

在概念法学甚至是在大多数正统法律人的意识里面,总有这样的观念:判决是法律经由形式推演的结果,其中没有任何"人"的主观因素在里面。自从亚里士多德基于人身上存有兽性,而驱逐人类,独尊法律以来,这一观念就被法学家们大肆宣扬,甚至被很多人简单地当做法治和人治的最大区别来鼓吹。但是,从上面的论述我们已经看出构成逻辑三段论大小前提的法律与事实都并非是唯一、确定的,而是解释者"前见"、"视阈融合"的产物,其本身都既是客观又是主观的。另外,我们还面临着一个更大的难题——法律解释结果的复数性问题。由于造成解释复数性的原因主要有两个:一是法律条文自身的抽象性、一般性,以及作为法律条文符号的文字的多义性;二是因为解释者主观的偏见,对同一个条文站在不同立场上会得出不同的结论,这是每个案件中原、被告双方对法律理解差异如此之大的根本原因。② 人的平等性,加之每种解释都是法条所蕴含的可能性意义中的一种,使得每种解释结果之间的效力也应该都是平等的,不能说哪种解释有着比其他解释更优先的适用效力。但是法律判决的结果却只能有一个,这就逼迫着我们必须要从其中选出一个来。而从具有相同价值与效力的复数解释结果中选择其一,就已经不是一个法律构成、形式推演的问题,而成了一个价值判断或者法政策的问题了。③

选择就需要标准,而这是传统法解释学所不能提供的。拉德布鲁赫曾绝望地说道:"为强迫沉默的法律开口说话,所有用来刑讯逼供的解释方法都任由法律工作者支配:文学解释、扩张解释、限制解释、类似的推论(类推)、反证(argamentum a contrario);可惜就缺少一个能够列出何处应使用何种方法的规则了。"在举出了一个对同一规定使用不同的解释方法得出不同结果的事例之后,拉德布鲁赫得出了解释总是追随着结论,在确定结论之后,才选出解释方法的结论。④这是一个有意思的结论,它表明在司法裁判中,不是形式的法律决定结论

---

① 参见〔日〕星野英一:《民法のしかたとその背景》,载同著《民法论集》(第8卷),日本有斐阁1996年版,第202页。

② 〔日〕长谷川正安:《法学论争史》,日本安阳书房1976年版,第93页以下。

③ 参见〔日〕来栖三郎:《法の解释适用と法の遵守》,载〔日〕长谷川正安编:《法学の方法》,日本安阳书房1972年版,第128页。

④ 〔德〕拉德布鲁赫:《法学导论》,米健等译,中国大百科全书出版社1997年版,第106—107页。

而是其他因素决定结论,然后结论又决定法律的形式,这其他的因素就只能是决定裁判的其他两个因素——事实和法官(从应然意义上讲,决定裁判的因素只有法律、事实和法官三者)。它们经常被称为“法感”、“直觉”或者“是非感”之类的东西,意指裁判者(陪审员或者法官)对该事件应如何处理,以及原、被告何者应胜诉之类事情的感触[①],或者法官凭直觉所得出的认为公平的解决方案。[②] 总之,首先是从法官对事实而非法律的评价得出结论,并决定着随之而来的作为理由附随的法律形式。

这就把现实中的裁判的过程区分为了两个阶段,用我妻荣的话说,就是形成判断的“事实上的心理过程”,和依据三段论法的法律适用过程。前者作出判断,后者给其穿上法律判断的外衣。进一步说,通过前面过程中所进行的具体理想的探究以及作为判断对象的社会关系的研究,就完全能够完成对具体事件的妥当解决,法律适用的三段论法仅仅是将其化妆成法律的判断而已。[③] 在德国学者那里我们也能发现很多与此相类的观点。比如,拉德布鲁赫在1907年的一篇文章中写道“是非感预先采取了结论,法律则事后为此提供理由及其界限”[④]。法国人也认为,在事实和法律因素不够确定的时候,法官常常会从他的直觉地认为公平的解决方案出发,只是到了司法决定的形式起草阶段才使用三段论推理。[⑤] 三者都把结论的得出归结于非法律的实质理由,而将法律仅仅看做是一种表述的技巧。只不过日本学者将其称为“决断先行论”,或者“实质决定论”,德国人将其称为游离于四个传统解释规则之外的“结果取向的法律解释”,法国人将其称为倒置的、上升式的,或者逆退式的三段论而已,它们都与传统的形式决定论完全相反。

事实上,形式决定论和实质决定论之间的争论,一直是法律论者与社会法学论者之间的一个传统争论。其典型代表就是概念法学与自由法学之间的对决。两者孰是孰非,笔者想从历史与现实的两个方面来简单地加以说明。首先从历史角度来看,我们今天所推崇的西方的法治传统,仅仅是11、12世纪以来的法律传统,它与以前的传统有着很大的不同。在此之前,尤其是在古罗马时代,法律仅仅是裁判之时作为先例,所应考虑的一个因素而已。裁判更多地表现为法官基于传统、习俗、道德等非法律的因素对事件本身所作出的价值评判,

---

① 〔日〕加藤一郎:《民法における论理と利益衡量》,日本有斐阁1974年版,第14页。

② 〔法〕雅克·盖斯旦等著:《法国民法总论》,陈鹏等译,法律出版社2004年版,第41页。

③ 参见〔日〕瀬川信久:《民法の解釈》,载星野英一主编:《岩波講座·別巻》,日本有斐阁1990年版,第13页以下。

④ 〔德〕考夫曼:《法律哲学》,刘幸义等译,法律出版社2004年版,第85页。

⑤ 〔法〕雅克·盖斯旦等著:《法国民法总论》,陈鹏等译,法律出版社2004年版,第41页。

是一种“全人格”的裁判。在罗马法里面,我们找不到一丝罗马人试图创建一个作为概念、逻辑的法律的企图。相反,它们的每个“法律条文”(如果你非要这么称呼的话)几乎都是对个案裁判的陈述。但是,到了11、12世纪,自从人类杀死了上帝(尼采语)以后,由于人和上帝的同一谱系性(福柯语),人也被自己杀死了,取而代之的是,本作为工具的、符号的“法律”开始成为了统治整个世界新的“上帝”。它起源于亚里士多德对人性之中存有兽性的自我贬损,根源于尼采所谓苏格拉底对酒神的驱逐,基督教里的“原罪观”起了巨大作用。在这个新的“法律帝国”里,人完全被放逐,事实虽然存在,但只有符合法律规范的“法律事实”才具有意义。价值判断更被视为“大逆不道”,只有毫无“人性”的逻辑推演才被认为是权威、正义、可信的。于是,整个裁判过程就逐渐变成了法律涵摄事实,经由逻辑推演得出结论的逻辑三段论法。从“全人格”的裁判到“非人格”的裁判,整个历史透着人对自身的侮蔑与否定,这是非常荒谬的,它使人类的生命苍白、无力,这正是法治乃至整个人类现代化的危机,走出困境的办法只有人类重新给自己以合法的地位、尊严与自信。近年来很多法学者对“全人格”裁判的呼唤,就是这种努力的证明。另外,这种形式决定论虽然在近代的西方,尤其在其革命之时,受到了世人狂热的追捧,但我们必须要清楚,这种狂热在很大程度上并非是对这种理论本身的赞同,而仅仅是因为它最能满足当时的人们对旧秩序下法官的仇恨,以及法官起来反对新秩序的恐惧。[①] 这都使我们必须要对形式决定论的真正价值做一个重新的考量。

其次,从司法现实来看,那些假装法官本身在问题上完全没有任何意见或任何价值判断,至少没有将这些意见或价值判断载入裁判中,都是十足的表象论证。事实是每个人通常都有是非感,都有一些相当积极的成分。[②] 当一个人面对一个事件的时候,总是首先对这一事件产生一个直观的评判。法官也是如此,只不过法官的评判因其知识的“前见”,得出的这个评判本身也“好像”是一个法律的评判而已,但其实质仍旧是法官对事实本身的一个“直觉”或者“是非感”,而非依据法律构成的一个逻辑推演的结果。由于人类的不自信以及自我贬低,这些“直觉”或者“是非感”(尤其是法官的)总被人们斥之为“非理性”因素,而备受非议。但诚如考夫曼所言,“相对于裁判的字义,法官在案件中有着先前判断与先前理解。法官有这些判断或理解,并不必对其责难,因为所有的理解都是从一个先前理解开始”的,我们只需把它们带入到开放、反思的论证

① 〔法〕雅克·盖斯旦等著:《法国民法总论》,陈鹏等译,法律出版社2004年版,第412页。
② 〔德〕考夫曼:《法律哲学》,刘幸义等译,法律出版社2004年版,第75、84页。

中,而随时准备修正即可。① 而且由于解释的复数性,决定何者构成三段论法大前提的也非形式的推演,而是实质的衡量。

总之,现实中的裁判过程分为“事实上的心理过程”和依据三段论法的法律适用过程两个阶段。前者先行,并在实质上产生结论,且决定后者法律适用的内容,亦即从复数的解释中选择其一,构成大前提,然后通过三段论法的形式将其表述出来。“事实上的心理过程”中的主要工作是法官对事实的考察,其主要方法就是本文所言的利益衡量。为什么是利益衡量?原因就在于法是解决社会现象中发生的纷争而做的标准,成其为对象的纷争,无论从何种意义上讲都是某些利益的对立和冲突。因此,对被认为是基于解释者关于这些纷争的价值判断,而定立妥当解决纷争基准的法律解释而言,对这些对立利益的比较衡量就当然成了必不可少的需要。② 这里面包含两层意思:一是构成裁判大前提的法律自身具有社会性的一面;二是称为裁判对象的纠纷实质在于利益的纷争。所以,对法律解释来说利益衡量是必要的。那么,其具体操作又是如何呢?

三、利益衡量的操作

(一)利益衡量的起点

利益衡量应起于何时,学者对此存有争论,即使在作为利益衡量论代表人物的加藤一郎与星野英一之间也有分歧,那就是利益衡量究竟是从裁判的一开始就进行,还是在先进行完文义解释、逻辑解释等法律解释以后再进行。加藤赞同前者,星野支持后者。我们首先来看加藤。加藤的观点集中体现在他在1966年发表的一篇论文——“法解释学中的逻辑和利益衡量”里面③。在文中他明确表达了如下观点:“作为笔者,主张在最初的裁判过程中,应该有意识地排除既存的法规,在一个全然白纸状态下,考虑这个事件的应然解决。”④与之相反,星野则强调裁判应首先从对法条的解释出发,而且“作为条文解释的方法和顺序,首先以重视文义解释和逻辑解释为出发点。其次是要尽可能地调查立法者或者起草者的想法,并有对他们尊重的必要。最后,必须要考虑何者是当

---

① 〔德〕考夫曼:《法律哲学》,刘幸义等译,法律出版社2004年版,第77页。

② 〔日〕甲斐道太郎:《法の解释と实践》,法律文化社1977年版,第91页。

③ 该文最早发表在岩波讲座“现代法15”里面,后收录于加藤一郎著《民法における论理と利益衡量》(日本有斐阁1974年版)里面,本文的引文来自后者。

④ 〔日〕加藤一郎:《民法における论理と利益衡量》,日本有斐阁1974年版,第25页。

下适当的解释,在这种场合要进行利益考量,通过关于哪个利益更应该受到保护的价值判断来决定"[①]。

两者的分歧为什么会有如此之大?星野自己的解释是,因为他们二者所讨论对象的场景不同。加藤所讨论的不是抽象的法律解释的方法,而是在具体的事件中适用法律时的方法。在这种场合下,主张首先从对两当事人的利益衡量出发。与此相对,星野所讨论的则是专门在解释民法条文,或者法条欠缺的场合,应该如何处理的问题。[②] 另外,还有一个重要的原因就是加藤理论受到美国现实主义法学的强烈影响,因此有一种强烈的规则怀疑主义情结,推崇首先不考虑规则,而应根据问题来探讨结论的思维方式。而星野并没有受到美国现实主义法学的多大影响,尽管他的这种理论构思来自何处还不十分清楚。但是,里面必定有法国民法学的影响已是学界的共识。20 世纪的法国民法学,自普拉尼奥以来一直致力于说明制度宗旨,受此影响的星野自然较之受美国现实主义法学影响的加藤,更加重视制度、法律本身的界线和价值。他的问题意识集中在"这个制度是为了什么而制定的?为什么会这样?"其解释自然要源起于对法条的解释,而且起点必须是文义、逻辑解释。[③] 另外,水本浩还一针见血地指出,两人在利益衡量起点上的不同,究其实质是代表了两种不同类型的利益衡量论,加藤的理论是关于"法律解释"的方法论,而星野的则是关于"法律解释学"的方法论。[④] 大村敦志也表达了类似的观点,认为加藤的理论属于事例—问题指向型,主要适用于法律欠缺的场合;而星野则属于规范—制度指向型,主要适用于法律重复的场合,但他们两者都属于与教义论相反的决疑论。[⑤]

加藤说更加彻底地体现了前面我们已经论证的"实质决定论"和"决断先行论",坚持了裁判过程中"事实上的心理过程"与依据三段论法的法律适用过程的严格区分,且其指向是对具体事例的具体裁判;而星野则只贯彻了"实质决定论",并没有严格区分裁判过程中的两过程,而是认为裁判应从文义、逻辑解释出发,经由立法者(起草者)的意思的解释,在出现了复数解释结果或者复数

---

① 参见〔日〕星野英一:《民法のしかたとその背景》,载同著《民法论集》(第 8 卷),日本有斐阁 1996 年版,第 194 页。

② 参见〔日〕星野英一:《民法の解释をめぐる论争についての中间的觉书》,载同著《民法论集》(第 7 卷),日本有斐阁 1989 年版,第 77 页。

③ 〔日〕大村敦志:《民法总论》,江溯、张立艳译,北京大学出版社 2004 年版,第 97—98 页。

④ 关于何为"法律解释的方法论"和何为"法律解释学的方法论",水本浩随之进行了解释。详细论述请参见〔日〕水本浩:《现代民法学の方法と体系》,日本创文社 1996 年版,第 19 页以下。

⑤ 〔日〕大村敦志:《民法总论》,江溯、张立艳译,北京大学出版社 2004 年版,第 94 页以下。

解决方案的时候，才主张经过利益考量的程序，最终通过价值判断来决断。[①] 其问题域只是“以在书写教科书的时候，大体应如何进行思考这样的目的来论述的东西”[②]。两者相较，笔者更倾向于前者，理由是它最有利于利益衡量的进行。前面我们已经花了很多笔墨来证明法律解释中利益衡量的必要，得出了结论先行与实质决定的结论。既然如此，何者最能通过利益衡量得出最可能正确的结论就成了我们评价两种理论孰优孰劣的标准。显然，加藤说更符合这一标准。因为，就像加藤所说的那样，只有在裁判之初就有意识地排除既存法规，在一个全然白纸状态下，对案件事实中的诸利益进行衡量，才能最大可能地消除法律对裁判者的束缚，防止裁判者陷入作为法律人的视角的偏见，进行充分的利益衡量，得出对案件真正妥当的解决。[③]

因此，我们主张利益衡量应开始于裁判之初，就应努力排除既存法规，在一种全然白纸状态下，进行利益衡量。因为唯此，才能最充分地就事实本身进行利益衡量，获得最大可能正确的结论。但需注意的是，由此得出的结论并非是裁判的最终结论，而只是一个暂时的假设性结论，在随后的理由附随中还必须要接受法律构成的检验。

（二）利益衡量的立场

在各种教科书或者法学专著里面，我们最常见到的是对法官中立立场的要求，亦即要求法官既不偏向原告也不偏向被告，而要尽量从一个中间立场出发作出公正的判决。在笔者看来，这是一种“非人”的要求，因为人都是有立场的人，对事物的看法也总是随着人们立场的不同而不同，在裁判中更是如此。比如，同样对《消费者权益保护法》，商家与消费者之间的解读往往会大相径庭。法官也有他的立场或者说是偏见，而且法官的立场或偏见、喜好对裁判的影响，越来越被人们所提起和重视。尤其是美国现实主义法学的代表人物卢埃林，更是直接把法官解决纠纷的行为看做了真正现实的法律，主张法院判案，所依据的不仅仅是规则，更是法官的智慧、理性和环境感。[④]

因为个体的出身、经历、信仰等方面的差异，法官之间的立场也往往不同，但他们都有一个共同的立场——法官自身的立场，亦即法官之作为法官的立场，或者法律人的立场，与之相对应的是作为非法律人的普通人（或者“外行

---

① 参见〔日〕星野英一：《民法のしかたとその背景》，载同著《民法论集》（第8卷），日本有斐阁1996年版，第202页。

② 同上注，第191页。

③ 〔日〕加藤一郎：《民法における论理と利益衡量》，日本有斐阁1974年版，第25页。

④ 付池斌：《现实主义法学》，法律出版社2005年版，第109页。

人”)的立场。两者差别很大,前者是一种法律的思维,其对事件评价的标准多是法律的构成,且常以维护法律的权威与形式的完美为目标;而后者普通人的立场则是一种社会大众的思维,其对事件评价的标准多是某一时空下的传统、风俗、习惯、道德,或者一句话——社会的一般性常识,其目标仅是为了争得社会一般性常识下的正义。两者在很多情况下,表现为一种强烈的差异,尤其对作为法律移植国家的中国而言,更是如此。比如,有一个事件:甲欠乙钱,到期未还,在以后的两年内,乙既未向甲以任何形式主张权利,甲也未曾向乙表示承认义务。从法官的立场所得出的结论应该是乙将丧失请求法院保护其债权的权利,因为《民法通则》第135条明确规定:“向人民法院请求保护民事权利的诉讼时效期间为2年,法律另有规定的除外。”按照法律的思维与理念,必然会得出如上的结论。但从普通人的立场看,尤其对中国人而言,得出的结论却应该是:无论到什么时候甲都应该偿还乙的债务,且在对方拒不偿还的场合,有权进行私力救济,而不会受到社会其他任何“非法律”评价标准的指责。因为,在中国人的意识里面,“欠债还钱,天经地义”,而且还有“父债子还”之说,何况区区两年!面对这样的场合,法官究竟应该采取哪种立场呢?笔者的回答是普通人的立场,这也是加藤和星野的观点,理由如下。

从上面对法官立场与普通人立场的分析可以看出,它们分别代表了两种不同的评价标准。对一个外行的普通人来说,在行为之时肯定很少会想到法律的评价,他的行为动机多半出自道德、习俗等一些社会性常识影响下的情感、欲求。只有在感觉自己的行为违反了这些社会性常识的情况下,才会作为惩罚性的后果想到法律,至于法律究竟会给他带来什么样的惩罚,他也是全然模糊的。可见,普通市民的普通生活一般是处在社会性常识的世界里。然而,当纠纷发生之时,法治社会的做法却是对行为结果的评价使用了另外一个标准——法律的标准。这是很值得商榷的,因为它会带来如下两个危机——裁判可预测性危机和法律有效性危机。

法治使裁判具有可预测性,无疑是法律人宣扬法治最有力、也是最具诱惑性的口号。然而从上面的分析我们已经看出,这个可预测性仅仅是对具有专业法律知识的人来说的,对不懂法律的普通人来说,这完全是一句空话。因为,法律知识的专业性,使非法律人的外行人根本无法作出准确的预测,而且在多数情况下基于法律知识所作出的裁判结果往往大大出乎他们行为之时基于社会一般性常识所做的预测。就像前面我们所举的那个例子,当乙向法院提起诉讼的时候,我们相信他的预测肯定是法院会责令甲偿还债务,并赔偿损失。可实际的结果却是与之完全相反的法院以已过诉讼时效为由,驳回了乙的请求。这是一个可怕的“意外”,它不仅没能带来法律清晰的可预测性,反而使原本清晰的预测,因法律这样一个新评价因素的介入而变得扑朔迷离。

而这一切都是伴随着西方法律传统的形成而出现的新情况。在此之前的欧洲中世纪人们虽然也生活在"天国之城"与"世俗之城"两个世界里面,亦即评价行为与结果的标准也主要有两个——世俗的和宗教(基督教)的。但是这两个世界或者两个评价标准都在同一部《圣经》或者同一个信仰里面,因此它们只是形式的区分,在实质上却是相通的。或者说,那时通过基于基督信仰的社会常识所作出的预测在一般情况下与同样基于基督信仰的法律所作出的裁判往往是一致的。而在更之前的古希腊、古罗马时期,由于法律人意义上的法律还没有与其他社会控制力量区分开来①,因此大体上人们生活在一元的世界里面,亦即人们的行为标准与行为结果的评价标准是统一的,那时裁判的结果几乎是完全可以预测的。

然而到了11、12世纪,当人们(最初是教士)用经院主义的方法对罗马法进行研究的时候,法律渐渐从原来与之混杂在一起的宗教、道德、风俗、习惯、传统中脱颖而出,成了一种引人注目的、只掌握在少数人手中的具有高度专业性的知识,预测成了只有少数法律人才能操作的事情。作为普通人行为标准的社会一般性常识与作为行为结果裁判标准的法律知识之间的彻底分离,使人们开始生活在世俗与法律的二元世界里面,但是两者之间已经没有了宗教作为沟通的桥梁,取而代之的是由律师、法官、法学家等一些法律人共同建造的一个"诉讼之桥",而且规定所有的"过桥人"都要向他们交费。在笔者看来,这是一个阴谋!一方面,它迫使人们选择了诉讼这样一个成本昂贵的纠纷解决方式,因为它排斥了其他几乎所有的私力救济的手段(只在有限的范围内有条件地承认正当防卫等自力救济);另一方面,它还诱惑很多人想要走过这座桥来寻求法律的解决,因为在行为和结果评判标准一元,或者即使是二元但却有"免费"的宗教桥梁沟通的时代,预测是普通人就能进行的。既然如此,自然就很少有人会去寻求法律上的解决,因为结果已经知道了。但是现在,通过这座"桥"的方法成了一个被法律人所垄断的专门的知识,普通人很难预测此岸现实世界中的事件在彼岸法律世界中会得到什么样的评价。由于结果往往出于他们的预料,使裁判成了一个让普通人觉得扑朔迷离的东西,抱着一种"必胜"或者"侥幸"的心理。在遇有纠纷的时候,往往倾向于聘请律师通过诉讼一搏。这是今日诉讼日渐增多的缘故。可是"过桥"是要收费的,而且这个成本是昂贵的,而这恰恰是在"桥"边收费的法律人们最高兴看到的一幕。

同时,完全忽视普通人的立场还容易带来法律有效性的危机。按哈贝马斯

① 〔美〕庞德:《法理学》(第1卷),邓正来译,中国政法大学出版社2004年版,第27页。

的说法,法律的有效性涉及两个方面:"一方面是根据其平均被遵守情况来衡量的社会有效性,另一方面是对于要求它得到规范性接受的那种主张的合法性。"[①]这里面有个核心思想就是,法律的有效性在很大程度上就是法律的可接受性,而为使法律被接受,一个重要的方法就是主体间开放式的商谈。新近兴起的法律论证(或者法律议论)理论就准确地把握住了这一点,强调对形成结论理由的说明,以使自己的判决成为具有说服力的判决。这其实是一种回归,回归于亚里士多德的一种看法,即法学的思考方式并非一种直线式的推演,而是一种对话式的讨论[②]。法律有效性的根本应是裁判的结果具有说服力,被大众所接受,而不应该是国家强制力的存在,因为那是一种"法律的暴政",而非法治的和谐。而要使判决让多数人接受最好的方法就是在裁判的过程中,不论是利益衡量还是法律解释的时候,都要尽量采取,至少是要尊重普通市民的立场,因为毕竟法律是解决纠纷的手段。普通大众既是法律调控的对象,也是承受裁判结果的受体,真正站在他们的立场上来考虑问题的解决,理所当然。

因此,在利益衡量之时我们应该采取普通人或者国民的立场,由此立场所获得的对个案事实与法律的评价,才是我们所渴求的法治。它使我们真正生活在了可预测的世界里,降低了博弈和诉讼的成本。最后,笔者想用星野的一句话来结束我们对这一问题的讨论:"我和加藤一郎博士的共通点是,都主张即使是价值判断,也最好应该作出能够导向按一般人的常识所进行的判断来看是妥当的解决方案的解释,都强调常识论。我依旧认为,法律不是,也不应该是法律家秘传的技艺,对一般社会人之间的纷争,应作出让当事者及其周围的人最大可能接受的解决,因此,常识的结论非常重要。"[③]

(三)利益衡量的事实

在我们一般人的观念里面,案件中的事实仅限于案件本身的事实。法官在裁判之时,只需对这些事实进行考究即可,而且考究的角度也通常是法律的角度。但是,下面的案件却让我们必须要对这种传统的观念作出反思。

1996 年 12 月,中国福建国际经济技术合作公司(以下简称"中福公司")与中国工商银行福州市闽都支行(以下简称"闽都支行")的前身中国工商银行福州市分行第二营业部签订两份《人民币短期借款合同》,约定借款金额 4210 万

① 〔德〕哈贝马斯:《在事实与规范之间》,童世骏译,生活·读书·新知三联书店 2003 年版,第 37 页。

② 颜厥安:《法与实践理性》,中国政法大学出版社 2003 年版,第 87 页。

③ 参见〔日〕星野英一:《民法のしかたとその背景》,载同著《民法论集》(第 8 卷),日本有斐阁 1996 年版,第 204 页。

元。贷款到期后,中福公司未能偿还。1998 年 7 月 28 日,营业部与中福公司签订一份《还款协议书》,约定:贷款由中福公司分期归还,并提供福建九州集团股份有限公司(以下简称“九州公司”)和福建省中福实业股份有限公司(以下简称“中福实业公司”)作为承担连带责任的还款保证人。中福实业公司属于上市公司,中福公司是中福实业公司控股股东。中福实业公司在提供担保时有中福实业公司董事会关于提供担保的决议文件。1999 年 12 月,闽都支行向法院起诉,请求判令中福公司偿还所欠贷款本金和利息,中福实业公司和九州公司承担连带责任。一审法院裁判认为,各方当事人自愿签订《还款协议书》及《保证合同书》,不违反法律,应认定有效。遂判决,中福公司偿还闽都支行贷款本金及利息;中福实业公司、九州公司对中福公司的还款义务承担连带责任。此后,作为第二被告的贷款担保人中福实业公司不服,上诉至最高人民法院请求终审裁定《还款协议书》规定的担保无效。2001 年 11 月 17 日,最高人民法院作为二审法院裁判认为:《中华人民共和国公司法》(以下简称《公司法》)第 60 条第 3 款(该款规定:“董事、经理不得以公司资产为本公司的股东或者其他个人债务提供担保”)对公司董事、经理以本公司财产为股东提供担保进行了禁止性规定,中福实业公司的公司章程也规定公司董事非经公司章程或股东大会批准不得以本公司资产为公司股东提供担保,因此,中福实业公司以赵裕昌为首的五名董事通过形成董事会决议的形式代表中福实业公司为大股东中福公司提供连带担保责任保证的行为,因同时违反法律的强制性规定和中福实业公司章程的授权限制而无效,所签订的保证合同也无效。被上诉人闽都支行答辩主张《公司法》第 60 条第 3 款的规定系禁止董事、经理个人以本公司财产为股东提供担保,并非针对公司董事会。最高人民法院认为《公司法》第 60 条第 3 款的禁止性规定既针对公司董事,也针对公司董事会。这符合我国公司法规范公司关联交易、限制大股东操纵公司并防止损害中小股东利益的立法宗旨。中福实业公司对董事的无效行为应当承担过错责任。保证合同无效,闽都支行也有过错,遂判决为:保证合同无效,中福实业公司仅向债权人承担债务人中福公司不能清偿债务部分二分之一的赔偿责任。该判决一出,立刻引来激烈争论,金融实务界更是忧虑地认为这会影响到中国整个银行业至少 2700 亿信贷资产的安全。①

单纯从案件本身来看,二审的裁判事实认定清楚,法律适用正确,没有任何

① 参见曹士兵:《公司为其股东提供担保的法律效力分析——从法律适用到利益衡量》,载《中国民商审判》(2002 年第 1 卷),法律出版社 2002 年版;《最高法院一本新书危及银行 2700 亿资产的安全》,载《财经时报》2002 年 11 月 29 日。

问题。可为什么会招致如此多的批评呢？原因就在于在这个裁判中，法官的事实视野仅限于了本案的事实，忽略了另外一个社会的事实，那就是像中福公司这样抵押贷款的事件在中国有很多很多。乍看起来，这个事实似乎与本案无关，但是由于现代法治的基本精神是相同或相似的情景应获得相同或相似的处置，是谓司法的平等原则，因此既然法院裁判中福实业公司为大股东中福公司提供的连带担保责任保证合同无效，那么依此裁判逻辑，在目前我国大量存在的以同样方式进行贷款的保证合同，只要有人提起诉讼，法院也应该判定统统无效。这就是造成上面所说 2700 亿信贷资产不安全的根本原因。可见，任何裁判从应然意义上讲，都既是旨在解决纠纷的行为，又是形成新的经济制度规则的行为。尤其对最高人民法院来说，后者表现得更为明显。甚至有人主张最高人民法院应当或主要应当成为一个公共政策制定的法院（policy court），而不是或主要不是一个审判案件的法院（trial court）。[①] 这就要求我们在裁判之时，考察的事实范围不应再仅仅局限于个案的事实之内，而应将之扩展到整个与之相关联的“类”社会事实范围内。在这样一个宏大的视角下，展开对这个事实范围内诸冲突利益之间的比较衡量。唯此，才能很好地完成时代对裁判诉求的两个任务：既解决个案纠纷又形成社会规则。

另外，关于利益衡量的事实问题，还需注意对事实认定之时的立场问题。一定不要拿着法律的构成去认定事实，这样所获得的只是非真实的“法律事实”，而非真实的“事实”。前者只是我们在最终裁判书写时的事实内容，后者才是我们据以作出裁判的依据。因此，正确的做法应是如前面加藤所言，在一种刻意忘掉法律的空白状态下，去认定事实，这样才能获得对事实最大可能的客观、正确的认识。根本的是事实决定法律，决定法律事实，而不是法律决定事实。

（四）利益衡量的标准

利益衡量是对以案件为中心的事实中的诸利益进行比较衡量，衡量就需要标准。这里涉及三个问题：衡量标准的类型问题、衡量标准的立场问题，以及衡量的标准究竟是什么。

（1）关于衡量标准的类型，我们按照大村敦志的分法，将其分为内在型与超越型两种。所谓内在型，就是民法如此这般地进行判断，那么这里也应该如此这般地进行判断的观点。与此相对，所谓超越型，就是不考虑民法，解释者从

---

① 参见侯猛：《最高法院规制经济的实证研究》，载《中外法学》2005 年第 2 期。

自己的立场出发来建议就该问题、该规定,进行一定处理的观点。[①] 简而言之,前者进行利益衡量的标准是法律内在的标准,后者则是超越法律的法之外的标准。德国的利益法学以及后来的评价法学是前者的代表;日本的利益衡量论是后者的代表。两者虽然都赞同裁判之时的利益衡量,但在衡量的标准问题上存有很大的分歧。[②] 由黑克所倡导的利益法学认为法律规定主要涉及:为保护特定社会上的利益,而牺牲其他利益,目的在于以赋予特定利益优先地位,而他种利益相对必须作一定程度退让的方式,来规整个人或团体之间可能发生,并且已经被类型化的利益冲突。[③] 但是,这些利益的衡量都被严格限制在了法律内部。具体地说,就是要顺从历史上立法者对利益冲突的意思来进行利益衡量。而精炼了利益法学的评价法学与它的不同仅仅在于,它所看重的不是立法者的优先利益,而是立法者所进行的对利益的评价而已[④],两者同属内在型的利益衡量。但日本的利益衡量论却与他们大不相同,用德国学者拉恩的话说,"利益衡量论实现的是日本社会的评价,即以法外的价值,一般人感觉的一致作为目标"[⑤],属于超越型的利益衡量。比如,星野就站在实体法之外存在的正确的法(自然法)来评价实体法。而且,他们都沿袭日本学者的传统,非常重视在衡量过程中对国民意志以及社会进步潮流的考察。近年来,日本学者所提出的把"事件平息的优良"甚至是"现实的合理性"当作价值判断的形式标准更是引人注目。[⑥]

究竟应该采取什么样的标准,超越型还是内在型?笔者赞同前者,因为这与前面我们所主张的利益衡量应起于裁判之初相一致。在一种全然白纸状态下对案件本身作出基于国民大众立场的裁判,这时利益衡量的标准自然不会是法律的,而应是存于社会中的评价标准。但是,在进行后面理由附随的工作的时候,却必须要重视对所要适用法条内部所存的利益衡量标准。亦即要重视法条文义、逻辑中所表象的利益保护的倾向,以及立法者立法之时所体现的对诸种利益保护的轻重度,这是由理由附随的目的所决定的。理由附随的目的是什

---

① 具体论述请参阅〔日〕大村敦志:《民法总论》,江溯、张立艳译,北京大学出版社 2004 年版,第 96 页。

② 有必要说明的是,日本的民法典虽然主要继受自德国民法典,但其方法论却受德国之影响甚少。比如,利益衡量论就主要受美国的现实主义法学和自由法学的影响,而极少受德国的利益法学的影响。

③ 〔德〕拉伦茨:《法学方法论》,陈爱娥译,商务印书馆 2003 年版,第 1 页。

④ 段匡:《日本的民法解释学》,复旦大学出版社 2005 年版,第 362 页。

⑤ 同上书,第 363 页。

⑥ 参见〔日〕竹下贤:《比较法视野下的法律论证理论》,载日本法社会学学会编:《法社会学》第 45 号,日本有斐阁 1993 年版。

么？我们留待下文详述。

(2) 衡量标准的立场。立场有两种——相对主义与绝对主义。相对主义，比如加藤，认为利益衡量的所有标准都是一种主观的价值判断，都是相对的。那些认为利益衡量的标准是客观的“基于正确的世界观所得出的正确的解释”，或者“历史的进步方向”之类的人，忘记了评价这些标准正确与否的标准是没有的，其本身也是主观的。因此，所有的解释都不过是复数可能性解释中的一个。我们所寻求的不该是正确的结论或者正确的解释，而毋宁是妥当的结论或妥当的解释。[1] 与之相对，星野则站在新自然法论的立场，采取了价值绝对主义。认为，即使是持相对主义（主观说）的学者也应该去证明不存在客观的价值。如果他没有去做，那就意味着他想承认那个价值自身的客观妥当性。[2] “历史上就不断出现各种为人们所接受的价值，最终也无人（除非是疯了）能够去将它们否定。人类的尊严、平等、精神的自由等，就是这众多例子中的几个。”[3]基于此，星野就想构筑自己的价值（判断命题）体系，并主张在法学界也应该展开有关价值论的讨论。在星野看来，人类的尊严、精神的自由等普遍的价值是第一等级，是所有价值的基础；其次是“交易安全”等次级价值；再次是更加细致的价值（判断的基准）。当然星野也清醒地认识到，即便建立起了这样一个价值的等级序列，也不能说在进行民法解释的时候，只有唯一正确的答案，因为“在民法中，一个极其微妙的变化，就有可能引发利益调整、价值调和等问题，对此，仅仅依靠人类的尊严、近代化等这样一些抽象的理论，在很多情况下根本无法选择出适用于具体问题的正确的解释”[4]。

利益衡量或者价值判断应采相对主义（主观主义）还是绝对主义（相对主义）？这的确是一个永无休止的争论。笔者也无力在此作出评判，只是想表明一个基本的态度，那就是，星野等人代表的是一种人性中所固有的对终极关怀的追求，他的价值在于他时刻在提醒着我们永远也不能逾越的界限——人类的尊严、自由、平等……这些在历史中沉淀下来的基本价值。而相对主义的贡献则在于他们表明了一种“去权威”的、开放的姿态，那就是任何判决都只是一个尽可能“妥当”，而非绝对正确的结论，这让我们保持了一种难能可贵的批判精神。

那么，利益衡量的标准究竟是什么呢？在笔者看来不是星野所谓的自由、

---

① 〔日〕加藤一郎：《民法における論理と利益衡量》，日本有斐阁1974年版，第30页。

② 参见〔日〕星野英一：《民法解释论序说》，载同著《民法论集》（第1卷），日本有斐阁1970年版，第42页以下。

③ 同上注，第44页。

④ 同上注，第46页。

民主、平等、人格尊严……这些基本价值,因为它们的作用只是为我们划定了一个禁止违背它们的界限,只是说我们不能违背这些基本价值,而对究竟应该依据什么标准,却没能作出回答。而且事实证明一切价值的排序都是无用的,因为各种价值的轻重是由具体案件本身所决定的,而非学者们预先排好的。至于其他学者所提出的诸如“历史进步的方向”、“国民大众的意志”之类的标准,其本身就是含糊不清、充满异议的,在具体实践中根本起不到任何作用。①

看来,一切试图从内容上规定利益衡量标准的企图都是徒劳的,只会引发究竟是相对论还是绝对论的新的争议而已。不是内容,只能是形式。所以笔者提出把利益衡量的标准规定为“结论的可接受程度的大小”,亦即,决定优先保护哪个或者哪些利益的标准,是由其而出的结论哪个更具说服力来决定的。理由有二:一是结论的可接受性已经越来越成为了法律有效性的重要依据。近年来法律论证思想的兴起就是这一精神趋势的产物;二是将结论的可接受程度作为利益衡量的标准,也与前面我们所主张的利益衡量时所应采取的大众立场相一致。具体理由前文已言,不再赘述。因此,我们给了利益衡量一个形式的标准——说服力的大小,从而回避了对这个标准内容的回答,将其交由案件的特定时、空、受众,以及案件本身的具体情况决定。

(五)利益衡量的理由附随

在通过如上利益衡量的方法,得出实质的判断结论以后,还有一项重要的工作要做,那就是理由附随,亦即要给这个结论附上实质的利益衡量的理由和形式的法律构成的理由。为了完成这个任务,我们就必须要回到现有的法律法规中去。按加藤一郎的说法,此之目的有三:检验结论的妥当性、明确结论的适用范围,以及增加结论的说服力。②

1. 检验结论的妥当性

我们虽然主张决定裁判的实质是法官的利益衡量,但也清醒地认识到:一方面人类理性的界线以及情感等非理性的困扰,往往会使单凭利益衡量获得的结论陷入偏见的不公;另一方面法律虽然有抽象、模糊甚至是残缺的缺陷,但却是客观的、公平的正义模本。因此,带着由利益衡量所得出的结论,重新回到法律法规中进行检验,实属必要。检验的层次有两个:a 是否和现行法律的形式规定相符;b 是否和法律的价值取向、精神实质相符。检验的结果有四种:(1) a、b

---

① 〔日〕加藤一郎:《民法における論理と利益衡量》,日本有斐閣 1974 年版,第 69 页。

② 同上书,第 31 页。

都相符;(2) a 不相符,但 b 相符;(3) a 相符,但 b 不符;(4) 和 a、b 都不符。

第(1) 种情形表明我们主观的价值判断和客观的实定法规一致,从某种程度上保证了我们结论最大可能的正确性,可直接把利益衡量的结论按照逻辑三段论的言说方式,将其表达出来即可。

第(2)种情形有些复杂,需要我们使用更为高明的语言技巧,运用限缩解释、体系解释等法律解释的方法,在不违背现代法治精神的前提下,扩大、限缩或者改变现有法律规定的适用范围或者法律构成,使之与实质的结论相符,最后再用逻辑三段论的言说方式将其表达出来。

发生第(3)种情形的话,一般表明这个法规的规定存有问题,但是即便如此,我们在裁判中也不能将其简单、粗暴地否定,而应进行大量严谨、细致的论证,通过某种语言的技巧,找寻出这个条文意义的另一面,以支持自己的判断,或者一个更聪明的办法是直接回避该条文的适用,而如“曲线救国”般地从其他法律条文中寻求新的法律支持。比如法国法官对错误问题的处理,就采用了这种方法。众所周知,《法国民法典》第 1110 条对无效的错误类型作了严格的限制,加之 19 世纪法国正统学理对主要性质及当事人资格做纯粹物质的、客观的解释,使得错误法的适用范围变得十分狭窄[①],给司法实践带来了很多难题。法官们在意识到这一点以后,很快就将其抛弃,转而求助法典第 1101 条关于“合同是一种合意……”的规定,把未作规定的有关行为性质的错误和有关对象的错误等错误,看做是妨碍合意成立的错误(或者障碍性错误),以绝对无效作为制裁,使其具有了和第 1110 条所规定的事物实质性的错误相同的效力,从而使那些第 1110 条没有规定的错误类型,得到了应有的救济。

至于第(4)种情形,则需要我们必须做两件事情:一是要重新回到案件事实本身中去,反思自己的利益衡量;二是要反思我们现在的法律规定,在对两者的交相反思顾盼中,通过对两者的不断修正,最终得出孰是孰非的结论。但要注意的是,即使这样在最后的判决书中,也一定要按照逻辑三段论法的言说方式进行陈述。所不同的只是需要更高的语言技巧、更多的解释方法和更充分的法律论证而已。为什么要这样做? 一个重要的原因就是增加结论的说服力,这是接下来我们要谈的理由附随的第二个目的。

2. 增强结论的说服力

上文已言,结论的可接受性是现代法治所主张的法律有效性的重要依据。法律是现代社会的强势话语,唯有用法律的说话方式把判决说出才具有无法辩

---

① 李永军:《合同法原理》,中国人民公安大学出版社 1999 年版,第 236 页。

驳的权威与说服力。因此,在选择了法治进路的社会里,增强裁判结论可接受性的最好方法就是理由附随,使利益衡量的结论如同直接通过逻辑三段论法由法律规定所推导出的一样说出。星野英一更是直言不讳地说,结论和法规的结合并不是法律解释中的一项不可缺少的工作,但由于裁判应该依据一定的法规来进行是现在我国的一项基本原则,才不得不为之,而且法官在现实中也非常重视法规和法的构成。因此,为了加强解释的说服力,结论和法规的结合就成了人们的期待,理由附随也就成了利益衡量的必需。[①]

3. 明确结论的适用范围

通过与现有法律规定的对照以及解释,还可以明确该裁判结论的适用范围。这对具体的案件处理来说虽然没有直接的作用,但是作为法律方法论而言,却是必须要考虑的。另外,通过它还能对最初的结论进行再检讨。比如,对某条法规的适用范围加以扩大,扩大导致其适用的界限难以形成。如果从裁判的管理和案件的处理出发,不希望如此的话,你就必须放弃这种扩大。[②]

总之,理由附随对利益衡量而言是必要的,但与传统法学将其作为实质的理由陈述不同。利益衡量论者更多地把它看做是一种作为技巧的形式理由的粉饰,属于川岛武宜所言法的二要素[③]里面的"语言的技巧"的因素。实质的"价值判断"的因素则是在裁判之初就先行的利益衡量。

(六)利益衡量的类型化处理

按照传统观点,以上五种方法或者五个步骤对个案的司法裁判来说已经足够了,但是由于我们认为裁判不仅有解决个案纠纷的任务,还有设立规则的效应,因此在形成上面判断的时候,有将其类型化的必要。具体说来,就是要对这个个案里面相互对立的诸利益进行详细精密的分析,以确立一个在这种情形下应优先保护何种利益的基准或者裁判的框架,以使其在以后相类似的案件中起着演绎的作用。比如,由加藤氏所倡导的"容忍限度论",就通常被看做是通过对多个具体案例进行观察,从中归纳出诸个要素而类型化处理的产物。[④]

至于为什么要进行类型化的处理,加藤氏的回答以法律处理相互间的平衡

---

① 参见〔日〕星野英一:《民法解释论序说》,载同著《民法论集》(第1卷),日本有斐阁1970年版,第12页以下。

② 〔日〕加藤一郎:《民法における論理と利益衡量》,日本有斐閣1974年版,第31页。

③ 川岛武宜关于法的二要素——价值判断要素和语言的技巧——的论述,可参见〔日〕川岛武宜:《现代化与法》,王志安等译,中国政法大学出版社2004年版,第241页以下。

④ 关于"容忍限度论"的详细展开,参见段匡:《日本的民法解释学》,复旦大学出版社2005年版,第295页以下。

和思考经济为重点,而星野氏则以明确利益状态的差异和法律的大众化(要件和效果能让普通人也能看懂)为关键。可见,通过这种类型化处理所获得的如何解决某一类型的利益冲突的理论,只是为了减少以后的司法成本而建构的一个可供参考的模型而已。它为法官判决的形成所提供的仅仅是一个框架的限度。一旦定立的基准在具体的纷争适用中出现了不妥当结果的时候,就必须要对其进行修正,基准和现实之间的互动是无须多言的。

第八章

法意与民意的整合:社会和谐的思想前提

法治建设与和谐社会建设的关系我们在前面已经做了部分描述,从总体上看应该说二者是一致的。法治是实现和谐社会建设的主要方法。但从司法过程的实际情况来看,法律的意志称为法意,与民意之间并不是完全重合。过去的法理学教材把法律看成是统治阶级的意志,而统治阶级的意志在社会主义国家与人民意志又是重合的,所以法意与民意似乎是不会冲突的。然而,这仅是逻辑的推断。这些年我们虽然号称坚持马克思主义法学观,但实际上并没有对现实社会进行有分量的社会学、心理学意义上的科学分析。现阶段我们之所以要建设和谐社会,实际上是因为目前确实出现了很多不和谐现象。其中思想领域的法律意志和民众意见之间就存在很多的问题。如果对这个问题不加以解决,在司法领域中试图通过法治来建设和谐社会是不可能的。如何在法律意志的基础上整合民意,并把它当成建设和谐法制的思想基础,将是一个非常重要的实践问题。之所以要整合还在于,我国的立法技术和法律文本甚至法治理念多源自西方,我们不仅需要对法律的意义进行挖掘,而且还要使其不断中国化,就是要把民意逐渐地转化为法意。这种研究当然不是通过简单的思辨就能完成,而是需要做深入调研、做多角度的研究,不断融中国文化(民众的要求与社会的发展)于现代法律之中。由于知识背景的限制,我们不能从社会学、心理学的角度进行民意和法意整合的实证调查和定量分析,只是基于法律人的视角,来探求整合民意与法意的理论进路。我们相信,司法方法论是缓解法意与民意冲突的手段之一。

一、法意与民意的冲突原因

所谓民意,又被称为民心、公意,是指大多数社会成员对与其相关的公共事务或现象所持有的大体相近的意见、情感和行为倾向的总称。[①] 在司法领域,它是大众根据法律正义的外在社会价值所形成的一种民众意愿,暗含了大众对司法正义的期望,事实上是一种大众诉求。[②] 这种诉求往往以朴素的正义观为出发点,包含了朴素的善恶、对错观念,夹杂着道德要求,从司法的“应然”角度对司法制度、司法行为作出的评价。如果我们立足于政治法理学,民意是一个与自由、民主等基本政治哲学范畴密切相关的概念,它是我国“人民当家做主”的

---

① 张隆栋:《大众传媒学总论》,中国人民大学出版社 1997 年版,第 249 页。

② 参见刘星:《法律解释中的大众话语与精英话语——法律现代性引出的一个问题》,载《比较法研究》1998 年第 1 期。

政治理念的体现,是一切权力的根源。民意不仅仅是构建和谐社会的保障,而且构成了法意正当性的基础。在整体上看,法律的发展与民意的导向是一致的,严重偏离民意的法律最终会丧失其道德基础而被废止。

然而,法意与民意的一致性只是一种逻辑的推导。虽然在绝大多数情况下,法意与民意的确一致,但不可否认的是,在司法实践中,法意与民意会表现出冲突,佘祥林案、孙志刚案、刘涌案、彭宇案、许霆案等一系列的热点案件为我们反映了这种冲突的样本,并且随着新闻媒体对司法实践活动的持续关注以及公民权利意识的不断张扬,这种冲突和矛盾有着日益加剧的趋向。如何处理法意与民意的关系,实现法意与民意的整合,已经成为实现法治社会和谐,实现法律效果与社会效果统一的思想前提。站在严格法治的立场下,顺乎民意将有民意干涉司法之虞;而站在和谐社会的视角下,忽略民意而严格遵循法意则有悖法律解决社会纠纷,达致社会和谐的本意。在我们看来,解决这一难题的第一步就是要厘清法意和民意缘何会发生冲突。

霍姆斯在《法律的道路》中说:“一个确定的司法管辖区内的判例报道集在一代人的过程中能包含差不多全部的法律,而且是以当前的视角重新阐释法律。”[①]也就是说,真正起作用的法律并不是纯粹的法律文本,而应是司法过程中的法官法。在我国,这个层面上的法律应由两个部分组成,其一是法官判决的依据,即法律的文本规范,其二是支持该文本规范的社会心理(包括民意)。前者决定裁决的合法性,后者决定裁决的正当性。一般而言,这两部分应该是一致的,因为法律文本的制定是由代表民意的代议机关根据当前的情况制定的,法意必然体现着民意。然而,在我国这两部分却存在着断裂。

一方面,我国现行的法律体系不是从我国的法律文化与传统中自然衍生出来的,而很大程度上是学习借鉴的产物。现代法律是建立在西方资产阶级启蒙思想基础之上的制度文明,其中许多法律观念如平等、自由、公开等业已成为全人类的共同信条,而反映这些理念的立法技术和法律条文也成为各国法律的通常表达。毫无疑问,我国的立法机关在制定法律规范时,也采用了这些先进的立法技术和法律规范的表达方式,同时,也吸收了包含其中的法律思想和理念。另一方面,作为纠纷解决的社会心理却受到久远的法律传统的浸淫。比如在诉讼法中长期存在的“厌讼”和“轻程序重实体”的诉讼心理,并不因为程序和制度的日益完善而立即改变。在刑事案件中,虽然 1997 年修订的《刑法》早就确立了罪刑法定原则和罪刑相适应原则,刑事诉讼法也相应地规定了无罪推定和

① 〔美〕斯蒂文·J. 伯顿主编:《法律的道路及其影响:小奥利弗·温德尔·霍姆斯的遗产》,张芝梅、陈绪刚译,北京大学出版社 2005 年版,第 417 页。

禁止刑讯逼供,但只要“宁可牺牲对人权的保护来达到追究犯罪目的”的社会心理不改变,司法侦查中各种各样的侵犯被告人权利的案件就不会杜绝。此类案件的发生,并非是法律本身的问题,社会容忍度左右着刑讯逼供在中国的生存状态。[①] 如此一来,法律的两个组成部分就会发生断裂,造成法意与民意的冲突。

在我国的司法传统中,民意一直是司法裁判最为重要的正当性基础,古人判案讲究“上从天理,下顺民情”。虽然也存在着律法,但“那些受到称道、传至后世以为楷模者往往正是参酌情理而非仅仅依据法律条文的司法判决”[②]。此种意义上的“法官法”与民意完全契合在一起,清代名吏樊增祥甚至提出“情理外无法律”的论断。[③] 之所以会产生这种法意与民意的完全契合,是与古代法官与行政官的角色混同相联系的,法官只是“行政官员”的一种附属身份,这种角色定位决定了法官在裁判案件时采用行政官员的思维模式来寻求纠纷的彻底解决。一方面,他们希望裁判能够体现民意,裁判结果能够获得大多数人接受;另一方面,他们也将裁判的教化作用作为自己行动的指南,在司法裁判中注重民间道德方面的说教,强调裁判的社会教化效果。一旦裁判结果与民意距离较远甚至相悖,就会无法昭示纲常伦理(即天理),继而在民众中产生一种断案不公的印象。这种源远流长的文化传统,使民众在内心深处形成对司法官吏裁判案件的一种预期——绝大多数民众希望得到的裁判结果。虽然法律上也规定了法官所必须遵守的程序,但审判程序并不是为了适应中立裁判,而“主要是按行政原理设计的”[④]。

新中国成立后,我国虽然废除了旧的思想道德体系、旧法统,但法官的角色定位并没有立即发生转换,很大程度上,法官仍是一种“官员”,而非中立的裁判者。也正因为如此,法官裁判依据的主要是民意,而非法律。被看成是新中国司法实践代表的马锡五审判方式的典型特点即是充分地依靠群众的观点,马锡五自己也说:“真正群众的意见,比法律还厉害。”[⑤]所以说,在新中国成立的前

---

① 参见吴丹红:《角色、情境与社会容忍——法社会学视野中的刑讯逼供》,载《中外法学》2006 年第 2 期。

② 参见杨一平:《司法正义论》,法律出版社 1999 年版,第 245 页;贺卫方:《中国古典司法判决的风格与精神——以宋代判决为基本依据兼与英国比较》,载氏著《司法的理念与制度》,中国政法大学出版社 1998 年版,第 193 页。

③ 晓明、拓夫:《绝妙判决书 陆稼书判牍》,海南国际新闻出版中心 1993 年版,第 18 页。

④ 参见季卫东:《法律秩序的意义》,载氏著《法治秩序的建构》,中国政法大学出版社 1999 年版,第 58 页。

⑤ 见马锡五:《新民主主义革命阶段中陕甘宁边区的人民司法工作》,载《政法研究》1955 年第 1 期。

后几十年内，虽然存在着一些简单的法律规范，但法意主要是通过民意的方式表达的。20 世纪 50 年代初期的公审大会和“文革”时期的“群审群判”，法意则彻底被民意给同化了。

历史到了今天，我们仍然能够感受到民意在司法裁判和司法政策中的潜在力量，特别是一些热点案件的处理，民心和群情甚至决定了案件的裁决。从 1999 年开始，最高人民法院持续开展“争创人民满意的好法院，争当人民满意的好法官”活动，将裁判的正当性直接与民意的反映联系在一起。2007 年最高人民法院院长王俊胜在谈及判不判死刑的问题时，指出“一是要以法律的规定为依据；二是要以治安总体状况为依据；三是要以社会和人民群众的感觉为依据”。在此基础上，全国法院系统开始了实现“法律效果与社会效果的统一”的大学习、大讨论。虽然法院和法官的独立性在日益加强，但这些事件也反映出，法院和法官的角色转变并没有完成。一方面，科班出身的法官在法学院里接受着法律知识和裁判技能的培训，并被告知努力实现司法独立；而另一方面，步入法院的法官们却受制于一套类似于行政官员的评价机制，不仅要看裁判的法律效果，而且要看裁判的社会效果，看法官是否“为民做主”。在审理一些受民意关注较大的案件时，法官没有抵制舆论的自觉，不得不较为感性地将自己的注意力投向舆论动向，考虑左右舆论的案件情节以及情理，相机而动。在这种情况下，法官权威的确立，主要不是依赖理性的思维、超然的态度和独立的地位，更多的是依赖政绩、民意和职级，因此，法官必然很在乎民意和上级领导的意图，甚而将民意直接作为判决的依据之一或按上级领导意图判决。

虽然我国的司法传统一直存在着关注民意，依赖民意的倾向，但是这种过分关注案件“状况性”的司法理念与和谐社会的理念并不一致。和谐社会首先是法治社会，而不是过去“大同世界”的翻版。法治社会不是简单的“依法治国”所能概括的，而是一种整体上的法律思维方式的转变。虽经我国学者的不断挖掘，但无论如何，法治理念都很难在中国的司法传统中找到其发端。我国关注民意、依赖民意的司法传统，仍然可以被归结到“人治”的理念之下，只不过这种“人治”不是依靠个别精英的意志，而是将其正当性基础建立在普遍的民众的“天赋理性”之上。柯克大法官早在三百多年前就告诉我们：法律作为人类精神文明的产物，并不是完全按照天赋理性来运作的，而更多地依赖于人为理性。法律作为一种地方性知识，它只是人们的生活方式的体现，因此严重背离民意的法意会因此丧失法律的道义上的正当性基础。此时，我们不能以一种超然的姿态宣称，“实现正义，即使天塌下来”，而必须对其作出回应。另一方面，法律作为一种人为理性的产物，又有其独特的特质。法官坚持法意的意义在于保持司法的独立性和法律的权威性。如果当法意遭遇民意时，只是将其作为解释民意的工具,就会丧失法治社会存在的根基,法律尚且不能保障自己的实现,又如何实现它对公民权益予以保障的承诺?

"中国人的现代化过程,就是中国人文化心理结构世界主义化过程。"①我国法意与民意的冲突,与这一过程的渐进性有关。由我国法律人所构建的法律大厦,从制度、技术、语言到理念都是学习借鉴西方法治的产物,而普通民众的生活并没有因此而立即改变,国民的法律意识和理念与现在运行的法律体系之间存在着异见就在所难免。然而,这种异见并不必然导致法意与民意的冲突。在古代中国,即使是成文法规定与民意的诉求相违背,法官也会通过"上从天理、下顺民情"的法律适用技术将其与民意一致起来,因为民意成为最为重要的裁决正当性基础。20 世纪 80 年代以来,我国的司法改革经历了从法制到法治的转变,从单纯的法律制度建设转向寻求法律文化和法律精神的革新。所谓的司法改革,不在于改变其形式,而在于改变其正当性的基础。法官裁判不再将是否符合民意放在首要位置(虽然符合民意依然是司法政策强调的重点),而将其裁判的正当性主要放在是否符合法意上面。我们不断看到,即使是一个完全符合民意的判决,在现实中仍然要经受是否具有合法性的追问。因此,只有在法治社会下,法意成为裁判的正当性基础时,才会真正出现法意与民意的分野。

另外,有些表现为法意与民意发生冲突的事件并非是真正的冲突。只有建立在理性思考和充分信息的基础之上所形成的民意才是真正的民意,它与法意的冲突不是基于冲动或错误认识,而完全是因为所持的观念不同,才导致了与法意的不同理解。然而,真正的民意的获取绝非易事。它必须以国民的政治成熟性与责任感为条件,也即考夫曼所谓的"成熟的国民"——可以自我负责地做决定并有所行事,即使是遭遇若干风险的情境,仍然依靠自己。② 另外它还必须建立在信息获取的充分性的基础之上,虽然网络技术的发展,一定程度上解决了公民信息获取的困难,但同时也增加了信息真实性判断的难度。信息传导过程中的失真以及多元的价值判断使得所谓的民意永远不会是统一的"人民意愿",而只能是由若干个片面的"偏见"组成。"混乱"和"偏见"才是民意的真正形态,因此"法律不应当苛求民意的'客观公正'"。③ 重要的不应是民意表达着什么,而应是民意如何表达。

---

① 刘小枫:《儒家革命精神源流考》,上海三联书店 2000 年版,引言第 3 页。

② 〔德〕考夫曼:《法律哲学》,刘幸义等译,法律出版社 2004 年版,第 414 页。

③ 参见许志永:《民意干预司法独立了吗?》,载《中国新时代》2004 年第 6 期。

二、民意与司法独立的紧张

正如以上我们所分析的那样，法意与民意的冲突，不应理解为法律规定与普遍民众认知之间的冲突，而是在司法过程中，法官如何理解法律本来的意图与真正的民意诉求之间的断裂关系。司法活动处在一个特殊的社会结构点上，在影响社会生活的同时，也为各种社会力量所关注。通过媒体和互联网所表达出来的民意在“追求正义”的信念的支持下产生了对司法过程的强烈参与热情。从个案上来看，民意的参与的确为公正的实现起到了积极的作用，制造孙志刚冤案的人受到了法律的制裁，刘涌被判处了死刑，许霆也受到了公正的处理。然而，站在一个纯粹的司法独立的理想主义的立场上，有人却提出在这些案件中，民意有干涉司法之虞。

在西方的法治进程中，司法与民意始终保持着一定的距离，因为真正的民意的获取有着严格的条件，在条件不能成就时很容易形成“多数人暴政”，对苏格拉底审判和对路易十六的审判正是这种“暴政”的体现。更深层的原因是司法为了保持其独立的品格，必须在意志上独立于权力和其他意志的影响。发生在20世纪末的辛普森案中向我们传达了这一理念，即使天下人都认为辛普森犯了罪，如果没有充分的证据，根据法意仍然应判其无罪。也正是在这个意义上，英国大法官丹宁勋爵宣称：上帝不让这样做！我们决不考虑政治后果；无论它们可能有多么可怕。如果某种后果是叛乱，那么我们不得不说：实现公正，即使天塌下来。

和谐社会是建立在法治社会之上的一种理念，它所主张的和谐思想绝不仅是中国古代哲人所主张的“和而不同”，而是在法意之下寻求纠纷的最终解决。如果民意真的干涉了司法，造成了法意的异化，那么就应该在司法过程中排除民意的影响。然而，司法实践中的情况并非如此。以舆论的方式表现出来的民意，事实上并不能对司法活动产生决定性的作用。民意虽然有干预司法的冲动，但并不能左右法官的判决。其一，法官有拒绝民意的权力。根据我国法律的规定，法官裁决案件只能是根据法律和法规、参照规章，其中并没有提到民意。无论民意的表达多么的强烈，法官仍然可以按照自己对法律的理解裁判案件；其二，法官有足够的法律理性对抗民意的道德诉求。法官专业的法律素养和强烈的规则意识可以帮助他们区分理性与情感，他们看到的是当前案件情节的法律意义，而非是道德诉求。比如在刘海洋泼熊案中，当图片展示一个被硫酸泼的受伤的黑熊的惨状时，民意表达的是痛恨，并要求重判刘海洋，而后来人们了解到更多的刘的家庭背景后,民意开始转向同情他。对于法官来说,既没有顺从先前的民意作出重判,也没有按照后来的民意从轻发落,他始终按照法律自身的逻辑去裁决。

2006 年,崔英杰最终被法官以故意杀人罪一审判处死刑,缓期两年执行,剥夺政治权利终身。这看似法官照顾了民意对处于弱势群体的无照商贩崔英杰的普遍同情,事实上这种带有浓厚感情色彩的倾向性民意,是不能作为法官裁决的依据。法官必须将这些感情色彩转化为法律符号。针对控方指控的妨碍公务罪和故意杀人罪两个罪名,法官分别作出了认定。妨碍公务方面,法官接受了辩护律师的意见,第一,妨碍公务罪必须要有公务的存在,城管并没有经过正式法律授权,因而无法证明公务的存在;第二,城管执法中程序存在瑕疵。据此,法官否定了对崔英杰妨碍公务的指控。而故意杀人方面,法官接受了控方的意见,崔英杰的行为被认为是一种间接故意的行为。虽然本行为某种意义上可以被认定为故意伤害致死,但从本案所出示的证据,很难区分崔英杰当时的主观犯意,并且在本案中故意伤害致死和间接故意杀人量刑幅度区别并不大,因此认定间接故意杀人属于法官的自由裁量的范围。因此,本案中法官虽然注意到了民意的表达,但其判决的作出依然是严格按照法律和证据。

在司法实践中,与民意同样有着干预司法冲动的因素还有权力。在张金柱案、孙大午案、刘涌案和南方都市报案等一系列具有重大影响的案件中,我们都看到了权力的影子。我们常常不得不面对的是,在法院的人事、财政都受制于一个统一的权力体系的状况下,司法受到权力的干预乃至操纵是一个严峻的现实。当然,有时这种干预不是以赤裸裸的形式表现出来,而是"隐藏在民意表达之前就已经存在的操纵司法的力量"。[①] 比如许霆案中,看似重审的法官迎合了民意,将原判无期改为 5 年,事实上起作用的并非是民意。一审判决后,广东省高级人民法院院长和最高人民法院副院长分别在省两会和全国两会上表示"许霆案一审确实存在问题"。广东省高级人民法院将案件发回重审时也传达了改判的信息,因为本案既非事实不清,也非证据不足,更非程序违法。而后来的判决没有回答人们关于"可否彼罪"的疑问,也没有回答"可否无罪"的疑问,而是维持原来的罪名:盗窃金融机构罪,仅仅是因为犯罪情节比较轻微才酌定减轻判决。判决结果虽然部分地缓释了民众的不公平感,但由此引发的银行与储户的对立情绪却日益加剧。很多人只看到了或者只关注高层权力给下级机关施加压力从而导致了案件公正的结果,而没有看到高层权力施加压力之前司法受到干预乃至操纵的现实。即使结果是公正的,但司法独立却因此受到了破

---

① 参见许志永:《民意干预司法独立了吗?》,载《中国新时代》2004 年第 6 期。

坏。“权力腐蚀了司法,民意最多是个催化剂而已。”①

因此,在一些备受民意关注的案件中,真正对和谐社会建构造成破坏的不是民意,而是权力。我们不能否认权力者“为民请命”的良好出发点,然而这种看似智慧的做法却成为破坏司法独立性的根源。与法官的思维方式不同,它并不是建立在程序正义的基础上,而是一种政治上的权宜。人们已经开始注意到同类案件在民意和权力注视下与未注视下的不同后果。同案不同判的结果不仅使裁判结果变得不可预测,而且由此所带来的法院公信力的丧失远远超过权力干预下公正处理案件所带来的法律效益。许多在法律上本来已经得到解决的纠纷,却因为权力的涉入而变得复杂,不仅增加了纠纷的解决成本,而且还因为由此带来的结果差异刺激更多的人向权力寻租。在当下中国,妨碍司法独立、破坏司法威信的,与其说是“民间舆论对程序正义”的挑战,还不如说是“任意裁量对程序正义”的破坏。② 而权力对司法的干涉,正是造成这种不和谐状态的重要因素。

三、民意进入司法的制度安排

民意不会干预司法的独立性,这为解决法意与民意的冲突提供了一个思路:我们能不能通过某种制度安排,通过某种途径,让民意进入司法?在我们看来,法意与民意的冲突并非实质的必然冲突,而是因为二者表现的形式以及对社会公正的关注点不同而形成了表达方式上的不同。纠纷的公正解决必须建立在规范性和信息充分的基础上,规范性保证了纠纷解决的一致性,信息充分保证了案件解决的客观性。在广泛的民意之下,由于信息交流的不对称和各自的立场不同,引发了各种不一致的意见和片面的观点。在这种背景下,要获得规范性和客观性的纠纷解决并非易事。对于司法视角内的纠纷解决来说,程序和制度是必需的,因此,民意要想进入司法,达到与法意的整合,必须通过一定的制度安排和方法论运作。通过程序化的制度安排,使民意部分上具有与法意相同的表达方式,从而实现二者的同质化。民意通过一种程序性的制度安排进入司法,这是司法独立的保障,也是民意获得理性化的基础。

与人人参与决策的卢梭式的直接民主制不同,民众对司法审判的参与并不取决于有集体行为能力的全体公民,而取决于相应的交往程序和交往行为的制

① 参见滕彪:《司法与民意:镜城突围》,载《同舟共进》2008 年第 7 期。
② 参见季卫东:《司法与民意》,载《财经》2006 年第 3 期。

度化。民意参与司法的方式有两种,一种是以某种诉讼法上的主体身份直接参与当前案件,如被选任为陪审员审理案件,或者以当事人的名义提起公益诉讼,也可以向法庭提交专业的意见;另一种是间接地参与案件的审判,如民意立法,或者所谓的媒体审判。这些制度安排有些已经存在于我国的现行法律规定和司法实践中,有些尚需要进一步的可行性研究。

(一)民意直接参与司法的制度安排

民意直接参与司法可以对个案裁判的结果产生直接的影响。由于诉讼活动是个相对封闭的空间,各种诉讼活动都有严格的诉讼程序和制度规则。因此,民意如果直接参与司法,就必须首先成为诉讼法上的主体。这里我们主要讨论三种民意直接进入司法的制度设计:其一是普通民众作为陪审员成为案件的裁判者;其二是作为当事人提起诉讼;其三是作为专家证人向法庭提供专业意见。

首先,民意可以通过陪审制以审判者的角色进入司法。陪审制是作为一种民主政治的力量跃上历史舞台的。法学家在研究法律当中获得的专门知识,使他们在社会中独辟一个行业,在知识界形成一个特权阶级。他们在从业当中时时觉得自己是一门尚未普及的不可缺少的科学的大师,他们经常在公民中间充当仲裁人;而把诉讼人的盲目激情引向正轨的习惯,又使他们对人民群众的判断产生一种蔑视感。[①] 这种职业的高贵感一方面保持了司法独立的特征,另一方面却使司法越来越远离社会实践。非法律专业的普通民众参与司法审判,他们以普通的道德良知作为判决的标准,因而对时下的民意具有更加敏感的反应,从而克服法官审判所带来的官僚化的倾向,使司法贴近民众生活,维持民众对法律的信任和信心。

众所周知,起源于雅典时期的陪审制和我国现行的人民陪审员制度并不完全相同。我国的人民陪审员制度是人民民主专政原则在司法领域内的体现,在新民主主义革命时期萌芽,并且规定在第一部共和国的宪法性文件《共同纲领》中。此后,人民陪审制度被作为一项法律制度,一直由宪法来规定,直到1982年《宪法》才删除,将其规定移入人民法院组织法和三大诉讼法典中。与西方的陪审团制度不同之处在于,我国的陪审制,陪审员审判权等同于法官,陪审员既可以认定事实,也可以就法律适用提出自己的意见。在事实认定方面,陪审员可以依据日常生活的判断对事实作出认定;在法律适用方面,用大众正义观念

---

① 〔法〕托克维尔:《论美国的民主》(上),董果良译,商务印书馆1997版,第302—303页。

修正法律原则。虽然这仍然是他个人的意见,很难代表民意,但与专业的法官相比,他至少更注意对民意的倾听,也更能理解民意的诉求。

然而,长期以来,我国的人民陪审员制度存在着严重的弊端,"陪而不审"使人民陪审员成为法庭的摆设,徒具象征意义而不会给司法裁判造成任何影响。基于此,学界提出了废除陪审制度的主张,司法实践中采用陪审员审判的案件也逐渐减少。在笔者看来,人民陪审制所出现的形式化的倾向,只是制度的设计和执行出现了问题,并不能以此否定该制度赖以存在的基础。作为一种民主政治的体现,在构建和谐社会的大背景下,在反映民意,达到法律效果与社会效果的统一的司法政策方面,人民陪审制应该被赋予更多的特殊使命。针对实践中出现的问题,2004 年 8 月 28 日第十届全国人大常委会第十一次会议通过了《关于完善人民陪审员制度的决定》,最高人民法院为此发布了《关于人民陪审员选任、培训、考核工作的实施意见》。2005 年 5 月 8 日,全国近 3000 所地方法院有 2.7 万名取得资格证书的人民陪审员走上岗位。通过制度化、专业化的人民陪审员,必然将更多的民意带入司法。①

其次,民意可以以诉讼当事人的角色体现。在某些国家,一些民间团体通过提起权利诉讼,将其政治态度转化为权利请求来期求得到法律的保护。在这种诉讼中,法律程序实际上被当成一种政治参与的替代方式,为民意开辟了一条进入司法场域的通道。民意要想在司法审判中得到承认,就必须按照法律的规定进入法律程序。其益处在于,民意的表达必须建立在一定的事实和证据的基础之上,使用法律化的语言来表达。这一方面克服了民意表达的非理性,另一方面民意通过法律程序获得了自身的合法性,不管最后结果如何,都能免受干预司法的指责。比如,美国有色人种民权促进会(NAACP)就经常利用这一制度提起诉讼,主张权利。

德国等国家还允许公民个人提起宪法诉讼。宪法诉讼一般是指公民个人认为某个法律、法规侵害了自己的宪法权利而向法院提出控诉,要求审查其合宪性的一种制度。② 那些依民事诉讼或行政诉讼提起的,审理也是按照民事或行政诉讼程序的案件,都不应是宪法诉讼。比如齐玉苓诉陈晓琪案中,虽然法院的判决依据宪法规定的受教育权,但这并不是个宪法案件,它所涉及的仍是

---

① 有学者对普通公民担任陪审员的兴趣做了调查,结果显示 49.8% 的被调查人表示"很高兴参加",这一数字超过"不愿意参加"和"坚决不参加"的人数总和。这显示了民众参加司法审判的热情和意愿并不低。相信专业化、制度化的人民陪审员中,愿意参加司法审判的比率将更高。具体参见胡铭:《刑事司法的国民基础之实证研究》,载《现代法学》2008 年第 3 期。

② 参见褚玉龙:《刍议宪法诉讼——兼评最高人民法院关于侵犯公民受教育权是否承担民事责任的答复》,载《中国司法》2002 年第 2 期。

普通的民事法律关系。在美国,自从1803年联邦最高法院通过马伯里诉麦迪逊一案确立起对违宪立法的司法审查制度以来,民众就一直利用提起诉讼来实现民意的诉求。有色人种、女权主义者、同性恋者等社会的少数派常常将自己的诉求提交到法院,让法官来对诸如种族平等、堕胎问题、焚烧国旗等产生尖锐对立的民意冲突的社会问题作出裁决。比起政治争斗,让法院对对立的民意作出裁决显得更加有效,法律为当事人的诉求提供了一个相对对等的交涉平台,各种观点在这里得到充分的表达机会,而不必受制于权力和实力的不利影响。虽然司法裁判有时并不能平息民意的对立,但它却为问题的解决提供了合法性的基础。

严格说来,以上两种诉讼形式在我国都不存在。比较类似于第一种制度的诉讼是公益诉讼,但公益诉讼现在还处于讨论阶段,见于报端的判例也未曾出现。对于宪法诉讼,目前仅仅只有在宪法学者的学术论文中,我们才能看到它的身影。从民意的表达来看,允许民意的表述人以当事人的身份参加诉讼,的确给民意进入司法提供了一种有益的方式:一方面民意借助司法制度的规范性来达到其合法性和理性,另一方面,法院也因为对民意诉求的审查而拓展了主管范围,并最终对其他权力形成制约,促进国家的法治建设进程,实现社会的公正和谐。

另外,民意还可以以专家证人的形式进入司法。专家证人是英美证据法上的一个概念,最初设立的目的是帮助法官解决专业性的问题。后来虽然为当事人所聘请,为当事人服务,但究其本质,专家证人的地位仍然具有相对独立性,他利用自己的专业知识去解决法官在某些专业问题上认知不足的难题。我国的诉讼法均未规定专家证人,后来才在最高人民法院《关于民事诉讼证据的若干规定》中提出:“当事人可以向人民法院申请由一至二名具有专门知识的人员出庭就案件的专门性问题进行说明。”

然而这并非笔者想要表达的重点。笔者想说的是,法官以外的其他法律人、普通的民众或者组织能否以某种形式向法庭提供法律意见?显然,这种形式与专家证人不同。专家证人只是解决证据法上的事实认定问题,最多也仅是解释某种规则的行业或专业的解释意见,其中并不涉及案件的处理意见。而笔者想要表述的是民意不仅要进入司法,而且要为法官提供当前案件的具体解决方案的建议,也即所谓的“法律专家意见书”。

在以前的司法实践中,“法律专家意见书”常被律师或当事人用于增强自己论证的方式。然而,自2003年的刘涌案后,法律专家意见书开始遭到质疑,谩骂或者非议专家意见书,似乎成了一种主流舆论。反对法律专家意见书的观点无外乎以下三个原因:一是法律专家接受当事人的聘请为其论证法律意见,很难保证中立性和公正性;二是法律专家以学术权威(可能还“反动”)、话语霸权影响法官独立,干扰司法公正[①];三是法律专家意见书于法无据。因为它是就案件的处理向法院提供意见,因此绝不能简单归为专家证言。因为它只是作为专家意见,并非证据提交,法院也无法对意见书作出回应。对此,法学教授陈兴良反驳道:法律专家意见书作为对案件的一种参考性资料,并不具备法律的约束力。“我们当初在对这个案件进行论证的时候,是根据被害方提供的材料作出的意见,这份意见只是给公安机关的一种参考。专家意见书不可能干预司法,对案件论证的过程,对于我们来说也有一定的研讨成分。”[②]

陈教授的这番反对并没有打消我们对法律专家意见书影响司法公正和内容中立的担心。目前,法律专家意见书以一种非常不正规的方式提出,使其逃避了法官的审查,而且也未通过正式的交涉过程和表达途径。法律专家的意见在法律上可能是合理的,但因为没有为其提供一个正式的表达机会,因而法律专家意见书常常会招致误解。笔者认为,要解决这一问题,完全可以借鉴西方的“法庭之友”制度来规范法律专家意见书。

法庭之友的早期是限于与案件无利害关系的人。新牛津英语字典将其定义为:在特定的案件中,为法庭提供中立性建议的人士。[③] 而布莱克词典将其定义为:非诉方由于诉讼标的(主要事实)涉及其重大利益,提请法院或受法院邀请而在诉讼过程中递交书面建议者。[④] 与我国的法律专家意见书不同,法庭之友可以是与诉讼标的有重大利益的人,因此不仅仅是法律人,而且所有的有关民意都可以通过法院邀请或申请提请法律意见书。这样,民意就可以通过规范的方式进入司法领域,而法官也愿意倾听更多民意的意见,以便确定公正的判决。

对照“法庭之友”,法律专家意见书至少有三个方面需要规范:其一是扩大提供意见书的范围,不仅仅是法律人,所有关注此类案件,或者与此类案件有着利害关系的人,都可以以书面形式提出;其二,法律人或其他利害关系人发表意

---

① 何兵教授认为,法律专家意见书是“以所谓的专业权威干扰司法的独立。法学家们与案件无任何利害关系,无任何法律地位,法学家们有何权利向法院出具专家意见书?如果法学家们可以向法院出具专家意见书,那么,其他有权有势的人都会这么做。如此一来,司法独立就成了镜中之花、水中之月。”参见何兵:《专家意见书与司法公正》,载《浙江人大》2003 年第 11 期。

② 参见陈兴良:《“专家论证”之我见》,载《检察风云》2004 年第 2 期。

③ The definition of Amicus Curiae is “an impartial adviser to a court of law in a particular case”. See *The New Oxford Dictionary of English*,54(1998).

④ The definition of Amicus curiae is “a person who is not a party to a lawsuit but who petitions the court or is requested by the court to file a brief in the action because that person has a strong interest in the subject matter”. See *Black's Law Dictionary*, 83(2001).

见,必须申请或受法院邀请,其意见必须向法院提交,而非向当事人本人,从而保证法律专家意见书的公正性;其三,必须保证专家意见书和其他证据和意见一样,给予其充分的交涉机会。

(二)民意间接影响司法的制度安排

民意要想直接参与司法过程,就必须以一种诉讼法主体的角色参与其中。由于身涉其中,直接受到程序和规则的制约,因而不存在干涉司法独立之虞。然而,民意通过间接的制度安排表达出来,就立即涉及与司法独立的关系。当法意与民意发生重大偏差时,民意并不能强制法官作出顺乎民意的判决,而应该积极参与立法,将民意的诉求制定成法律,再通过法律来拘束法官。

把民意作为民主国家的前提和基础是近代启蒙运动的重要理论成果。卢梭在《社会契约论》中提出了一个国家的基础在于民意,这个理论观点对近现代的政治制度和法律制度产生了深刻的影响。多数人的意志虽然是民主国家中一切政治、法律活动获得合法性的根本依据,但是我们却不能将其直接移植到法律领域,作为审理案件的依据。

如上所言,真正的民意必须通过一定的制度保障才能获得,其一是掌握充分的当前案件的信息,其二是足够的法律专业知识和技术。然而,这两方面在司法实践中临时形成的民意中很难保证。人们所了解的案情大都是经过媒体过滤的案情,而媒体为了追逐民众的兴趣则会故意地夸大某些事实,并且将其贴上诸如“弱势群体、强权者”等标志性的符号,而这些符号可能除了会挑逗起民众情感之外,并不具有任何的法律意义。作为媒体信息的受众,普通民众并不具有专业的法律知识。如此,非理性的判断便产生了。如果我们将审判的结果建立在这种民意的基础上,其危害性可想而知。

经由严格的立法程序得以存留于确定条文之中的民意,其非理性成分往往要少得多。因此,当法意与民意发生冲突时,人民最应该做的,不是展示其强大的意志力以对法官的司法活动施加影响,而是以此意志力去启动一个修订相关法律的程序,通过充分的讨论,在恰当排除了即时情绪影响的基础上,以足够的理性对原有法律予以修订改进。

在美国历史上,烧国旗从来不被看成是可以容忍的行为。美国民众以一种平民化的、带些幽默的形式来爱着他们的星条旗。因此在1974年斯宾士案中美国联邦法院判定烧国旗可以作为一种“表达自由”的形式时,美国民众从来就未放弃对联邦最高法院这一判决的不满。然而,他们并未直接干涉大法官们的司法判决,而是经由议会以制定立法的方式来试图影响大法官。在新的国旗法被法院判定违宪之后,民意又试图通过修改宪法的形式得以传达。1995 年参议院第一次对宪法修正案提案表决时,仅三票之差而未通过。当然,笔者将这个例证在这里提及,并不是想说明我们和美国这两个遥遥相对的国家在国旗法上的重大差异的原因,而是想说明,当法意与民意发生重大分歧时,制度化的民意立法才是解决问题的正确方式。

立法应该是民意的体现。我国《立法法》第 5 条明确规定,“立法应当体现人民的意志,发扬社会主义民主,保障人民通过多种途径参与立法活动”。中共十六大报告指出:“要健全民主制度,丰富民主形式,扩大公民有序的政治参与,保证人民依法实行民主选举、民主决策、民主管理和民主监督,享有广泛的权利和自由,尊重和保障人权。”同时,民意立法也是构建和谐社会的推动力。①

与过去的机关立法相比,现在的立法过程中学者的观点得到了重视,比如合同法、劳动合同法、物权法等最近出台的法律,都是在学者制定的草案上修改通过的。然而,与司法改革的弊端一样,真正成为制度利用者的民众却充当了旁观者的角色。直到目前为止,民意还不能说得到应有的重视。从形式上看,这些立法不能说不慎重,但由于缺乏充分的事前讨论,各阶层的意见并未在立法中得到合理的传递,直接导致了法律实施的困难,甚至激化了新的社会矛盾。可以说,我国立法中的民意传送的困难是由于我国当前的立法与司法体系都还缺少足够有效的参与和平衡机制。如何保证立法过程中民意的充分表达,应是当前立法中最为困难的问题。尽管“民意立法”是现阶段广大民众对立法活动所表现出的积极参与意识,具有一定的普遍性,但总会表现为一定的阶层性、群体性和地域性。由于不同阶层、不同群体和不同地域的“民意立法”总是从保护自身的利益和愿望出发,这样往往会出现利益的冲突和对抗,从而出现了如果在法律的制定中保护了一部分人的利益,就会损害另一部分人利益的两难境地。

塞尔兹尼克在富勒和哈特的理论中发现了一个最大公约数:两者都认为政府的威慑性命令不是法的概念的核心。由此引出的结论是:强制不是法的内在组成部分,而只是法的外在支持条件之一;因此不应将法的强制作为法律现象的基准。法的核心是“权威”,包括哈特所谓的“第二规则”——权威性决定的规则,以及富勒所谓的“合法性”——法的道德成就以及减少规范制定和适用过

① 参见陈雪平:《根植“民意立法”,实现民主立法》,载《当代世界与社会主义》2007 年第 1 期。

程中的恣意的合理性条件。[①] 因此,要想通过法律的预置来规制社会行为和解决社会纠纷,避免政府想当然的恣意行为,就必须在立法中充分考虑到最为广泛的民意的诉求,给予各种不同利益主体表达自由,这样才能制定出符合民意的法律规范。比如,在 2008 年 3 月份的全国人民代表大会上,房地产商代表提出了有利于房地产商的主张。主张一经提出,就受到了强烈的质疑。针对其观点,有代表进行了逐条的批驳。虽然有些主张让利益相对人感到可憎,但正是通过各种不同利益主体观点的碰撞、争辩和妥协,最终才会形成符合最广泛民意的法律规范。因为各种利益都在其中得以体现,各利益主体均参与了立法形成的过程,保证了法律规范本身的可接受性。

从以上的讨论可以看出,立法中的民意并非是虚拟的统一的"人民的意志",也非是多数人的意志对少数人的压制,而是在一个人民意志概念之下分化出来的多个不同利益主体的需求相互争辩和妥协的产物。然而,上述的分析不代表否认法律是阶级斗争的产物,只不过将原来笼统的人民的意志转化为由于不同所有制形态而产生的不同利益主体的共同意志。如果我们忽视这一点,就不可能有人民内部的统一,也不可能有社会和谐。

至于民意的另一种表达——媒体,与司法独立的关系更加难以把握。媒体有时并不是将兴趣放在具有法律意义的案件情节上,而是对一些能够刺激民众感官的具有社会意义的标志词特别关注。媒体对司法案件的报道一方面满足了民众的知情权,另一方面可能在对法院未结案件的报道中,发表倾向性意见或带有明显暗示意味的言论,极力渲染一方当事人的观点,煽动社会公众的情绪。或许这种结果是媒体无意为之,但因此引起的强大舆论压力,导致某些案件无法得到公正的审理,这种新闻媒体超越司法程序,干预、影响司法独立和公正的现象,在西方被称为舆论审判。

鉴于舆论审判给司法独立的巨大破坏力,西方国家一般规定:"当诉讼案件还未了结而法庭正在积极审理的时候,任何人不得对案件加以评论,因为这样做实际会给审案工作带来不利的影响,如影响法官,影响陪审员或影响证人,甚至会使普通人对参加诉讼一方产生偏见。"[②]当然,在有关国家大事和公共利益的案件中,公正的言论是可以发表的。作为对已经审结的司法裁判,由于回应性的要求,民意对其提出批评和评论也是允许的,因为此时妨碍司法独立的个案因素也不再存在,而对该案的讨论,则可以发现法官裁决中的瑕疵,更好地有

① 参见季卫东:《社会变革的法律模式》(代译序),载〔美〕诺内特、〔美〕塞尔兹尼克:《转变中的法律与社会》,张志铭译,中国政法大学出版社 1994 年版。

② 〔英〕丹宁勋爵:《法律的正当程序》,李克强等译,群众出版社 1984 年版,第 41—42 页。

利于以后类似案件的解决。实践表明事后监督行之有效，但是事前及事中监督却与司法独立原则格格不入。

四 和谐理念下司法对民意的回应

在和谐理念下，纠纷的解决不仅仅是简单的处理，而是要达至纠纷双方当事人的信服和自觉履行，为此，法院系统提出了司法裁判要达到法律效果和社会效果的统一。如果我们将其转换为本章所探讨的法意与民意的关系时，就会发现，所谓的法律效果就是法意，而社会效果就是民意，两个效果的统一事实上就是讲要达至法意与民意的整合。为此，一方面我们小心翼翼地通过制度化的安排来防止民意对司法独立带来危害；另一方面司法也应积极地回应民意的要求。“按照回应型法的要求，司法实践者在政治与社会现实面前，不宜退避三舍，而是应当有所作为；应当积极地、能动地追求司法的政治效果与社会效果；应当以法律的方式进入政治与社会，并进而影响政治与社会；应当在政治发展、社会发展的过程中，留下法律人自己的智慧与印迹。”[①]那么在和谐社会的理念下，司法应该如何回应民意呢？

首先，要克服法官对民意的傲慢与偏见。“司法行为既是一种智慧行为，也是一种意志行为。”[②]在智慧和意志的判断基础之上，法官的个人因素在法官的判决过程中无疑起着不可忽视的作用。由于法律知识和技巧的专家身份和对审判权的垄断，法官在面对民意时常常表现出“民意反对是因为他们不懂”的知识傲慢。因为法官一开始就将自身放置在绝对真理化身的角色定位上，所以他很难再接受和倾听民意表达中合理的意见，最终造成司法与民众的意见裂痕越拉越大，司法者与当事人及民众的矛盾也日益积累。在司法实践中，我们不难看到，在某些案件中，即便法官竭力地公平裁判，但还是会发生当事人和民众不满意的情况，甚至引发司法公信力的危机。司法回应民意，就要求法官尊重当事人的诉讼主体地位和民众参与司法的角色定位，运用自身所掌握的资源和专业技术来消弭精英知识与大众话语在意思表达上的断裂与误解，而不是用所谓的信息不对称、知识结构差异，去打压民众表达中的“盲目”、“低层次”，结果自然遭到民意的反弹，无助于司法和谐关系的构建。

---

① 参见喻中：《法律效果与社会效果的思量》，载《法制日报》2008年4月20日。

② 〔德〕罗伯特·霍恩：《德国民商法导论》，楚建译，中国大百科全书出版社1996年版，第64页。

其次,司法对民意的回应则必须保持司法独立的特性。法官该如何对待民意问题,表面上看是法官职业思维问题,其实质还是一个法官独立行使审判权的问题。法官独立性和中立性是法官的誓言,是司法制度的灵魂。"法官无论是从事分内工作还是分外工作,即使是进行政治活动,其行为都不得有损于对自己独立性的信任。"[①]依据现代法治精神,程序正义是实质正义的保障,没有程序正义就没有实质正义。为了实现程序正义,就必须对民意予以必要的节制,给法官一个超然、独立和理性思维的制度空间,为此,人类司法的历史,经历一个由"广场化"向"剧场化"的转变过程。我们在上一节所构建的民意进入司法的种种制度安排,其目的也正是为了使民意实现从"广场化"向"剧场化"转变,由"非理性"向"理性"转变。然而,在某种意义上,我国的司法审判却存在着司法审判的"广场化"的回归。

最高人民法院副院长张军在全国大法官"大学习、大讨论"研讨班上强调:"审判工作既要讲法治也要讲政治。法官既要养成法律思维,更要培育政治智慧,必须具有综合的、真正高水平的司法能力。"法官并不是不能以政治家的视角来校验民意。在某些具体的境况下,法官在发现法律时必须进行的研究过程与立法者自身职责所要求的研究过程非常类似。作为政治家参与并影响到国家政治生活还一度成为美国法律人的职业理想。[②] 然而,法官与政治家的思维毕竟有所不同。政治家运用大众话语进行观察、思考和判断,民意的呼声就是行政官员关心的问题,所以政治家的逻辑与情理更偏重于大众的标准,并刻意地与民意保持一致。相对于政治家立场的倾向性,那么法官立场则具有中立性。司法中立是指法院以及法官的态度不受其他因素,包括政府、政党、媒体等影响,至少在个案的判断过程中不应当受这些非法律因素所左右。法官注重缜密的逻辑,谨慎地对待情理与情感等因素。[③]

最后,要在法意之下倾听民意。与民意相对,法意一般被解读为法律的真实意思。虽然对何谓法意的理解以及探寻法意的进路有所不同,但是有一点是共同的,即当法意与民意发生冲突时,法官裁判案件的基础始终是探求法律的真正含义,而不是去寻找富有激情却难以把握的民意。美国著名法官卡多佐主张"历史或习惯、社会效用或某些逼人的正义情感,有时甚至或是对渗透在我们法律中的精神的半直觉性的领悟,必定要来救援焦虑不安的法官,并告诉他向

---

① 宋冰编:《程序、正义与现代化——外国法学家在华演讲录》,中国政法大学出版社 1998 年版,第 24 页。

② 〔美〕安索尼·T. 克罗曼:《迷失的律师——法律职业理想的衰落》,周战超、石中一译,法律出版社 2002 年版,第一章。

③ 参见孙笑侠、应永宏:《论法官与政治家思维的区别》,载《法学》2001 年第 9 期。

何方前进"[①]。但他依然承认,"法官不是一位随意漫游、追逐自己美善理想的游侠。他应从一些经过考验并受到尊重的原则中汲取他的启示。他不得屈从于容易激动的情感,屈从于含混不清且未加规制的仁爱之心"[②]。就连坚持道德解读的法学家德沃金先生也承认,法官必须使他们的判决与论证和现存的法律体系保持一致,认真地对待规则,忠诚于法律,而不是对任何特定个人对法律是什么的观点的忠诚。[③] 自康德以来,法官不再被看成是自动贩售法律的售货机,法官被赋予了不同程度的自由裁量权,这种裁量甚至包括修正或创制法律。然而无论法官的自由裁量权的界限有多宽,忠诚于法意、认真对待规则仍然是法官的基本义务。

如果我们把司法裁判视为一个普遍实践言说的特殊形式的话,我们会发现法官的裁判过程事实上是说服他所面对的听众过程。如果他所指向的听众接受了他的判决理由,那么这一判决无论是在法意上还是民意上都将获得正当性。从这个意义上,法官不应再被视为孤立的角色,而是有与听众相交流的过程。在此过程中,法官必须回应他所面对的听众的要求。听众是佩雷尔曼在其论证理论中所使用的概念,在他与奥尔布里希茨—泰特卡合作完成的《新修辞学:论证文集》一书中作出这样的定义:"听众就是演说者想通过其论证来影响的人的总称。"那么谁又是法官指向的听众呢?依佩雷尔曼之见,法官必须面对三种听众:首先是争议的当事人及其律师,其次是法律职业者,最后是公众。这三种听众构成了作为裁决合理性之校验标准的虚构听众。司法对民意的回应性正是围绕着这三个层次的听众展开的。

司法对民意回应的第一个层次,也是最直接的对象应该是回应当事人的诉求,让当事人满意。虽然法官没有义务要按照当事人的意愿进行裁判,但法官有义务对当事人及其律师所说的那些话作出回应。这项义务要求法官注意当事人及其律师的发言,同时做好准备,若当事人及其律师的言论让人信服时修改自己的观点,若当事人及其律师的言论不能令人信服时给出其不能信服的理由,并最终在此基础上作成判决。因此回应性原则承担了两项职能:一是作为批判性反馈机制的基础,一是通过提供司法责任的测度标准以加强法院的合法性。

法官回应于当事人及其律师,还产生了另外一项责任,即保证各方当事人

---

① 〔美〕本杰明·卡多佐,《司法过程的性质》,苏力译,商务印书馆 2003 年版,第 24—25 页。

② 同上书,第 88 页。

③ 〔英〕莫里森:《法理学:从古希腊到后现代》,李清伟等译,武汉大学出版社 2003 年版,第 87 页。

具有“相同的占有信息和处理这些信息的交涉能力”。这是辩论主义的基本要求,只有在双方对等情况下的辩论,才能尽可能地发现案件事实和获得公正的处理方案。原则上,任何人都有获得这两者的可能性。但不可否认的现实是,即便有主观上的相同努力和客观上相同的帮助——事实上就连相同的主观努力和客观帮助也不曾可得——不同的人仍会形成不同的论辩能力。然而,这绝不改变下列事实:原则上,任何人,只要其超过弱智的界点,都能够参加论辩。法官所关心的是,如何尽可能通过制度和职权,使双方的信息占有和交涉能力对等起来。个案的妥善处理构成了整体的社会和谐的基础,因此无论如何,法官都不能忽视在具体个案中当事人及其律师的诉求。

司法回应民意的第二个层次是对法律职业共同体的回应。在作出判决时,法官必须依一种可重复性的思维来作成他的判决。他必须尽量地设想其他法律人面对此类案件时,会不会采取与他相同的裁判理由。然而这只是法官的一种假定,这种假定在司法实践中由多数法官审判时则被实化为少数服从多数原则,即认为多数法官所持的裁判意见代表了合适的裁判,代表了正确的法律发展方向,因而能为其他法律职业者所认同。

然而,这并不意味着“凡现实存在的东西应保持不变”。更为常见的回应发生在案件宣判之后。法律职业者主要是通过对公布的裁判——不仅限于判决书,还包括判决证立的过程——的批判性评价来发生影响。这些言论大部分通过法律评论、论文、专著等形式发表,也通过其他形式出现,如法律职业者在年会或新闻媒体上的发言以及法官和律师之间的非正式交流。这些言论极大地影响了对先前判决的接受,而且把基于先前判例的、与法庭上正在审理的案件有关的社会命题置于一个更大的、更为重要的视野中。法官对这些批评的回应是通过类似案件的适用来完成的。在相似的案件中,法官如果要沿用这一裁判理由,他就必须针对该裁判的批评进行反驳;相反,如果他要抛弃这一裁判,依然要说明抛弃这一规则的理由,因为他负有保持法律一致性的责任。

司法对普泛民意的回应,在判决作出时很大程度上是一种法官自己的假设,也即他在内心假定该裁判面对公众时,公众会有什么样的反应。谁要是诉诸普泛听众,他也是在诉诸其自身,因为其自身也是这种听众的一员。所以那些连讲话者自己都不相信的主张和那些连讲话者本人都不接受的建议,均排除在面对普遍听众的论证过程之外。也就是说,法官想要说服公众,首先要说服他自己。裁判作出时,法官以回应性的态度来面对公众非常重要。有时对公众的回应是现时的,他可以根据已经通过制度安排进入司法的民意,及时作出符合当时民众反应的判决,但“民意”并不能决定案件的走向,有时在某种条件的促使下,“民意”会变得非理性,有时则会出现两种或两种以上意义相反的“民意”。在这些情况下,“民意”并不是在理想条件下——理性人的状态下——作出的,因而并不是真正意义的听众,但法官依然要根据他自己所理解的“理性状态下的公众的意愿”作成裁判。虽然这一切都是预想的,但对法官来说,他就不得不遍及周遭地考察当前案件的各个方面,并且以政治家的情怀来对法律的未来走向作出预测。从这个意义讲,所谓的对公众的回应很大程度上依然是法官对自己作出裁判规则的真诚性和严肃性的要求。虽然理性的民意在事实上很难形成,但并不代表我们不能设想这一概念。

五、法律方法论是弥合法意与民意冲突的主要手段

民意通过程序性的制度安排进入司法,是为了保证民意以一种规范化的形式来参与司法,增加其理性因素;在司法过程中,法官回应民意是其裁判义务的要求。然而制度安排和裁判义务都不能真正解决法意与民意的冲突。它们只是法意与民意冲突解决的外在条件。只有在司法裁判过程中,法意成为裁判的正当性基础时,才会出现真正的法意与民意的冲突。因此,要弥合法意与民意的冲突,必须立足于司法中心主义的视角,到法律的具体适用过程中去找答案。

根据我国法律的规定,只有法律和法规以及规章,才是法官裁判的合法性基础。法官必须将其裁判结果与现有的法律规范联系起来。然而事实上,真正决定裁判结果的则是日本学者滋贺秀三所称的“中国型的正义衡平感觉”,它是深藏于各人心中的感觉,不具有实定性,但却引导着听讼者的判断。[①] “中国型的正义衡平感觉”实际上不是一种感觉,而是指法官在依据情理评估假想对手们之可能有的反证时所进行的思考。法官处理案件时,他会预先设想自己的每个判断对于各方情绪、心理的影响,必要时他会据此作出策略上的调整。从本质上说,它并不是严格意义上的法意的体现,而是根据情理和民意作出的。因此在裁判的形式与内容之间存在着割裂,单纯的裁判文书的分析并不能反映法官作出裁判的所有考量。

从 20 世纪 60 年代开始,随着法律方法研究的深入,法官裁判不再被固执地看成是法官独断性过程,而是一种对话式的理性商谈。裁判的正当性也不再固定在是否严格表达了法意,而是在交涉的过程中是否说服了他所面对的听众。如此一来,法官便不能再简单地宣称他的裁判来自某一法律规范的规定,

---

① 〔日〕滋贺秀三:《明清时期的民事审判与民间契约》,王亚新等译,法律出版社 1998 年版,第 13 页。

而必须对法律规范本身的合理性,以及听众的意见进行解释和回应。这其中,各种法律方法都可被用于弥合法意与民意之前的冲突。比如对于民意对法律规范的误解,法官就可以从立法目的、其所体现的价值等方面对法律规范进行解释,从而消除误解,使法意与民意达到一致。而当民意和法意各存在一个强有力的支持理由时,法官则可以从二者的支持理由出发,衡量在当前情况下,何种支持理由应该给予更优势的考虑。

在泸州遗赠案中,法官面临着一个艰难的选择,一方面在民法和继承法中都可以直接找到支持原告张学英有权继承的法律依据,另一方面由于张特殊的身份而引发的反对意见的民意也不可忽视。由于此时法意与民意的巨大差别使得法官无论是依靠法律还是依靠民意裁判都承受着巨大的质疑。于是法官就放弃了对规则的直接适用,而转向民法中的"公序良俗原则"和婚姻法中的"忠实义务"。原告张学英的行为不仅仅是一种不道德的行为,而且属于违法的行为,违反了公序良俗以及夫妻忠实的义务。这样,民意的道德诉求就被巧妙地转化为法律问题。接下来,法官以此原则为标准,去审视相关的法律规则的规定:"遗赠虽然是民事当事人实现自己权利,处分自己的权益的意思自治行为,但遗赠人行使遗赠权不得违背法律的规定。"据此分析,法官可以轻易地将违反公序良俗的张学英同一般的受赠人区别开来,在此基础上再认定该遗赠行为无效便顺理成章了。通过法官利用法律原则对法律规范的重新阐释,原本冲突的法意与民意便一致起来。

相反,如果法律方法运用的不得当,即使裁判是公平的,其结论也很难被接受。1997 年的张金柱案虽然已经历经十余年,但至今仍被众多学者当作"新闻审判"和"媒介杀人"的例证。按照《刑法》第 133 条,交通肇事即使因逃逸致人死亡,最多才应当处 7 年以上有期徒刑。然而我们注意到真正导致法官判处张金柱死刑的是另一个罪名:故意伤害罪。为了证立这一罪名,法官必须将张后来的行为与交通肇事的行为区别开来。首先,法官必须解释造成第二名被害者死亡的行为并不是交通肇事罪的"因逃逸致人死亡",而是故意伤害。虽然我们可以从立法资料中找到该规范的意思是指"行为人在交通肇事后为逃避法律追究而逃跑,致使被害人因得不到救助而死亡的情形",但从当时的法律条文中,却找不到明确的相关规定——有关该条文的解释以及张致人死亡的行为的性质认定在 2000 年的最高人民法院《关于审理交通肇事刑事案件具体应用法律若干问题的解释》才加以规定。在没有明确的法律规范规定的情况下,法官就必须对该规范的具体含义进行解释,并且承担着证成的义务。然而,法官并未对此规范作出解释。其次,判处张金柱犯故意伤害罪,必须确定其有故意的主观心理。法院认为,张金柱撞人后还能驾车回到顺行道上,并在围追堵截的情况下驶过一座桥、一个十字路口、三个丁字路口,能在障碍物前主动停车,在被打了一耳光后说,犯了法也不应该挨打,因此他是有清醒意识的,应当知道车底下拖着人。法院支持了公诉人的观点,但未对辩护人的观点作出评价。辩护人的观点显然不正确,即使因高度醉酒没有神志或神志不清,按《刑法》第18条第4款的规定,其行为仍应被推定为故意的行为而负刑事责任。虽然在法院看来这只是法律上的常识,但对于被告人和民众来说,却产生了这样一个疑问:也许张金柱真的不知道车下拖着人,而只是交通肇事后的逃逸行为?然而,从判决书中,这样一个关键的事实认定,却不能找到更缜密的论述和证据支持。由此可见,在法律方法的运用上,本案的判决至少缺乏对相关法律条文的解释和对故意伤害罪中故意行为的合理分析和证据支持。这给人一种错觉,认为法院的判决完全是为了迎合民意的诉求,而故意地为张金柱强加了一个"故意伤害"的罪名。一审判决书中甚至使用了这样的表述:"(张金柱案)社会影响极坏,不杀不足以平民愤。"这种非法律性的语言出现在判决书中,更加深了人们对于判决结果与社会舆论之间的必然联系,也成为后来此案招致批评的把柄。

当法意与民意发生冲突时,法官往往处于进退维谷的境地。如果他顺应了社情民意,尽讨舆论之欢心,那就会成为舆论审判的帮凶,失去作为一名法官最为宝贵的职业道德品质;如果他两耳不闻窗外事,坚持发出自己的声音,那又很有可能引火烧身,成为舆论新的攻击对象。因此法官在审理此类案件时,一般会尽量促成案件双方当事人的调解或和解,以求逃避对冲突的实质审查。彭宇案在一审判决后遭到民意激烈的抨击。在法律上非常重要的彭宇是否撞人的事实已经被"好人没好报"的舆论所侵蚀。依此分析,我们就不难理解,二审的结果为何以双方当事人和解撤诉而结案,并且法院对于和解协议书的内容秘而不宣。然而,这并不是一种很好的纠纷解决办法。非但没有解决纠纷,反而引发人们对救助行为发生纠纷的恐慌心理,打破了人与人之间的信任,不利于和谐社会良好风气的建立。事实上,如果使用法律方法,彭宇案并不是一个难以解决的社会难题。在该案中,根据双方提供的证据,彭宇是否撞人的事实处于真伪不明的状态①,我们完全可以按照证明责任规范来进行判决。虽然法律并没有规定如何分配证明责任,但从由受害人来承担整体意义上的举证责任可以推知,这类案件的证明责任应该由受害人来承担。受害人不能提供证据完成他

① 一项争议事实"真伪不明"有着严格的前提条件:(1) 原告方提出有说服力的主张;(2) 被告方提出实质性的反主张;(3) 对争议事实主张有证明必要,在举证规则领域,自认的,不争议的和众所周知的事实不再需要证明;(4) 用尽所有程序上许可的和可能的证明手段,法官仍不能得到心证;(5) 口头辩论已结束,上述第3项的证明需要和第4项的法官心证不足仍没有改变。参见〔德〕汉斯·普维庭:《现代证明责任问题》,吴越译,法律出版社2000年版,第22—23页。

的举证责任而直接败诉的后果,与受害人未能完成说服责任使事实陷入真伪不明因而承担败诉的风险,其间只是判决的依据不同,而在实际的后果承担上并无不同。因此可以看出,在救助行为纠纷中,被救助者承担了更大的责任和风险。通过减轻救助人的责任和风险来鼓励人们从事救助行为,反过来也增强了对受害者的利益保护,因为该制度增加了受害人受救助的机会。这与我国的传统美德并不矛盾。之所以发生法意与民意的冲突,事实上是法律方法运用不当的结果——法官将对事实的认定建立在一个有悖于民意的推论之上,从而得出了与民意严重冲突的裁判。

法意与民意的冲突的解决必须站在维护法治的基础上。这表明,即使是关注了民意,也必须使用法律语言和法律逻辑来论述,而不能是朴素正义思想的直接表达。法律方法论通过解释、论证、衡量等法律技术,弥合法意与民意基于不同的交流平台所产生的对法律理解上的差异、误解,最终在一个宽泛的法治视野里寻找最为适当的纠纷解决方案。然而遗憾的是,至今我们仍很难看到法官的司法裁判对法律方法的自觉运用,一些法官还抱有唯结果公正论的观念,认为只要达到公正的结果,而没有必要对方法和过程作过多的关注。或许出于法官的职业傲慢,一些法官甚至不屑于对民意作出回应。就裁判的作用而言,最为直接的目的当然是解决当前的纠纷,而更深刻的目的在于为社会提供一套行为模式,行为的法律后果由该案例予以预测。法官在纠纷处理中主动地寻求更合理的法律方法,就可以增强裁判的公信力和教化作用,从而达到减少纠纷发生,实现社会和谐的目的。

第九章

法律内部的冲突与调整:促成社会和谐的条件

胡锦涛总书记在第22届世界法律大会上指出:“法治是以和平理性的方式解决社会矛盾的最佳途径。人与人的和睦相处,人与自然的和谐相处,国家与国家的和平共处,都需要法治加以规范和维护。”那么,什么是和平理性?为什么法治必须以和平理性的方式解决社会矛盾?法治如何以和平理性的方式解决社会矛盾?对于这些在本体意义上已是不言而喻的问题的方法论解答似乎并不像看起来的那么简单。

所谓理性是指按照事物发展的规律和自然进化原则思考和处理问题的态度。考虑问题、处理事情不冲动,不凭感觉做事情,即规则之思。《现代汉语词典》的解释是:(1)指属于判断、推理等活动的认识;(2)从理智上控制行为的能力。需要注意的是,理性就其方法论意义是指在理论中依靠逻辑推理得到可靠结论,即当前提可靠时,它能保证结论是可靠的。而在具体的实践中,前提的可靠和推理形式的有效是正确思维的两个必要条件,缺一不可。具体到司法实践则表现为法律规范体系的可靠和法律推理等司法方法的有效两个方面。

“法律是使人类行为服从于规则之治的事业”①,要实现和谐社会和和谐法治,首先要有一套和谐的法律规范体系,即有法可依。张文显教授在论及和谐社会与和谐法治的关系时指出:“和谐法治包括三个方面:(1)法治的内部和谐,即法律规范体系与法律价值体系的和谐,法律运行各个环节的和谐;(2)法治外部的和谐,即法治与社会的和谐,也就是依法治国与党的领导、人民当家做主有机统一;(3)法治以和谐社会为目标,为构建社会主义和谐社会服务。”②第二,法官要善于通过对纠纷涉及的事实问题及法律问题的司法判断、对法律规则的恰当选择和缜密的法律推理,得出最接近正义的裁判结果。这两点可归结于善法和良治。善法良治既是法治社会的基本要求,也是实现法治社会的基本途径。所谓善法,就其价值论意义是指有助于促进公平、正义等普世价值实现的法律体系及制度,究其方法论意义是指对外在世界行为有较好规范,而内在体系一致、明确。所谓良治,即以各种法律方法之技巧,熨平法律之褶皱,填补法律漏洞,协调法律冲突。正如现代法律理论所揭示的,理想的善法不过是应然意义的评价标准,一个难以实现的神话,实然的法律总会存在各种漏洞及冲突,因为善法之不可得,更显良治之必要。本章旨在表明,法律冲突并不仅仅表现为立法意义上的规范冲突,而且在司法过程中进行法律解释、法律推理、价值衡量时,一规范体系内的法律概念、法律规范、法律原则、法律价值等之间存在

① 〔美〕富勒:《法律的道德性》,郑戈译,商务印书馆2005年版,第124页。

② 参见张文显:《在构建社会主义和谐社会中实现和谐法治》,载中国政法大学科研处编:《法治与和谐》,中国政法大学出版社2007年版,第20页。

的矛盾与冲突，唯有从方法论的角度，把法律冲突理解为一个动态的过程，才能更好地理解法律冲突的性质、表现形式，并通过对法律及法律思维的正确认识，实现法律与社会的和谐。

一、法律冲突的性质

法律冲突作为一个概念通常是国际私法领域的概念，指由国内法或国际条约规定的，指明某一涉外民事法律关系应适用何种法律的规范。在国内，虽然法律是一个体系，但那只是立法上的逻辑一致性，实际上法律规范之间还是存在着各种各样的冲突，甚至法律概念、法律原则以及法律方法等都会出现矛盾与冲突。例如，萨维尼认为，每一项法律关系只存在一个本体，所以，传统冲突规范中只有一个连接点。但一个连接点指向一个特定的法域，并不一定能够反映法律关系中往往存在的多种连接因素；被指定作为准据法的法律，也不一定为法院所了解。[①] 但是，随着历史的发展，社会关系的复杂，即使在同一法律体系内部也不可避免地会产生法律冲突，有时这种冲突还会变得异常普遍和复杂。因此，我们对法律冲突需要做更宽泛的理解，指两个或两个以上的不同法律同时调整一个相同的法律关系而在这些法律之间产生矛盾的社会现象。一般来说，只要法律对同一问题作了不同规定，当某种事实将这些不同的法律规定联系在一起时，法律冲突便会发生。例如，新的《婚姻登记条例》不再要求必须婚检，但此前的《母婴保健法》却又规定“男女双方在结婚登记时，应当持有婚前医学检查证明或医学鉴定证明”，于是围绕申领结婚证要不要医学证明从理论到实践引出了两种截然不同的意见和做法。

对于通常所理解的法律冲突，可以遵循三个原则予以处理：上位法优于下位法，新法优于旧法，特别法优于一般法，即使在三个原则之间产生冲突也可以通过它们之间的优先关系予以处理，在具体的司法过程中这类冲突并不构成适用的困难。因此，我们这里讲的法律冲突并不是立法意义上的法律规范的冲突，而是在司法过程中，由于法律概念空缺结构、法律规范的缺省和法律价值的冲突导致的法律解释、法律推理和价值衡量中出现的冲突。

在司法实践中，对于一个具体的案件的审理总体上表现为一个演绎推理的过程，确认的案件事实是小前提，适用的法律规范是大前提，对具体案件的裁决是推理得出的结论。从理想的角度看，我们希望每一个现实中的行为或事实都

① 参见肖永平：《冲突规范的现状及其发展趋势》，载《学习与探索》1996年第5期。

对应于一个具体的法律规范,当需要审理一个案件时,我们就在有关的法律渊源中寻找、发现可供适用的具体的法律规范。通常认为这样一个找法的结果有三种可能:其一,有可供适用的法律规范;其二,没有可供适用的法律规范,即存在法律漏洞;其三,法律虽有规定,却因过于抽象而无法直接予以援用,还需加以具体化。若出现第一种情形,则应对可适用的法律规范进行狭义的法律解释,以明确其意义内容,区分其构成要件及法律效果之后,方可直接援用;若出现第二种情形,则应对所存在之法律漏洞进行漏洞补充,以获得可供适用之具体法律规范方可援用;若出现第三种情形,则应对其加以具体化之后方可获得供援用之法律规范。[①] 以上这三种情形分别凸显了三种不同的法律方法,第一种情形对应于法律推理,第二种情形对应于漏洞补充,第三种情形对应于法律解释。

然而,事实果真是这样吗?我们的答案是否定的,这三种不同的情形只不过是在司法过程中,把案件与法律规定联系起来时,案件的具体复杂性与法律规定的抽象规定性之间的矛盾的不同表现形式而已。所谓的法律漏洞可以理解为无法把一个具体的案件涵摄于特定的法律规定之中,并不是法律规定不存在,而是在所存有的法律规定中我们无法确定是否适用于当前的案件,或者对于当前的案件能否适用于特定的法律规范。所谓的第三种情形听起来有一定道理,但我们的问题在于:存在不抽象的法律规定吗?任何法律规范都是基于对现实、历史或未来的观察和思考,进行抽象和概括,是一种类型化的结果。甚至像“机动车辆禁止进入公园”这样看起来非常直观的规定在具体的现实面前也会让我们感觉到过于抽象,如:儿童的机动玩具车、电动自行车属于不属于机动车辆?所以,第一种情形和第三种情形之间的界限只是一种模糊的心理感觉,一个人感觉很简单、清楚的法律规范在另一个人看来可能很复杂、模糊。在排除纯粹的案件事实的认知因素的考虑后,我们可以说,困扰司法过程的一个总的问题是如何把一个具体的案件涵摄于特定的法律规范之下,从而建立起一个有效、确定的法律推理链条。问题的症结在于在这个过程中,我们发现同样的一个案件可以适用于不同的法律规定,从而可以推出不同的法律结论,我们把这种情形称之为法律冲突。例如,对于涉及知假买假的案件能否适用《消费者权益保护法》第49条产生的争议表面上看起来是在立法时缺乏对“消费者”严格界定,从而出现了关于知假买假的法律漏洞,以及《消费者权益保护法》与《民法通则》的相关规定存在冲突,而究其实质而言却可以理解为基于特定的法律价值目标对于知假买假这一行为的不同的法律态度。

---

① 梁慧星:《民法解释学》,中国政法大学出版社1995年版,第192页。

【案例1】 王海诉天津伊势丹有限公司买卖纠纷案

1996年8月27日和9月3日，原告王海分两次在被告天津伊势丹有限公司购买了5部日本索尼公司生产的SPP-L338型无绳电话机，每部价格2920元，共计人民币1.46万元，后于1996年9月20日以该电话机非国家正式进口且无邮电部进网许可证，不能销售、使用等理由要求被告退货并赔偿人民币1.46万元。被告承认其销售的索尼无绳电话机没有办理邮电部进网许可证，同时提出该无绳电话无质量问题，原告王海购买该种无绳电话机是以获得赔偿为目的，而不是为了个人消费，不符合消费者权益保护法的有关规定，因此不同意退货及赔偿。原告遂诉至天津市和平区人民法院。

天津市和平区人民法院一审审理认为，原告从被告处购买的5部索尼SPP-L338型无绳电话机，系国家明令禁止进口、销售、使用、不符合我国制式标准的不合格产品。被告的销售行为已构成欺诈，应承担赔偿责任。遂依照《消费者权益保护法》第49条、《天津市实施〈中华人民共和国消费者权益保护法〉办法》第8条第5项、第12项、第23条第1款的规定，作出1996和民初字第1445号《民事判决书》，判决：一、被告自本判决生效之日起10日内，除返还原告所购无绳电话机款人民币1.46万元外，并增加一倍货款赔偿原告人民币1.46万元；二、原被告双方的其他请求均予驳回。案件受理费1178元，其他费用200元，共计人民币1378元，由被告负担。

一审宣判后，被告天津伊势丹有限公司不服，向天津市第一中级人民法院提起上诉。天津市第一中级人民法院经二审审理，作出1997一中民终字第21号《民事判决书》，判决驳回上诉，维持原判。

【案例2】 王海诉天津市龙门大厦永安公司买卖纠纷案

原告王海诉称，我于1996年9月15日在被告处购买索尼无绳电话机两部。每部3173元，共6346元。后咨询索尼公司得知，该公司无绳电话机的频率不符合国家无线电管理委员会的有关规定，不能取得邮电部颁发的进网许可证，属国家禁止销售、使用之商品。因此要求被告退还6346元货款，并加倍赔偿6346元。要求被告支付车费、误工费损失共200元，由被告承担全部诉讼费用和其他费用。请求法院没收商品，并对被告的违法行为进行查处。

被告辩称，《消费者权益保护法》第2条规定“消费者为生活消费需要购买、使用商品或者接受服务，其权益受本法保护”。即消费者保护的前提条件是消费者应是为生活消费需要购买、使用商品或者接受服务，而王海所购买索尼无绳电话机的行为不是为生活消费需要购买，而是为了牟利，其行为不属于《消费者权益保护法》保护范畴，不同意加倍赔偿及支付各种费用的无理要求。

天津市河北区人民法院经审理认为，被告出售国家禁销产品，系违法的销售行为。但是原告在被告处及其他商场共购买23部无绳电话机,然后分别索赔,说明原告在被告处的购买,行为是在已知该产品无进网许可证的情况下实施的。从政治经济学角度讲,禁销产品,即非商品,销售行为是违法的,原告明知是禁销产品而购买的行为也是有过错的。原告在三十几天内购买现代通信设备如此之多,并非是为个人生活消费需要,因此,该纠纷不宜适用《消费者权益保护法》第49条的规定处理,应适用《民法通则》的有关规定加以处理。被告向原告出售的2部无绳电话机应交邮电管理部门处理。根据《民法通则》第58条第1款第5项、第61条第1款、《消费者权益保护法》第2条的规定,作出(1997)北民初字第2号民事判决书:一、确认原告与被告之间的买卖关系无效;二、判决生效后,被告立即退还原告王海无绳电话机款人民币6346元。

为什么极为相似的案件却出现了大相径庭的判决结果,对此不少学者给出了不同的分析。首先,我们应该看到自1993年《消费者权益保护法》颁布以后,"王海"们自1995年开始尝试"不知假买假→疑假买假→知假买假",以获取双倍赔偿的演变过程,人们对相关法律的认识也发生了相应的转变,1997年1月14日,王海向天津伊势丹有限公司要求双倍返还价款遭拒绝后,向天津市和平区人民法院递交了起诉书并最后取得胜诉。1995年12月,中国保护消费者基金会宣布设立"消费者打假奖",并且奖励王海5000元。1996年王海开始在全国各地进行打假索赔。1996年底,北京大海商务顾问有限公司成立,王海任执行董事。他的第一单生意是帮广东爱得乐集团公司打假,王海奔走十多个城市,帮"爱得乐"取缔了四十多个售假窝点。但逐渐地人们对于这种现象可能产生的后果进行反思并出现观念的分歧,有人称他为"打假英雄",认为他的行为实为文明之举,他以消费者和社会整体利益为义,其打假行为有助于职业道德的建设和社会风气的净化,提高经营者的消费者意识,促进经营者真正重视消费者、将消费者当作上帝。也有人说,王海是刁民,其知假买假的行为是一种不道德的、不正当的行为,而且从本质上来说,王海并不能算作消费者,打假是执法部门的事,只有执法部门拥有执法权,而公民个人——王海则无此权力。打假不能成为一种与生产和销售商品一样的商业行为。承认王海等人知假买假并追求双倍赔偿的行为是消费行为,短期内确实有助于消除假货、打击生产和销售假冒伪劣产品的生产者和销售者,维护消费者的合法权益。而从长远的角度来看,这样做无异于赋予所有社会上的不特定个人以"次执法权",任何人都可以拿起法律的武器来打击造假售假的商业行为,导致社会秩序的混乱和法院类似案件的积压,人们为了经济利益而争相购买价格昂贵的假货以获得格外的金钱利益,至此,原本对消费者的一种保护也就成为了众人谋取不当利益的手段。[①] 其次,观念的转变必然影响到法律思维的转变,并且通过法律解释、法律推理等具体的法律方法体现出来。司法审判或许是一个结果导向性的过程,对法律概念、法律规范的不同解释和理解仅仅是不同法律观念或价值诉求的表象。《消费者权益保护法》第49条规定:"经营者提供商品或者服务有欺诈行为的,应当按照消费者的要求增加赔偿其受到的损失,增加赔偿的金额为消费者购买商品的价款或者接受服务的费用的一倍。"该规定的明确显然取决于对诸如"消费者"、"欺诈"、"受到的损失"、"费用的一倍"等概念的解释,其中对知假买假者是否属于该规定界定的消费者争议最大。对于什么叫消费者《消费者权益保护法》并没有一个明确的定义。该法只在第2条规定:"消费者为生活消费需要购买、使用商品或者接受服务,其权益受本法保护;本法未作规定的,受其他有关法律、法规保护。"但在具体的适用过程中,这一概念显然是过于抽象了。物质资料生产的全过程是包括生产、分配、交换、消费四个环节的统一体,它们共同构成全部社会经济活动,虽然消费分为生产性消费和生活性消费,但从社会生产的目的来看,生产性的消费最终还是要转化为满足提高社会成员的生活水平的需要。随着社会生产力的发展和经济的极大进步,生产性消费与生活性消费的界限也越来越模糊。内涵的模糊必然导致外延的不确定,例如,单位大量购买并对单位成员进行分配的商品是否属于消费品?患者、学生在现阶段是否为消费者?购买大宗消费品或接受高档服务比如住房、汽车、出境游等又如何?无偿消费、间接消费、隐性消费又如何界定?[②] 能否以购买商品的数量及价值、是否重复购买及消费时的主观动机等来判断消费者的性质?等等。

对于这些问题,不少学者认为《消费者权益保护法》存在着太多的缺陷需要完善,并从立法角度提出了相应的措施,如明确惩罚性赔偿条款的适用条件,加强法律概念的明确性,例如消费者、欺诈等。切实实行和积极完善有关消费者权益的立法听证制度,通过立法来规范社会公众参与公共决策的过程,使消费者的知情权得到充分的尊重和保障。最高人民法院也出台了相应的法律解释对该规定的适用予以了更细致的界定。不少人也认识到法律的及时立、改、废是亟待解决的大问题,即这样一对矛盾:法律的稳定性与实践的灵活性之冲突,这在许多国家都是已经发生且将继续存在的重大问题。[③] 但是,既然该问题反映的是法律的稳定性与实践的灵活性之间的冲突,那么,仅仅通过单方面

---

① 参见许文星:《从王海打假试析消费者的界定》,载《商场现代化》2008年第25期。

② 参见沈赏:《从王海现象看我国〈消费者权益保护法〉所存在的问题》,载《长春师范学院学报》(人文社会科学版)2005年第3期。

③ 同上。

的法律的立、废、改肯定是不能解决问题的,并且,法律规定的不完善仅仅是法律冲突的潜在根源,现代法律理论已经证明法律体系的完善只具有相对的意义,这种潜在的冲突只有在司法实践过程中表现出来,因此,不能把法律冲突理解为一种静止的存在,而是把它理解为贯穿于立法、司法、执法等环节的动态的过程,通过有效的法律方法将抽象的冲突解决在具体的案件审理之中。最后,也许是最具有实践意义的一点是对实践的灵活性应该有一个正确的把握,法律的观念和价值认同毕竟是一个太难以把握的对象,对其过分的强调必然背离法治的基本目标,陷入个案调整的泥淖之中,因此,在认识到法治的灵活性、动态性的同时,必须将各种法律方法的应用建立在规则之治的基础之上,在复杂的冲突中达致社会的和谐。

二、法律冲突的表现形式

作为社会调控的一种形式,法律的重要功能之一就是对社会既有矛盾的化解,达至社会关系一定的和谐。然而,这一体系本身就包含了众多矛盾,这决定了法律思维的本质是一个对立统一的过程。法律纠纷的产生根源于人们现实生活中利益的冲突,冲突的解决有多种手段和途径,将争端起诉至法院,并希望法官从中裁断作出判决时便形成了一个案件。在当事人之间产生纠纷时,当事人及其代理人便开始了自觉或自发的法律推理活动,他们会根据案件的事实寻找与此相联系的法律规定,并作出案件判决的预测,但是,由于对案件事实、法律规定理解的分歧,对判决结果的预测也会有所不同。并且当此分歧不可调和时,他们才会将案件诉至法院,而法官的使命便是根据二造对案件事实的陈述,从自己掌握的法律体系中寻找和选择与此相关的法律规定,经过法律推理作出判决。因为法律体系是一个对立统一体,包含着许多的矛盾,而案件事实也不是简单的客观事实,而是按照法律构成处理过的法律事实,在对客观事实的处理过程中会有主观因素的参与,判决结果也要考虑双方利益、社会政策、社会效果、社会价值倾向等多方面的因素,因此,这样一个过程既要遵守一般的逻辑思维规律,又要使判决结果合理正当,在对立中追寻统一。这一过程涉及的多种因素,包括案件事实、法律概念、法律规则、法律原则、法律价值、法律目标等都具有对立统一的特点,法律推理的过程便是对这些矛盾对立的因素加以分析综合,从而建立起合理的法律推导关系。而作出的法律判决也是在相互对立的众多可能的推理结论中,裁断出一个尽可能公正、合理的结论,这一结论不是建立在单一的推导关系基础之上,而是众多因素相互作用的结果。

（一）由法律概念的解释衍生的法律冲突

作为推理大前提的法律规范，虽然都表现为命题形式，并有着各自不同的逻辑结构，但它总是以某种法律概念为中心而展开，而表面看来是非常明确的法律概念，其外延界限往往是模糊的。因为人们在确定法律概念并对之加以规定的时候，通常考虑的都只是、也只能是能够说明这个特定概念的最为典型的情形。正如美国法哲学家博登海默所说："在法律的各个领域中，我们都发现了棘手的难以确定的两可情况，甚至像'糖果'这类术语，虽然说第一眼看上去似乎相当具体、明确，但它在其中新含义和含义模糊不清之处也会产生解释上的困难。"①其次，法律概念、法律规则总是高度抽象、概括的，这与个体案件的具体性、多样性形成了矛盾。例如一条法律规定"任何车辆不得进入公园"，而在现实生活中有不同种类的车辆，汽车、卡车是车辆，救护车、救火车也是车辆，但这些车辆包括在该条法律规定之中吗？当一名游客驾驶着一辆卡车进入公园游玩时，该辆卡车属于被禁止范围，当一名工人受公园管理者的委托，驾驶着该辆卡车将公园内枯死的树干拉出去时，守门员能够以该条规定为依据拒绝该车的进入吗？

概念是理性思维的最小元素，其最基本的逻辑特征是按照特定标准将纷繁复杂的事物分为不同的类型或种类，这一特征对于法律具有特别重要的意义。"法律的基本作用之一乃是使人类为数众多、种类纷繁、各不相同的行为与关系达致某种合理程度的秩序，并颁布一些适用于某些应予限制的行动或行为的行为规则或行为标准。为能成功地完成这一任务，法律制度就必须形成一些有助于对社会生活中多种多样的现象与事件进行分类的专门观念和概念。这样它就为统一地和一致地调整或处理相同或基本相似的现象奠定了基础。"因此，"概念乃是解决法律问题所必需的和必不可少的工具，没有限定严格的专门概念，我们便不能清楚和理性地思考法律问题。没有概念，我们便无法将我们对法律的思考转变为语言，也无法以一种可理解的方式把这些思考传达给他人。如果我们试图完全否弃概念，那么整个法律大厦将化为灰烬"②。

法律概念还是构成法律命题、法律推理的最基本的元素，事实上，当我们对一法律命题或法律推理进行分析时，最大的困难并不在于法律命题或法律推理本身，而是怎样理解其中的法律概念。例如，波斯纳在解释为什么三段论"所有

---

① 〔美〕博登海默：《法理学——法律哲学与法律方法》，邓正来译，中国政法大学出版社 1999 年版，第 487 页。

② 同上书，第 484—489 页。

的人都会死;苏格拉底是人;因此苏格拉底会死"有效时,曾做过一个隐喻:结论之所以令人完全信服"只是因为这个结论,即苏格拉底会死,已被包含在大前提对'人'的界定中了。这个前提实际说的是:这里有一个贴了标签'人'的箱子,箱子里有一些东西,其中每一个都'会死'。小前提则告诉我们,箱子里的东西都一个名字牌,其中有一个牌子上写的是'苏格拉底'。当我们把苏格拉底拿出箱子时,我们就知道他是会死的,因为箱子里唯一的东西都是会死的。因此,我们拿出来的不过是我们预先放进去的东西。"①当我们从特定箱子里拿出某物,只不过是从众多的东西中选择特定的一个成为我们注意的对象,这个对象当然具有其所在箱子上所贴标签标示的属性,所以说我们并没有作出什么新的断定。但事实上,法律推理的难点不是把什么东西从贴着标签的箱子里拿出来,而是把现实中错综复杂的事物放进众多的贴着不同标签的箱子中去,这时候我们往往发现,有的事物可以放进不同的箱子中,而有的事物放进任意一个箱子中都不合适。当我们把特定对象放入一个箱子,并断定它具有箱子标签所规定的属性时,我们所得出的结论已超出了原有知识的范围,也就是有了知识的创新。法律作为一般调整的特点决定了它不可能事先就把错综复杂的现实和未来分门别类地依次放入不同的箱子(法律规范)中,而是抽象地规定出不同箱子容纳不同东西的条件和要求(构成要件),在案件审理时,几乎每一个案件都需要按照这个条件和要求进行具体分析,以决定把它放入哪一个箱子中去。这便涉及法律概念的不确定性及如何明确不确定的法律概念问题。从根本上来讲,法律概念的不确定性源于概念的概括性逻辑特征,事物的属性总是非常丰富而复杂的,当我们以相对简单的标准对其进行分类时,势必要抽象掉我们认为一些不那么重要或非本质的属性,这样,自然所创造的一致性和差异性同人之心智为描述自然的目的而创造的一般性概括和区分并非总是契合的。因此,在司法实践过程中,我们经常会发现规范涵摄的难题,例如,规范 A 包括 c、d、e、f 构成要件,规范 B 包括 c、d、e、g 构成要件,案件事实 T 具有 c、d、e、f、g 等属性,因此导致将案件 T 归类于 A 或 B 间产生分歧。许多案件之所以产生争议,并不是因为案件事实多么复杂,或者没有明确的法律规定,而是因为将同一被认定的事实涵摄于法律概念时产生了分歧,例如,轰动一时的许霆案即为如此。

我们在前面第二章案例 3 中讲到了许霆案。许霆案一审判决之后在社会上引起广泛关注与争论。关于许霆的行为是否构成犯罪,主要存在有罪说和无罪说两种观点。无罪的观点中有不当得利说、无效交易说、银行过错说、没有实

---

① 〔美〕理查德·A. 波斯纳:《法理学问题》,苏力译,中国政法大学出版社 2002 年版,第 49 页。

施合法行为的可能性说、行为难以模仿说、刑法谦抑说、刑罚目的说、罪刑法定说等种种主张。在认为许霆的行为构成犯罪的基础上,又有着构成侵占罪、诈骗罪、信用卡诈骗罪、盗窃罪等不同的观点。[①] 这些观点的理论基础虽然各有不同,但是不难发现最根本的分歧主要是对许霆取款行为的性质有不同的认识。虽然大家对许霆取款的事实并不存在争议,但是,案件事实的认定并不是一个简单的事实复原的过程,而是在此基础上将特定的行为涵摄于特定的法律规定之中,从而为判决结果提供正当的法律依据。这一过程是通过对案件事实予以抽象化概括来实现的。"由于涵摄本来系被应用于概念涵摄上,因此欲借用涵摄的推理认定法律事实,必须现将法律事实化为叙述语句。该叙述语句必须将其所描写的生活事实的一切特征描写出来,以充为将法律事实涵摄于系争构成要件之涵摄推理中的小前提。"[②]而法律规则总是根据特定的逻辑关系由基本的法律概念联结而成,所以,这一过程直接表现为案件事实的概念化和法律概念的解释的双向运动。就对许霆案的争议而言,主要就表现为对"盗窃"、"诈骗"、"金融机构"等概念内涵的界定,这些概念的内涵又包括"秘密"、"窃取"等基本属性,从而形成不同的判断。陈兴良教授分析认为传统刑法理论对盗窃罪的构成都要求秘密特征,认为许霆使用本人的实名银行卡到有监控系统的自动取款机上取款,输入的是自己的密码,因此取款行为是公开的,不符合盗窃罪所要求的秘密特征。但也有观点否认盗窃罪必须以秘密为条件的观点,例如日本学者提出:窃取,本来是指秘密取得之意,但即便公然实施也可构成本罪[③]。我国学者也有赞同这一观点的,认为只要是以平和而非暴力的手段,违反占有人的意思而取得财物,就是盗窃罪中的窃取,而不以实施隐秘方法为条件。[④] 这种观点有一定道理,但笔者认为窃取的"窃"本来就有秘密的意思,秘密取得也是区别于抢劫、抢夺、诈骗等其他财产犯罪的主要特征。因此,笔者认为可以对"秘密"一词赋予特定的含义即可解决这个问题,而无需取消盗窃罪的"秘密"这一特征。例如,盗窃罪的秘密具有主观性,是指行为人主观上自以为财产所有人或占有人不知晓,因此即使在客观上财产所有人或占有人知晓也符合盗窃罪的秘密特征。同时,盗窃罪的秘密具有相对性,是指行为时财产所有人或占

① 参见赵秉志:《许霆案尘埃落定之后的法理思考》,载《法制日报》2008 年 6 月 1 日。东方法眼原创,http://www.dffy.com/faxuejieti/xs/200812/20081230091537-3.htm,最后访问于 2009 年 2 月 5 日。

② 黄茂荣:《法学方法与现代民法》,中国政法大学出版社 2001 年版,第 184 页。

③ 〔日〕西田典之:《日本刑法各论》第 3 版,刘明祥、王昭武译,中国人民大学出版社 2007 年版,第 116 页。

④ 周光权:《刑法各论讲义》,清华大学出版社 2003 年版,第 108—109 页。

有人不知晓,即使财产所有人或占有人事后知晓也应当认为符合盗窃罪的秘密特征。根据这一解释,即使许霆使用本人实名的银行卡取款,事后银行能够追查到许霆,只要许霆在取款当时银行不知晓,就应当认为是秘密窃取。总之,许霆的行为是利用自动取款机的故障在银行当时不知晓的情况下恶意取款,其行为完全符合盗窃罪的特征。①

张明楷教授也认为许霆的行为完全符合盗窃罪的客观要件。(1) 许霆的行为是违反银行管理者意志的行为。根据基本的金融规则,银行管理者仅同意存款人取出与其存款额相应的现金,不会同意取款额超出存款额的情形。这一点也为存款人所知。许霆的行为不可能得到银行管理者的同意,相反必然违反银行管理者的意志。许霆的行为并不是使银行管理者产生处分财产的认识错误的欺骗行为,故不可能成立诈骗罪,当然也不可能成立作为诈骗罪特殊类型的金融诈骗罪。诈骗罪与金融诈骗罪的构造是:行为人实施欺骗行为——对方产生处分财产的认识错误——对方基于认识错误处分财产——行为人或第三者取得财物——被害人遭受财产损失。但是,机器是不能被骗的,即机器不可能成为诈骗罪与金融诈骗罪中的受骗者。所以,认定许霆的行为构成诈骗罪与金融诈骗罪,反而有违反罪刑法定原则之嫌(许霆的行为也不属于恶意透支)。(2) 盗窃的对象,只能是他人事实上占有的财物,行为人不可能盗窃自己事实上占有的财物。但是,只要行为人事实上没有占有某财物,即使其法律上占有了该财物,该财物也能成为行为人盗窃的对象。ATM 机内的现金由银行占有。一方面,存款人将现金存入了银行后,该现金就由银行事实上占有,而不是继续由存款人占有;超出存款人存款额的现金,更是由银行占有。另一方面,银行占有 ATM 机内的现金这一事实,并不因 ATM 机出现故障或者 ATM 机本身受毁损而改变。所以,许霆盗窃的对象是他人占有的财物。与盗窃罪相反,侵占罪的对象只能是行为人自己占有(代为保管)的他人财物或者不是基于他人本意脱离了他人占有的财物(遗忘物与埋藏物)。ATM 机的故障,并没有使其中的现金成为许霆占有的财物和遗忘物、埋藏物,故许霆的行为不成立侵占罪。(3) 盗窃行为的特征是转移财物的占有,其方式没有特别限定;就转移占有的取得型财产罪而言,只要不是符合其他财产罪特征的行为,就可能被评价为盗窃行为。许霆利用自己的借记卡和 ATM 机故障取出 17 万余元的行为,属于将银行占有的现金转移给自己占有的盗窃行为。即使认为盗窃必须“秘密窃取”,也只是意味着行为人采取自认为被害人当时不会发现的方法窃取,而不影响许

① 参见陈兴良:《许霆案的法理分析》,载《人民法院报》2008 年 4 月 1 日。

霆的行为成立盗窃罪。[①]

(二)法律规则与法律原则之间的法律冲突

法治的基本原则就是依法办事,但是,这个“法”又是什么?在具体的案件审理过程中,法官从何处获得他们所适用的法律呢?这显然不是一个容易回答但又是实施法治必须回答的问题。依据形式主义法学的观点,法治就是严格按照国家制定出来的正式的法律规则办事,“法治意味着政府的全部活动应受预先确定并加以宣布的规则的制约——这些规则能够使人们明确预见到在特定情况下当局将如何行使强制力,以便根据这种认知规划个人的事务”[②]。按照韦伯的论述,这种法律就是一个形式上合乎逻辑的规则体系,而且这个规则体系由专门的机构予以制定和实施。这个体系非常详细,能为人们和执法者提供解决问题的现成答案。形式主义法律观对于确立近代法治基础,保证法律的确定性、稳定性和一致性具有重要的作用,但是又不得不面对一系列难题,首先是规则本身的合法性问题,如果把法律视为一套由特定机关或个人制定的独立的规则体系,那么,它就是告诉人们“(政治上的)强权就是(法律上的)真理,而且唯独有强权才可以做到这一点”[③]。其次是规则适用中的问题,由于立法技术的局限性,在具体的司法过程中会导致大量的所谓的疑难案件的出现:“一是由于法律规则本身的术语模糊不清或概念太抽象,造成语言解释有歧义;二是如果直接严格适用法律规则就会导致不公正的法律后果;三是法律规则未作明确规定或规定有漏洞;四是既可适用这种规则又可适用另一种规则,而这些可适用的法律规则之间存在相互冲突。”[④]也就是在这个意义上,现代法律理论通常把法律原则视为法律体系的一个必不可少的构成部分。

首先,法律原则构成了法律规则的基础,在法律规则的背后存在着更为重要的法律原则:“法院说在‘必须遵守合同约定’的条文的背后,可以发现‘诚实信用’的原则,在‘不得伤害他人’的条文的背后,可以发现‘保护个人权利’的原则。同样,继承遗产的条文也依赖‘不得有过错’的原则。试想《遗嘱法》怎能容忍继承人谋杀被继承人而获得遗产!因此,法律包括了原则,违反了原则当然是违反了法律。”[⑤]其次,法律原则具有弥补成文法的不足、保障个案公平、

---

① 参见张明楷:《许霆案的定罪与量刑》,载《人民法院报》2008年4月1日。

② 〔英〕哈耶克:《通向奴役之路》,王明毅等译,中国社会科学出版社1997年版,第50页。

③ 〔美〕理查德·A.波斯纳:《法理学问题》,苏力译,中国政法大学出版社2002年版,第12页。

④ 张保生:《法律推理的理论与方法》,中国政法大学出版社2000年版,第44页。

⑤ 刘星:《西方法学初步》,广东人民出版社1998年版,第77页。

适应社会经济和伦理道德观念的变迁,以实践其规范功能等积极意义。具体来讲,作为法律方法的法律原则主要有以下功能:(1)法律原则在法律解释中的协调作用。由于解释者的前见因素及理解的环境各不相同,因而会产生主体间的不同理解,甚至产生相互矛盾的理解。对不同的理解有多种解决方法,其中用法律原则加以协调是重要方法。如果在一个案件中涉及多个条文,或者法官在多个条文之间选择时发生冲突,那么法官等法律人就可以用原则确定一种法律关系或协调法律条文之间的冲突。这正是原则统领具体法律条文的含义之所在。法律原则所体现的价值倾向及涵盖面宽的特点,使其正好在此处发挥提纲挈领的作用。法律原则作为对思维者的一种约束,规范着解释者的思维走向,发挥协调作用。(2)法律原则对制定法漏洞的补充作用。法律原则因其只对事物或行为作一般性规定,因而其应用没有附带太多的条件,如果我们把法律视为法网的话,那么由法律原则编织是法网的大纲。由于原则拥有很大的空间,使得法律调整能覆盖更大的面积。运用原则进行补漏,指的是针对法律条文的应用条件过少而出现空白,或者条件过多而出现僵硬,或者对法律条文进行文义解释明显违背法律目的或法律精神时,径行运用原则及其精神对条文加以补充、衡量、修正。(3)法律原则可以部分解决法律论证的合法性问题。在司法过程中,法律论证主要是为法律推理建构大前提。在法治原则下,法律论证可以分为几个层次:一是根据法律规范进行思考,并由涵摄关系进行合法性证成;二是根据法律原则进行思考,并由相对模糊关系结合自由裁量权进行合法性证成;三是在法律精神支配下,以解决纠纷为目的进行更为宽泛意义上的合法性证成。这三层合法性在司法实践中的争议是依次递进的关系。其中,合法性的程度越模糊,其争议就越大。一般认为,法律论证是一种普遍实践证成,强调作为判决理由的个别规范应由高于个别规范的一般规范所证成,而一般规范的合法性又依赖于抽象程度高于法律规则的法律原则证成,法律原则则由法律的精神或价值证成。(4)法律原则与价值衡量。许多法律原则反映的就是法律的价值追求,如公平原则、效率原则、正义原则、自由保障等等。在中国由于没有自然法的观念,价值衡量方法在司法过程中有更重要的意义,我们特别需要运用价值克服文义解释的机械性,我们特别需要运用价值使我们的司法戴上正义的光环。在大陆法国家,制定法中的许多原则都有反映法律价值内容的一些"黄金"规则或原则,这些原则一方面使整个法律出现弹性(灵活性),另一方面也给司法过程中的价值衡量披上了合法性的外衣。[①]

---

① 参见陈金钊:《作为方法的法律原则》,载《苏州大学学报》(哲学社会科学版)2004年第6期。

但是,既然法律规则与法律原则都是以特定的法律精神或价值为基础的,而这些价值之间并不存在绝对的一致性。尽管法律存在着太多的缺陷和弊端,但人们依然寄予其诸多的价值负载,如正义、秩序、和平、民主、自由、公平、效率等,这些价值最终都依赖于众多的法律原则和法律规则来实现,但这些目标和价值并不是完全协调统一的,这些价值目标之间的矛盾对立也使得众多的法律原则、法律规则间存在着矛盾对立。在许多案件中,不仅是法律人应用的规范可能产生冲突,而且用于解决冲突的原则之间也可能发生冲突,而协调原则的法律精神或价值之间也不尽一致。特别是因为法律原则具有的内涵高度抽象、外延宽泛的特点,当把法律原则纳入到法律体系之中时,这种冲突就变得异常突出。

我们在前面第八章中提到了泸州遗赠案,该案宣判之后,不但在社会上产生深远影响,也引起了理论界对法律原则与法律规则之间关系的广泛讨论,其中一种观点认为"这是一起人民法院在法律与道德相冲突的情况下公开依据道德原则处理案件的典型事件……这个判决的荒谬之处是显而易见的"[①]。一种观点认为此案依据民法基本原则判定原告张学英无继承权在法律上是适当的。不能说此案的判决是以"道德的名义"破坏了法律,法官在此是以法律的名义进行了一次道德的宣判。[②] 也有学者认为对该判决持否定态度的观点"明显地混淆了'法律原则'与'道德原则'两个不同的概念。我们不能因为《民法通则》第7条的规定包含道德内容就认为它是一条道德原则,而不是法律原则。因为社会公认的道德意识、标准、规范等正是法律原则的内在价值。法律原则不过是将这些道德意识、标准、规范等法律化而已,并使之成为规则的基础或出发点"[③]。事实上,仅仅从判决书的表述来看,对为什么认定遗嘱无效并没有给予明确的论证,一方面,该判决书认为该"遗嘱虽是遗赠人黄永彬的真实意思表示且形式上合法,但在实质赠与财产的内容上存在违法之处",另一方面又认为"作为公证机关直接变更遗赠人的真实意思没有法律依据",在最后的总结中认定"遗赠人黄永彬的遗赠行为违反了法律规定和公序良俗,损害了社会公德,破坏了公共秩序,应属无效行为"。很显然,法院的判决认为其所适用的法律规定与法律原则之间并不存在矛盾,但是,根据法律原则只有在法律存在漏洞、冲突或者依据法律规则判决的结果显著有违公平时才被适用的原则,这时并不需要

---

① 参见葛洪义:《法律原则在法律推理中的地位和作用》,载《法学研究》2002 年第 6 期。

② 参见谌洪果:《法律思维:一种思维方式上的检讨》,载《法律科学》2003 年第 6 期。

③ 参见郝建设:《原则与规则之间的冲突:法律推理的难题与选择》,载《政法论丛》2004 年第 4 期。

适用法律原则,据此可以反推法院的判决并不是判决书所表明的依据法律该遗嘱无效,而是依据法律规则有效,但违背了公序良俗的法律原则。这一点从后来纳溪区法院副院长刘波在接受记者采访时所说的话得到印证,他说:执法、司法机关不能机械地执行法律,而应该领会立法的意图,在领会立法的前提下执行法律;在这个案件中,法院没有按照《继承法》处理,而是适用了《民法通则》的基本原则;如果按《继承法》处理本案,就会助长"第三者"、"包二奶"等不良社会风气。① 这一方面说明在司法过程中存在适用司法原则的需要和冲动,另一方面对于如何处理法律规则与法律原则之间的关系我们还显得经验不足。

(三)一般法律规范与例外之间的冲突

通常情况下,法律规则都存在例外。例外的情形大致可分为以下两类:第一,相对于典型的例外。作为社会规制的一种手段,任何一个现代国家的法律体系,都内含着"将宽泛的行动原则具体化为相对稳定、明确、细致和可以客观地加以理解的规则形式,并提供一个应用于人际间的可信赖的和可接受的程序,以使得这些规则付诸实施"②。这样一个规则既不是一事一议的个案规则,也不是一个同一、抽象的价值理念,而是对各种现象、行为的一种类型化处理,"没有一个一般公式能够告诉我们什么行为是不道德,从而是不正当的,因为这个问题在很大程度上取决于一个国家的文化传统,以及当前商业生活所面临的问题;除此之外,人们的观念也在不断地变化。因此,讲求实际的法学家所关注的是将各种不同的情况加以归类,并找出每一类情况所应适用的特定原则。有时,立法者在确定具体的法定禁止事项时,实际上就是在将各种情况加以分类"③。然而,由于外在世界的复杂多样以及人类理性的局限性,即不可能对法律规制的对象做截然的分类,更不可能对于每一个分类制定对应的规则,所以,当制定法律规则时,通常考虑的只能是一些典型的情形。相对于这些典型情况就会存在很多模糊的边缘地带,对于处于这些边缘地带的情形有时可以通过解释、类推的方法适用该规则,但是却可能更偏重于考虑其所具有的与典型情形不一致的性质,从而将其驱除出该规则适用的范围,这时被排斥的情形就是典型情形的一个例外。严格说来在进行法律推理时,除了论证当前案件属于特定规则的适用范围之外,还必须考虑它是不是一个例外。因此,通常的法律推理

---

① 参见任小峰:《"第三者"继承遗产案一石击浪》,载《南方周末》2001年11月15日。

② 〔英〕麦考密克:《法律推理与法律理论》,姜峰译,法律出版社2005年版,前言第2页。

③ 〔德〕罗伯特·霍恩等:《德国民商法导论》,楚建译,中国大百科全书出版社1996年版,第313页。

并不是这样的逻辑形式：

$$\forall(x)(T(x)\rightarrow S(x))$$
$$T(a)$$
$$S(a)$$

而应当是：

$$\forall(x)(T(x)\wedge\neg 例外(x)\rightarrow S(x))$$
$$T(a)\wedge\neg 例外(a)$$
$$S(a)$$

举例来说，有一规则“鸟会飞”，我们又知道a是一只鸟，根据三段论推理，我们可以得出结论a会飞。但是，很显然该规则揭示的只是一种典型情况，即一般来说鸟会飞，但对于一些例外情况，如a是一只鸟，但是它折断了翅膀，或者它是一只鸵鸟，那么，我们就得对结论予以修正。因为例外的情形可能很多，那种认为“规则可以有例外，一条准确的规则会把这种例外考虑在内，否则就是不完全的。而且，至少在理论上，例外是能够全部例举出来的，例举出来的例外越多，规则的表述就越完备”的观点显然是不合理的。第二，缺省的例外。同样基于外在世界的复杂多样以及人类理性的局限性的原因，在制定法律规则时，往往只是规定规则可以适用的肯定性条件，而对于其他可能影响其适用的否定性条件并不予以严格规定，甚至在一个开放性语境下，也不可能予以严格规定。例如：

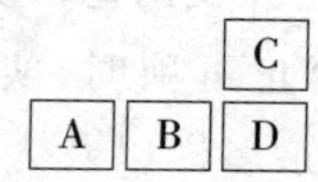

假定在一张桌子上有四块积木，分别是A、B、C、D，其中A、B、D放在桌面上，C放在D上，现在要求把B放在D上，唯一的规则要求是只能出现两层的叠加。根据该规则要求，我们很容易制定出行动方案：第一步，把C从D上取下；第二步，把B放在D上。但是，该行动方案显然仅仅考虑了该规则要求的情况，但是，该规则并不足以排除无法适用该规则的例外，例如，A与C之间有一条连线，当把C从D上取下时，会把A带到B上，这时还需要增加一个步骤，把A从B上取下。如果存在把A从B上取下时会把C再带到B或D上时，事情会变得更复杂。甚至如果存在A与D相斥的情况，那么，根本就不存在把A放在D上的可能。通过该例我们会发现例外的情形是多么复杂，而在法律领域会变得一发不可收拾。我们以与案例3类似的埃尔默案予以说明，葛洪义对这两个案件做了深入的分析。

【案例3】　埃尔默案

1882年,埃尔默在纽约用毒药杀害了自己的祖父。原因是他的祖父新近再婚,他担心祖父会修改给他留下一大笔遗产的现有遗嘱,使他一无所获。案发后,埃尔默被定罪。现在的问题是,埃尔默还是否能够根据祖父的遗嘱获得相应遗产。这个案件的法律问题是:遗嘱问题是由遗嘱法规定的,而遗嘱法通常大多规定遗嘱有效的形式条件,而并没有对遗嘱指定的遗产继承人谋害立遗嘱人之后还是否享有遗嘱所赋予的遗产继承权作出规定。祖父的女儿们认为,既然埃尔默杀害了立遗嘱人,法律就不应该赋予埃尔默以任何继承遗产之权。埃尔默的律师则提出,既然祖父的遗嘱没有违反遗嘱法,那么,埃尔默就是在一份有效的遗嘱中获得遗产继承权的,那他就应该继承遗产。律师认为,如果法官支持祖父的女儿们,那么法院就是在更改遗嘱,用自己的道德信仰来代替法律。而在这个问题上,纽约最高法院的法官们态度是一致的,他们都认为,判决必须符合法律,如果遗嘱法"确实"赋予了埃尔默继承权,他们必须命令遗产管理人将遗产交付埃尔默。问题在于,法官们在如何正确理解遗嘱法的问题上意见分歧。以格雷法官为代表的少数意见认为:法律必须根据它的字面含义加以解释。他认为,立遗嘱人在立遗嘱时应该知道,自己去世后,在不可能再提供新的情况时,他们的遗嘱将会被怎样处置。如果祖父事先知道埃尔默会杀害他,他或许会把遗产给女儿,或许认为即使埃尔默杀害了他,还是一个比女儿们更合适的遗产继承人。立遗嘱人究竟如何想,现在已经无从了解。所以,按照遗嘱的字面含义理解遗嘱,对法官来说,就是一个明智的选择。立遗嘱人用文字形式对自己意愿的安排,无论多么可笑,都必须受到尊重。而且,如果因为埃尔默是个杀人犯就丧失了继承权,那么就是对埃尔默的罪行又加上了新的处罚。这是违反法治原则的。而以厄尔为代表的多数法官的意见是:对遗嘱法的理解必须结合立法者的意图,法律文字上的规定与法律背后的立法意图是一致的。厄尔法官认为,假设纽约遗嘱法的制定者意图让杀人犯继承遗产,这是荒唐的。德沃金先生认为,就埃尔默案而言,纽约州的立法者当时很可能根本没有预料到杀人犯可能继承遗产的问题,他们既不想要让杀人犯继承遗产,也想不到不让杀人犯继承遗产。他们在这两个方面都没有积极的意图。厄尔法官奉行的是"中间性原则",即在理解法律的含义时,不能依赖孤立的法律文本,而必须坚持法律的普遍原则。这个普遍原则一方面是建立在立法者广泛尊重传统正义原则的基础上,另一方面,是与整个法律体系相一致的。根据这个观点,多数法官的意见是:在任何地方,法律都尊重下述原则:任何人不得从自己的错误行为中获得利益。所以，遗嘱法应该被理解为否认以杀人来获得遗产者的继承权。[①]

我们认为张学英诉蒋伦芳遗赠纠纷案之所以成为一个疑难案件，其根源也在于"遗嘱问题是由遗嘱法规定的，而遗嘱法通常大多规定遗嘱有效的形式条件，而并没有对遗嘱指定的遗产继承人谋害立遗嘱人之后还是否享有遗嘱所赋予的遗产继承权作出规定"。我国《继承法》第16条第3款规定："公民可以立遗嘱将个人财产赠给国家、集体或者法定继承人以外的人。"法定继承人以外的人已经是一个外延非常广泛的界定，但是，却仍然在确定该遗嘱是否有效时出现了分歧，进而与《民法通则》第7条的规定的法律原则"民事活动应当尊重社会公德，不得损害社会公共利益，破坏国家经济计划，扰乱社会经济秩序"产生了潜在的冲突。

三、寻求法律系统的和谐

以上分析表明法律体系内部的冲突并不仅仅是法律规范的冲突那样简单，恰恰是那些看似并不存在立法层面的法律概念、法律规范、法律原则的固有属性所蕴涵的冲突才是更普遍，也更为棘手的冲突，对于这类冲突事实上并不存在一劳永逸的解决方案，而只能通过灵活的法律方法予以有限的限缩。甚至这些法律方法也不是终极的，我们所能做的可能仅仅是改变对法律思维性质的认识，根据实践的需要选择一种具有浓厚的实用主义色彩的立场。正如我们前面所批判的，企图通过不断地立法，完善法律体系，或者通过司法能动主义都是走不通的。在具体的司法裁判实践当中，具体的个案事实如何借助于具有普遍调整意义的规则实现法律规范的目的则不仅是司法合法性的需要，而且是保障法律秩序安定性的要求。

由于法律概念具有的开放性结构，法律规范具有的缺省性结构，以及法律所追求的价值的多元化，法律永远不可能满足司法实践需要的完善。而如果赋予法官充分的自由裁量权，则会走向另一条背离法治目标的不归路。根据不同的价值目的需要完全可以予以不同的解释，特别是在案件事实的抽象化与概念化过程中，法官往往基于其基本的法律观念和经验，会初步地形成直觉性的法律判断，然后将这种直觉性的判断落实到特定的法律规定的基础之上并对之予以验证，当现有的法律规定不符合自己的判断时，他们往往有两种选择，一种是

① 〔美〕德沃金：《法律帝国》，李常青译，中国大百科全书出版社1996年版，第14页以下。

对最初的判断予以修正，另一种选择则是对现有规定作出符合需要的解释，如果这种需要特别强烈，那么，解释就有突破法律规定应有的约束的风险。正如波斯纳所言：司法裁量权概念是一块空地或一个黑箱，当规则不够时，裁量权并不是解决如何判决案件问题的办法，而只是这个问题的名字。无论你把裁量权想象得多好，裁量权都会令法律职业界不安。……法律被界定得越宽，"法治"就变得越不确定，而不是更确定。法律已失去其独特性。它首先汇合了道德，然后，当承认社会是道德多元时，又溶进了各派的政治，因此，法律也就完蛋了。如果将广泛的政治原则领域都归到了法律名下，那么法官就可以搞政治了，而且他还可以毫不脸红地称自己是在从事法律。"正确"和"错误"都失去了意义，都不过是法律分析家赠送给自己政治上的朋友和敌人的称号而已。①

但是，我们也不必过度的悲观，之所以难以摆脱以上的两难处境，端在于我们不自觉地把自己限制在一个错误的预设之中，即司法决定不仅仅是发令，它还必须符合实实在在地"就在那里"的什么东西。② 从而才能认定法律是"确定的"（客观性、确定性、非个人化是相联系的，我们这里把这三个词作为同义词使用③），所以，我们有必要转变关于法律确定性的认识，通过拯救法律的确定性，实现法律的和谐。

（一）法律确定性的困境

在传统法理学视野范围内，法律之所以成为法律便在于其具有明确性、可预测性和普遍性。如果没有这些性质，人们如何有效地安排自己的行为，预测自己行为的法律后果？社会岂不因此而没有任何秩序？此外，没有这些性质，判决某人承担法律义务是不公正的，因为他（她）事先不知道实施某种行为在法律上是不对的。换言之，在没有这些性质的情况下导致的法律适用溯及既往，使法院判决失去了正当性基础。④ 可以毫不夸张地说这场争论足以影响到法治理念的确立，以及要不要法治的根本。对确定性的追求使人们从开始就将法律活动建立在了严格的逻辑基础之上，通过人类理性的洞见，制定完善而严密的法律体系，把握形态各异的具体的案件事实，然后按照逻辑演绎推理得出一个确定的法律结果，从这个意义上来说，法就是理性，而理性的基本含义就是合乎逻辑，如果一个法律判决是严格按照要求逻辑推出的，那么这一结论便是确定

---

① 〔美〕理查德·A.波斯纳：《法理学问题》，苏力译，中国政法大学出版社 2002 年版，第 27—29 页。

② 同上书，第 8—9 页。

③ 同上书，第 9 页。

④ 刘星：《法律是什么》，中国政法大学出版社 1995 年版，第 5 页。

的,并且,只有按照逻辑的要求进行法律推理,得出的结论才是确定的。笛卡儿认为,一个主张要合乎理性,就必须建立在一种类似于数学家所具有的那种洞见的基础之上,只有那种被认为是具有绝对必然性的而且不会被质疑的东西,才属于理性认识的范围。路易斯·荷加桑斯·西奇斯则把理性逻辑同数理物理学逻辑等同视之,而只有这种逻辑才能为人们提供无可置疑的结论。因此,第一个真正意义上的法律推理理论体系就是具有鲜明形式逻辑色彩的分析法学,其主要特点是:第一,以法治为基础,第一次确立了作为制度形态的法律推理的自主性。第二,在法律推理标准上,法律推理要求适用内容明确、固定的规则,并将其法典化,裁判者根据纠纷中各方实质上的是非曲直作出决定,追求形式正义和正当性。它把一致地适用普遍的规则看做是正义的基石,并认为只有独立于相互冲突的价值观而选择的标准或原则,其推理结论才具有真正的有效性。第三,在推理方法上以逻辑推理为主导形式。这种观点认为,一切法律问题都可以通过应用明确的、不变的规则而作出决定,因此,一切法律问题的答案都在人们的意料之中,唯一可用的法律推理方法就是逻辑的演绎三段论。在这种模式中,法律规则是大前提,案件事实是小前提,法官只需通过逻辑的演绎推理便能得出明确、唯一的法律判决结果。[①] 这些观点建立在以下理论设计之上:第一,每一项具体的法律决定都是某一抽象的法律命题对某一具体"事实情景"的适用;第二,在每一具体案件中,都必定有可能通过逻辑的方法从抽象的法律命题中导出判决;第三,法律必须实际上是一个由法律命题构成的"无空隙"(gapless)的体系,至少也要如此被看待;第四,所有不能用法律术语合理分析的东西都是与法律无关的;第五,人类的所有社会行为都必须构成或者是对法律命题的"适用"或"执行",或者是对它的"违反",因为法律体系的"无空隙性"必然导致对所有社会行为的无空隙的"法律排序"(legal ordering)。可以这样说,分析法学通过把法律过程根植于逻辑推理的基础之上,第一次真正地为法律的确定性提供了理性的保证。

然而,自人们选择法律作为社会调控的手段之始,就从不缺乏对于这一法治基石的怀疑。早在古希腊时法律的不确定性问题就成为人们轻视和否认法治的重要依据,如,柏拉图在其《政治家篇》中说:"法律绝不可能发布一种既约束所有人同时又对每个人都真正最有利的命令。法律在任何时候都不可能完全地给社会的每个成员作出何谓善、何谓正当的规定。人之个性的差异、认知

---

① 这方面的成就之一是1840年《法兰西民法典》,按照拿破仑的观点:"将法律化成简单的几何公式是完全可能的,因此,任何一个能识字的并能将两个思想连接在一起的人,就能做法律上的裁决。"转引自沈宗灵:《现代西方法理学》,北京大学出版社2002年版,第329页。

活动的多样性、人类事物无休止的变化,使得人们无论拥有什么技术都无法制定出在任何时候都可以绝对适用于各种问题的规则。"①到了近现代,对法律确定性的怀疑越来越成为一种风潮,先是现实主义法学率先发难,批判法学则将其推向高潮。现实主义法学以经验为武器对分析法学理论进行了全面的批判,霍姆斯大法官的格言"法律的生命并不在于逻辑而在于经验"成为这一理论最鲜明的旗帜和引用频率极高的一句话。这里的经验指的是:"可感知的时代必要性、盛行的道德和政治理论、公共政策的直觉知识,甚至法官及其同胞所共有的偏见。"②该理论认为,所谓的法律就是法官的行为和对法官行为的预测。"官员们关于争端所作的……即是法律本身",从根本上否定了分析法学所坚持的"法官必须依照现存的法律规则作出法律决定"的观点。这一理论认为形式主义的法律推理所赖以成立的大前提法律规则和小前提法律事实都是不确定的,因此,对许多法律判决的细致分析表明,它们是基于不确定的事实、模糊的法律规则或者不充分的逻辑作出的。在案件审理中,法官的个性起着关键的作用。法律推理的过程是法官在接收事件与情况的刺激以后,根据个人的主观评判先得出结论,然后再去寻找有关法律规则,这个推理过程的公式是:刺激+法官个性=判决。在审理疑难案件时,靠法官"拍脑门"定案并非什么新奇的事情。现实主义法学在对分析法学理论进行批判时走向了另一个极端,从而导致了法律怀疑主义,它主张"应该把法律视为一种政治,那么,法官将依据他们自己的社会正义观来裁判案件,……这种怀疑态度把司法权扩大到了前所未有的范围,并且把法官设想为没有有效法律约束而治理的哲学王。它放弃了法治,寄希望于法官将发现具有广泛基础的可令人接受的社会正义。""官员的个性、政治因素或各种偏见对判决的影响比法律要大。"③因此,通过法律推理得出确定的法律结论只不过是人类对确定性着迷的法律神话。后起的批判法学继承了现实主义法学的对法律确定性的怀疑,甚至有过之而无不及。D.凯尔里斯从分析遵循先例原则入手证明法律的非确定性。他指出,对于一个案件常常会有支持两种相反意见的判例,这时法院到底受哪个判例的约束,法官如何看待这些模棱两可的判例,这些都不能通过先例原则来解决。先例原则在具体案件中既没有导向,也没有要求任何特定的结果或观点;司法判决最终依赖基于价值和倾向性而作出的判断;而这种判断因法官的不同而不同;法律不过是另一种

---

① 〔美〕E.博登海默:《法理学——法律哲学与法律方法》,邓正来译,中国政法大学出版社1999年版,第9页。

② 张保生:《法律推理的理论与方法》,中国政法大学出版社2000年版,第43页。

③ 〔美〕史蒂文·J.伯顿:《法律和法律推理导论》,张志铭、解兴权译,中国政法大学出版社1998年版,第4页。

形式的政治。G.皮勒从词和概念出发,说明语言本身具有非确定性。认为指称和被指物之间并没有"自然的联系",相反,这种联系是人为设定的。语言不是对世界的再现,而是对世界的解释。由于它的意义不是在表达的过程中积极地获得的,它在一定程度上带有非决定性的属性。由此看来法律语言也是不确定的,同时,从文学理论来看,读者和作者在理解上存在着难以克服的差别。这就使得法官对法律的理解也具有语言和理解固有的局限,从而决定法律推理并不能帮助法官决定案件的结果,而真正对法官起作用的无非是社会的文化与意识。

然而,非理性主义的恶性发展必然导致怀疑论和不可知论,也必然导致人们对法律信仰的动摇。20世纪西方社会发生的人民对社会政治和法律制度的大规模的"信任危机"就是一个活生生的例子。可以说,关于法律确定性和不确定性的争论关系到人们对法律的信仰,关系到法律生死存亡的关键。为此,为捍卫法律的确定性,不同的理论家作出了不懈的努力。许多法学家构建了自己的理论,如哈特关于语言的开放性结构理论,对法律概念的明确性和模糊性的矛盾予以化解,哈特认为构成法律规则的语言既有"意思中心"(core of meaning),也有"开放结构"(open texture)。意思中心指语言的外延涵盖具有明确的中心区域,在此中心区域,人们不会就某物是否为一词所指之物产生争议。开放性结构是指语言的外延涵盖具有不肯定的边沿区域,在这种情况下,人们会争论语言的意思、内容和范围。由于语言具有意思中心和开放结构的双重特点,所以,由语言所表达的法律规则也具有明确性和模糊性的双重特点,并且,语言本身的含义虽然在不同的语境中会有不同的理解,但在确定的语境中会有相同的理解,那么,人们就有必要遵循这些规则,而不是以法律规则的模糊性为借口规避法律的要求,而法官在法律的适用中也应该并且也有可能遵循法律规则进行法律推理。同哈特一样,英国法学家拉兹也承认法律体系中存在着空缺,因此,"法官的自由裁量权普遍地存在着,在不存在适用任何法律规则的义务的情况下,法官的行为是不可捉摸的,将会导致极端的不确定性和不可预测性,法律将成为一种绝对的自由裁量系统"[①]。拉兹认为,法律在本质上是对法律适用机关自由裁量权的限制,它不但指引私人的行为,而且也指引法律适用机关的行为。法官不具有绝对的自由裁量权,他们必须遵守法律所确定的行为标准。即使他们不认为这些标准是最好的也不能根据自己的主观好恶来断案。拉兹将法院管辖的案件分为两个基本类型,所运用的法律推理方法也有不同,一种是法律有规定的案件,它们不需要法官使用裁量权来解决,也就是说法官

① 李桂林、徐爱国:《分析实证主义法学》,武汉大学出版社2000年版,第269页。

的法律推理必须以法律规则或判例为依据。一种是法律未规定的案件,这些案件都归因于语言和意图方面有意或无意的不确定性,这些不确定性是由法律概念所使用的标准的模糊性,或者是由在它们的适用中几个标准之间的相互冲突导致的,产生不确定性的另外一个原因是法律规则的冲突,存在相互冲突的规则,或者缺乏解决冲突的规则,这些情况会使规则的选择无所适从。对于这些案件,法官在审理过程中势必要使用裁量权,甚至是创法也是不可避免的。

哈特和拉兹的分析使法律不确定问题更加明朗了,但对于怎样彻底消除法律的不确定性,他们并没有提出合理的途径和方法,甚至没有作出彻底消除法律不确定性的姿态,在这方面走得更远的是在牛津大学和纽约大学两校任教的、当今自由主义法学理论的主要代表德沃金教授,他以其坚持的法律有唯一正确的答案成为当代法的拯救运动中最伟大的斗士。德沃金认为法律不仅包括规则,而且包括非规则性的标准,如原则、政策、目的等。他的法律概念是一个开放的包容性较强的多层次的系统。在处理一般案件时,可以通过适用具体明确的规则找到唯一正确的答案。在处理棘手案件时,法官可以求助于非规则标准,即援用原则、政策及惯例等不甚具体的标准,这些标准源于法律共同体共同的道德、文化和理想,限制法官的自由裁量。然而问题的症结在于这些道德标准、文化因素,以及理想等都是没有统一标准的变数,甚至比法律更具有不确定性。虽然德沃金坚信存在着唯一正确的法律答案,但这个答案却远非是普通的凡人所能企及的,德沃金从希腊神话中给我们搬来了一位英雄大力士赫里克斯,他生下来就能辨别是非、主持公道,既然我们认为古人以水审判、以火断案是荒诞的,体现了人类祈求正义、公正强烈愿望与实现正义、公正手段的无奈,那么德沃金的理论似乎也没有给人类指出一条切实可行的阳光大道,他所坚持的法律具有唯一正确答案的欲求,毋宁是一种姿态而已。德沃金是当今坚信法律确定性最彻底,也是最具代表性的人物,其理论的局限是不是也预示了挽救法律确定性的最终的失败?需要指出的是,在新分析法学领域,许多人运用了20世纪逻辑科学的尖端工具,如德国的乌尔里克·克格卢和奥地利的伊尔玛·塔曼鲁,他们通过不懈的努力建构了一种以大量运用数学符号为特点的法律逻辑体系。这一理论虽然有助于我们对法律规则体系的逻辑结构有更清楚的把握,然而,这一成就的前提是将法学上的实质问题剔除了出去,因它的纯粹而疏离了法律现实本身,以至于他们不得不从其他方面对其理论予以补充。例如,塔曼鲁就是通过仔细思考法律有序化的实质性问题,尤其是以正义问题来增补他的逻辑法学研究的。①

通过对所举理论的考察,我们可以得出以下结论:第一,法律不确定性问题是当今法学的核心问题之一。第二,法律存在不确定性成为一种共识。第三,可以通过多种方法和途径限制法律的不确定性,但无法彻底地消除。

(二)走出法律确定性的思维误区

事实上,当我们无法为一个问题提供合理答案的时候,也许这个答案本身并不存在,也许是由于思维方法的原因,法律不确定性问题本身就是一个虚假的问题。笔者认为法律的确定性问题源于法律与其产生并由其调整的社会内在的张力。法律调整的对象是社会生活中形形色色的复杂的社会关系,其目的在于探求最佳的社会纠纷解决方案。但是,人们在制定法律的时候,通常考虑的都只是、也只能是最为典型的情形。而任何一个具体案件,在事实方面总是生动、具体的,当我们制定法律的时候,我们必须把生动、具体的事物的个性给抽象掉,形成众多的法律概念,并用一个又一个语词来表达,作为推理的大前提的法律规范,虽然都表现为命题形式,并有着各自不同的逻辑结构,但它总是以某种法律概念为中心而展开的,因此任何法律体系的构建都必须以法律概念为基本单元,任何法律思维也必须以概念为核心而展开。但在法律适用的过程中,我们面对的是一个个生动、具体的案件事实,并且,我们必须考虑每件事实的个性特点,又因为每一个具体的案件事实总是多重属性的综合,这就为我们能否把一定的事实统摄于特定的法律概念之下,或者将其统摄于这一法律概念而不是另以法律概念造成了困难,也就是说甚至是表面看来是非常确定的法律概念,其外延界限也并不如期想象得那么清晰。它的边缘情况往往是不明确和模糊的。

法律确定性问题的根源就在于这样一个从社会现象中抽象出法律概念、构建法律体系与用抽象的法律调整复杂的社会事实的这一对立统一的过程,这一过程的基本进路是:具体——抽象——具体。很显然,要限制甚至消除法律的不确定性,就必须深入到法律概念内部,把握其内在的矛盾关系,而这就要突破知性思维的模式,把法律过程理解为辩证思维的过程。辩证思维和知性思维既都源于对世界的认识,也都是进一步认识世界的工具。辩证思维和知性思维是认识世界的两大方法论体系,辩证思维的基本特征在于联系的观点和发展的观点,知性思维的基本特征在于孤立的观点和静止的观点。辩证思维以事物的内

① 〔美〕史蒂文·J.伯顿:《法律和法律推理导论》,张志铭、解兴权译,中国政法大学出版社1998年版,第127页。

部矛盾性为其理论前提,强调事物本身的对立统一性、事物之间的转化;知性思维以事物的同一性为其逻辑前提,强调事物本身的确定性、事物之间的区别。知性思维以形式逻辑作为其规则要求,追求思维的严密性、精确性和唯一性,同一律和不矛盾律是其基本规律。这种思维方式对于我们认识和把握法律现象,解决法律纠纷具有重要的指导意义。这实际上也是我们认识世界的最基本的方法。“把自然界分解为各个部分,把自然界的各种过程和事物分成一定的门类,对有机体的内部按其多种多样的解剖形态进行研究,这是最近四百年来在认识自然界方面获得巨大进展的基本条件。”[①]但是,很显然,这样一种以确定性为特点的思维方式当面临复杂的现实存在时,其局限性也是非常明显的,“这种做法也给我们留下了一种习惯:把自然界的事物和过程孤立起来,撇开广泛的总的联系去进行考察,因此就不是把它们看做运动的东西,而是看做静止的东西;不是看做本质上变化着的东西,而是看做永恒不变的东西;不是看做活的东西,而是看做死的东西。这种考察事物的方法被培根和洛克从自然科学中移到哲学中以后,就造成了最近几个世纪所特有的局限性,即形而上学的思维方式”[②]。“形而上学的思维方式,虽然在相当广泛的、各依对象的性质而大小不同的领域中是正当的,甚至必要的,可是它每一次都迟早要达到一个界限,一超过这个界限,它就要变成片面的、狭隘的、抽象的,并且陷入不可解决的矛盾,因为它看到一个一个的事物,忘了它们互相间的联系;看到它们的存在,忘了它们的产生和消失;看到它们的静止,忘了它们的运动;因为它只见树木,不见森林。所有这些过程和思维方法都是形而上学思维的框子所容纳不下的。”[③]很显然,正是这种思维方法才导致了法律不确定性的产生。“事物都是具体的,是多种规定性的统一,也是多种矛盾的统一”,而“知性思维的根本特点在于它的抽象性和确定性”[④]。这就决定了知性思维在认识和实践中的不足,它必须上升为以具体性、灵活性和整体性为根本特点的辩证思维,才能为日益复杂的社会实践和科学研究提供有力的支持。

人们为了区别事物、分析事物,根据事物的外在特征和外部联系对事物加以分割、固定,形成了概念和形式思维,并创造了形式逻辑,进而发展为形而上学的方法论。形而上学孤立、静止、片面的认识方法,促进了科学研究、尤其是自然科学研究的深入。然而,现实的事物是联系的、运动的、全面的,现实事物

---

① 《马克思恩格斯选集》(第3卷),人民出版社1995年版,第61页。
② 张保生:《法律推理的理论与方法》,中国政法大学出版社2000年版,第43页。
③ 《马克思恩格斯选集》(第3卷),人民出版社1995年版,第62页。
④ 章佩等:《辩证逻辑教程》,南京大学出版社1989年版,第4页。

的复杂性和整体性使形而上学难以解决实际问题，越来越远离社会现实。因此，法律不确定这一问题通过知性思维的方法是无法解决的。现实世界的法律现象是复杂的，它既是统一的，又是多样的；既是运动的，又是相对稳定的；各种法律事物、法律现象之间既是彼此联系的，又是相互区别的。如果不全面地看待这些方面，而是把任何一方面夸大，就会作出错误的结论。回过头来考察分析法学关于法律确定性的理论之所以受到人们的广泛质疑，以及德沃金等人之所以没能提出一套有效的消除法律不确定性的方法，根本的原因就在于他们所使用的思维工具的局限。我们认为无论是单方面地肯定法律的确定性，还是单方面地否定法律的确定性都是形而上学的观点，二者分歧的根源在于评价法律确定性的标准的不同，因此，这一争论是没有意义的，都是错误的。解决法律不确定性的根本出路在于改变形而上学的思维方法，以辩证的观点认识法律的不确定性。

（三）法律思维的实践理性品格

法律推理一方面是一种理性思维形式，它基于一系列的思维过程，得出一个推理结论，这一思维的性质要求法律推理遵循一切思维的规律。法律推理不同于其他思维的特点是它与实践的结合更紧密，这不但表现在法律推理总是建立在一定的司法实践之上，还同时表现在法律推理的功能和目的就在于解决具体的现实问题，它不只是简单地从大小前提中演绎得出一个判决即可，它还要就推理的合理正当性予以充分的论证，还要依据判决对现实的社会关系予以调整规范，直接影响人们的现实利益。这一点是其区别于其他的一切纯粹理性或者实践色彩不太浓厚的思维形式，显现出高度的实践性。因此，人们视其为实践理性。麦考密克指出“法律推理是理性与实践的结合”。波斯纳认为，对实践理性有三种用法：一是将实践理性理解为决定干什么的方法，即“选择和达到目标的便利手段”；按照这种用法，法官是一个“行为者”。二是指“大量依据所研究和努力的特殊领域内的传统来获得结论”，按照这一用法，法官是一个思想者。三是既肯定司法推理是一种“沉思性活动”，又强调法官“必须同时行为并提出如此行为的理由”。法律推理的这一特点决定了在推理过程中，既要严格遵守思维的一般规律，按照法律概念、法律规则、法律原则的应有之意，作到正确思维；又要使法律思维成为实践基础之上的思维，避免使法律推理成为束缚实现法律合理、公正目标的教条。

随着人类文明的进步，法律关系越来越复杂，人类的思维方式已经由知性思维发展到辩证思维占据主导地位的今天，法律的不确定性这一问题也只能通过思维方式的转换而解决。在这方面许多法学家进行了有益的探索,并不约而同地采取了超越形式逻辑的局限性,把目光投向辩证思维的方法。比利时哲学家佩雷尔曼认为形式主义的法律推理建立在法律的明确性、一致性和完备性的基础之上,当不具备这三个条件时,法官必须首先要消除法律中的模糊和矛盾,必要时还要填补法律中的空隙。这些手段是法律逻辑而不是形式逻辑,因为问题涉及的是法律内容而不是形式推理,形式逻辑不能帮助消除法律中的矛盾或填补法律中的空隙。1968 年,他提出了被称之为新修辞学(new rhetoric)的实践推理(practical reasoning)理论,佩雷尔曼的新修辞学是指通过语言文字对听众或读者进行说服的一种活动。他认为形式逻辑只是根据演绎法或归纳法对问题加以说明和论证的技术,所以它属于手段的逻辑,新修辞学要填补形式逻辑的不足,它是关于目的的辩证逻辑,是关于讨论、辩论或选择根据的逻辑,它不仅可以使人们说明和证明他们的信念,而且可以论证其决定和选择,因而是进行价值判断的逻辑。法律推理就是在法律领域运用新修辞学的方法,通过对话、辩论来说服听众或读者,使他们相信、同意自己所提出的观点的价值,在持有不同意见的公众中争取最大限度的支持。与佩雷尔曼的新修辞学方法相比较,美国法学家波斯纳对法律推理的"实践理性"的解释更被人们所熟悉,1990 年波斯纳出版了他的巨著《法理学问题》,系统地阐述了"实践理性"的法律推理理论,与现实主义法学对逻辑推理学说的批判不同,波斯纳充分肯定了演绎逻辑的三段论推理对于维护法律的确定性和法治原则所起的重要作用。然而,波斯纳认为形式主义的法律推理方法只有在简单案件中才起作用,对于疑难案件和一些涉及伦理问题的案件,逻辑推理的作用是极其有限的。在法庭辩论等场合,仅凭逻辑演绎不能决定对立的主张中哪一个是正确的,这一问题需要实践理性的方法来承担,所谓的实践理性实际上是指当逻辑方法用尽时人们所使用的多种推理方法,它是相对于逻辑推理的"纯粹理性"方法、注重行动、实践的方法。纯粹理性决定一个命题的真假,一个命题的有效或无效,实践理性则是人们用以作出实际选择或者伦理的选择而采用的方法;它包括一定行为的正当化论证和相对于一定目的的最佳手段的确定,其中起决定作用的因素是经验智慧。实践理性不同于实践感性或生活感情,但又不拘泥于对法律规范的机械理解,而是以推理主体对法律条文与法律价值的内在联系的深刻领悟为基础;它不是以刻板的形式逻辑为手段,而是以灵活的辩证逻辑为手段,因此,实践理性既体现了法律的实践性,又体现了法律推理主体的能动性和创造性。[1] 这一点

---

① 张保生:《法律推理的理论与方法》,中国政法大学出版社 2000 年版,第 49—51 页。

是同辩证唯物主义认识论关于“行动、实践是逻辑的‘推理’、逻辑的格”①的思想是一致的。

英国法学家麦考密克认为逻辑演绎的推理方法在法律推理中有着重要地位,但也存在着不足,因为法律推理也体现了实践理性在行为正当化过程中的形式——目的论的辩证过程,这一过程依赖于实践理性的方法。因此,他把法律推理分成两个层次:第一层次的法律推理,即演绎推理;第二层次的法律推理,即实践理性的推理。麦考密克认为,在司法审判过程中,存在着一定的基本预设:法官有责任作出正当的判决,而且法官作出的判决必须是正当的,他们不仅要进行法律推理,而且必须公开地陈述和阐明法律推理所使用的理由,以及理由与判决之间的联系。他们在审理案件的时候有责任适用可以适用的法律规则。每一个法律制度都包括一系列可以通过共同的承认标准加以确认的规则;构成一个法律制度的承认标准的那些规则是法官共同接受的,他们的职责就是适用可借助于这些承认标准加以确认的规则。演绎推理是从亚里士多德以来就被确定为一种证明一定结果为“真”或“正确”的有效工具,因此,某些案件是可以应用严格意义的演绎推理的。但是,麦考密克认为演绎的法律推理的局限性也是显而易见的,形式逻辑本身不能够确认或保证前提的真实性,前提的真实性属于规范和经验领域考察的范围。在运用演绎推理的时候,它面临着以下难题:一是“相关(relevancy)”问题,即在什么法律规则同案件相关的问题上发生争论;二是法律解释(interpretation)问题,即法院在法律用语含糊不明而必须在两种不同解释中作出选择的情况;三是事实“分类”(classification)问题。而这些问题是经常出现的,它们涉及如何在相互矛盾或竞争的裁决间进行选择的问题,此时,纯粹的演绎推理就不足以解决法律决定的正当化,而必须借助于第二层次的法律推理。这一层次的法律推理包含两个因素:第一,它涉及法律推理实质上的评价性和主观性。它要考虑各种裁决结果的社会效果的可接受性,因此是结果论的推理形式;对裁决结果的社会可接受性的评价有多重标准,包括正义、常识、公共福利、方便、功利等,法官对各种可能的裁决结果按照这些标准进行评价,选择那种他认为最好的结果,因此,这一推理又是评价性的;法官在评价相竞争的可能性裁决结果是可以给予不同的评价标准以不同的分量,这一选择带有主观性。第二,法官作出的判决与现有的法律制度必须保持一致性和一贯性。法律作为一种规则体系,诸多的法律规则遵守着共同的价值和目的上的一致性和一贯性,法官在一定程度上具有一定的裁量权,但这种权力又必须受到法律的限制,即法官必须依法裁判,他所作出的裁决必须以法律上的

① 〔苏联〕列宁:《哲学笔记》,人民出版社1974年版,第233页。

理由为根据，这一根据包括法律价值、法律目的和法律原则。麦考密克认为，“实践推理可以而且应该在不同的层次上进行。在行为理由相互冲突时，一个理智的行为人必须进入到第二序列或层次上进行推理，以便解决第一层次上的矛盾”①。

美国法学家博登海默认为，除了“在每个理性结论必须表现必然性”的理性观点之外，存在着一种覆盖了整个研究领域的更为广泛的理性观点，而这就是我们为我们的观点寻求令人信服的根据、为我们的结论寻找证据的研究领域。在评价领域中，以重理性论证或判断，从其广义来看，是建立在下述基础之上的：“(1) 详尽考虑所有同解决某个规范性问题有关的事实方面；以及(2) 根据历史经验、心理学上的发现和社会学上的洞识去捍卫规范性解决方案中所固有的价值判断。一个具有这种性质的理论论证和判断，从逻辑的角度来看，可能既不是演绎的、也不是归纳的，而且严格来讲也不是使人非信不可的。不过他却可能具有高度的说服力，因为他所依赖的乃是累积的理性力量，而这些力量则是从不同的但却通常是相互联系的人类经验的领域中获得的。这种论证的效力通常会因为它指出了在不同目标和可供选择的行动进程之间进行选择所会产生的实际后果而得以增加。由于这类论证具有独立和不偏不倚的精神——人们正是本着这种精神寻求解决方法的，所以这类论证同情感欲求的理性化形式不同，尽管我们必须承认，人类能够达至的这种客观性还存在诸多限度。这一观点比那种把理性视为是对必然真理进行识别的狭义观点更为可取。第一，广义的理性观点是同日常语言用法相一致的，因为它拒绝把理性判断的范围局限于那些在准数理逻辑的帮助下才能得到的东西。第二，对理性概念所作的狭义理解，把许多判断和结论都归入了感觉、情感和那些专断取向的范围之中，而严格地说，这些判断和结论实属理性范围。”②根据这一理性标准，法律判决的结果虽然不具有演绎推理所拥有的必然性、明确性，但是，只要它推理的过程和结果可接受，那么，我们就有可能对一法律推理作出肯定或否定的评价。

---

① 〔英〕麦考密克、〔奥〕魏因贝格尔：《制度法论》，周叶谦译，中国政法大学出版社 1994 年版，第 20 页。

② 张保生：《法律推理的理论与方法》，中国政法大学出版社 2000 年版，第 260 页。

结　语

司法部国家法治与法学理论重点研究项目“司法方法与和谐社会的建构”(06SFB1003)经过课题组成员的共同努力,历时两年终于完成了。我们总的感觉是:这还是一个理论性研究的课题。虽然我们注意到要与社会密切结合,但总的来说结合的深度还是存在一些问题。这其中令我们难以准确拿捏的是司法方法与和谐社会建设都是当今社会实践的重要命题,但我们又必须用理论的方式表达出来;我们既需要做深入的社会调研,又必须在短时间内完成课题;我们既需要关心和谐社会建设这样的宏大主题,还必须关注司法方法这样的细腻问题。既怕写成宏观的和谐社会建设的政治社会学论文,又怕写成纯粹的司法方法论理论。我们必须在上述困境中艰难跋涉。

在第一章导论中,我们叙述了“和谐理念下的法治、法学与司法方法”。通过对和谐社会建设中的法律与法治、民主与民生进行简略的描述,明确了法治建设的价值追求,认为法治与和谐社会建设的目标是一致的,和谐法治一词能典型地代表二者之间的关系。在和谐法治理念下的法学研究应该有新的转向。和谐的理念要求,研究者政治思维方式应该从革命、改革的思维向法律或法治思维转向;研究的视角从立法中心主义到司法中心主义转移;而对法律本位的认识也应该超越义务与权利的关系界限,转移到以社会为本位;而研究的学术立场也应该从本体论、认识论向方法论转变。我们的固有文化缺乏对方法论的重视,而和谐社会建设和法治建设需要法律方法论的支持;与和谐社会相适应,我们的司法意识形态也应该奉行克制与谦抑主义,而对司法能动主义保持适度的警惕。司法方法(法律方法)是本课题的重要内容之一。在此问题上我们认为,司法方法实质上必须是法律方法。尽管司法方法论属于理论的范畴,它的上层与哲学紧密相连,而下层与司法实践密切相关。对这种问题的叙述一定要和现实的社会联系起来,而不能仅仅进行逻辑的推论。在当下既要建设和谐社会又要推动法制建设的情况下,我们倡导法律人应该更多地使用法律发现、法律解释、法律论证的方法,而对目的解释、价值衡量的运用保持适度的警惕。这看似有些与和谐社会某些方面有冲突,但从总体上是在协调法治建设与和谐社会建设的关系。我们目前仍处在法治建设的初期阶段,我们需要的是严格法治,但严格法治的机械与僵化很可能使法治建设与和谐社会建设出现紧张关系。所以在总体目标一致的情况下,我们应该在尊重法治的前提下塑造和谐社会。

在导论的基础上,我们在第二章研究了“和谐社会建设中的司法理念”,主张司法审判应该坚持“法律效果、社会效果与和谐社会建设”相统一的原则。司法不仅要实现程序公正、保证自由、维护人权,还要在心目中始终不能忘记司法为民。在第三章中我们描述了“和谐社会建设中的司法意识形态 ”的问题。首先从和谐社会需要什么样的法律思维谈起,总结了法律思维的含义、类型等。通过对比司法克制主义和司法能动主义,认为司法克制主义应是法治初级阶段的主流司法意识形态,这是符合现阶段和谐社会建设的具体国情,是一种正确的选择。但同时我们也认为,司法能动主义是法治建设的必要补充,在和谐社会建设中也发挥着重要的作用。在第四章"司法方法体系与和谐社会建设"中,我们搭建了司法方法及其宏观体系,认为法律发现、法律解释、法律论证、利益衡量和法律推理构成司法方法论的基本体系,并对这些方法能否构成逻辑一致的体系,进行了简要的论证。我们认为,和谐社会建设对司法方法论存在广泛的需求,司法方法论在和谐社会建构中发挥着积极的作用。

从第五章开始,我们对和谐理念下的法律解释方法进行了较为详细的论述。法律解释方法中的文义与目的的冲突与调和,是法律方法论中最需要解决的基本问题。文义解释是法治所要求必须首先使用的方法,但是这一方法在使用过程中也存在着缺陷与局限,因而必须用目的解释来调和。这种调和不仅需要逻辑智慧,还需要考量司法政策。当然,目的解释的介入,使得法律解释结果更呈现出多样性,它迫使法律人不得不进行艰难的选择,以追求最好的司法判断,而这个最好的判断就是建立在合法性、合理性和客观性基础上的可接受性答案。法律解释结果的多样性,引申出了法律论证问题。所以在第六章我们叙述了"事实与规范的贯通:和谐理念下的法律论证方法"。这一章的理论性似乎更强一些,它首先梳理了"事实与规范二分的法学传统",并对此观念进行了有力的批判;认为当代法律方法论的理论基础不再是把事实与规范区分开来,而应该在事实与规范之间树立起互动观念;要在超越事实与规范二分的基础上,在开放的体系中进行法律论证,并在和谐理念下进行三段论推理的重构,以维护法治命题的成立。法律论证其实离不开价值及其利益的衡量,所以我们在第七章研究了"价值和利益的换算:追求和谐的衡量方法 "。在本章中我们借鉴了日本法学界的经验,没有在不同的价值间进行无谓的理论纠缠,而是把各种价值换算成利益进行较为"科学"的探究,对什么是利益衡量以及必要性、操作方法等进行了研究。

司法方法与和谐社会建设不仅是纯粹逻辑的问题,还是一个经验与理性、现实与文化的问题。在本书中我们没有对中国法律文化进行整体的梳理,而是摘取其中的一个问题进行研究,试图言说西方法律文明引进中国以后,如何实现中国化的途径,即通过法律方法把现代法律的法意与当今中国的民意结合起来。在第八章"法意与民意的整合:社会和谐的思想前提"中,我们探讨了司法与社会之间和谐的思想前提及其具体表现。在司法过程中如果不实现法意与民意的融合,我们的法治建设就不会成功。法律要想作用于社会,自身必须是和谐的。因而我们在第九章研究了"法律内部的冲突与调整",以完善法律促成社会和谐的自身条件。

司法方法与和谐社会建设是一个庞大的理论命题,涉及面比较宽泛,很难在四十多万字的一本书中完全描述,研究者的能力也不可能穷尽对这一领域问题的研究。所以,课题的完成绝不意味着研究的结束,也许这仅仅是一个开端。书中尚未完成的许多理论与实践问题,也许是我们今后着力研究的目标。感谢司法部研究室对本课题的支持,感谢山东大学威海分校给予的各方面的鼓励与资助。

本书编写的分工如下:

陈金钊:第一章;

孙光宁:第四章、第五章;

张传新:第九章;

焦宝乾:第六章;

张利春:第七章;

张其山:第八章;

张伟强:第二章;

李　辉:第三章。

陈金钊对全书进行了统稿。